기초부터 실무 응용까지

자바 마스터북

JAVA HONKAKU NYUMON MODERN STYLE NIYORU KISO KARA OBJECT SHIKOU · JITSUYOU LIBRARY MADE written by Shin Tanimoto, Yuichiro Sakamoto, Takuya Okada, Makoto Akiba, Kenichiro Murata, supervised by Acroquest Technology Co., Ltd.

기초부터 실무 응용까지
자바 마스터북

초판 1쇄 발행 2018년 3월 7일

지은이 타니모토 신, 사카모토 유이치로, 오카다 타쿠야, 아키바 마코토, 무라타 켄이치로
옮긴이 정인식
펴낸이 장성두
펴낸곳 제이펍

출판신고 2009년 11월 10일 제406-2009-000087호
주소 경기도 파주시 회동길 159 3층 3-B호
전화 070-8201-9010 / **팩스** 02-6280-0405
홈페이지 www.jpub.kr / **원고투고** jeipub@gmail.com
독자문의 readers.jpub@gmail.com / **교재문의** jeipubmarketer@gmail.com

편집부 이민숙, 황혜나, 이 슬, 이주원 / **소통·기획팀** 민지환 / **회계팀** 김유미
교정·교열 홍성신 / **본문디자인** 북아이 / **표지디자인** 미디어픽스
용지 신승지류유통 / **인쇄** 한승인쇄 / **제본** 광우제책사

ISBN 979-11-88621-18-7 (93000)
값 28,000원

제이펍은 독자 여러분의 아이디어와 원고 투고를 기다리고 있습니다. 책으로 펴내고자 하는 아이디어나 원고가 있으신 분께서는
책의 간단한 개요와 차례, 구성과 저(역)자 약력 등을 메일로 보내주세요.   jeipub@gmail.com

기초부터 실무 응용까지
자바 마스터북

타니모토 신, 사카모토 유이치로, 오카다 타쿠야, 아키바 마코토, 무라타 켄이치로 지음 | 정인식 옮김

차 례

CHAPTER 1 자바의 기본 이해하기 1

CHAPTER 2 기본적인 작성법 익히기 17

CHAPTER 3 타입 공략하기 51

CHAPTER 4 배열과 컬렉션 공략하기 | 97

CHAPTER 5 스트림 처리 제대로 사용하기
⸺ 람다식과 Stream API   145

CHAPTER 6 예외 공략하기 177

CHAPTER 9 날짜 처리 공략하기 275

CHAPTER 10 객체지향 즐기기 299

옮긴이 머리말

내가 처음 대학에 입학했을 때만 해도 프로그래밍 언어라 하면 C 언어가 주류를 이루고 있었다. 그러다 보니 대학에 입학해서 제출한 과제물도 주로 C 언어로 만든 프로그램이었다. 인터넷이 막 일반 대중에게 알려지기 시작하고 기존의 폐쇄적인 시스템이 점차 오픈 환경으로 변하려고 할 무렵, 역자는 입대를 하게 되었다. 3년 후 복학을 해 보니 그 사이 전산학 패러다임과 정보 기술 환경은 전혀 딴 세상이 되어 있었다.

그 무렵에 처음 접한 자바 언어는 그나마 C++ 언어로 객체지향 프로그래밍에 대한 개념을 잡고 있었기에 쉽게 익힐 수 있었다. 특히 간결한 문법은 기존 언어보다 매력적이었다. 그래서일까? 자바 및 기타 웹 관련 기술을 빠르게 익힐 수 있었던 것 같다.

그리고 자바가 이 세상에 나온 지도 어느덧 20년이나 흘렀다. 초창기 모습보다 훨씬 더 많은 기능과 안정성을 갖춘 자바는 오픈 시스템뿐만 아니라 모바일 영역과 각종 플랫폼에 이르기까지 여러 산업 분야에서 다양한 모습으로 널리 사용되고 있다. 이제는 명실상부하게 프로그래밍 언어의 가운데 자리를 차지하고 있다.

이 책은 처음 자바를 접하는 사람들이 기초를 다질 수 있도록 개념 설명과 함께 실제 코드를 통해 요소별로 체계적인 설명을 하고 있다. 특히 저자들의 실전 경험을 통해 얻은 지식을 바탕으로 설명하므로 실전 활용에도 유용하다. 또한, 자바 8 버전에 맞추어 새로운 기능에 대해서도 쉽게 설명하고 있으므로 자바 입문서로 활용하면 좋겠다. 부디 이 책을 통해 자바의 기초를 튼튼히 다질 수 있길 바란다.

감사의 말

먼저, 이 책을 번역하게 해 주신 하나님께 감사드린다. 이 책이 만들어지기까지 많은 도움의 손길이 있었다. 이 자리를 빌려 감사 말씀을 전하고 싶다. 이 책의 진행을 맡아주신 이슬 대리님, 그리고 교정을 해주신 홍성신 님께 감사드린다. 그리고 언제나 늘 아낌없는 지원을 해주신 장성두 대표님께도 감사의 말씀을 전한다. 마지막으로, 사랑하는 나의 아내와 하은, 시온에게도 이 책의 출간에 앞서 고마움을 전한다. 오랜만에 동경에 많은 눈이 내렸다. 따뜻한 방에서 가족들과 옹기종기 모여 앉아 이야기꽃을 피우고 싶다.

2018년 2월
일본 동경에서
정인식

들어가며

자바는 20여 년의 유구한 역사를 지닌 검증된 프로그래밍 언어다. 모바일 애플리케이션, 게임, 웹 애플리케이션, 웹 서비스, 엔터프라이즈 애플리케이션 등 광범위한 분야에서 활용되고 있으며, 모든 애플리케이션의 기반이 되고 있다. 그리고 그러한 활용에 견딜 수 있는 높은 성숙도를 지닌 채 지금도 계속해서 진화하고 있다.

이 책은 시스템 개발의 핵심 분야에서 자바를 사용해 온 Acroquest Technoogy의 개발자들이 20여 년의 개발 경험과 문제 해결 노하우를 토대로 집필한 책이다. 자바의 기초부터 실전까지 체계적으로 설명하고 있으며, 특히 자바 프로그래밍에서의 유지보수, 견고성, 성능, 개발 효율 등을 고려해 한층 더 실전에 활용할 수 있는 내용으로 구성하였다.

실전에서의 활용 방법을 더 알고 싶은 자바 개발자나 다른 언어에 대한 경험은 있으나 자바는 처음인 독자들에게 이 책이 실전 자바 프로그래밍 능력을 키우는 데 많은 도움이 될 것이다.

저자 일동

🦋 구민정(SK주식회사)

자바의 초급과 중급, 그 애매함 사이에 있는 분께 추천하고 싶은 책입니다. 기초 개념보다는 실무에서 중요한 개념, 성능, 개발 효율 등을 자세하고 쉽게 설명하고 있습니다. 자바에 어느 정도 익숙하지만 왠지 부족하다고 느낄 때, 중급으로 도약할 수 있는 튼튼한 다리 역할을 해 줄 것입니다.

🦋 김명준(이베이)

자바를 쉽게 배우게 해 주는 실전에 강한 책입니다. 자바 8 기반으로 작성되어 최신 경향을 놓치지 않으면서 실전에 약한 분을 위한 노하우가 잘 정리되어 있습니다. 지루할 수 있는 자바 기초 서적보다는 실전 느낌을 한껏 실은 이 책을 통하여 자바에 입문하는 것을 추천합니다.

🦋 김정헌(BTC)

자바의 모든 것을 다루는 바이블은 아니지만, 현업에서 일하는 자바 프로그래머가 자신의 노하우와 기초를 잘 정리하여 설명하고 있습니다. 이전 버전과 자바 8을 비교하여 설명하고 있으며, 실무에 도움이 될 만한 내용이 많이 들어 있습니다.

🦋 김종욱(KAIST)

기본 문법보다는 실무적인 내용을 중점으로 다루고 있습니다. 기초 문법부터 익혀야 하는 입문 개발자보다는 기본기에서 좀 더 발전된 내용을 학습하고자 하는 입문자와 중급자 사이의 개발자에게 적합합니다. 군더더기 없는 내용으로 이루어져 있어 학습 만족도가 높을 것으로 생각합니다!

🦅 송재욱(kakao)

이 책은 자바의 단순한 문법 소개에 그치지 않고, 올바른 사용법도 함께 익힐 수 있도록 안내하고 있습니다. 지루하지 않은 설명과 이해하기 쉬운 예제들로 채워져 있어 자바의 실천적 이해를 얻고자 하는 사람뿐만 아니라 어느 정도 자바 개발을 해 왔던 사람에게도 기초를 탄탄히 다질 수 있는 좋은 지침서가 될 것입니다.

🦅 한상곤((주)Favorie)

책의 분량이 많지 않음에도 불구하고 자바 8에서 도입된 새로운 개념과 API를 충실하게 소개하고 있고 있습니다. 책의 전반부에서는 자바의 기본 문법을 다루고, 후반에서는 디자인 패턴과 유용한 라이브러리까지 소개하고 있습니다. 기존에 자바를 공부했던 분이나 자바의 새로운 기능이 궁금한 분에게 정말 좋은 책이라 말씀드리고 싶습니다. 자바를 처음 접하는 분이라면 Stream API를 집중적으로 학습해 보면 좋을 것 같습니다.

제이펍은 책에 대한 애정과 기술에 대한 열정이 뜨거운 베타리더들로 하여금
출간되는 모든 서적에 사전 검증을 시행하고 있습니다.

자바의 기본 이해하기

1.1 | 자바란?

1.1.1 자바의 특징

자바(Java)는 1995년 선 마이크로시스템즈(Sun Microsystems)에서 발표된 프로그래밍 언어로, 다음과 같은 특징이 있다.

객체지향('10장 객체지향 즐기기' 참조)

자바는 객체지향을 전제로 한 프로그래밍 언어다. 클래스와 상속이라는 구조 덕분에 확장성이 우수하며 재사용하기 쉬운 프로그래밍이 가능하다고 말할 수 있다. 이 뛰어난 확장성과 재사용성 덕택에 그 혜택을 특별히 많이 누릴 수 있는 대규모 시스템에서 자주 이용되고 있다.

플랫폼 독립성

자바는 리눅스, 윈도우, 맥OS 등 여러 OS에서 개발 및 실행이 가능하다. 실제 현업에서는 애플리케이션을 개발하는 환경 및 운영 환경이 OS 등을 포함해 서로 다른 경우가 많다. 그럴 경우 언어에 따라 그리고 OS마다 프로그램을 수정하여 개발 환경과 운영 환경을 맞추어야 한다. 이에 반해 자바에서는 OS에 의존하는 부분을 자바 가상 머신(Java VM)에서 처리하는 구조로 되어 있기 때문에 하나의 애플리케이션을 어떠한 OS에서도 동일하게 실행할 수 있다. 예를 들어 윈도우에서 개발하여 리눅스 서버에서 실행시킬 수 있다.

뛰어난 에코 시스템

자바는 이용자가 많은 언어다. 그 덕분에 자바로 개발된 우수한 라이브러리, 미들웨어 (데이터베이스 관리 시스템 등 OS와 애플리케이션 사이에 들어가는 소프트웨어)가 다수 존재한다. 그것들을 함께 사용하여 효율적으로 시스템을 개발하는 것이 가능하다('13장 주변 도구로 품질 높이기', '14장 라이브러리로 효율 높이기' 참조).

1.1.2 자바의 세 가지 에디션과 두 가지 환경

자바에는 다음의 세 가지 에디션이 존재한다. 이 책에서는 그중에서 Java SE를 사용한다.

(1) Java SE(Standard Edition)

Java VM과 표준 API 등을 정리한 가장 표준적인 버전이다. PC나 서버 등에서 동작하는 애플리케이션을 개발 및 실행하는 경우에 사용한다.

(2) Java EE(Enterprise Edition)

웹 서비스나 서버 간 통신, 메일 송신 등 서버 애플리케이션 개발에 필요한 기능이 많이 포함되어 있다.

(3) Java ME(Micro Edition)

가전제품과 휴대전화 등의 임베디드 시스템용의 애플리케이션을 개발하기 위한 에디션이다. Java SE에 비해 사용할 수 있는 기능이 한정되어 있지만 필요한 리소스(CPU나 메모리 등)가 적게 들어 임베디드 시스템 등에서도 잘 동작한다.

또한 자바는 실행 환경(JRE) 및 개발 환경(JDK)의 두 가지로 나누어져 있다.

(a) JRE(Java Runtime Environment)

자바 애플리케이션의 실행 환경이다. 이미 컴파일된 자바 애플리케이션의 모듈(JAR 파일과 클래스 파일 등)을 이용하여 실행할 수 있다.

(b) JDK(Java Development Kit)

자바 애플리케이션의 개발 환경이다. 실행 환경뿐만 아니라 소스 파일의 컴파일러 및 디버거 등 자바 애플리케이션을 개발하기 위한 도구가 포함되어 있다.

애플리케이션은 JRE가 있으면 작동시킬 수 있다. 단, 운영할 때 디버깅 및 분석 등을 하고자 하는 경우에는 JDK에 들어 있는 도구가 필요하다. 따라서 서버 등의 운영 환경에 설치하는 경우에도 JRE보다는 JDK를 선택하는 것이 좋은 경우도 있다(필자도 그렇게 하고 있다).

1.1.3 Java VM의 종류

Java VM에도 다양한 종류가 있다. 대표적인 것을 다음 표에 정리했다.

● 대표적인 Java VM

명칭	특징
HotSpot	오라클에서 제공하는 가장 널리 사용되고 있는 Java VM. 원래는 선 마이크로시스템즈가 개발했다. 하지만 오라클에 인수되어 오라클에서 개발을 계속하게 되었다.
JRockit	오라클에서 제공하는 Java VM. 원래는 Appeal Virtual Machines, BEA Systems가 개발했지만 오라클에 인수되어 오라클에서 개발을 계속하게 되었다. Java SE 8의 시점에서 Mission Control과 같은 주요 기능이 HotSpot에 통합되어 개발이 중지되었다.
IBM JVM	IBM에서 개발된 Java VM. IBM의 WebSphere 제품과 DB2 제품의 표준 VM으로 이용되고 있다.
HP-UX JVM	휴렛 패커드에서 개발된 Java VM. 휴렛 패커드의 HP-UX 시스템의 표준 VM으로 이용되고 있다.
ZIng	Azul Systems에 의해 개발된 Java VM. 대량의 메모리를 처리하는 데 뛰어나다는 특징이 있다.
OpenJDK	오픈소스 버전의 Java SE. 리눅스의 주요 배포판에 기본적으로 설치되어 있다.

이 책에서는 Oracle JVM(HotSpot)을 사용한다.

1.1.4 자바가 실행되는 순서

여기에서는 자바 프로그램을 작성하고 실행하기까지의 흐름을 간략하게 설명하겠다.

(1) 자바 소스 코드(프로그램)를 작성한다.

(2) javac 커맨드를 실행하여 소스 코드를 컴파일하고, '클래스 파일'이라고 불리는 중간 코드(OS에 의존하지 않는 코드)를 생성한다.

(3) java 커맨드를 실행하여 Java VM이 클래스 파일에 기재된 코드를 해석하여 처리한다. Java VM은 윈도우용 또는 리눅스용 등 각 OS마다 준비되어 있으며 사용하는 OS에 따라 실제적인 처리를 실시한다. 즉, 이 단계에서 각 OS별로 내부 처리의 차이가 있다.

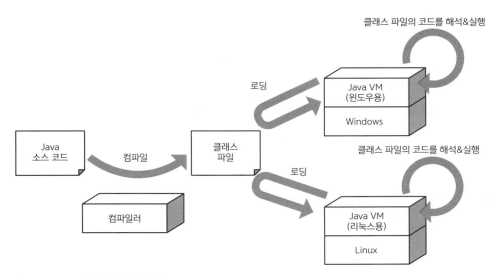

● **Java 프로그램이 실행되는 순서**

자바는 프로그램을 실행할 때 Java VM이 중간 코드를 해석하면서 실행하기 때문에 'C 언어처럼 CPU가 이해할 수 있는 기계어 프로그램을 생성해서 실행하는 언어보다 처리 속도가 늦다'라고 여기던 시대가 있었다. 분명히 Java VM에 의한 오버헤드(처리에 걸리는 부하)는 있지만 한편으론 'JIT(Just In Time) 컴파일러'라는 런타임 시에 최적화하는 기술이 진보한 덕택에 C 언어와 비교해도 손색이 없을 정도의 속도까지 향상되고 있다.

1.2 | 'Hello Java World!'를 표시해 보자

지금까지 자바의 종류와 동작 원리 등을 설명했다. 그럼 여기에서는 'Hello Java World!'라는 문자열을 표시하는 간단한 예제를 통해 실제로 어떤 흐름으로 프로그램을 작성하고 실행시키는지 확인하도록 하자. 이 책에서는 다음과 같은 전제로 설명하고 있는데 버전이 바뀌어도 설치 절차는 크게 변하지 않으므로 적절히 대체해서 이해하길 바란다.

- JDK 9
- 윈도우 10(64bit)

1.2.1 자바 설치하기

우선 설치할 JDK를 사이트(http://www.oracle.com/technetwork/java/javase/downloads/index.html)에서 다운로드한다(자바의 다운로드는 무료다). 'Java DOWNLOAD'라는 아이콘을 클릭한다.

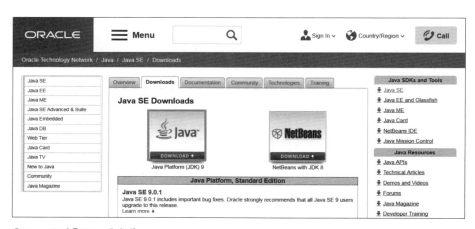

● Java SE다운로드 페이지[1]

1 　역주　2017년 9월22일 자바 9가 새롭게 출시되었다. 이 책의 소스는 자바 8을 기본으로 설명하고 있으나 자바 9에서도 정상적으로 동작한다.

웹 페이지로 이동한 후, 'Java SE Development Kit 9'에서 'Accept License Agreement'를 체크한다. 자바의 'License Agreement'는 'Oracle Binary Code License Agreement for Java SE'(http://www. oracle.com/technetwork/java/javase/terms/license/index.html)를 참조하길 바란다.

Java SE Development Kit 9.0.1

You must accept the Oracle Binary Code License Agreement for Java SE to download this software.

○ Accept License Agreement ● Decline License Agreement

Product / File Description	File Size	Download
Linux	304.99 MB	⬇ jdk-9.0.1_linux-x64_bin.rpm
Linux	338.11 MB	⬇ jdk-9.0.1_linux-x64_bin.tar.gz
macOS	382.11 MB	⬇ jdk-9.0.1_osx-x64_bin.dmg
Windows	375.51 MB	⬇ jdk-9.0.1_windows-x64_bin.exe
Solaris SPARC	206.85 MB	⬇ jdk-9.0.1_solaris-sparcv9_bin.tar.gz

● 'Accept License Agreement'를 체크

그런 다음 윈도우(64bit)용 설치 프로그램인 'jdk-9.0.1-windows-x64_bin.exe'를 다운로드한다.

Java SE Development Kit 9.0.1

You must accept the Oracle Binary Code License Agreement for Java SE to download this software.
Thank you for accepting the Oracle Binary Code License Agreement for Java SE; you may now download this software.

Product / File Description	File Size	Download
Linux	304.99 MB	⬇ jdk-9.0.1_linux-x64_bin.rpm
Linux	338.11 MB	⬇ jdk-9.0.1_linux-x64_bin.tar.gz
macOS	382.11 MB	⬇ jdk-9.0.1_osx-x64_bin.dmg
Windows	375.51 MB	⬇ jdk-9.0.1_windows-x64_bin.exe
Solaris SPARC	206.85 MB	⬇ jdk-9.0.1_solaris-sparcv9_bin.tar.gz

● 윈도우용(64bit) 설치 프로그램 다운로드

파일을 다운로드한 후 파일을 더블클릭하여 설치를 시작한다. 'Java SE Development Kit 9 Update 설치 마법사 시작' 화면이 나타나면 'Next >'를 클릭한다.

설치할 옵션 기능, 설치할 곳은 디폴트 상태로 하여 'Next >'를 클릭한다.

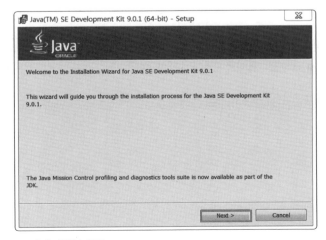

● 설치 마법사 화면

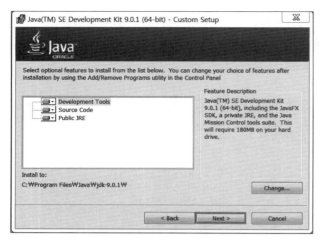

● 옵션 기능, 설치할 곳의 선택 화면

'대상 폴더' 화면이 표시되면 설치할 곳은 디폴트로 한 채로 'Next >'를 클릭한다.

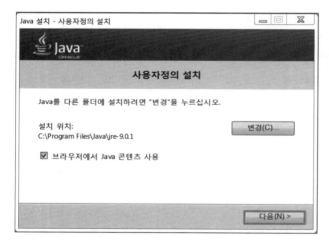

● 대상 폴더의 화면

설치가 완료되었다는 화면이 표시되면 'Close'를 클릭한다.

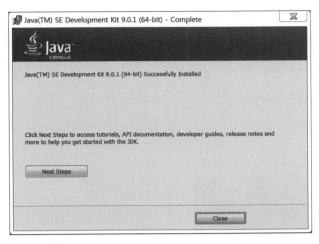

● 설치 완료

이것으로 다음의 폴더에 자바가 설치되었다.

C:\Program Files\Java\jdk-9.0.1

설치가 완료되면 다음 단계로 자바가 설치된 것을 확인하자.

    (1) 화면 왼쪽 하단의 시작 메뉴를 마우스 오른쪽 단추로 클릭하여 '명령 프롬프트'를 선택한다[2]

    (2) 명령 프롬프트에서 'java -version'을 입력하고 Enter 키를 누른다

화면과 같이 자바 버전이 표시되면 제대로 설치된 것이다.

```
java version "9.0.1"
Java(TM) SE Runtime Environment (build 9.0.1+11)
Java HotSpot(TM) 64-Bit Server VM (build 9.0.1+11, mixed mode)
```

● 자바의 버전 확인

1.2.2 이클립스 설치하기

자바를 설치한 다음에는 실제 프로그램을 작성할 수 있도록 준비하자. 프로그램의 실체는 단순한 텍스트 파일이므로 메모장 등의 편집기를 사용해도 작성할 수 있다. 하지만 여러 프로그램 파일을 관리하고 프로그램의 편집을 보조하거나 컴파일 과정의 자동화 등 프로그램 작업의 전

---

2   역주   윈도우 10의 경우는 실행을 클릭해서 cmd를 실행하면 된다.

반적인 것을 도와주는 IDE(Integrated Development Environment: 통합 개발 환경)라는 편리한 애플리케이션을 사용하면 보다 효율적으로 개발할 수 있다.

여기에서는 자바용으로 사용되는 대표적인 IDE 중 하나인 이클립스(Eclipse)를 설치하기로 하자. 다음 사이트를 방문하여 'Eclipse IDE for Java Developers'에 있는 'Windows 64Bit'를 클릭한다.

https://eclipse.org/downloads/

● 'Window 64Bit'를 클릭

웹 페이지 이동 후에 'DOWNLOAD' 아이콘을 클릭하여 Eclipse IDE for Java Developers의 zip 파일을 다운로드한다.

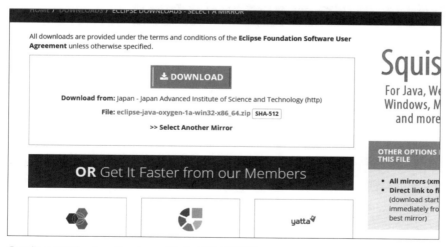

● Eclipse IDE for Java Developers의 zip 파일 다운로드

zip 파일을 다운로드한 후 압축을 풀고 폴더 안에 있는 eclipse 디렉터리를 C 드라이브의 바로 밑(C:\eclipse)에 놓는다.

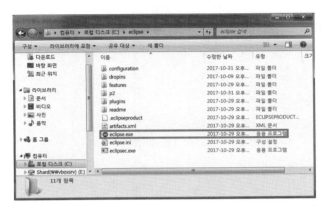

● eclipse 디렉터리를 C 드라이브의 밑에 놓는다

eclipse 폴더 안에 있는 eclipse.exe를 더블클릭하면 이클립스가 시작된다. 스플래시 화면이 표시된 후 작업 공간의 선택 대화상자 'Select a workspace'가 표시된다. 작업 공간은 이제부터 이클립스에서 개발할 때 만든 파일을 저장하는 장소다. 사용자의 환경에 맞게 변경하길 바란다.

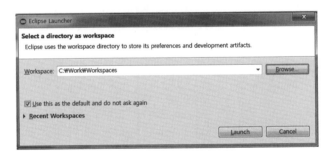

● 작업 공간의 선택 화면

작업 공간을 선택하고 'Launch' 버튼을 클릭하면 이클립스가 시작된다. 시작되면 Welcome 탭은 '×' 버튼을 클릭하여 닫는다.

● Welcome 탭을 닫는다

Welcome 탭을 닫으면 드디어 프로그램을 작성하는 화면이 표시된다.

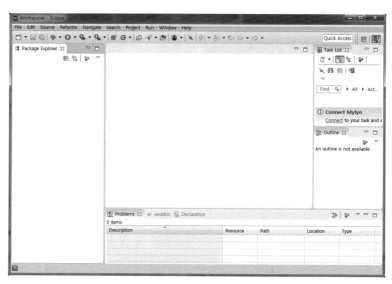

● 프로그램 작성 화면

1.2.3 'Hello Java World!' 프로그램을 만들어 보자

지금까지 작업으로 프로그램을 실행할 수 있는 준비가 마련되었다. 그럼 'Hello Java World!'를 표시하는 프로그램을 작성해 보자. 우선, 이클립스의 메뉴 'File' ➡ 'New' ➡ 'Java Project'를 선택한다. 그리고 'Create a Java Project'의 대화상자가 열리면 'Project name' 필드에 'Hello Project'라고 입력하고 'Finish' 버튼을 클릭한다.

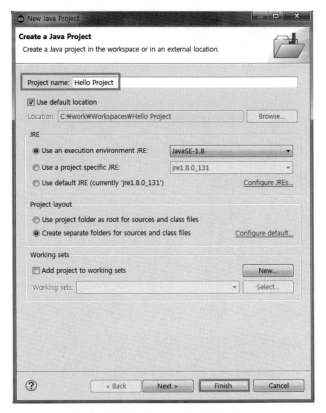

● 'Project name' 필드에 'Hello Project'라고 입력

화면 왼쪽 상단의 'Package Explorer' 뷰에 'Hello Project'가 추가된 것을 확인하길 바란다.

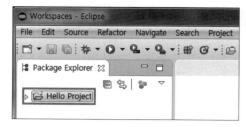

● 화면 왼쪽 상단의 'Package Explorer' 뷰에 'Hello Project'가 추가되었다

이클립스에서는 이처럼 '프로젝트'를 작성하여 자바 프로젝트를 개발한다.

다음은 자바의 소스 코드를 작성한다. 'Hello Project' 밑의 'src'를 선택하고 마우스 오른쪽을 클릭 ➡ 'New' ➡ 'Class'를 선택한다.

'Java Class'의 대화상자가 열리면 'Name' 필드에 'HelloWorld'를 입력하고 'Finish' 버튼을 클릭한다.

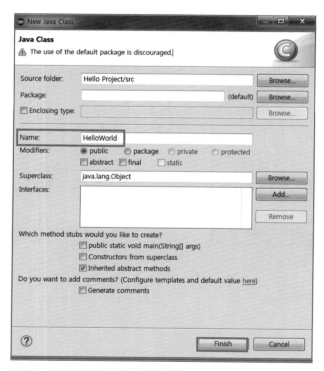

● 'Name' 필드에 'HelloWorld'를 입력

이로써 자바 소스 코드가 생성된다.

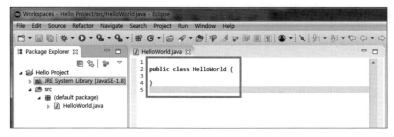

● **Java소스 코드가 생성되었다**

생성된 소스 코드에 'Hello Java World!'를 표시하는 다음의 코드를 작성한다.

```java
public class HelloWorld {
    public static void main(String... args) {
        System.out.println("Hello Java World!");
    }
}
```

● **'Hello Java World!'를 표시하는 코드를 작성한다**

코드를 작성한 후 화면 상단의 'Save' 아이콘을 클릭하여 작성한 코드를 저장한다.

● **'Save'를 클릭하여 코드를 저장한다**

1.2.4 프로그램 실행하기

마지막으로, 작성한 프로그램을 실행해 보자. 'Hello Project/src' 아래의 'HelloWorld.java'를 선택하고 마우스 오른쪽 버튼을 클릭 ➡ 'Run As' ➡ 'Java Application'을 선택한다. 실행 결과는 우측하단의 'Console' 뷰에 표시된다. 여러분의 환경에서도 'Hello Java World!' 문자열이 표시되었는지확인해 보자.

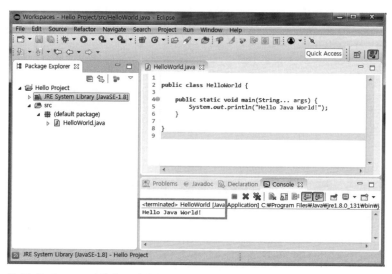

● 'Hello Java World!'가 표시되었다

2

기본적인 작성법 익히기

2.1 | 자바의 기본적인 표기법

이 장에서는 이 책을 읽는데 필요한 자바 문법에 대해 설명한다. 이미 자바를 학습한 적이 있는 사람들은 복습이라고 생각하고, 처음 자바를 배우는 사람들은 중요한 내용이므로 집중하도록 하자.

2.1.1 문장과 블록

자바의 소스 코드에는 '문장'과 '블록'이 있다. 문장은 처리의 실행과 값의 설정 등에 이용하며 세미콜론(;)으로 끝난다. 블록은 여러 문장을 모은 것으로 중괄호({ })로 둘러싸여 있다. 블록 안에는 다시 여러 블록을 넣을 수 있다. 자바에서는 처리를 작성한 블록을 '메서드'라고 부른다. 메서드는 모두 '클래스' 안에 작성해야 한다. 클래스는 메서드를 모은 그릇이라고 할 수 있다.

여기에서는 앞서 1.2절('Hello Java World!'를 표시해 보자)에서 소개한 간단한 예제 프로그램을 다시 한번 보자. 문장과 블록으로 되어 있음을 알 수 있다. 한 줄씩 살펴보자.

```java
public class HelloWorld {
    public static void main(String... args) {
        System.out.println("Hello Java World!");
    }
}
```

public class HelloWorld로 시작하는 {}은 HelloWorld라는 이름의 '클래스'(여러 처리를 모은 것)의 블록이다. public static void main(String… args)로 시작하는 {}은 main이라는 이름의 '메서드'(처리를 작성한 부분)의 블록이다(클래스와 메서드에 대해서는 '2.2 클래스와 메서드'에서 설명). System.out.println("Hello Java World!");의 1행은 처리를 기술하는 문장이다. 여기에서는 표준 출력에 메시지를 표시하는 System.out.println()이라는 메서드를 호출하고 있다.

2.1.2 주석

코드만 읽어서는 이해하기 어려운 처리의 의미를 설명하거나, 해당 처리를 다른 프로그램에서 이용할 때의 주의점 등을 다른 프로그래머들에게 알릴 경우에 '주석(Comment)'을 남길 수 있다. 주석은 다음 중 하나로 표현할 수 있다.

- //의 뒤에 문장을 작성하기
- 문장 전체를 /*과 */로 감싸기

다음의 소스 코드는 주석을 사용한 예다.

```java
public class HelloWorld {
    public static void main(String... args) {
        // 메시지를 표시한다
        System.out.println("Hello Java World!");
    }

    /*
       다음과 같은 기호로 감싸면
       여러 행의 주석을 기술할 수도 있다
    */
}
```

```
Hello Java World!
```

주석은 처리에 영향을 끼치지 않으므로 출력 결과나 처리 내용은 주석을 기술하지 않은 경우와 동일하다.

2.1.3 변수, 타입, 리터럴

값을 보관 및 유지하면서 대입이나 추출을 실시하기 위해서는 '변수'를 사용한다. 변수를 이용하기 위해서는 데이터의 형식을 정의한 '타입(형)'과 '이름'을 붙여서 선언하는 것이 필요하다. 타입에는 정숫값을 취급하는 'int' 타입과 논리값을 취급하는 'boolean' 타입, 문자열을 취급하는 'String' 타입 등이 있다. 다음의 소스 코드는 타입 중 하나인 int의 변수를 사용한 예다.

```
int numberA;        // int 타입의 numberA라는 변수를 선언
numberA = 10;       // numberA에 10을 대입
System.out.println(numberA);     // numberA의 값을 출력한다
```

```
10
```

위의 코드에서 numberA에 대입하고 있는 '10'이라는 숫자값 표기는 '리터럴'이라고 불린다. 리터럴은 변수에 대입하는 값을 구체적으로 표현한 것이다. 이러한 '타입'과 '리터럴'의 자세한 내용과 종류에 대해서는 '3장 타입 공략하기'에서 설명하겠다.

▌ 2.1.4 연산자

계산이나 비교를 실시할 때에는 '연산자'를 이용한다. 연산자는 연산 대상의 값이나 변수의 수에 따라 이름이 분류되어 있다.

- 연산 대상이 1개밖에 없는 '단항 연산자'(값을 하나 늘리는 '++' 등)
- 연산 대상이 2개 있는 '이항 연산자'(합을 구하는 '+' 등)
- 연산 대상이 3개 있는 '삼항 연산자'(자바에서는 조건 판정을 하는 'a ? b : c'의 형태만 있음)

연산자에 대해서는 용도별로 소개하겠다.

(1) 산술 연산자

산술 연산자는 수치 계산을 실시하기 위한 연산자다. 다음의 소스 코드는 '+'를 사용하여 숫자의 합을 구하는 예다.

```
int numberA = 10;
int numberB = 20;
int numberC = numberA + numberB; // numberA와 numberB의 합을 numberC에 대입한다
System.out.println(numberC);      // numberC의 값을 출력한다
```

```
30
```

numberA(10)과 numberB(20)의 합인 30이 출력되었다. 산술 연산을 실시하는 연산자를 표에 정리했다. '단항 연산자'라고 표기되어 있는 것 외에는 이항 연산자다.

● 산술 연산자

기호	의미
+	2개의 숫자를 더한 값을 구한다.
-	2개의 숫자를 뺀 값을 구한다.
*	2개의 숫자를 곱한 값을 구한다.
/	2개의 숫자를 나눈 몫을 구한다. 오른쪽이 0인 경우(0으로 나눈 경우) ArithmeticException 예외가 throw된다(예외에 대해서는 '6장 예외 공략하기' 참조).
%	왼쪽 변의 값을 오른쪽 변으로 나눈 나머지 값을 구한다. 오른쪽 변이 0인 경우 ArithmeticException 예외가 throw된다.
- (단항 연산자)	양과 음의 부호를 반전시킨다.
++ (단항 연산자)	1을 더한다(Increment).
-- (단항 연산자)	1을 뺀다(Decrement).

Increment와 Decrement는 연산자를 기술하는 위치에 따라 약간 동작이 다르다. 연산자를 왼쪽에 작성하면(전치 연산) 먼저 계산을 한 후 그 결과를 사용한다. 반대로 연산자를 오른쪽에 작성하면(후치 연산) 현재의 값이 사용되고나서 그후에 계산을 한다.

```
int numberA = 1;
int numberB = 1;
System.out.println(++numberA);    // numberA를 증가시킨 다음, numberA를 표시한다
System.out.println(numberA);      // numberA를 표시한다
System.out.println(numberB++);    // numberB를 표시한 다음, numberB를 증가시킨다
System.out.println(numberB);      // numberB를 표시한다
```

```
2
2
1
2
```

(2) 관계 연산자

관계 연산자는 2개의 인수를 비교하는 연산자다. 다음의 소스 코드는 관계 연산자인 '>'를 사용하여 변수의 대소를 판정하고 있다.

```
int numberA = 1;
int numberB = 2;
boolean result = numberA > numberB;    // numberA쪽이 큰 경우에 true,
                                       // 그렇지 않은 경우는 false

System.out.println(result);
```

```
false
```

자바에서 이용할 수 있는 관계 연산자는 다음과 같다.

● 관계 연산자

기호	의미
==	좌변과 우변이 같으면 참
!=	좌변과 우변이 다르면 참
>	좌변보다 우변이 작으면 참
>=	좌변과 우변이 같거나 우변이 작으면 참
<	좌변보다 우변이 크면 참
<=	좌변과 우변이 같거나 우변이 크면 참
instanceof	좌변의 객체가 우변에 있는 클래스의 인스턴스(서브 클래스 포함)라면 참(instanceof에 대해서는 '3장 타입 공략하기' 참조)

(3) 조건 연산자

조건 연산자는 2개의 식 중 어느 것을 이용할 것인지 판정하기 위한 연산자다. 참고로 삼항 연산자는 조건 연산자만 있다.

● 조건 연산자

기호	의미
<조건> ? 식1: 식2	조건이 참인 경우는 식1의 값을, 조건이 거짓인 경우는 식2의 값을 반환한다.

다음의 소스 코드는 조건 연산자를 사용한 예다.

```
int numberA = 10;
int numberB = numberA > 0 ? 1: -1;    // numberA가 0보다 큰 경우는 1,
                                       // 그렇지 않은 경우는 -1이 된다

System.out.println(numberB);
```

```
1
```

(4) 논리 연산자

논리 연산자는 참과 거짓을 판정하는 논리 연산을 실시하기 위한 연산자다. 다음의 소스 코드
는 논리합(OR)를 나타내는 연산자인 '||'를 사용한 예다.

```java
boolean conditionA = true;
boolean conditionB = false;
boolean result = conditionA || conditionB;
                            // conditionA와 conditionB 둘 중 하나가 true인 경우 true,
                            // 그렇지 않다면 false가 된다

System.out.println(result);
```

```
true
```

논리 연산을 실시하는 연산자는 다음과 같다.

● 논리 연산자

기호	의미
&&	복수의 조건이 모두 참인 경우에 참
||	복수의 조건 중 어느 것 하나가 참이면 참
! (단항 연산자)	참과 거짓을 반전

(5) 비트 연산자

비트 연산자는 숫자값의 비트 연산을 실시할 수 있는 연산자다. 비트 연산자의 리스트를 다음의
표에 정리했다.

● 비트 연산자

기호	의미
&	비트 연산 AND를 실시한다.
|	비트 연산 OR를 실시한다.
^	비트 연산 XOR를 실시한다.
<<	우변의 수만큼 비트를 왼쪽으로 시프트하고 빈 비트는 0을 채운다.
>>	우변의 수만큼 비트를 오른쪽으로 시프트한다(산술 시프트). 양수와 음수의 부호를 나타내는 비트는 유지하고 그 외의 빈 비트는 0을 채운다.
>>>	우변의 수만큼 비트를 오른쪽으로 시프트한다(논리 시프트). 양수와 음수의 부호를 나타내는 비트도 시프트하며 빈 비트는 0을 채우기 때문에 값에 따라 양수와 음수의 부호가 변한다.
~ (단항 연산자)	비트를 반전한다.

비트 연산을 사용하는 예로 '32비트 값에서 상위 16비트/하위 16비트를 추출하는 처리'를 나타냈다. 우선, 하위 16비트를 추출하는 처리다.

```java
int number = 0x12345678;
int lower = number & 0x0000ffff;
System.out.printf("lower = %x\n", lower);
```

```
lower = 5678
```

여기서 실시하고 있는 것을 알기 쉽게 하려면 16진수를 2진수로 해 보면 된다. 16진수인 '12345678'를 2진수로 하면 다음과 같이 된다.

00010010001101000101011001111000

한편 '0000ffff'은 2진수로 하면 다음과 같이 된다.

00000000000000001111111111111111

이것을 AND 연산하면 0으로 되어 있는 비트의 값은 0이 되어 1로 되어 있는 비트만 남는다. 따라서 2진수로는 다음과 같이 된다.

00000000000000000101011001111000

이것을 16진수로 나타내면 '00005678'이 된다. 참고로 프로그램에서는 선두의 0000이 생략되어 5678로 표시된다. 비트 연산은 다음과 같다. 읽기 쉽게 2진수 부분을 4비트마다 구분했다.

```
0x12345678 = 0001 0010 0011 0100 0101 0110 0111 1000
0x0000ffff = 0000 0000 0000 0000 1111 1111 1111 1111
------------------------------------------------------------------
(AND)      = 0000 0000 0000 0000 0101 0110 0111 1000
```

다음으로 상위 16비트를 추출하는 처리다.

```java
int number = 0x12345678;
int higher = number >> 16;
System.out.printf("higher = %x\n", higher);
```

```
higher = 1234
```

앞서와 마찬가지로 2진수로 고려하겠지만 이번에는 '>>'를 사용하고 있으므로 비트 시프트를 실시하게 된다. 32비트 숫자를 16비트 만큼 오른쪽으로 시프트하고, 빈 부분의 비트는 0으로 채우므로 결과로서 상위 16비트가 남게 된다. 따라서 2진수로 '0000000000000000000100100011010 0'이 되며 이것을 16진수로 나타내면 '00001234'이 된다. 비트 연산은 다음과 같다. 읽기 쉽도록 2진수 부분은 4비트마다 구분했다.

```
0x12345678 = 0001 0010 0011 0100 0101 0110 0111 1000
--------------------------------------------------------------
(>> 16)    = 0000 0000 0000 0000 0001 0010 0011 0100
```

(6) 대입 연산자

대입 연산자는 값을 대입하거나 대입과 함께 연산을 실시하기 위한 연산자다. 다음은 대입 연산자의 리스트를 나타낸 것이다.

● 대입 연산자

기호	의미
=	우변의 값을 대입한다.
+=	우변의 값을 더한다.
-=	우변의 값을 뺀다.
*=	우변의 값을 곱한다.
/=	우변의 값을 나눈다.
%=	우변의 값을 나눈 나머지를 대입한다.
&=	우변과의 비트 연산 AND를 실시한다.
|=	우변과의 비트 연산 OR를 실시한다.
^=	우변과의 비트 연산 XOR를 실시한다.
<<=	우변의 수만큼 비트를 왼쪽 시프트하고 비어 있는 비트는 0으로 채운다.
>>=	우변의 수만큼 비트를 오른쪽 시프트한다(산술 시프트). 양과 음의 부호를 나타내는 비트는 유지하고 그 외의 빈 비트는 0으로 채운다.
>>>=	우변의 수만큼 비트를 오른쪽 시프트한다(논리 시프트). 양과 음의 부호를 포함하여 시프트하고 빈 비트는 0으로 채우기 때문에 값에 따라 양과 음의 부호가 변한다.

더하기를 실시하는 대입 연산자(+=)를 사용한 예를 다음에 나타냈다.

```
int num = 0;
num += 100;
System.out.println("result = " + num);
```

```
result = 100
```

이렇듯 대입 연산자의 오른쪽에 기술한 값을 왼쪽에 (연산을 실시하여) 대입할 수 있다.

(7) 문자열 결합에 이용하는 연산자

대부분의 연산자는 숫자나 논리값의 연산에 이용하지만 이항 연산자인 '+'와 대입 연산자인 '+='은 문자열의 결합에도 이용할 수 있다. 다음의 소스 코드는 문자열의 결합을 실시하는 예다.

```
String message = "Hello" + " Java";    // Hello와 자바를 결합하기
message += " World!";                   // World!를 결합한 후 대입하기
System.out.println(message);
```

```
Hello Java World!
```

2.1.5 제어 구문

조건에 따라 처리를 나눌 경우(분기)나 처리의 반복을 실시하기 위해서는 '제어 구문'을 이용한다. 자바에서는 다음의 제어 구문이 있다.

- 조건 분기 ➡ if문, switch문
- 반복 처리 ➡ for문, while문, do…while문

각각의 문장에 대해서 순서대로 소개하겠다.

(1) if문

조건에 따라 처리를 분리하여 조건이 일치할 때만 처리를 실행할 경우에 if문을 사용한다.

```
if (조건) {
    // 조건에 일치한 경우에 실시하는 처리
}
```

여기에서의 '조건'에는 boolean(논리값)의 변수나 결과가 boolean이 되는 식을 작성할 수 있다. 이 조건식이 true인 경우에 한해서 if 블록 안에 쓰여진 처리를 실행한다. 또한 else 블록을 작성함으로써 조건에 일치하지 않은 경우에 실시하는 처리를 작성할 수 있다. 다음의 소스 코드는 if와 else를 조합하여 현재의 시간(초)이 짝수인지 홀수인지를 판정하는 예다.

```java
int second = LocalDateTime.now().getSecond();

if (second % 2 == 0) {
    System.out.println(second + "는 짝수입니다.");
} else {
    System.out.println(second + "는 홀수입니다.");
}
```

15는 홀수입니다.

여기에서 이용하고 있는 LocalDateTime에 대해서는 '9장 날짜 처리 공략하기'에서 소개하겠다. 이 처리에서는 현재의 시각에서 초 수만을 취득한 후 if문을 사용하여 해당 초 수가 짝수(2로 나누어 나머지가 0)인지 홀수인지를 판정하고 있다. if문에서는 else if 블록을 사용함으로써 앞의 if 에서는 일치하지 않고 그 다음의 조건에 일치한 경우의 처리를 작성할 수 있다. else if 블록은 복수로 나열할 수 있다.

다음의 소스 코드는 현재의 날짜에서 월수를 취득하여 if문을 사용해 계절의 판정을 실시하고 있다. month에는 1부터 12의 값이 들어가기 때문에 '3월부터 5월은 봄', '6월부터 8월은 여름', '9월부터 11월은 가을'이라고 처리한 뒤 '그 외의 달(즉, 1월, 2월, 12월)은 겨울'이라고 판정하고 있다.

```java
int month = LocalDateTime.now().getMonthValue();

if (3 <= month && month <= 5) {
    System.out.println(month + "월은 봄입니다.");
} else if (6 <= month && month <= 8) {
    System.out.println(month + "월은 여름입니다.");
} else if (9 <= month && month <= 11) {
    System.out.println(month + "월은 가을입니다.");
} else {
    System.out.println(month + "월은 겨울입니다.");
}
```

12월은 겨울입니다.

(2) switch문

변수의 값(또는 식의 계산 결과)에 따라 처리를 나누는 제어 구문으로 switch문이 있다. 다음의 문법으로 작성할 수 있다.

```
switch( 변수 ) {
    case 값1:
    case 값2:
        // ❶ 값1 또는 값2에 일치한 경우에 실시하는 처리
        break;
    case 값3:
        // ❷ 값3에 일치한 경우에 실시하는 처리
    case 값4:
        // ❸ 값3과 4에 일치한 경우에 실시하는 처리
        break;
    default:
        // ❹ 어느 조건에도 일치하지 않았을 경우에 실시하는 처리
        break;
}
```

switch에 사용하는 변수(또는 계산 결과)로는 다음과 같은 것을 이용할 수 있다.

- 숫자값
- enum 타입('3장 타입 공략하기'에서 설명)
- 문자열(자바 7 이상)

이 변수가 case의 옆에 쓰인 값에 일치하는 경우 그 다음에 작성된 처리를 실행하며, 실행은 break가 있는 부분까지 계속된다. 위의 예에서는 변수가 값1이나 값2에 일치한 경우에는 ❶의 처리를 실시하고 break가 있으므로 처리를 종료한다. 변수가 값3에 일치한 경우에는 ❷의 처리를 실시하지만 여기서는 break가 없기 때문에 그 다음에 ❸의 처리도 계속해서 실시한다. 어느 조건에도 일치하지 못한 경우에는 default에 기재된 ❹의 처리를 실시한다. 이 default는 생략할 수도 있다. 다음의 소스 코드는 enum 타입의 변수에 대한 switch문의 예다. 월로 계절을 판정하고 있다.

```
Month month = LocalDateTime.now().getMonth();

switch (month) {
    case MARCH:
    case APRIL:
    case MAY:
        System.out.println(month + "는 봄이다");
        break;
```

```
    case JUNE:
    case JULY:
    case AUGUST:
        System.out.println(month + "는 봄이다");
        break;
    case SEPTEMBER:
    case OCTOBER:
    case NOVEMBER:
        System.out.println(month + "는 봄이다");
        break;
    default:
    System.out.println(month + "는 봄이다");
        break;
    }
```

```
MAY는 봄이다
```

여기에서는 현재 날짜로부터 월을 나타내는 enum 타입을 취득하여 switch문을 사용해 처리를 분리하고 있다. 앞에서 실시한 판정과 동일하게 '3월부터 5월은 봄', '6월부터 8월은 여름', '9월부터 11월은 가을'이라고 처리한 뒤 '그 외의 달(즉, 1월, 2월, 12월)은 겨울'이라고 판정하고 있다.

(3) for문 / for-each문

처리를 반복해서 실시할 경우에 사용하는 제어 구문으로 for문이 있다. 다음과 같은 문법으로 작성할 수 있다.

```
for (초기화; 반복 조건; 증감문) {
    // 반복해서 실시할 처리
}
```

처음 한 번만 '초기화'를 실시한 후 '반복 조건'에 일치하는 동안은 처리를 반복해서 실시하고 있다. 그리고 처리가 끝날 때마다 '업데이트 처리'를 실시하고 있다. 다음의 소스 코드는 숫자를 1부터 10까지 합계를 구해 표시하는 예제다.

```
int sum = 0;
for(int i = 1; i <= 10; i++) {
    sum += i;
    System.out.println(i + "번째: " + sum);
}
```

```
1번째: 1
2번째: 3
3번째: 6
4번째: 10
5번째: 15
6번째: 21
7번째: 28
8번째: 36
9번째: 45
10번째: 55
```

먼저 변수 i를 1로 초기화하고 있다. 그리고 i가 10 이하인 경우에 변수 sum에 i를 더하고 그 숫자를 표시한다. 이 처리가 끝난 후 i에 1을 더하고 다시 한번 i가 10 이하인지를 판정한다. 그리고 이 루프를 10회 반복한 다음 i가 11이 되었을 때 i가 10 이하가 아니게 되므로 처리를 종료한다. 이렇게 for문은 정해진 횟수의 처리를 반복할 때에 사용하기 좋은 문장이다. '정해진 수'라고는 했지만 위의 예제와 같이 '10'이라는 고정의 숫자가 아닌 변수를 사용할 수도 있다.

지금까지 반복 조건을 지정하는 for문의 작성법에 대해서 설명했다. 이외에도 for를 사용한 반복 처리가 하나 더 있다. 그것은 for-each문이라고 불리는 것으로 배열이나 컬렉션(각각 '4장 배열과 컬렉션 공략하기'에서 설명)의 요소를 하나씩 취득하여 처리할 때 쓰인다. for-each문은 다음과 같은 문법으로 작성할 수 있다.

```
for (요소의 타입 변수: 배열 또는 컬렉션³) {
    // 반복해서 실시할 처리
}
```

다음의 소스 코드는 배열인 numbers의 요소를 하나씩 취득하여 표시하는 예제다.

```java
int[] numbers = {1, 1, 2, 3, 5, 8, 13, 21};
for(int number : numbers) {
    System.out.println(number);
}
```

---

3   엄밀하게는 컬렉션에 한정되지 않고 Iterable 인터페이스를 구현한 객체라면 사용이 가능하다(Iterable에 대해서는 '12장 디자인 패턴 즐기기'에서 설명).

```
1
1
2
3
5
8
13
21
```

변수 numbers에 들어 있는 숫자(1, 1, 2, ···.)가 선두부터 하나씩 변수 number에 들어가 그 숫자를 표시한다. Numbers의 마지막 숫자(21)가 취득되어 표시된 후 처리를 종료한다. 이러한 for-each문은 변수에 들어가 있는 요소 모두에 대해 처리를 실시할 때 사용하기 좋다.

(4) while문 / do···while문

while문이나 do···while문은 조건에 일치하는 동안 반복해서 처리를 실시할 때 이용하는 제어 구문이다. 각각 다음과 같이 기술한다.

```
while(조건) {
    // 반복해서 실시할 처리
}

do {
    // 반복해서 실시할 처리
} while(조건);
```

둘 다 '조건'에 일치하는 동안에만 처리를 반복한다. while문과 do···while문의 차이는 '조건 판정을 반복 처리 전에 실시할지 반복 처리 후에 할지에 대한 차이'다. 예를 들어 조건이 false인 경우 while문에서는 한번도 처리를 실시하지 않지만, do···while문은 적어도 한 번은 처리를 실행한다. 필자의 경험을 말하자면 while문을 사용할 경우가 많았다. do···while문은 그다지 사용하지 않는다. while문이든 do···while문이든 기술이 가능한 경우 조건이 먼저 나오는 while문 쪽이 가독성이 높다고 한다. 반드시 처음에 한 번은 처리를 실시할 필요가 있을 경우에 한해서 do···while문을 사용하면 좋을 것이다. 다음의 소스 코드는 올바른 암호 'abc'의 입력을 요구하는 처리를 while문을 사용하여 기술한 예다.

```
Scanner in = new Scanner(System.in);
System.out.println("암호를 입력해 주세요");
String str = in.nextLine();
```

```
while(!str.equals("abc")) {
    System.out.println("암호가 틀립니다. 올바른 암호를 입력해 주세요!");
    str = in.nextLine();
}

System.out.println("OK!");
```

```
암호를 입력해 주세요
123 (※키보드로부터의 입력)
암호가 틀립니다. 올바른 암호를 입력해 주세요!
aaa (※키보드로부터의 입력)
암호가 틀립니다. 올바른 암호를 입력해 주세요!
abc (※키보드로부터의 입력)
OK!
```

java.util.Scanner는 System.in(표준 입력)으로부터의 입력을 받기 위한 클래스다. 이 Scanner의 nextLine메서드를 사용하여 키보드로부터의 입력을 받아 입력된 값이 'abc'가 아닌 한 몇 번이고 재입력을 요구하고 있다. 참고로 while문은 조건에 일치하지 않는 경우 외에도 break문을 호출함으로써 루프로부터 빠져나갈 수 있다. 다음과 같은 방식은 자주 이용된다.

· while의 조건을 'true'로 함으로써 무한 루프로 한다
· if문에서 조건 판정을 실시하여 조건에 일치하면 break를 실시한다

다음의 소스 코드는 위의 예제를 if문과 break문을 사용해 루프로부터 빠져나가도록 고쳐 쓴 것이다.

```
Scanner in = new Scanner(System.in);
System.out.println("암호를 입력해 주세요");
String str = in.nextLine();

while(true) {
    if (str.equals("abc")) {
        break;
    }

    System.out.println("암호가 틀립니다. 올바른 암호를 입력해 주세요!");
    str = in.nextLine();

}

System.out.println("OK!");
```

```
암호를 입력해 주세요
123 （※키보드로부터의 입력）
암호가 틀립니다. 올바른 암호를 입력해 주세요!
abc （※키보드로부터의 입력）
OK!
```

특히 루프를 종료하는 조건이 복잡하거나 조건이 여러 개 있는 경우에는 이러한 형태로 기술하면 편리하다.

2.2 | 클래스와 메서드

2.2.1 클래스 선언하기

'2.1.1 문장과 블록'에서 간단하게 설명했지만 클래스란 변수나 메서드를 모아둔 틀 또는 그릇과 같은 것이다. 프로그램을 만들 때는 구조를 파악하기 쉽도록 프로그램을 분할하는데 그때 우선 클래스 단위로의 분할을 고려한다. 그런 방침으로 실제 개체나 개념의 단위로 클래스를 분할하고 그것들을 연계시켜 나가도록 한다. 예를 들면 학생의 점수를 관리하는 프로그램을 만들 경우는 '학생'이라는 개념을 클래스화한다. 다음의 소스 코드는 학생을 나타내는 'Student' 클래스의 예다. 이 Student 클래스에서는 학생의 이름, 점수, 점수의 최댓값을 유지한다.

```
class Student {
    // 필드 선언하기
    String name;
    int score;
    static final int MAX_SCORE = 100;
}
```

클래스는 class 블록 내에 유지시킬 변수를 선언하여 만든다. 클래스가 갖는 변수를 '필드'라고 부른다. 위의 예에서는 name, score, MAX_SCORE가 필드다. MAX_SCORE의 선언에서 int 앞에 있는 'static'이나 'final'은 MAX_SCORE를 변경되지 않는 값으로 정의하고 있음을 나타낸다. 이러한 값을 '상수'라고 부른다. 상수에 대해서는 '3장 타입 공략하기'에서 자세히 설명하겠다.

2.2.2 메서드 선언하기

메서드는 처리를 기술하는 블록이다. 메서드는 다음의 형태로 클래스 안에 선언한다.

구문

<수식자> <반환값의 타입> <메서드 이름> (<인수1의 타입> <인수1의 이름>, <인수2의 타입> <인수1의 이름>, …)

메서드는 호출할 때 값을 건넬 수 있다. 이 값을 '인수'라고 부른다. 예를 들어 덧셈을 하는 메서드를 생각해 보자. 메서드에 값을 건넬 수 없으면 '3과 5를 더하는 메서드', '2와 6을 더하는 메서드'와 같이 전혀 범용성이 없는 그리고 이용하기 어려운 메서드가 된다. 한편 인수로 메서드에 값을 건넬 수 있으면 덧셈을 하는 메서드는 2개의 임의의 정수를 인수로 건네 받아 그 2개의 정수를 이용해 덧셈을 하는 재이용성이 높은 메서드를 만들 수 있다.

메서드의 선언 시에 기술한 인수만을 호출 측에서 지정할 수 있다. 메서드의 선언 시에 기술하는 인수는 타입과 이름의 쌍으로 지정한다. 인수는 몇 개라도 기술할 수 있으며 인수를 건네지 않는 것도 가능하다. 다음의 소스 코드는 인수가 1개인 메서드와 인수가 없는 메서드의 예다. score와 name은 둘 다 필드다.

```java
// 인수를 1개 건네는 메서드
void setScore(int newScore) {
    score = newScore;
}

// 인수가 없는 메서드
void printScore() {
    System.out.println(name + "씨의 점수는 " + score + "점 입니다.");
}
```

메서드를 호출한 후 결괏값을 호출자에게 반환할 수 있다. 이 값을 '반환값'이라고 한다. 앞서 설명한 덧셈을 하는 메서드라면 덧셈 결과가 반환값이 된다. 메서드에서 반환값으로 결과를 받음으로써 호출 측이 메서드의 실행 결과를 사용하여 다음 작업을 진행할 수 있다.

반환값이 없는 경우는 타입으로 'void'를 지정한다. void 이외의 타입을 지정한 경우, 해당 메서드에 return문을 사용해서 타입이 일치하는 값을 반드시 반환할 필요가 있다. 다음의 소스 코드는 반환값을 돌려주는 메서드와 반환값이 없는 (void) 메서드 예다.

```java
// 정수의 반환값을 반환하는 메소드
int getScore() {
    return score;
}

// 반환값이 없는 메소드. return문은 불필요
void printScore() {
    System.out.println(name + "씨의 점수는 " + score + "점 입니다.");
}
```

2.2.3 수식자

지금까지 나온 'public', 'static'과 같이 클래스나 메서드, 필드 등에 대해 효과나 제약을 부여하는 수단으로 '수식자'가 있다. 수식자의 종류를 다음의 표에 나타냈다.

● 수식자

수식자	설명
접근 제한자	클래스나 메서드, 필드 등에 대해 어떤 스코프에서의 액세스를 허가할지를 지정한다.
abstract 수식자	클래스나 인터페이스, 메서드가 추상적인(완전하게 정의되지 않은) 것임을 지정한다.
static 수식자	클래스가 인스턴스화되어 있지 않아도 멤버에 액세스할 수 있음을 지정한다.
final 수식자	멤버의 변경을 금지하는 지정이다(지정하는 대상에 따라 금지의 의미가 다르다).
transient 수식자	객체의 직렬화 시에 직렬화의 대상에서 제외한다.
volatile 수식자	멀티 스레드로부터 액세스되는 필드가 스레드마다 캐시되지 않도록 한다.
synchronized 수식자	동기 처리(동시에 1 스레드만)를 실행할 수 있도록 지정한다.
native 수식자	C/C++ 등 자바 이외의 네이티브한 코드를 호출한다는 것을 지정한다.
strictfp 수식자	부동소수점수를 IEEE 754 규격으로 엄밀히 처리하는 것을 지정한다.

접근 제한자에 대해서는 '3.2.3 접근 제한자'에서 자세히 설명하겠다. 그 외의 것에 대해서는 간단히 설명할 것이므로 여기에서는 '이러한 것이 있다'라는 정도로만 이해하길 바란다.

(1) abstract 수식자

abstract 수식자는 해당 클래스나 메서드를 추상적으로 표현하겠다는 지정이다. 추상적이라는 말의 의미에서 알 수 있듯이 그 실체는 불완전하다. 예를 들어 abstract 메서드는 메서드의 선언 부만 있을 뿐 실제 내용은 정의되어 있지 않은 경우에 지정한다.

또한 abstract 클래스는 그 자체로는 인스턴스화할 수 없음을 의미한다. abstract 메서드를 갖는 클래스는 반드시 abstract 클래스이어야 한다. 또한 반드시 계승한 클래스를 생성하여 abstract 메서드의 내용물을 정의할 필요가 있다. 참고로 언어 사양상 인터페이스에도 abstract 수식자를 지정하는 것이 가능하지만, 인터페이스는 반드시 abstract 메서드를 정의하기 때문에 지정할 필요가 없다(지정해도 의미가 없다).

(2) static 수식자

static 수식자는 그 클래스가 인스턴스화되어 있지 않더라도 액세스 가능하다는 지정이다. 메서드 또는 필드에 대해 지정할 수 있다. static 수식자를 부여한 멤버(메서드 및 필드)는 다음의 형식으로 액세스 가능하다.

```
<클래스명>.<멤버명>
```

(3) final 수식자

final 수식자는 멤버의 변경을 금지한다. 클래스, 메서드, 필드에 지정할 수 있는데 금지 동작은 final 수식자를 지정하는 대상에 따라 조금씩 다르다.

- 필드에 지정한 경우   ➡ 그 필드의 값이 변경되는 것을 금지한다
- 메서드에 지정한 경우 ➡ 서브 클래스에서의 메서드 변경을 금지한다
- 클래스에 지정한 경우 ➡ 클래스의 서브 클래스화를 금지한다

메서드의 변경이란 어떤 클래스를 계승해서 만든 서브 클래스 중에서 부모 클래스가 지닌 메서드를 서브 클래스 쪽에서 변경하는 것을 말한다. 이것을 오버라이드(Override)라고 부른다. 메서드에 final 수식자를 지정하는 것은 이 오버라이드를 금지한다는 의미다. 클래스에 final 수식자를 지정하면 지정한 클래스를 계승하여 서브클래스를 만드는 것을 금지한다는 의미다.

(4) transient 수식자

transient 수식자는 객체의 직렬화 시에 해당 필드를 직렬화의 대상에서 제외하겠다는 지정이다. 직렬화(serialize)란 인스턴스화되어 있는 자바 객체를 바이트 열로 변환하는 것을 말한다. 예를 들어 데이터를 필드에 보관하거나, 네트워크 간에 객체를 송수신하거나 할 때 객체에 일시적인 데이터를 보관하는 필드를 갖게 하는 경우가 있는데 그러한 데이터는 파일을 보관할 때는 불필요하다. 그런 필드에 대해 transient 수식자를 지정함으로써 불필요한 일시적인 데이터를 직렬화하지 않도록 하게 해 준다. transient 수식자는 필드에 대해서만 지정할 수 있다.

(5) volatile 수식자

volatile 수식자는 멀티 스레드로부터 액세스되는 필드에 대해 스레드마다 값이 캐시되지 않도록 하는 지정이다. 필드에 대해서만 지정이 가능하다. 멀티 스레드에 대해서는 '11장 스레드 세이프 즐기기'에서 설명하겠다. 여기서는 '멀티 스레드에서 동일 객체를 참조할 경우 아주 짧은 타이밍

에 스레드마다 참조하는 값이 달라지는 일이 있는데 그것을 volatile 수식자로 방지할 수 있다'라고만 기억해 두길 바란다.

(6) synchronized 수식자

synchronized 수식자는 대상의 처리를 동기화하기 위한 지정이다. 메서드 또는 블록에 대해 지정할 수 있다. 이것을 지정한 메서드 또는 블록의 내부는 동시에 하나의 스레드에서만 액세스할 수 있음을 보증한다. 이것을 통해 멀티 스레드 프로그램에서는 처리의 순서 등이 기대하지 않은 상태가 되지 않도록 해 준다. synchronized 수식자의 사용법은 '11장 스레드 세이프 즐기기'에서 설명한다.

(7) native 수식자

native 수식자는 지정한 메서드가 네이티브한 코드(⑩ C/C++ 등으로 만들어진 DLL이나 공유 라이브러리 등)를 호출한다는 것을 나타낸다. native 수식자를 지정한 메서드는 자바 소스 코드상에서 내용을 정의할 수 없다. 네이티브한 코드를 호출하는 처리에 대해서는 이 책에서는 취급하지 않으므로 상세한 내용은 생략하겠다.

(8) strictfp 수식자

strictfp 수식자는 부동소수점 수를 IEEE 754 규격으로 엄밀하게 관리한다는 지정이다. 인터페이스 또는 메서드에 대해서 지정할 수 있다. strictfp 수식자를 지정한 경우 그 클래스, 인터페이스, 메서드의 안에 있는 모든 double 또는 float 필드/변수의 부동소수 연산이 IEEE 754에서 지정된 규칙으로 엄밀히 실시하게 된다. float이나 double을 사용한 부동소수 연산을 실시하는 프로그램에서 복수의 플랫폼 간에 엄밀한 이식성을 요구하는 경우에 지정하곤 한다.

2.2.4 메서드 오버로딩

하나의 클래스 안에서는 동일 메서드를 복수 정의할 수 없다. 단, 인수의 타입이나 인수의 수가 다르면 동일 명칭의 메서드를 정의할 수 있다. 이러한 정의를 메서드의 '오버로딩'이라고 부른다. 다음의 소스 코드에서는 인수에 int 타입이 지정된 경우는 위쪽의 메서드가 호출되고, 인수의 지정이 없는 경우는 아래쪽의 메서드가 호출되어 MAX_SCORE 값을 이용해 위쪽의 메서드를 호출한다.

```
// 메서드를 선언한다
void printScore(int maxScore) {
    System.out.println(name + "씨는" + maxScore + "점 만점 중, " + score + "점 입니다.");
}

void printScore() {
    printScore(MAX_SCORE);
}
```

▌2.2.5 main 메서드

메서드에는 'main 메서드'라고 불리는 특별한 메서드가 있다. 이 메서드는 자바 프로그램을 실행했을 때 호출되는 프로그램의 시작점인 메서드이며 자바 프로그램에는 반드시 존재해야 한다. main 메서드는 다음과 같이 기술한다.

```
public static void main(String... args) {
    // 처리 내용을 여기에 작성한다
}
```

public static은 main 메서드의 수식자다. 이 지정으로만 프로그램 시작시에 호출할 수 있다. String… args는 인수의 선언이다. main 메서드의 경우 프로그램을 호출할 때의 커맨드 인수의 값이 들어 있다. 인수는 배열 또는 가변 길이 인수 형식으로 받아들일 수 있다. 배열과 가변 길이 인수에 대해서는 '4장 배열과 컬렉션 공략하기'에서 설명한다.

▌2.2.6 인스턴스

필드와 메서드를 작성하면 클래스는 만들어진다. 단, 클래스의 선언만으로는 아직 물건을 담을 틀만 존재하는 상태다. 실제로 프로그램에서 사용하려면 이 틀을 이용해서 실제 물건을 만든 후에 이용할 필요가 있다. 이 실제 물건을 '객체' 또는 '인스턴스'라고 부른다.

```
Student shion = new Student();    // shion이라는 인스턴스를 만든다
```

또한 인스턴스의 필드에 액세스하기 위해서는 인스턴스와 필드를 마침표(.)로 연결하여 기술한다. 메서드도 동일하게 인스턴스와 메서드를 마침표로 연결하여 기술함으로써 호출할 수 있다. 다음의 소스 코드는 인스턴스를 생성하여 필드에 값을 설정한 후 메서드를 호출하는 예다.

```
Student shion = new Student();
shion.name = "시온";      // 이름을 설정한다
shion.printScore();      // 인스턴스의 printScore 메서드를 호출한다
```

클래스를 이용하는 예에서는 이렇게 작성함으로써 인스턴스를 만들고 조작할 수 있다. 다음의
소스 코드는 StudentSample 클래스를 작성하여 main 메서드를 정의해 그 안에서 Student 클래
스의 인스턴스를 생성하여 조작하는 예다.

```
public class Student {
    String name;
    int score;
    static final int MAX_SCORE = 100;

    // 메서드를 선언한다
    void printScore() {
        System.out.println(name + "씨는" + MAX_SCORE + "점 만점 중, " + score + "점 입니다.");
    }
}
```

```
class StudentSample {
    public static void main(String... args) {
        Student shion = new Student();    // shion이라는 인스턴스를 만든다
        shion.name = "시온";              // 이름을 설정한다
        shion.score = 80;      // 점수를 설정한다
        shion.printScore()     // 인스턴스의 printScore 메서드를 호출한다

        Student haeun = new Student();     // 동일하게 haeun 인스턴스를 만든다
        haeun.name = "하은";
        haeun.score = 90;
        haeun.printScore();
    }
}
```

```
시온씨는 100점 만점 중, 80점 입니다.
하은씨는 100점 만점 중, 90점 입니다.
```

클래스는 단지 틀에 불과하므로 클래스로부터 인스턴스를 생성하면 몇 개라도 별개의 객체를
만들 수 있다. 이 예에서는 shion 인스턴스 외에 haeun 인스턴스를 만들어 호출하고 있다. 둘 다
동일한 Student 클래스로부터 만들어졌지만 name과 score 등의 값이 다른 별개의 인스턴스다.

2.2.7 this를 사용할 때의 주의점

클래스는 단지 틀이므로, 클래스로부터 인스턴스인 shion과 haeun에 대해서 값을 대입하거나 메서드를 호출할 때는 필드나 메서드 앞에 인스턴스(shion이나 haeun)와 마침표(.)를 썼다. 한편 Student 클래스의 printScore 메서드 안에서는 그 인스턴스의 필드인 name이나 score가 사용되고 있는데, 인스턴스와 마침표(.)를 사용하고 있지 않다. 자기 자신의 인스턴스 안에 있는 필드나 메서드를 사용할 경우는 특수한 인스턴스로 자기 자신을 나타내는 this를 쓰고, 마침표(.)로 연결하는 식으로 기술한다.

참고로, Student 클래스의 printScore 메서드의 안에는 this의 기술이 없다. 이것은 this가 생략 가능하기 때문이다. 앞 절에서 예로 작성한 printScore 메서드를 (일부러) this를 사용해서 작성하면 다음과 같이 된다.

```
void printScore() {
    System.out.println(this.name + "씨는 " + MAX_SCORE + "점 만점중, " ↵
+ this.score + "점 입니다.");
}
```

단, 이 printScore메서드와 같이 this를 생략해도 문제가 없는 경우는 간략한 작성을 위해서 생략하는 편이 좋다. 그러나 상황에 따라서는 this를 생략할 수 없는 경우가 있다. 그것은 필드와 다른 변수의 이름이 동일한 경우다. 예로서 앞 절에서 작성한 Student 클래스에 값을 취득하거나 설정하는 메서드(getName/setName 메서드, getScore/setScore 메서드)를 추가해 보자.

```
class Student {
    String name;
    int score;
    static final int MAX_SCORE = 100;

    String getName() {
        return name;
    }

    void setName(String name) {
        this.name = name;
    }

    int getScore() {
        return score;
    }
```

```
    void setScore(int score) {
        this.score = score;
    }

    void printScore() {
        System.out.println(this.name + "씨는 " + MAX_SCORE + "점 만점 중, ↴
 "+ this.score + "점 입니다.");
    }
}
```

setName 메서드에 주목하자. 메서드의 인수는 name이다. 필드와 동일한 이름으로 되어 있다. 이 메서드 안에서 name이라는 이름을 사용하면 필드가 아닌 인수 쪽이 사용된다. 그렇기 때문에 필드를 사용하고 싶은 경우는 명시적으로 this를 붙일 필요가 있다.

참고로, 이러한 getName/setName 메서드와 같이 하나의 필드에 대해서 값의 취득과 설정만을 실시하는 단순 메서드를 getter(게터: 값을 취득하는 메서드)/setter(세터: 값을 설정하는 메서드)라고 부른다. setter의 인수명을 필드와 다른 이름으로 하면 this를 사용할 필요가 없지만, setter의 인수명은 필드와 동일한 이름으로 하는 관례가 있다. 누가 봐도 그 메서드가 setter인 것을 알 수 있도록 관례를 따르는 것이 좋다.

2.2.8 생성자

앞의 예에서는 인스턴스를 만들기만 했는데 실제 프로그램에서는 인스턴스를 생성하는 시점에 설정을 읽어들이거나 필드를 초기화하는 등 여러 가지 처리를 하는 경우가 있다. 그러한 때는 '생성자'를 선언한다. 생성자는 인스턴스를 생성할 때 호출되는 처리다. 생성자의 작성법은 메서드와 비슷한데 다음의 두 가지 특징이 있다.

· 메서드명이 클래스명과 동일하다
· 반환값의 선언이 존재하지 않는다

다음의 소스 코드는 생성자에서 필드를 초기화하고 있는 예다.

```
class Student {
    String name;

    Student(String name) {
        this.name = name;
    }
}
```

생성자에서도 일반 메서드와 동일하게 오버로딩이 가능하다. 즉, 인수가 다른 생성자를 여러 개 정의할 수 있다.

```java
class Student {
    String name;
    int score;
    static final int MAX_SCORE = 100;

    // 이름과 점수를 건네는 생성자
    Student(String name, int score) {
        this.name = name;
        this.score = score;
    }
    // 이름만을 건네는 생성자(점수는 0으로 한다)
    Student(String name) {
        this(name, 0);
    }

    void printScore() {
        System.out.println(this.name + "씨는 " + MAX_SCORE + "점 만점 중, ↴
"+ this.score + "점 입니다.");
    }
}
```

```java
public class StudentSample {
    public static void main(String... args) {
        Student shion = new Student("시온");      // shion 인스턴스를 만들어
                                                 // 이름을 설정한다
        shion.score = 80;                        // 점수를 설정한다
        shion.printScore();

        Student haeun = new Student("하은", 90); // 동일하게 haeun 인스턴스를 만들어,
                                                 // 이름과 점수를 설정한다
        haeun.printScore();
    }
}
```

```
시온씨는 100점 만점 중, 80점 입니다.
하은씨는 100점 만점 중, 90점 입니다.
```

이 예와 같이 생성자를 이용한 경우든 앞 항에서와 같이 값을 설정한 경우든 실행 결과는 변함이 없다. 다른 것은 값을 설정하는 타이밍뿐이다. 필자는 다음과 같이 나누어서 사용하고 있다.

- 인스턴스 생성 시점에 값이 결정되고 나중에 변하지 않는 것
  ➡ 생성자에서 지정한다
- 값이 나중에 변하는 것
  ➡ 메서드나 필드를 통하여 값을 설정한다

참고로 Student(String name) 생성자 안에서 작성한 'this(name, 0);'은 Student(String name, int score) 생성자를 호출하는 기술이다. 즉, this.name에 인수 name이, this.score에 0이 대입된다. Student(String name) 생성자 안에서 직접 초기화 처리를 작성할 수도 있지만 여러 생성자 안에 비슷한 코드를 몇 번이고 작성하는 것은 유지보수성에 나쁜 영향을 끼친다. 그렇기 때문에 코드를 공통화할 수 있는 경우는 가장 인수가 많은 생성자에 필요한 처리를 기술하고, 인수가 적은 생성자에서는 this를 사용하여 별도의 생성자를 호출하는 식으로 하는 것 좋다.

이번에 다룬 Student 클래스에서는 인수가 가장 많은 Student(String name, int score) 생성자에 필드의 초기화 처리를 기술하고, 인수가 적은 Student(String name) 생성자에서는 this(…)를 사용하고 있다.

2.3 | 정보 공유를 위해 알아둘 기능

2.3.1 Javadoc

Javadoc은 클래스나 메서드에 정의하는 주석의 일종이다. Javadoc에 클래스의 설명 및 메서드의 인수, 반환값에 관한 정보 등을 기재함으로써 HTML 형식의 문서를 생성할 수 있다. 다음의 소스 코드는 Javadoc의 예다.

```java
/**
 * 학생의 점수를 취급하는 클래스
 */
class Student {
    /** 이름 */
    String name;

    /** 점수 */
    int score;

    /** 최고 점수 */
    static final int MAX_SCORE = 100;

    /**
     * 이름과 점수를 지정하여 인스턴스를 생성한다
     * @param name 이름
     * @param score 점수
     */
    Student(String name, int score) {
        this.name = name;
        this.score = score;
    }

    /**
     * 이름을 지정하여 인스턴스를 생성한다
     * @param name 이름
     */
    Student(String name) {
        this(name, 0);
    }
```

```
    /**
     * 점수를 표준 출력으로 표시한다
     */
    void printScore() {
        System.out.println(this.name + "씨는" + MAX_SCORE + "점 만점 중, "
            + this.score + "점 입니다.");
    }
}
```

Javadoc의 상세한 작성법에 대해서는 '13장 주변 도구로 품질 높이기'에서 자세히 설명한다.

2.3.2 애노테이션

애노테이션(annotation)이란 소스 코드 안의 요소(클래스나 메서드 등)에 대해 정보(메타 데이터)를 설명하는 메커니즘이다. 클래스나 메서드에 특정 역할 및 의미를 갖게 하는데 사용할 수 있다. 표준 API에서는 다음과 같은 애노테이션이 있다.

- 메서드의 오버라이드를 나타내는 @Override
- 비추천을 나타내는 @Deprecated
- 경고를 출력하지 않도록 하는 @SuppressWarnings

하나씩 살펴보자. @Override는 메서드의 앞에 기술함으로써 정말 오버라이드되어 있는지를 컴파일러가 체크하게 한다. 프로그램 작성 시의 실수에 의해 오버라이드가 성립하지 않을 경우 경고를 출력해 준다. 또한 '소스 코드를 보는 것만으로 메서드가 오버라이드되어 있는 것을 알 수 있다'는 장점도 있다.

```
public class Person {
    private String name;

    @Override
    public String toString() {
        return name;
    }
}
```

@Deprecated는 클래스나 메서드의 사용을 비추천임을 나타내기 위해 사용한다. 다음의 예는 'Person 클래스의 name 속성을 취득하기 위한 메서드로서 원래부터 준비되어 있던 get_name 메서드에서 getName 메서드로 변경하게 되었음'을 나타내고 있다.

```
public class Person {
    private String name;

    @Deprecated
    public String get_name() {
        return name;
    }

    public String getName() {
        return name;
    }
}
```

단순히 get_name 메서드를 삭제하게 되면 Person 클래스를 이용하고 있던 부분에서 컴파일 에러가 발생할지도 모른다. 그래서 get_name 메서드는 @Deprecated 애노테이션을 부여하여 남겨둠으로써 호환성을 유지하도록 한다. 또한 get_name 메서드를 사용하고 있으면 컴파일 시에 경고가 표시되고 이클립스상에서는 get_name 메서드의 호출에 취소선이 생기는 등 비추천임을 이용자에게 알릴 수 있다.

@SuppressWarnings 애노테이션은 코드 안에 억제하고 싶은 경고의 종류를 지정하여 컴파일 시에 경고를 출력하지 않도록 한다. 그러나 경고의 내용을 무시하게 되어 여러 문제점을 야기하기 때문에 사용을 권장하지 않는다.

애노테이션이 효과적으로 활용 가능한 경우는 외부의 라이브러리나 프레임워크를 사용할 때다. 예를 들어 '13장 주변 도구로 품질 높이기'에서 설명할 JUnit에서는 메서드에 '@Test' 애노테이션을 부여함으로써 테스트의 대상으로 간주한다.

```
import org.junit.Test;

public class EmployeeServiceTest {
    @Test
    public void updateServiceOK() {
        // 테스트 내용
    }
}
```

또한 Java EE의 프레임워크에서는 각 클래스, 메서드에 애노테이션을 부여함으로써 인스턴스의 관리나 제어를 하고 있다.

2.4 | 명명 규칙

프로그래밍에 있어서 명명 규칙을 통일하는 것은 가독성, 보수성을 높이기 위해 매우 중요하다. 이번 절에서는 자바 프로그래밍에 있어 일반적인 명명 규칙을 소개한다.

2.4.1 클래스와 변수는 카멜 케이스로, 상수는 스네이크 케이스로 한다

복수의 단어로 형성된 복합어에서 각 단어의 첫 글자를 대문자로 표기하는 형식을 '카멜 케이스 (camel case)'라고 한다. 카멜 케이스 중에서도 선두의 문자를 소문자로 한 것을 카멜 케이스 (🔔 getPropertyName)라고 하고, 선두 문자를 대문자로 한 것을 파스칼 케이스[4](🔔 TextDataBinder)라고 한다. 자바에서는 다음의 규칙으로 기술한다.

· 클래스명 ➡ 대문자로 시작하는 카멜 케이스(파스칼 케이스)
· 변수　　 ➡ 소문자로 시작하는 카멜 케이스

한편, 상수는 모두 대문자로 단어를 언더스코어(_)로 구분하는 '스네이크 케이스(snake case)' 형식으로 기술한다(🔔 DEFAULT_FILE_NAME).

나쁜 예

```
public class resultobject {
    public static final int statusOk = 0;

    private int Number;

    private String _name;
}
```

---

4 역주 원서는 헝가리안 케이스라고 했는데 잘못된 설명이다. 파스칼 케이스가 맞다

좋은 예

```java
public class ResultObject {
    public static final int STATUS_OK = 0;

    private int number;

    private String name;
}
```

2.4.2 변수명 뒤에는 '_'를 붙이지 않는다

예전에는 필드명의 뒤에 '_'(언더스코어)를 붙이는 코딩 문화가 있었다. 이는 필드와 메서드의 인수 등에서 동일 문자열이 존재하는 경우 서로를 명확하게 구별해 잘못 이용하지 않도록 하기 위해서였다.

```java
public class Customer {
    private int id_;

    private String name_;
}
```

그러나 이클립스 등의 IDE(통합 개발 환경)를 사용하는 것이 당연한 상황인 지금은 필드와 로컬 변수는 색으로 구분이 되기 때문에 그다지 틀릴 일이 없다. 게다가 프레임워크에 따라서는 필드의 뒤에 '_'가 있음으로 인해 변수의 대입(Binding)에 실패하는 일도 있어 '_'를 붙이는 것이 문제가 되는 경우가 많아지고 있다. 따라서 변수명의 뒤에 '_'를 붙이는 것은 이제는 필요 없다고 말할 수 있다.

2.4.3 변수는 명사, 메서드는 동사로 명명한다

역할을 고려하면 변수는 명사, 메서드는 동사로 명명하는 것이 원칙이다. 특히 명명을 잘못하기 쉬운 것이 boolean이다. boolean의 변수명에 isXxx라고 붙이는 경우가 있는데 위의 원칙에 따르자면 잘못된 명명에 해당한다. 아래의 클래스는 시작된 상태인지를 started라는 필드로 관리하고 있다. 이에 대해 외부로부터 상태를 문의하기 위해 준비한 메서드가 isStarted 메서드다. 이는 '변수는 명사, 메서드는 동사'라는 원칙에 따른 것을 알 수 있다.

```java
public class Status {
    // 이것은 잘못된 명명
    // private boolean isStarted = false;

    // 올바른 명명은 이것이다
    private boolean started = false;

    public boolean isStarted() {
        return this.started;
    }

    public void setStarted(boolean started) {
        this.started = started;
    }
}
```

필드를 isStarted로 하고 있는 소스 코드를 자주 발견하곤 하는데 원칙을 말하자면 그런 명명은 잘못된 것이다.

2.4.4 '불길한 냄새'가 나는 이름에 주의하자

역할이 애매하거나 많은 역할을 지니고 있는 나머지 비대화된 클래스로 보이는 '불길한 냄새가 나는 클래스명'이라는 것이 있다. 예를 들면 주위의 소스 코드 중에 다음과 같은 이름을 지닌 클래스가 없는가?

- XxxInfo
- XxxData
- XxxManager

이것들은 내용이 상세히 정해지지 않았어도 대충 역할을 알 수 있기 때문에 그냥 보기에 편리한 이름이라고 생각하기 쉽다. 그러나 그런 만큼 새로운 데이터나 처리가 필요한 경우에 뭐든지 포용할 수 있어서 결과적으로는 비대화될 가능성이 높은 이름이기도 하다. 소스 코드를 작성할 때 위와 같은 이름이 나오거나 또는 그런 이름이 생각 나면 보다 역할을 단적으로 표현하는 클래스명이 없는지 좀 더 진지하게 검토해 보도록 하자.

3

타입 공략하기

3.1 | 기본형과 참조형

3.1.1 자바는 정적 타입 언어

'타입(형)'이란 프로그램 안에서 취급하는 데이터 형식을 정의한 것이다. 변수의 타입을 명확하게 함으로써 예를 들어 변수가 문자열인지, 숫자인지, 또는 보다 복잡한 데이터인지를 알 수 있다. 프로그래밍 언어에 따라 이 '타입'이 정해지는 타이밍이 다른데 크게 나누어 '정적 타입 언어'와 '동적 타입 언어' 두 가지가 있다. '정적 타입 언어'는 변수의 선언 시에 타입을 명기하여 컴파일할 때 타입의 정합성(matching)을 체크한다. 자바는 이 정적 타입 언어 중 하나다. 한편, '동적 타입 언어'는 변수의 선언 시에는 타입을 명확하게 하지 않고 실행 시에 타입의 정합성을 체크한다. 예를 들어 JavaScript나 Ruby와 같은 언어는 동적 타입 언어다.

정적 타입 언어의 장점은 타입과 관련된 버그를 줄일 수 있다는 점이다. 예를 들어 '변수에 어떠한 종류의 값이 들어가고 나가야 하는지'를 코딩 시에 알고 있어 만약 잘못된 사용을 하고 있다면 컴파일 에러가 발생한다. 그렇기에 타입과 관련된 버그가 실행 시에 생기기 어렵다. 또한 IDE(통합 개발 환경)를 사용함으로써 변수나 메서드의 이름이 자동 보완되어 효율적으로 프로그래밍할 수 있다는 점도 커다란 장점이다. 단, 코딩 시에는 모든 변수, 메서드의 인수, 반환값에 타입을 지정할 필요가 있으며 실행하기 전에 컴파일도 해야 하므로 이에 상응하는 노력이 발생한다는 단점이 있다.

동적 타입 언어의 장점은 코딩이 간단하고 자유도가 높다는 점이다. 타입을 명기하지 않는 만큼 소스 코드를 보다 적은 행 수로 작성할 수 있는 경우가 많다. 단, 변수에 어떤 타입의 변수가 포함되어 있는지 실행 시까지 정해지지 않으므로 실행 시에 비로소 문제가 발생하거나 코딩 시에 IDE의 자동 보완 기능을 활용하기 어렵다는 단점이 있다.

자바의 타입에는 크게 나누어 다음 두 종류의 타입이 있다.

- 기본형
- 참조형

그럼 이 타입에 대해서 각각 설명하겠다.

3.1.2 기본형

기본형은 논리형과 숫자형, 문자열형 등의 기본적인 데이터 타입이다. 숫자형은 용도에 따라 필요한 데이터 사이즈, 값의 범위, 정밀도가 다르기 때문에 여러 종류가 있다. 자바의 기본형에는 다음과 같은 것이 있다.

● 기본형

타입	설명	사이즈	값의 범위
byte	부호 있는 정숫값	8bit	–128 ~ 127
short	부호 있는 정숫값	16bit	–32768 ~ 32767
int	부호 있는 정숫값	32bit	–2147483648 ~ 2147483647
long	부호 있는 정숫값	64bit	–9223372036854775808 ~ 9223372036854775807
char	유니코드 문자	16bit	'\u0000'~ '\uffff'/ 0~65535
float	IEEE754[4] 부동소수점수	32bit(단정도)	2-149 ~ (2-2-23)*2127[5]
double	IEEE754[4] 부동소수점수	64bit(배정도)	2-1074 ~ (2-2-52)*21023[5]
boolean	논리값	1bit	true/false의 두 값

정적 타입 방식에 의해 타입의 잘못된 사용을 검출하는 부분을 확인해 보자. 다음의 코드는 boolean 타입의 변수에 들어 있는 값을 int 타입의 변수에 대입하고 있다.

```
boolean boolA = true;

int intNum = boolA;    // int형의 변수에 boolean형 변수의 값을 대입하므로
                       // 컴파일 에러가 발생한다.
```

자바 소스 코드를 컴파일하는 javac 커맨드[7]를 사용하여 이 소스를 컴파일해 보면 다음과 같은 결과가 된다.

---

5   부동소수점수의 계산에서 가장 널리 채택되고 있는 표준 규격

6   float도 double도 양수의 범위만 기재하고 있다. 양수의 범위의 부호를 마이너스로 한 것이 음수가 된다.

7   이 책에서는 이클립스를 이용하고 있으므로 이 부분 이외에서 직접 커맨드를 실행할 일은 없다.

```
>javac Main.java
Main.java:9: error: incompatible types: boolean cannot be converted to int
                int intNum = boolA; // int형의 변수에 boolean형 변수의 값을 대입하므로
                             ^
1 error
```

이렇게 서로 잘못된 타입을 사용하는 경우는 컴파일 시에 에러로 보고된다. 에러 메시지로부터 에러의 내용과 소스 코드의 어느 행에서 문제가 발생하고 있는지를 알 수 있기 때문에 문제가 발생했을 때의 단서가 된다. 또한 위의 예에서는 javac 커맨드를 사용해 컴파일 시에 문제를 검출했지만 IDE를 사용함으로써 거의 실시간으로 문제를 검출해서 프로그래밍을 할 수 있다.

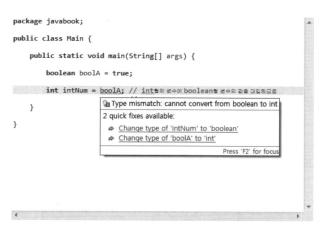

● 이클립스에서는 이렇게 문제 부분이 물결선으로 경고 표시된다

리터럴에 의한 기본형 변수의 선언

변수를 정의할 때는 타입과 변수명을 선언한다. 초깃값을 지정하려면 대입 연산자를 사용해서 값을 정의한다.

다음의 예는 int 타입의 변수 numberA를 초깃값 10으로 선언하고 있다.

```
int numberA = 10;
```

'2장 기본적인 작성법 익히기'에서도 설명했지만 이 값 10과 같이 소스 코드에 직접 기술된 값을 리터럴이라고 부른다. 기본형에 관한 리터럴에는 다음과 같은 것이 있다.

```
//int 타입의 정수 리터럴(10진수)
int num1 = 123;
System.out.println(num1);          // 123

//int 타입의 정수 리터럴(8진수)
int num2 = 010;                    // 맨 앞에 0을 붙인다
System.out.println(num2);          // 8

//int 타입의 정수 리터럴(16진수)
int num3 = 0xa;                    // 맨 앞에 0x 또는 0X를 붙인다
System.out.println(num3);          // 10

//int 타입의 정수 리터럴(2진수)
int num4 = 0b11;                   // 맨 앞에 0b 또는 0B를 붙인다
System.out.println(num4);          // 3

//long 타입의 정수 리터럴
long longNum = 1L;                 // 맨 끝에 l 또는 L을 붙인다
System.out.println(longNum);       // 1

//float 타입의 부동소수점 리터럴
float floatNum = 3.14f;            // 맨 끝에 f 또는 F를 붙인다
System.out.println(floatNum);      // 3.14
float floatNum2 = 3f;
System.out.println(floatNum2);     // 3.0

//double 타입의 부동소수점 리터럴
double doubleNum = 3.14;           // 소숫점은 디폴트로 double 타입이 된다
System.out.println(doubleNum);     // 3.14
double doubleNum2 = 3d;            // 맨 끝에 d 또는 D를 붙인다
System.out.println(doubleNum2);    // 3.0

//논리 리터럴
boolean bool = true;               // true 또는 flase
System.out.println(bool);          // true

//문자 리터럴
char c = 'A';                      // 작은따옴표(')로 둘러싼다
System.out.println(c);             // A
```

그런데 행수가 많은 숫자값을 표기할 경우 서류 등에서는 콤마(,)를 사용해서 '12,345,678'과 같이 3행마다 구분해서 표기하는 일이 많을 것이다. 자바에서는 숫자값을 취급하는 리터럴에서는 다음과 같이 언더스코어를 사용하여 구분 표기를 할 수 있다. 이 표기 방법은 자바 7 이후에서 사용할 수 있게 되었다.

```
long amount = 123_456_789L;
System.out.println(amount);        //123456789
```

이 언더스코어는 선두나 끝에 붙이면 컴파일 에러가 발생하므로 주의하길 바란다.

확장 변환(widening conversion)과 축소 변환(narrowing conversion)

자바는 타입이 서로 일치하지 않는 경우에도 타입끼리 서로 호환성이 있으면 자동적으로 변환을 실시한다. 예를 들어 short 타입은 16비트의 정수이고, int 타입은 32bit의 정수이므로 short 타입의 값을 int 타입의 값으로 취급해도 값이 변하는 문제는 발생하지 않는다. 즉, 타입의 데이터 크기가 커지는 변환인 경우는 호환성이 보장되어 새로운 타입으로 변환된다. 이 변환을 확장 변환이라고 한다.

```
short shortNum = 100;

int intNum = shortNum;        // 확장 변환에 의한 자동 변환(short ➡ int)

System.out.println(intNum);   // 100
```

한편 int 타입의 값을 short 타입의 값으로 취급하는 것에 대해 생각해 보자. int 타입의 값이 short 타입으로 나타낼 수 있는 값의 범위를 넘을 경우에는 int 타입의 값은 short형으로 취급할 수 없기 때문에 호환성이 있다고 이야기할 수 없다. 즉, 타입의 데이터 크기가 작아지는 변환의 경우는 호환성이 없기 때문에 자동적으로 변환할 수 없어 컴파일 에러가 된다. 이러한 경우에도 타입을 명시적으로 지정함으로써 타입을 변환(캐스트라고 부른다)할 수 있다. 이런 변환을 축소 변환이라고 한다. 단, 변환 후의 타입의 범위를 넘어가는 값을 축소 변환하면 오버플로우가 발생해 예상치 못한 값이 될 수 있으므로 주의하길 바란다.

```
int intNum = 1;
short shortNum = intNum; // 컴파일 에러
System.out.println(shortNum);
```

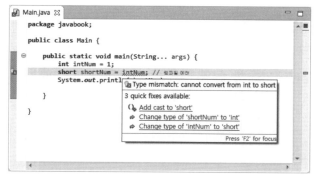

● 타입에 호환성이 없어 컴파일 에러가 된다

```
int intNum = 32767 + 1;          // short의 상한값인 32767에 1을 더한 값
short shortNum = (short) intNum;  // short 타입으로 캐스트한다(축소 변환)
System.out.println(shortNum);
```

▌3.1.3 참조형

'2장 기본적인 작성법 익히기'에서 설명했듯이 변수나 메서드를 모은 틀이 클래스다. 이 클래스라는 틀로부터 만든 실제 객체가 인스턴스다. 생성된 인스턴스를 사용하려면 그 인스턴스를 특정하는 정보(주소와 같은 것)를 알아 둘 필요가 있다. 그 정보를 참조(포인터)라고 부른다. 그리고 참조라는 값을 보관하는 타입을 참조형이라고 부른다. 몇 가지 예를 들면 자바가 표준으로 제공하는 클래스 중 하나로 문자열을 취급하는 String 클래스가 있다. String 클래스는 문자열을 값으로 지니고 문자열을 조작하는 메서드를 갖추고 있다. String 클래스로부터 인스턴스를 생성하고 문자열의 길이를 반환하는 length 메서드를 호출해 보자.

```
String name = new String("Haeun");    // String 인스턴스의 참조를 name 변수에 보관[8]
System.out.println(name.length());    // 5가 출력된다
```

name은 String형의 변수다. new 키워드를 사용함으로써 String 클래스로부터 문자열 'Haeun'을 값으로 갖는 String 클래스의 인스턴스를 생성하고 있다. 이때 name에는 String 클래스 인스턴스로의 참조가 값으로 대입된다. 이후로 변수 name을 이용하여 String 클래스의 메서드를 호출할 수 있다. String 클래스는 자바 프로그램 안에서 빈번하게 이용하는 클래스로 다음과 같은 코드를 자주 볼 수 있다.

```
System.out.println(name);    // Haeun이 출력된다
```

이 코드는 그냥 보면 변수 name을 그대로 출력하고 있는 것처럼 보이지만 실제로는 String 클래스의 인스턴스로의 참조를 건네고 있을 뿐 값 그 자체를 건네고 있는 것은 아니다. System.out.println 메서드 안에서는 String 클래스로부터 값인 문자열을 추출해 표시하고 있기 때문에 결과로서 'Haeun'이 표시되고 있다. 값이나 참조의 전달에 대해서는 '10.1 기본형의 값 전달과 참조형의 값 전달'에서 자세히 설명하겠다.

---

8   일반적으로 String 클래스를 new로 할 필요는 없지만 여기서는 클래스와 인스턴스의 설명을 위해 편의상 new로 하고 있다.

문자열 리터럴

클래스로부터 인스턴스를 생성하려면 new 키워드를 사용하는데 String 클래스의 경우는 문자열 리터럴을 사용해 보다 간략하게 인스턴스를 생성할 수 있다. 다음의 코드는 앞의 코드와 동일한 결과가 된다.

```
String name = "Haeun";              // 문자열 리터럴은 큰따옴표로 감싼다
System.out.println(name.length());  // 5가 출력된다
```

코드가 짧아지고 성능 악화를 막기 때문에 일반적으로는 문자열의 선언에 문자열 리터럴을 이용한다.

널(null) 리터럴

참조형에 관련하는 리터럴로 문자열 리터럴 이외에 null 리터럴이 있다. null 리터럴은 객체의 참조가 없는 상태를 나타내는 특수한 리터럴이다. 참조형에 null이 들어 있는 상태로는 메서드를 호출할 수 없기 때문에 주의가 필요하다. 객체의 메서드를 호출할 때 참조형의 변수에 null이 들어갈 가능성이 있는 경우는 null이 들어 있지 않은지 체크한다. 이것을 관례적으로 'null 체크'라고 부른다.

```
String nullStr = null;     // null 리터럴
if (nullStr != null) {     // null 체크
    System.out.println(nullStr.length());
} else {
    System.out.println("nullStr은 null이다");     // 여기가 실행된다
}
```

3.1.4 래퍼 클래스

기본형은 객체가 아니라 단순히 값이며 그 자신은 메서드를 갖지 않는다. 그러나 프로그램 안에서는 기본형의 값에 대해 조작(문자열과의 상호 교환 등)이 필요하게 되는 상황이 많이 있다. 그래서 자바는 기본형을 내포하여 해당 기본형의 값을 조작하는 기능을 마련한 '래퍼 클래스'를 제공하고 있다. 래퍼(wrapper)란 '감싼 것'이라는 의미다. 다음은 기본형에 상응하는 래퍼 클래스를 정리한 것이다.

● 기본형과 래퍼 클래스

기본형	래퍼 클래스
byte	java.lang.Byte
short	java.lang.Short
int	java.lang.Integer
long	java.lang.Long
char	java.lang.Character
float	java.lang.Float
double	java.lang.Double
boolean	java.lang.Boolean

래퍼 클래스에는 기본형과 관련된 편리한 상수나 메서드가 있다. 자주 사용하는 것을 다음 표에 소개하겠다.

● 래퍼 클래스의 대표적인 상수

상수	설명
SIZE	비트 수
BYTES	바이트 수(Java8)
MAX_VALUE	최댓값
MIN_VALUE	최솟값

```
System.out.println("Byte: { SIZE(bit) : " + Byte.SIZE
        + ", BYTES: " + Byte.BYTES
        + ", MIN: " + Byte.MIN_VALUE
        + ", MAX: " + Byte.MAX_VALUE
        + " }");

System.out.println("Integer: { SIZE(bit) : " + Integer.SIZE
        + ", BYTES: " + Integer.BYTES
        + ", MIN: " + Integer.MIN_VALUE
        + ", MAX: " + Integer.MAX_VALUE
        + " }");
```

```
Byte: { SIZE(bit) : 8, BYTES: 1, MIN: -128, MAX: 127 }
Integer: { SIZE(bit) : 32, BYTES: 4, MIN: -2147483648, MAX: 2147483647 }
```

메서드	설명
valueOf(기본형의 값)	기본형으로부터 래퍼 클래스의 객체로 변환한다.
valueOf(String s)	문자열로부터 래퍼 클래스의 객체로 변환한다.
valueOf(String s, int radix)	진수를 지정해서 문자열로부터 래퍼 클래스의 객체로 변환한다.
parseXxx[9](String s)	문자열로부터 기본형의 값으로 변환한다.
parseXxx[9](String s, int radix)	진수를 지정해 문자열로부터 기본형의 값으로 변환한다.
toString(기본형의 값)	기본형에서 문자열로 변환한다.
toString(기본형의 값, int radix)	진수를 지정해 기본형에서 문자열로 변환한다.

```
//int -> Integer
Integer num01 = new Integer(10);          // 새로운 객체를 생성하기 때문에 비효율적
Integer num02 = Integer.valueOf(10);      // 캐시된 객체를 반환한다

//Integer -> int
int num03 = num02.intValue ();

//String -> Integer
Integer num04 = new Integer("10");          // 새로운 객체를 생성하기 때문에 비효율적
Integer num05 = Integer.valueOf("10");      // 캐시된 객체를 반환
Integer num06 = Integer.valueOf("11", 2); // 진수(radix)를 지정한다. 이 경우의 값은 3

//String -> int
int num07 = Integer.parseInt ("10");
int num08 = Integer.parseInt ("11", 2);   // 진수(radix)를 지정한다. 이 경우의 값은 3

//int -> String
String num09 = Integer.toString(10);

//Integer -> String
String num10 = num01.toString();
```

기본형에서 래퍼 클래스로의 변환에는 생성자를 이용하는 방법도 있지만 valueOf 메서드를 사용할 것을 권한다. 생성자를 이용할 경우는 반드시 새로운 객체가 생성되지만 valueOf 메서드를 이용하는 경우는 -127부터 128의 범위라면 사전에 생성된 객체를 이용할 수 있기 때문에 객체를 생성하지 않아 쓸데없이 메모리를 소비하지 않는다.

---

9 Xxx의 부분은 래퍼 클래스에 따라 다르다.

래퍼 클래스가 기본형과 크게 다른 점은 초깃값이다. 그 예로 정수에 대해서 고려해 보자. 클래스의 필드로서 기본형인 int를 선언하는 경우는 초깃값이 0이다. 이에 반해 래퍼형인 Integer를 선언하는 경우는 초깃값이 null이다.

```java
public class Sample {
    private int primitive;

    private Integer wrapper;

    @Override
    public String toString() {
        return "primitive:" + primitive + ", wrapper:" + wrapper;
    }
}
```

```java
Sample sample = new Sample();
System.out.println(sample);
```

```
primitive:0, wrapper:null
```

이 때문에 0과 데이터가 없는 상태(빈 상태)를 구별하고 싶은 경우는 래퍼형을 준비할 필요가 있음을 알 수 있다. 예를 들어 HTTP 통신으로 취득한 값이나 설정 파일로부터 읽어들인 값을 보관할 경우에 값을 취득할 수 없는 경우가 있다. 그럴 때 래퍼형을 이용하고 있다면 값을 취득할 수 없을 경우는 null, 값을 취득한 경우는 그 값을 지정할 수 있다. 그러나 기본형을 이용하고 있으면 값을 취득할 수 없는 경우에 0(초깃값)이 되기 때문에 값이 지정되지 않아서 0인지, 값으로 0이 지정된 것인지 구별할 수 없다. 이러한 차이를 표현할 수 있도록 통신이나 파일 등으로부터 읽어들인 변수는 래퍼형으로 선언할 것을 필자는 추천하고 있다.

한편 수치 계산에 이용하는 변수는 기본형을 사용하는 것이 좋다. null 체크 등이 불필요하며 대량의 계산이 필요한 경우에는 래퍼형에서 기본형으로의 변환에 걸리는 시간도 무시할 수 없기 때문이다.

3.1.5 오토박싱과 언박싱

기본형의 데이터와 참조형인 래퍼 클래스의 객체는 타입이 다르므로 서로의 연산이나 대입은 기본적으로 할 수 없다.

```
int num = 10;

Integer numInt = 10;                      // Java 1.4에서는 컴파일 에러
Integer sum =- num + Integer.valueOf(10); // Java 1.4에서는 컴파일 에러
```

그러나 Java 5.0부터는 기본형과 래퍼 클래스 간의 자동 변환이 실시되어 서로 간의 대입이나 연산이 가능하게 되었다. 기본형에서 래퍼 클래스로의 자동 변환을 오토박싱(Auto Boxing), 래퍼 클래스에서 기본형으로의 변환을 언박싱(UnBoxing)이라고 부른다.

```
int num = 10;

Integer numInt = 10;       // 컴파일 시에 Integer.valueOf(10)으로 자동 변환된다
                           // (오토박싱)

Integer sum =- num + numInt; // numInt가 numInt.intValue()의 int로 자동 변환되어
                           // (언박싱), 연산 결과를 다시 오토박싱한다
```

이런 자동 변환에는 굳이 변환 처리를 작성하지 않아도 된다는 장점이 있다. 그에 반해 의도하지 않은 변환이 발생해 비효율적인 처리가 되거나 참조형인 래퍼 객체를 잘못해서 == 연산자로 비교해 의도하지 않은 결과가 되는 단점도 있다(객체의 비교에 대해서는 '3.3.2 객체의 등가성'에서 설명).

```
Integer num1 = new Integer(3);
Integer num2 = new Integer(3);

System.out.println(num1 == num2);       // false(num1과 num2는 별개의 객체이기 때문이다)
System.out.println(num1.equals(num2));  // true
```

여담이지만 오토박싱은 래퍼형의 valueOf 메서드를 사용하여 실시된다. 앞서 설명했듯이 –128~127의 범위 값에는 사전에 생성된 객체가 이용되도록 되어 있다. 그 때문에 –128~127의 값을 오토박싱한 객체는 항상 동일 객체가 된다. 그 범위 밖의 값을 오토박싱한 경우는 서로 다른 객체가 된다.

```
Integer int1 = 127;
Integer int2 = 127;

System.out.println(int1 == int2);
```

```
true
```

```
Integer int1 = 128;
Integer int2 = 128;

System.out.println(int1 == int2);
```

```
false
```

이러한 동작 사양이나 단점을 이해하지 않은 채 안이하게 래퍼 클래스나 자동 변환을 남용하면 코드의 흐름 속에서 어디가 기본형이고 어디가 래퍼인지 알 수 없게 되어 버그의 원인이 된다. 그래서 필자는 다음과 같은 방침으로 하고 있다.

- 원칙적으로 오토박싱, 언박싱은 이용하지 않고 명시적인 변환을 실시한다
- 파일이나 데이터베이스, HTTP 요청 등을 유지하는 값은 래퍼 클래스를 사용한다
- 수치 연산에 사용하는 변수는 기본형으로 한다
- 코딩량의 감소에 효과적인 경우에 한하여 오토박싱, 언박싱을 이용한다

3.2 | 클래스 작성하기

자바 프로그래밍에서는 자바가 표준으로 제공하는 클래스를 이용할뿐만 아니라 직접 새로운 클래스를 정의해서 이용할 수도 있다. 여기서는 클래스를 자신이 직접 만드는 방법에 대해서 설명하겠다.

3.2.1 클래스 정의하기

클래스를 정의하려면 class 키워드를 사용한다. 클래스에는 필드와 메서드를 정의할 수 있다. 다음의 예에서는 SampleClass라는 이름으로 name이라는 필드, action이라는 메서드를 정의하고 있다.

SampleClass.java

```java
public class SampleClass {              // 클래스

    private String name = "Sample";     // 필드

    public String action() {            // 메서드
        return name + "> " + "Action";
    }

}
```

클래스를 정의하여 실제로 프로그램으로서 동작시키려면 new 키워드를 사용해서 클래스로부터 인스턴스를 생성해 인스턴스를 조작한다.

```java
SampleClass sample = new SampleClass();

String response = sample.action();

System.out.println(response);    // Sample> Action
```

3.2.2 패키지

자바 프로그램에서는 다수의 클래스를 정의하기 때문에 애플리케이션이나 애플리케이션 내부의 기능 등에서 클래스를 정리할 필요가 있다. 그러한 경우에 클래스를 계층적으로 정리하기 위해 사용하는 것이 패키지다. 패키지의 선언에는 package 키워드를 사용한다. 패키지의 선언은 소스 코드의 선두 부분에서 클래스의 선언보다도 먼저 기술한다.

```
// Messenger 애플리케이션의 어카운트 기능에 관련하는 클래스를 정리한 패키지
package kr.co.jpub.messenger.account;

public class AccountController {
}
```

예를 들면 Messenger 애플리케이션을 개발할 때의 패키지 구성을 고려해 보자. Messenger 애플리케이션에는 다음의 기능이 있다고 가정한다.

- 사용자를 관리하는 어카운트 관리 기능
- 사용자가 소속할 수 있는 그룹 기능
- 실제로 메시지를 주고 받기 위한 타임라인 기능

이 경우 패키지 구성의 한 가지 예는 다음과 같다.

```
kr
 |
 -- co
    |
    -- jpub
       |
       -- messenger         // Messenger 애플리케이션을 나타낸다
          |-- account     // 어카운트 기능
          |      |-- AccountController.java
          |      '-- AccountService.java
          |-- group       // 그룹 기능
          |      |-- GroupController.java
          |      '-- GroupService.java
          '-timeline      // 타임라인 기능
                 |-- TimeLineController.java
                 '-- TimeLineService.java
```

이렇듯 패키지를 이용하면 애플리케이션의 구성이 명확하게 되어 클래스가 갖는 역할을 보다 명확히 나타낼 수 있다. 단, 패키지의 명명에 대해서는 주의가 필요하다. 관례로 제3자에게 제

공하는 라이브러리나 프레임워크 등과 패키지명이 중복되지 않도록 자신이 소유한 도메인명을 역순으로 해서 패키지명을 시작하도록 하고 있다. 위의 예에서는 jpup.co.kr을 역순으로 'kr.co.jpub'이라는 패키지명을 이용하고 있다. 또한 패키지명과 클래스명을 조합한 이름(Fully Qualified Class Name=FQCN)이 중복된 클래스가 있다면 프로그램이 의도하지 않은 동작을 하는 경우가 있다. 특히 복수의 개발자가 프로그래밍을 하는 경우에 이 FQCN이 중복하지 않도록 기능이나 모듈마다 패키지명을 나누도록 한다.

3.2.3 접근 제한자

프로그램 개발에서는 특히 복수의 멤버가 개발하는 경우에 예상 외의 필드 참조나 메서드의 호출에 따라 버그가 발생하는 일이 있다. 예를 들어 동일 클래스 안에서만 사용될 예정으로 정의된 필드를 다른 클래스에서 참조하거나 바꿔 써버리는 경우다. 그런 일을 막기 위해서는 클래스나 변수, 메서드를 사용할 수 있는 범위(가시성)를 적절하게 정의해 둘 필요가 있다. 그런 가시성을 정의하기 위해서는 클래스나 필드, 메서드의 앞에 수식자를 지정한다. 이 수식자를 '접근 제한자'라고 부른다. 예를 들어 문자열의 표시 횟수를 세는 클래스를 다음과 같이 작성했다고 가정해 보자. print 메서드가 호출되면 count 필드의 값을 증가시킨다.

```java
public class PrintCounter {
    public int count = 0;     // print 메서드를 호출한 횟수를 보관한다

    public void print() {
        count++;
        System.out.println("호출한 횟수:" + count);
    }
}
```

PrintCounter클래스의 print 메서드를 호출하는 것만이라면 print 메서드가 호출된 횟수를 셀 수 있다. 그러나 count 필드의 값을 외부에서 직접 바꾸면 어떻게 될까? 물론 값이 이상해진다.

```java
PrintCounter printCounter = new PrintCounter();
printCounter.print();     // 1이 표시된다
printCounter.print();     // 2가 표시된다
printCounter.print();     // 3이 표시된다
printCounter.count = 10;
printCounter.print();     // 11이 표시된다
```

이러한 코드를 작성하면 'print 메서드가 호출된 횟수를 센다'라는 일을 할 수 없게 된다. count 필드의 값을 PrintCounter 클래스와는 다른 클래스에서 바꾸지 않도록 하면 방지할 수 있으나, 클래스가 많아지거나 필드가 많아지면 잘못해서 위와 같은 코드를 작성하게 될지도 모른다. 또한 여러 사람들이 코드를 작성하고 있다 보면 다른 사람이 의도하지 않은 코드를 작성할지도 모른다. 이러한 의도하지 않은 사용법을 막기 위해 클래스, 필드, 메서드에 접근 제한자를 지정함으로써 가시성을 정의한다. 가시성의 상세한 내용은 '10.3 객체의 라이프 사이클 파악하기'에서 다루기로 하고 여기서는 기본적인 부분을 설명하겠다.

(1) 클래스에 지정할 수 있는 수식자

클래스에는 다음의 접근 제한자를 지정할 수 있다.

● 클래스에 지정할 수 있는 접근 제한자

수식자	설명
public	다른 모든 클래스로부터 참조 가능
(지정 없음)	동일 패키지 내의 클래스로부터 참조 가능(패키지 프라이빗)

패키지의 계층 관계에 부모-자식 관계가 있는 경우에도 패키지 프라이빗으로 한 클래스는 다른 패키지에 속한 클래스로부터는 참조할 수 없다.

```
package scope;

class PackagePrivate {
    public String say() {
        return "Hello!";
    }
}
```

```
package scope.sub;            // scope 패키지의 서브 패키지

import scope.PackagePrivate;  // 액세스할 수 없기 때문에 컴파일 오류

public class CallParentPublicMethod {
    public void call(){
        PackagePrivate parent = new PackagePrivate();
        System.out.println(parent.say());
    }
}
```

(2) 필드, 메서드에 지정할 수 있는 수식자

클래스의 필드, 메서드에는 다음의 접근 제한자를 지정할 수 있다.

● 필드, 메서드에 지정할 수 있는 접근 제한자

수식자	설명
public	다른 모든 클래스로부터 참조 가능
protected	자식 클래스 및 동일 패키지 내의 클래스로부터 참조 가능
(지정 없음)	동일 패키지 내의 클래스로부터 참조 가능(패키지 프라이빗)
private	자기 자신의 클래스 안에서만 액세스 가능(자식 클래스로부터 참조 불가능)

앞의 소스 코드를 보면 알 수 있듯이 새로운 패키지의 클래스가 패키지 프라이빗인 경우 그 클래스가 갖는 메서드가 public이라고 해도 원래부터 부모 클래스를 import할 수 없이 때문에 호출할 수 없다.

3.2.4 그 외 자주 이용하는 수식자

자바에는 접근 제한자 이외에도 몇 가지 수식자가 있다. 여기서는 그중에서도 이용 빈도가 높은 static 수식자와 final 수식자를 소개한다

(1) static 수식자

지금까지 클래스에서 인스턴스를 생성함으로써 필드와 메서드를 이용하는 방법을 소개했다. 그러나 그 방법 이외에도 클래스에서 (모든 인스턴스에서) 공통 필드를 정의하거나 인스턴스를 생성하지 않아도 호출할 수 있는 메서드를 정의할 수도 있다. 그러한 필드나 메서드를 정의하기 위해서 이용하는 것이 static 수식자다. 이 static 수식자를 붙인 필드나 메서드는 클래스 멤버라고 부르며 인스턴스를 생성하지 않아도 호출할 수 있다. 클래스의 필드나 메서드에 static 수식자를 붙임으로써 클래스 멤버로 지정할 수 있다. 구체적인 소스 코드로 확인해 보자.

StaticTest.java

```java
public class StaticTest {
    static String staticField = "World";    // 클래스 필드

    static String staticMethod() {           // 클래스 메서드

        return "yay!";
    }
```

```
        String instanceField = "Hello";        // 인스턴스 필드
        String instanceMethod() {               // 인스턴스 메서드

            return instanceField + " " + staticField + " " + staticMethod();
        }
    }
```

StaticTestMain.java

```
public class StaticTestMain {

    public static void main(String... args) {
        System.out.println(StaticTest.staticField);        // World
        System.out.println(StaticTest.staticMethod());     // yay!

        StaticTest.staticField = "Korea";
        System.out.println(StaticTest.staticField);        // Korea

        StaticTest test = new StaticTest();
        System.out.println(test.staticField);              // Korea
        System.out.println(test.staticMethod());           // yay!
        System.out.println(test.instanceMethod());         // Hello Korea yay!

        test.staticField = "Haeun";
        System.out.println(test.instanceMethod());         // Hello Haeun yay!

        test.instanceField = "Hi";
        System.out.println(test.instanceMethod());         // Hi Haeun yay!

        StaticTest test2 = new StaticTest();

        test2.staticField = "Shion";
        System.out.println(StaticTest.staticField);        // Shion
        System.out.println(test.staticField);              // Shion
        System.out.println(test2.staticField);             // Shion
        System.out.println(test2.instanceMethod());        // Hello Shion yay!

        test2.instanceField = "Yo";
        System.out.println(test2.instanceMethod());        // Yo Shion yay!
        System.out.println(test.instanceMethod());         // Hi Shion yay!
    }
}
```

static 수식자를 붙이지 않은 nonstatic 필드나 메서드는 인스턴스와 연관된다. 클래스 멤버인 staticField의 값은 클래스에 연관되어 있기 때문에 2개의 서로 다른 인스턴스인 test, test2로부터 참조한 경우 동일한 값을 얻을 수 있다. 클래스 필드는 모든 인스턴스에서 공유하고 있기 때

문에 인스턴스 메서드로부터 클래스 필드에 액세스하는 것은 가능하다. 그러나 반대로 클래스 메서드로부터 인스턴스 필드에 액세스하면 컴파일 에러가 된다. 이것은 클래스 메서드에서 보면 어느 인스턴스의 필드에 액세스하면 되는지 정해지지 않았기 때문이다.

(2) final 수식자

final 수식자는 변수를 변경할 수 없도록 하기 위한 수식자다. 로컬 변수나 필드 등의 변수를 선언 시와 생성자 이외에서 변경하려고 하면 컴파일 에러가 발생하기 때문에 초기화 시에 지정한 값대로 고정할 수 있다. 혹여 인스턴스 메서드 내에서 변경할 수 없도록 하고 싶은 경우에 이 final 수식자를 지정하면 된다. 특히 static 수식자와 final 수식자 모두를 붙인 필드를 일반적으로 '상수' 또는 '클래스 상수'라고 부른다. 예를 들면 파일명이나 고정 메시지 등 일반적으로 변경하고 싶지 않은 값을 정의하기 위해 이용한다. 상수의 이름은 한 번에 상수인 것을 알 수 있도록 USER_NAME과 같이 대문자의 스네이크 케이스로 기술하는 방법이 자주 사용되고 있다.

StaticTest.java

```java
public class StaticTest {
    static final String GREETING_MESSAGE = "Hello";    // 클래스 필드에 final 수식자를
                                                       // 부여하여 클래스 상수를 선언
    static String staticField = "World";               // 클래스 필드

    static String staticMethod() {                     // 클래스 메서드
        return "yay!";
    }

    String instanceFiled = GREETING_MESSAGE;           // 인스턴스 필드

    String instanceMethod() {                          // 인스턴스 메서드
        return instanceFiled + " " + staticField + " " + staticMethod();
    }
}
```

StaticTestMain.java

```java
public class StaticTestMain {

    public static void main(String... args) {
        System.out.println(StaticTest.GREETING_MESSAGE);    // Hello
        System.out.println(StaticTest.staticField);         // World
        System.out.println(StaticTest.staticMethod());      // yay!

        // StaticTest.GREETING_MESSAGE = "Hello!"; 컴파일 오류

        StaticTest.staticField = "Korea";
```

```
        StaticTest test = new StaticTest();
        System.out.println(test.instanceMethod());    // Hello Korea yay!
    }

}
```

3.2.5 계승[10]

자바에는 클래스를 정의할 때 특정 클래스를 베이스로 해서 해당 클래스를 확장하는 식으로 새로운 클래스를 정의할 수 있는 '계승'이라는 메커니즘이 있다. 클래스를 계승하면 자식 클래스는 부모 클래스의 기능을 이용할 수 있다. 상세한 내용은 '10장 객체지향 즐기기'에서 다루겠지만 여기서는 클래스의 계승과 관련한 부분에 관해서 기본적인 사항을 학습하자.

클래스를 계승하려면 extends 키워드를 사용한다. 다음의 코드와 같이 SuperClass 클래스를 부모 클래스(슈퍼 클래스)로 하고, SubClass 클래스는 부모를 extends한 자식 클래스(서브 클래스)로 하여 정의하면 SubClass 클래스 쪽에서 SuperClass 클래스의 메서드인 superMethod 메서드를 이용할 수 있게 된다.

```
public class SuperClass {

    public SuperClass() {
        // 생략
    }

    public void superMethod() {
        // 생략
    }
}
```

```
public class SubClass extends SuperClass {
    public SubClass() {
        super();    // 부모 메서드의 생성자 호출

        // 생략
    }

    // superMethod가 계승된다
}
```

---

10 역주 '상속'이라고도 표현하는 책도 있다. 이 책에서도 계승과 상속을 혼용하였다.

```
SubClass subclass = new SubClass();
subclass.superMethod();    // SuperClass 클래스의 메서드를 사용할 수 있다
```

참고로 위의 소스 코드에서 SubClass 생성자의 안에 있는 super는 부모 클래스를 가리키는 키워드다. 'super()'라고 씀으로써 부모 클래스의 생성자를 호출하게 된다. 단, 디폴트 생성자(인수가 없는 생성자)는 자동으로 호출되기 때문에 일반적으로 super()를 생략한다. 또한 'super.메서드명'이라고 작성함으로써 부모 클래스의 메서드를 호출할 수 있다. 오버라이드하고 있지 않은(부모 클래스에서만 존재하는) 메서드를 호출할 때는 일반적으로 super를 생략한다. 오버라이드하고 있는 메서드의 부모 메서드를 호출하고 싶은 경우에 super를 붙이면 된다.

▍3.2.6 추상 클래스

추상 클래스는 계승될 것을 전제로 한 클래스다. 클래스에 abstract 수식자를 지정함으로써 추상 클래스를 정의할 수 있다. 추상 클래스는 공통적인 기능을 구현하는 등 클래스의 모형으로서 자주 이용된다.

추상 클래스에는 추상 메서드라는 구현하지 않은 메서드를 정의할 수 있다. 추상 클래스를 계승한 서브 클래스측에서는 이 추상 메서드를 반드시 구현한다. 추상 메서드는 추상 클래스의 다른 메서드로부터 호출할 수 있기 때문에 처리의 일부를 추상 메서드로 작성함으로써 '추상 클래스 측에서 처리 전체를 구현하고 계승한 자식 클래스에서는 처리의 일부만을 구현'하는 식으로 처리를 분담할 수 있다.

추상 메서드는 인수와 반환값을 지정하고 abstract 수식자를 지정함으로써 정의할 수 있다. 예를 들어 디렉터리 구조를 표현하는 클래스를 생각해 보자. 디렉터리 구조를 표현하려면 크게 디렉터리와 파일의 두 종류의 아이템을 표현할 필요가 있는데 이 2개는 '자식 아이템을 갖는지의 여부' 이외는 크게 차이가 없기 때문에 공통 클래스로 표현할 수 있다(다음의 AbstractItem 클래스).

```
public abstract class AbstractItem {      // abstract 메서드를 갖는 클래스에는
                                          // abstract의 지정이 필요하다

    protected String name;

    public AbstractItem(String name) {
        this.name = name;
    }

    public abstract void print(String parentPath);      // 추상 메서드. 자식 메서드에서 구현
}
```

더불어 디렉터리 안의 파일을 표시하는 메서드의 구현을 생각해 보자. 우선, AbstractItem 클래스에 print 메서드를 준비함으로써 이 클래스의 사용 예는 파일과 디렉터리 어느 쪽을 다루는지 의식할 필요가 없게 된다. 단, 실제 처리는 파일과 디렉터리에서 다르다. 파일은 자기 자신의 파일명을 표시하면 되고 디렉터리는 자신의 밑에 있는 파일이나 디렉터리를 표시하게 된다. 그러므로 서브 클래스인 FileItem 클래스와 DirectoryItem 클래스에서 각각 구현한다. AbstractItem 클래스 자신은 구체적인 것을 나타내고 있지 않기 때문에 print 메서드는 구현하지 않고 abstract로 한다.

FileItem 클래스

```java
public class FileItem extends AbstractItem {

    public FileItem(String name) {
        super(name);
    }

    @Override
    public void print(String parentPath) {     // 부모 클래스의 abstract 메서드를 오버라이드한다
        System.out.println(parentPath + File.separator + name);
    }
}
```

DirectoryItem 클래스

```java
public class DirectoryItem extends AbstractItem {

    private List<AbstractItem>     children;

    public DirectoryItem(String name, List<AbstractItem> children) {
        super(name);
        this.children = children;
    }

    @Override
    public void print(String parentPath) {     // 부모 클래스의 abstract 메서드를 오버라이드한다
        for(AbstractItem child : children) {
            child.print(parentPath + File.separator + name);
        }
    }
}
```

추상 메서드(abstract 메서드)를 하나라도 갖는 클래스는 추상 클래스가 되므로 abstract의 지정이 필요하다(추상 클래스의 성질에 대해서는 '10장 객체지향 즐기기' 참조).

3.2.7 인터페이스

구체적인 구현을 잘라내서 확장성을 높이기 위해 자바에는 객체의 동작(메서드)만을 규정하는 인터페이스라는 것이 있다. 예를 들어 '인사말의 문자열을 반환하기'라는 처리를 구현하고 싶은 경우에 '인사말의 문자열을 반환하기'라는 메서드를 갖는 인터페이스를 정의해서 호출하는 쪽에서는 그 인터페이스의 메서드를 호출하도록 해 둔다. 그러면 호출되는 쪽의 원래 코드는 변경하지 않고 기존의 '인사말의 문자열을 반환하기'뿐만 아니라 '인사말에 이름을 넣어서 반환하기', '인사말을 영어로 변환해서 반환하기'라는 처리를 하는 클래스를 준비해서 목적에 따라 객체를 교체할 수 있다. 인터페이스를 선언하려면 interface 키워드를 사용한다.

```java
public interface Foo {
    String say();
}
```

인터페이스는 반드시 public이므로 인터페이스명의 앞에 쓰는 public은 생략할 수 있다. 단, 필자는 public인 것을 명시하기 위해 항상 public을 붙이도록 하고 있다. 인터페이스에 정의하는 메서드는 메서드 선언뿐이며 실제 처리는 정의할 수 없다.[11] 인터페이스의 메서드에는 public abstract 메서드만 정의할 수 있는데 public 수식자, abstract 수식자 모두 생략해서 기술할 수 있다. 인터페이스는 implements 키워드를 이용해서 클래스를 선언하고 클래스에 실제 메서드의 처리를 정의한다. 다음의 예에서는 위의 Foo 인터페이스를 구현한 DefaultFoo 클래스를 선언해 Foo 인터페이스에서 선언된 say 메서드의 처리를 구현하고 있다.

```java
public class DefaultFoo implements Foo {

    private String message;

    public DefaultFoo(String message) {
        this.message = message;
    }

    @Override
    public String say() {
        return message;
    }
}
```

---

11 자바 8부터 처리 내용을 정의하는 default 메서드가 추가되었다.

```
Foo foo = new DefaultFoo("Hello Foo!");

System.out.println(foo.say());    // Hello Foo!
```

인터페이스에는 메서드뿐만 아니라 상수(public static final인 필드)를 정의하는 것도 가능하다. 다음의 예에서는 TASK_TYPE_PRIVATE과 TASK_TYPE_WORK라는 2개의 상수를 정의하고 있다.

```
public interface TaskHandler {
    public static final int TASK_TYPE_PRIVATE = 0;
    public static final int TASK_TYPE_WORK = 1;

    boolean handle(Task task);
}
```

상수의 public static final도 생략 가능하기 때문에 간단히 다음과 같이 정의할 수 있다.

```
public interface TaskHandler {
    int TASK_TYPE_PRIVATE = 0;
    int TASK_TYPE_WORK = 1;

    boolean handle(Task task);
}
```

3.2.8 익명 클래스

익명 클래스란 이름 그대로 이름이 없는 클래스를 말한다. 이름이 없기 때문에 클래스의 정의와 인스턴스화를 한 번에 작성하는 것이 특징이다. 주로 인스턴스를 구현한 처리나 추상 클래스를 계승한 처리를 국소적으로 사용하고 싶은 경우에 익명 클래스를 사용한다. 익명 클래스는 부모 클래스를 new로 생성하는 기술에 뒤이어 메서드나 필드의 정의를 기술해서 사용한다. 다음의 소스 코드는 TaskHandler를 구현하는 익명 클래스를 정의하는 예다.

```
public interface TaskHandler {
    boolean handle(Task task);
}
```

```java
public class AnonymousClassSample {

    public static void main(String... args) {
        // TaskHandler 인터페이스를 구현하는 익명 클래스를 정의하고 인스턴스화한다
        TaskHandler taskHandler = new TaskHandler() {
            public boolean handle(Task task) {
                // task에 관한 처리
            }
        };
        Task myTask = new Task();
        taskHandler.handle(myTask);
    }

}
```

위의 예에서 사용한 TaskHandler의 구현 클래스는 익명 클래스를 사용하지 않고 일반적인 (이름
이 있는) 클래스를 정의하여 인스턴스를 생성해도 동일하다. 다만 클래스를 특정한 한곳에서만
사용하는 경우는 이름이 있는 클래스를 정의하는 것보다도 익명 클래스를 사용하는 편이 보다
코드를 간결하게 해준다는 장점이 있다. 또한 자바 8에서 도입된 람다식은 이 익명 클래스와 밀
접한 관련성이 있어 더욱더 자주 사용되고 있다(람다식에 대해서는 '5장 스트림 처리 제대로 사용하
기' 참조).

> **N O T E** **nested class**
>
> 클래스 안에 다시 클래스를 정의할 수 있는데 이것을 nested class라고 부른다. nested class에는 다음과
> 같은 것이 있다.
>
> - 필드로 정의하는 static 멤버 클래스와 nonstatic 멤버 클래스
> - 메서드 안에 정의하는 익명 클래스와 로컬 클래스
>
> nested class는 일시적으로 사용하고 싶은 클래스의 정의 등에서 편리하게 이용할 수 있는 클래스다. 단,
> 응용해서 사용하는 방법이기 때문에 이 책에서는 상세한 설명을 하지 않겠다. 보다 자세하게 공부하고 싶
> 은 사람은 ≪Effective Java, 2nd≫을 읽어 볼 것을 추천한다.

3.3 │ 타입 판정과 객체의 등가성

3.3.1 instanceof 연산자

자바에서는 변수의 타입이 명확하게 되어 있는데 변수의 타입과 완전히 일치하는 클래스만이 아니라 그 타입을 계승한 서브 클래스도 변수에 대입할 수 있다. 예를 들어 변수를 Object로 정의한 경우 그 변수에는 String이든 Integer든 대입할 수 있다. 변수에 대입된 객체의 타입이 실제로 무엇인지를 판정하는 방법으로 instanceof 연산자를 사용할 수 있다. instanceof 연산자는 좌변의 객체가 우변에 지정한 클래스(또는 계승한 클래스)인지의 여부를 판정한다.

```
public interface BaseService {
    public String say();
}
```

```
public abstract class AbstractBaseService implements BaseService {

    protected String name;

    public AbstractBaseService(String name) {
        this.name = name;
    }
}
```

```
public class FooService extends AbstractBaseService {

    public FooService(String name) {
        super(name);
    }

    @Override
    public String say() {
        return "Hello!";
    }

}
```

instanceof 연산자가 어떻게 타입을 판정하는지 확인해 보자. BaseService 인터페이스, BaseService 를 구현한 추상 클래스인 AbstractBaseService 클래스, AbstractBaseService의 서브 클래스인 FooService로 시험해 보면 다음과 같이 된다.

```java
Object obj = new FooService("hello");

System.out.println(obj instanceof FooService);           // true
System.out.println(obj instanceof AbstractBaseService);  // 부모 클래스이므로 true
System.out.println(obj instanceof BaseService);          // 인터페이스를 구현했으므로 true
System.out.println(obj instanceof Integer);              // 계승 관계가 아니므로 false

if (obj instanceof FooService) {
    FooService service = (FooService) obj;    // obj는 FooService이기 때문에 캐스트 가능
    System.out.println(service.say());        // Hello!
}
```

instanceof 연산자에 의해 객체의 타입을 판정하고 캐스트함으로써 원하는 클래스의 메서드를 호출할 수 있지만 객체지향의 관점에서는 그다지 사용할 만한 것이 아니다(이 부분에 대한 상세한 내용은 '10.4 인터페이스와 추상 클래스를 활용하여 설계하기' 참조).

3.3.2 객체의 등가성

타입 판정의 다음으로 객체가 동등한지를 판정하는 방법에 대해서 소개하겠다. 2개의 객체가 동등하다(등가성이 있다)라는 것은 '객체가 동일 객체다'와 '객체의 값이 같다'라는 두 가지 단계가 있다.

우선 객체가 동일한지에 대한 여부를 판정하려면 == 연산자를 사용한다. 이것은 객체의 값이 동일해도 객체가 다르다면 별개의 것으로 판정한다. 예를 들어 값이 12345인 Integer가 2개 있고 각각이 서로 다른 객체인 경우에는 동일 객체가 아니므로 == 연산자는 false를 반환한다.

한편 객체의 값이 같은지를 판정하고 싶은 경우에는 객체의 equals 메서드를 이용한다. equals 메서드는 비교하려는 객체와 인수로 건네지는 비교 대상의 객체의 값이 동일한지 판정하는 메서드다. 예를 들면 앞서 언급한 값이 12345인 2개의 Integer 객체 val1, val2가 있을 경우 val1. equals(val2)는 true를 반환한다.

자신이 직접 클래스를 만든 경우에는 객체가 동일한지의 여부를 적절히 판정하기 위해 equals 메서드를 오버라이드로 구현할 필요가 있다. equals 메서드의 내부에서는 일반적으로 필드의 값

을 하나씩 비교하여 값이 동일한지를 판정한다.

```java
@Override
public boolean equals(Object obj) {
    // 이 객체와 인수로 건네진 obj의 내용이 동일하면 true,
    // 다르면 false를 반환한다
}
```

hashCode 메서드

equals 메서드를 구현한 경우 한 가지 더 구현해야 하는 메서드는 hashCode 메서드다. hashCode 메서드는 객체 자신의 내용을 나타내는 숫자값(해시값)을 반환하는 메서드다. 해시값은 객체의 값을 일정의 규칙에 따라 숫자값으로 한 것으로 동일 값을 갖는 객체는 동일 해시값이다. 반대로 해시값이 다른 경우는 다른 객체가 된다. 그러나 동일 해시값이라고 해서 동일한 값을 갖는 객체라고 단정할 수 없다. 정리하면 hashCode 메서드에 의한 해시값은 다음과 같은 성질이 있다.

- 동일 객체의 해시값은 반드시 동일하다
- 해시값이 다른 경우에는 서로 다른 객체다
- 서로 다른 객체라도 해시값이 동일한 경우가 있다

```java
@Override
public int hashCode() {
    // 이 객체의 내용을 나타내는 숫자값을 반환한다
}
```

왜 hashCode 메서드에 의한 해시값이 필요하게 된 것일까? '객체가 동일한 값을 갖는지의 여부는 equals 메서드로 판정할 수 있다'라고 위에서 설명했는데 equals 메서드는 값을 하나씩 검증하기 때문에 계산에 시간이 걸린다. 그에 비해 해시값이라면 일정의 계산과 계산 결과(int)의 비교만으로 끝나기 때문에 보다 고속으로 객체가 동일한지의 여부를 판정할 수 있다. 그 때문에 나중에 언급할 java.util.HashMap이나 java.util.HashSet 등에서는,

- 처음에 해시값으로 객체를 비교한다
- 해시값이 동일한 경우에 한해서 equals 메서드로 엄격히 판정을 한다

라는 흐름으로 객체를 비교한다. 2개의 객체가 동일하다고 판정하기 위해서는 다음의 두 가지 조건을 만족해야 한다. 이 규칙을 만족하지 못한 경우 버그를 만들어 낼 가능성이 있다.

- 객체의 hashCode 메서드의 값이 동일한가
- equals 메서드로 같다고 판정되었는가

예를 들어 employeeNo와 employeeName의 두 가지 필드를 갖는 Employee 클래스를 만든다고 생각해 보자. 이 클래스의 equals 메서드에서는 employeeNo와 employeeName의 값이 동일하면 true를 반환하는 처리를 구현했으나 hashCode 메서드를 구현하지 않았다고 가정했다.

```java
public class Employee {
    private int employeeNo;
    private String employeeName;

    public Employee(int employeeNo, String employeeName) {
        this.employeeNo = employeeNo;
        this.employeeName = employeeName;
    }

    // setter/getter는 생략

    @Override
    public boolean equals(Object obj) {
        if (this == obj) {
            return true;
        }

        if (obj == null) {
            return false;
        }

        if (getClass() != obj.getClass()) {
            return false;
        }

        Employee other = (Employee)obj;
        if (this.employeeNo != other.employeeNo) {
            return false;
        }
        if (employeeName == null) {
            if (other.employeeName != null) {
                return false;
            }
        } else if (!employeeName.equals(other.employeeName)) {
            return false;
        }

        return true;
    }
}
```

이 Employee 객체를 HashSet에 넣어 employeeNo와 employeeName이 중복하지 않는 Employee 객체를 관리하고자 한다. HashSet이란 값의 집합을 취급하는 클래스로 동일 값을 하나만 가질 수 있다(Set의 자세한 내용은 '4장 배열과 컬렉션 공략하기' 참조).

이때 employeeNo와 employeeName이 같은 2개의 Employee객체가 존재해 HashSet에 순서대로 넣는다면 어떻게 될까? HashSet에서는 우선 객체가 동일한지를 판정하기 위해 hashCode 메서드의 반환값을 사용한다. 이번에 넣은 2개의 Employee 객체에서는 hashCode 메서드가 구현되어 있지 않기 때문에 Object 클래스에 디폴트로 구현되어 있는 hashCode 메서드의 반환값이 사용된다. Object 클래스의 hashCode 메서드의 반환값은 객체가 다르면 다른 값을 반환한다. 그렇기 때문에 HashSet 측에서는 추가하려는 2개의 Employee 객체가 서로 다른 객체라고 인식해서 둘 다 HashSet에 추가된다. 이렇게 되면 employeeNo와 employeeName이 같은 Employee 객체가 HashSet 안에 복수 존재하게 되어 원래의 의도에서 벗어난다.

다음의 코드에서는 employeeNo가 1이고 employeeName이 '정시온'인 2개의 객체를 HashSet 타입의 변수 employees에 넣고 있다. HashSet의 특징을 고려하면 employees에 들어 있는 요소 수는 하나가 되어야 타당하지만 실행 결과는 2가 된다.

```
Employee employee1 = new Employee(1, "정시온");
Employee employee2 = new Employee(1, "정시온");
Set<Employee> employees = new HashSet<>();
employees.add(employee1);
employees.add(employee2);
System.out.println(employees.size());    // employees에 들어 있는 객체의 수를 표시한다
```

```
2
```

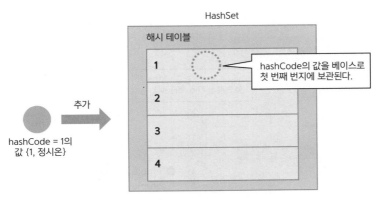

● **employee1(employeeNo=1, employeeName=정시온)의 추가**

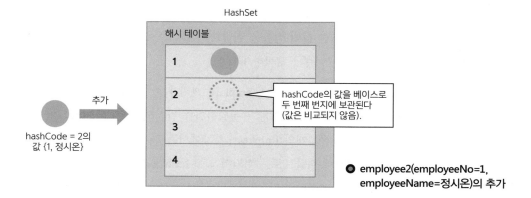

hashCode = 2의
값 {1, 정시온}

추가

해시 테이블

1

2 — hashCode의 값을 베이스로 두 번째 번지에 보관된다 (값은 비교되지 않음).

3

4

● employee2(employeeNo=1, employeeName=정시온)의 추가

이 문제를 해결하기 위해서는 hashCode 메서드를 구현하여 객체가 같을 경우는 hashCode 메서드도 동일한 값을 반환하도록 수정한다. 이렇게 하면 추가된 2개의 객체의 hashCode 값이 같기 때문에 HashSet 측은 같은 객체라고 인식할 수 있어 하나의 객체만을 보관할 수 있다.

```
public class Employee {
    private int employeeNo;
    private String employeeName;

    // setter/getter는 생략

    @Override
    public int hashCode() {      // hashCode 메서드의 구현 방법에 대해서는 나중에 설명하겠다
        final int prime = 31;
        int result = 1;
        result = prime * result + employeeNo;
        result = prime * result + ((employeeName == null) ? 0 : employeeName.hashCode());
        return result;
    }
}
```

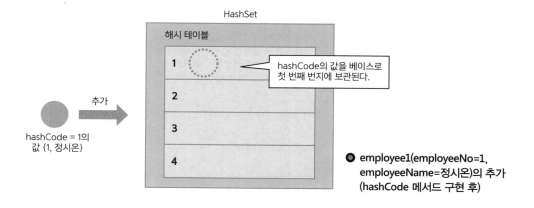

HashSet

해시 테이블

1 — hashCode의 값을 베이스로 첫 번째 번지에 보관된다.

2

3

4

hashCode = 1의
값 {1, 정시온}

추가

● employee1(employeeNo=1, employeeName=정시온)의 추가 (hashCode 메서드 구현 후)

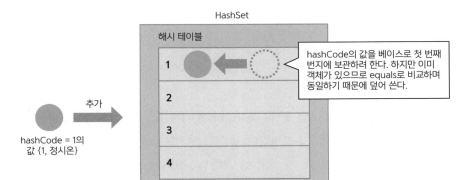

해시 테이블

1

hashCode의 값을 베이스로 첫 번째 번지에 보관하려 한다. 하지만 이미 객체가 있으므로 equals로 비교하며 동일하기 때문에 덮어 쓴다.

● employee2(employeeNo=1, employeeName=정시온)의 추가(hashCode 메서드 구현 후)

equals 메서드, hashCode 메서드를 구현하기

예로 (x, y) 점의 좌표를 나타내는 Point 클래스를 작성해 보자.

```java
public class Point {
    private final int x;
    private final int y;

    public Point(int x, int y) {
        this.x = x;
        this.y = y;
    }

    public int getX() {
        return x;
    }
    public int getY() {
        return y;
    }
}
```

```java
Point point1 = new Point(3, 2);
Point point2 = new Point(3, 2);

System.out.println(point1);    //Point@78308db1
System.out.println(point2);    //Point@27c170f0

System.out.println(point1.hashCode());    // 2016447921 (0x78308db1의 10진수 표현)
System.out.println(point2.hashCode());    // 666988784 (0x27c170f0의 10진수 표현)

System.out.println(point1.equals(point2)); //false
```

```
Point@78308db1
Point@27c170f0
2016447921
666988784
false
```

Point 클래스의 객체인 point1과 point2는 둘 다 좌표 (3,2)를 나타내는 객체이지만 Point 클래스
에서 hashCode 메서드, equals 메서드가 오버라이드되지 않아 Object 클래스의 디폴트 구현이
사용돼 같은 객체라고 판단되지 않았다. 자 그럼 두 객체 point1, point2가 같은 객체라고 올바
로 판정되도록 hashCode 메서드와 equals 메서드를 구현해 보자. 어렵게 생각할 필요 없이 이클
립스 등의 IDE를 이용함으로써 자동으로 생성할 수 있다.

```java
@Override
public int hashCode() {
    final int prime = 31;
    int result = 1;
    result = prime * result + x;
    result = prime * result + y;
    return result;
}

@Override
public boolean equals(Object obj) {
    if (this == obj)
        return true;
    if (obj == null)
        return false;
    if (getClass() != obj.getClass())
        return false;
    Point other = (Point) obj;
    if (x != other.x)
        return false;
    if (y != other.y)
        return false;
    return true;
}
```

```java
Point point1 = new Point(3, 2);
Point point2 = new Point(3, 2);

System.out.println(point1);    // Point@420
System.out.println(point2);    // Point@420
```

```
System.out.println(point1.hashCode());    // 1056(0x420의 10진수 표현)
System.out.println(point2.hashCode());    // 1056(0x420의 10진수 표현)

System.out.println(point1.equals(point2));    // true
```

```
Point@420
Point@420
1056
1056
true
```

point1, point2가 똑같은 객체로 판정되게 되었다. 클래스의 필드를 추가하거나 변경했을 때는 IDE의 기능을 이용하여 hashCode 메서드와 equals 메서드를 자동 생성하도록 한다.

Objects.hash 메서드

자바 7부터는 Objects.hash 메서드를 사용함으로써 간단히 hashCode를 생성할 수 있다. 자신이 직접 hashCode 메서드를 오버라이드해야 할 필요가 있는 경우에 이용하면 편리하다.

```
@Override
public int hashCode() {
    return Objects.hash(this.x, this.y);
}
```

toString 메서드

논점이 객체의 등가성에서 벗어나지만 자신이 직접 클래스를 정의한 경우에 Object 클래스의 toString 메서드도 오버라이드해 두면 좋다. toString 메서드를 오버라이드하지 않을 경우 앞서 설명한 Point 클래스에서의 예에서 본 것처럼 Object 클래스의 toString 메서드가 호출되어 hashCode의 값이 문자열로 반환된다.

```
Point point1 = new Point(3, 2);
System.out.println(point1);    // Point@78308db1
```

이래서야 디버깅 시에 toString 메서드를 호출하여 내용을 출력해도 어떠한 객체인지 모른다. 그러므로 toString 메서드를 오버라이드해서 객체의 값을 알 수 있도록 한다. IDE에서는 클래스의 필드를 베이스로 하여 toString 메서드를 자동 생성하는 기능이 있으므로 그것을 사용하면 편리하다.

```
@Override
public String toString() {
    return "Point [x=" + x + ", y=" + y + "]";
}
```

```
Point point1 = new Point(3, 2);
System.out.println(point1);     // Point [x=3, y=2]
```

이클립스에 의한 toString의 자동 생성에서는 위의 +에 의해 문자열을 결합하는 방법 이외에도
다음과 같은 구현 방법을 선택할 수 있다.

- StringBuilder를 사용하는 방법
- StringBuilder를 메서드 체인 형식으로 이용하는 방법

메서드 체인 형식이란 메서드를 호출한 뒷부분에 동일 인스턴스의 메서드 호출을 연속해서 기
술하는 형식을 말한다. 메서드가 자기 자신의 객체를 반환하도록 만들어져 있다면 메서드 체인
형식으로 기술할 수 있다. StringBuilder 클래스의 append 메서드의 반환값은 StringBuilder 객
체로 되어 있어 메서드 체인 형식으로 append 메서드를 호출할 수 있다.

StringBuilder를 사용하는 방법

```
@Override
public String toString() {
    StringBuilder builder = new StringBuilder();
    builder.append("Point [x=");
    builder.append(x);
    builder.append(", y=");
    builder.append(y);
    builder.append("]");
    return builder.toString();
}
```

StringBuilder를 메서드 체인 형식으로 사용하는 방법

```
@Override
public String toString() {
    StringBuilder builder = new StringBuilder();
    builder.append("Point [x=").append(x).append(", y=").append(y).append("]");
    return builder.toString();
}
```

또한 자바 표준은 아니지만 Apache Commons의 Commons Lang 라이브러리를 사용하면 다음
과 같이 간단하게 기술할 수 있다.

```
@Override
public String toString() {
    return ToStringBuilder.reflectionToString(this);
}
```

라이브러리에 대해서는 '14장 라이브러리로 효율 높이기'를 참조하길 바란다.

3.4 | 타입에 관련된 문제 예방하기

3.4.1 열거형(enum)

'3.2 클래스 작성하기'에서 public static final에 의한 상수가 등장했는데 public static final에 의한 상수에는 '타입 안전이 아니다'라는 문제가 있다. 타입 안전이란 변수에 타입을 할당함으로써 부정한 동작을 방지하는 것을 말한다. 예를 들어 String 타입의 상수로서 다음의 세 가지를 정의한다고 해 보자.

```
public static final String COLOR_BLUE = "blue";
public static final String COLOR_YELLOW = "yellow";
public static final String COLOR_RED = "red";
```

그리고 이 상수를 이용한다고 가정한 processColor 메서드를 정의한 후 인수로 color를 정의했다고 하자.

```
public void processColor(String color) {
    // 인수를 이용한 처리
}
```

여기에서 processColor 메서드에는 COLOR_BLUE, COLOR_YELLOW, COLOR_RED 중의 하나가 전달될 것으로 생각했는데, 만약 개발자가 그러한 사양을 제대로 파악하지 못했거나, 코딩상의 실수를 일으켜 color의 값으로 'green'을 건넬 가능성도 있을 것이다. 그렇게 된다면 예상과는 다른 동작이 될 것이다. 이것이 타입 안전이 아닌 상태다.

또한 자바에서는 컴파일 시에 상수를 이용하고 있는 클래스(이용 클래스라고 부른다)의 상수에 상수를 정의하고 있는 클래스(상수 클래스라고 부른다)의 상수 값 그 자체가 전개된다. 그 때문에 상수 클래스 쪽에서 상수의 값을 변경해서 컴파일해도 이용 클래스 쪽의 상수의 값은 변경되지 않는다. 상수 클래스 쪽을 컴파일한 경우에는 이용 클래스도 함께 컴파일할 필요가 있다. 예를 들어 다음과 같은 클래스를 정의했다고 하자.

```
public static final String SELECTED_COLOR = "blue";
```

이용 클래스 쪽의 정의

```
public String color = SELECTED_COLOR;
```

이 클래스를 컴파일하면 이용 클래스 쪽에서는 다음의 소스 코드와 똑같은 상태가 된다.

```
public String color = "blue";
```

그리고 이런 상태에서 상수 클래스 쪽의 정의인 SELECTED_COLOR를 'red'로 변경해서 컴파일해도 이용 클래스 쪽은 'blue'인 채로 그대로 있다. 이용 클래스 쪽도 동시에 컴파일하면 값은 'red'로 변한다. 이러한 문제를 해결하기 위해서 자바 5.0부터 도입된 것이 enum 타입(열거형)이다. enum 타입이란 몇 가지 상수의 집합을 정의하는 타입으로 클래스의 특수한 형식이다. enum의 선언은 매우 간단하다.

```
public enum TaskType {
    PRIVATE, WORK
};
```

enum의 상수는 지금까지의 상수와 동일하게 대문자로 정의한다. 위의 enum 타입의 TaskType enum을 사용하여 태스크를 표현하는 Task 클래스를 만들어 보자.

```
public class Task {

    private String id;

    private TaskType type;     // enum 타입의 TaskType으로 선언

    private String body;

    public Task(TaskType type, String body) {
        this.id = UUID.randomUUID().toString();
        this.type = type;
        this.body = body;
    }

    public String getId() {
        return id;
    }
```

```java
    public TaskType getType() {
        return type;
    }

    public void setType(TaskType type) {
        this.type = type;
    }

    public String getBody() {
        return body;
    }

    public void setBody(String body) {
        this.body = body;
    }
}
```

Task 클래스를 이용하는 쪽의 코드는 다음과 같다. 이렇게 enum 타입은 switch문으로도 이용할 수 있다.

```java
Task task = new Task(TaskType.PRIVATE, "buy milk");
TaskType type = task.getType();

System.out.println(TaskType.PRIVATE.equals(type));        // true

switch(type) {
case PRIVATE:     // TaskType.이 붙지 않음에 주의
                  // TaskType.을 붙이면 컴파일 에러가 된다

    System.out.println("Task[type = " + type + "]");      // 문자열로 출력 가능
    break;
case WORK:
    System.out.println("Task[type = " + type + "]");
    break;
}
```

enum 타입은 클래스의 한 종류이기 때문에 다른 enum 값은 대입할 수 없어 타입 안전이 보장된다. 이 예에서라면 TaskType 쪽의 필드에는 TaskType enum으로 선언된 값 이외의 것은 설정할 수 없다. 또한 값을 문자열로 출력하는 경우 int 타입의 상수라면 int 값이 그대로 문자열로 출력되지만, enum 타입이라면 명칭(상수명)이 출력되어 그 의미를 금방 알 수 있다. 그리고 enum의 값은 상수 값과 달리 이용하는 쪽의 클래스에는 값이 전개되지 않기 때문에 TaskType enum을 변경할 경우에도 이용하는 쪽의 클래스를 다시 컴파일할 필요가 없다.

enum 타입은 실제로는 java.lang.Enum 클래스를 계승한 클래스이므로 필드나 메서드를 정의할 수 있다. 그 때문에 상수의 이름뿐만 아니라 임의의 값을 관련지어 보관할 수 있다. 관련지을 값은 생성자에 인수로 전달하는 식이 되겠지만 enum 타입에서는 생성자를 private로 할 필요가 있다. 그 예로 HTTP의 상태 코드를 표현하는 HttpStatus를 만들어 보자. HTTP의 상태 코드는 다음과 같이 세 자리 숫자로 나타낸다.

- OK(성공)   ➡ 200
- NOT FOUND(웹 페이지을 찾을 수 없다)   ➡ 404
- INTERNAL SERVER ERROR(서버 내부에서 에러가 발생) ➡ 500

다음과 같은 코드로 하면 명칭과 세 자리 숫자값을 관련지을 수 있다.

```java
public enum HttpStatus {
    OK(200), NOT_FOUND(404), INTERNAL_SERVER_ERROR(500);

    private final int value;

    private HttpStatus(int value) {     // enum의 생성자는 private
        this.value = value;
    }

    public int getValue() {
        return value;
    }
}
```

```java
HttpStatus hs = HttpStatus.OK;
System.out.println("HttpStatus =" + hs + "[" + hs.getValue() + "]");   // HttpStatus
                                                                        // = OK[200]
```

▌3.4.2 제네릭스(Generics)

복수의 객체를 보관할 수 있는 클래스로 ArrayList 클래스가 있다. ArrayList에 객체를 추가한 후 꺼내는 처리를 생각해 보자. ArrayList 클래스는 List 인터페이스를 구현하고 있으며, add 메서드로 객체를 추가, get 메서드로 객체를 꺼낸다. get 메서드의 인수에는 취득할 객체의 인덱스(0은 선두를 나타냄)를 지정한다.

```
List list = new ArrayList();

list.add("Java");

String element = (String) list.get(0);    // 캐스트가 필요

System.out.println(element);
```

add 메서드에 의해 Object 클래스의 객체를 등록할 수 있지만 get 메서드로 취득할 때는 이용할
타입으로 캐스트할 필요가 있다. 또한 ArrayList에 String의 객체만 추가하려는 의도였으나 실제
로는 다른 타입의 객체를 추가할 수도 잇다. 그 때문에 객체를 취득할 때 String만이라고 생각해
서 캐스트하면 실제로 String이 아닌 예상 외의 동작이 발생할 위험성이 있다.[12]

이러한 문제를 해결하기 위해서 자바 5.0부터 제네릭스 타입이 도입되었다. 제네릭스란 특정 타
입으로 연관될 추상적 타입을 말하며 범용적인 처리를 기술할 때 자주 사용한다. 예를 들어 위
의 코드는 제네릭스를 사용하면 다음과 같이 된다.

```
List<String> list = new ArrayList<String>();    // 자바 5.0, 자바 6에서의 기술 방식
// List<String> list = new ArrayList<>();   자바 7이라면, 다이아몬드 연산자 사용 가능

list.add("Java");
// list.add(true); 제네릭스에 의해 요소의 타입이 String으로 고정되었으므로 컴파일 에러

String element =  list.get(0);     // 캐스트 불필요

System.out.println(element);       // Java
```

제네릭스에 의해 요소에 대한 타입을 String클래스로 고정하기 때문에 이 Array 리스트에는
String 클래스의 객체만 추가할 수 있다. 게다가 요소를 취득할 때 캐스트가 불필요하다. 만약
자바 7이라면 다이아몬드 연산자가 이용 가능하므로 보다 간략화한 기술이 가능하다.

제네릭스를 사용한 클래스의 작성

그럼 다음은 제네릭스를 사용한 클래스를 작성해 보자. 작성할 클래스의 예로서 스택이라는 데
이터 구조를 실현하는 클래스를 작성한다. 스택이란 다음과 같은 데이터 구조다. push로 데이터
를 맨 뒤에 추가하고 pop으로 맨 뒤에서부터 데이터를 취득한다.

---

12 ClassCastException이 발생한다.

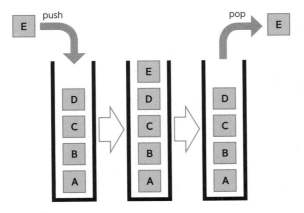

● 스택

우선 요소를 String 클래스로 하는 스택을 만든다. push 메서드로 맨 뒤에 요소를 추가하고 pop
메서드로 맨 뒤에서 요소를 추출한다.

```java
public class StringStack {
    private List<String> taskList;

    public StringStack() {
        taskList = new ArrayList<>();
    }

    public boolean push(String task) {
        return taskList.add(task);
    }

    public String pop() {
        if (taskList.isEmpty()) {
            return null;    // 요소가 하나도 등록되어 있지 않은 경우는 null을 반환
        }

        return taskList.remove(taskList.size() - 1);
    }
}
```

StringStack을 이용하는 예

```java
StringStack strStack = new StringStack();

String strElement = strStack.pop();

// strElement.equals("Java");  NullPointerException!!
```

```
strStack.push("Scala");
strStack.push("Groovy");
strStack.push("Java");

strElement = strStack.pop();

if (strElement != null) {
    System.out.println(strElement);    // Java
}
```

요소가 하나도 등록되어 있지 않은 경우는 null을 반환하므로 이용 시에는 null 체크가 필요하다. 그럼 제네릭스를 이용하여 임의의 타입이 추가 가능한 스택인 GenericStack 클래스를 작성해 보자. 앞서 만든 StringStack 클래스에서는 taskList 필드의 요소의 타입이나 push 메서드의인수, pop 메서드의 반환값의 타입이 String이었는데 임의의 타입으로 하기 위해서 이것들을 임시 타입인 E라는 문자로 표현하기로 하자(문자는 E가 아니어도 상관없음). 이 임시 타입인 E를 타입 매개변수라고 부른다. 제네릭스를 정의하려면 타입 매개변수를 사용하여 GenericStack<E>와 같이 매개변수화한 타입으로 정의한다.

```
public class GenericStack<E> {

    private List<E> taskList;
    public GenericStack() {
        taskList = new ArrayList<>();
    }
    public boolean push(E task) {
        return taskList.add(task);
    }

    public E pop() {
        if (taskList.isEmpty()) {
            return null;
        }

        return taskList.remove(taskList.size() - 1);
    }
}
```

GenericStack을 이용하는 예

```
GenericStack<String> genStack = new GenericStack<>();

// genStack.push(true); 타입이 String이 아니므로 컴파일 에러
genStack.push("Scala");
genStack.push("Groovy");
genStack.push("Java");
```

```
String genElement = genStack.pop();        // 캐스트가 불필요
if (genElement != null) {
    System.out.println(genElement);        // Java
}
```

```
GenericStack<Integer> genStack2 = new GenericStack<>();

genStack2.push(100);
genStack2.push(200);

Integer genElement2 = genStack2.pop();     // 캐스트가 불필요

if (genElement2 != null) {
    System.out.println(genElement2);       // 200
}
```

제네릭스는 클래스에 대해서가 아닌 메서드에만 정의할 수도 있다. 그런 경우 메서드의 반환값 앞에 타입 매개변수를 지정한다.

```
public class GenericStackUtil {
    public static <T> GenericStack<T> as(List<T> list) {
        GenericStack<T> stack = new GenericStack<>();
        list.forEach(stack::push);    // 이 작성법의 상세한 내용은 '5.1.3 메서드 참조'에서 설명
        return stack;
    }
}
```

GenericStackUtil을 이용하는 예

```
List<String> strList = new ArrayList<>();
strList.add("Java");
strList.add("Groovy");
GenericStack<String> gstack = GenericStackUtil.as(strList);
```

타입 매개변수에 제한을 덧붙임으로써 지정 가능한 타입을 한정시킬 수 있다. 예를 들어 extends는 타입 매개변수 E가 지정하는 클래스(Number)의 자식 클래스라는 제한을 만들어 보자. 이것에 의해 타입 매개변수로 선언된 변수에 대해 extends로 제한한 클래스의 메서드를 호출할 수 있다. 다음의 예는 push 메서드의 실행 시 추가된 값의 정숫값을 화면에 표시하는 소스코드다. 타입 매개변수 E는 Number 클래스 또는 그 서브 클래스인 것으로 제한되어 있으므로 타입 매개변수 E로 선언된 task 변수에 대해 Number 클래스의 메서드인 intValue 메서드를 호출할 수 있다.

```java
public class NumberStack<E extends Number> {      // E는 Number 클래스 또는
                                                  // 그 서브 클래스로 제한

    private List<E> taskList;

    public NumberStack() {
        taskList = new ArrayList<>();
    }

    public boolean push(E task) {
        System.out.println("Added " + task.intValue() + " (integer)");;
        return taskList.add(task);
    }

    public E pop() {
        if (taskList.isEmpty()) {
            return null;
        }

        return taskList.remove(taskList.size() - 1);
    }
}
```

NumberStack을 이용하는 예

```java
NumberStack<Integer> intStack = new NumberStack<>();
    // Integer 클래스는 Number 클래스의 자식 클래스
NumberStack<Long> longStack = new NumberStack<>();
    // Long 클래스는 Number 클래스의 자식 클래스
    // NumberStack<String> numberStack = new NumberStack<>();
    // String은 Number 클래스의 자식 클래스가 아니므로 컴파일 에러

intStack.push(100);      // Added 100(integer)
intStack.push(200);      // Added 200(integer)

Integer numElement = intStack.pop();

if (numElement != null) {
    System.out.println(numElement);      // 200
}
```

extends 이외에도 자기 자신의 클래스 또는 부모 클래스로 제한하는 super, 정해지지 않음을 나타내는 ? 등을 사용할 수 있다. 제네릭스는 자바 언어에 있어서 꽤 심도 깊은 기능이다. 《Effective Java, 2nd》에서는 자신이 직접 제네릭스를 사용하는 클래스를 작성할 수 있는 힌트 등이 기재되어 있으므로 참고하길 바란다.

4

배열과 컬렉션 공략하기

데이터를 취급하는 메커니즘으로 자바에서는 '변수'가 있음을 '2장 기본적인 작성법 익히기'에서 설명했다. 취급하는 변수가 적은 경우는 커다란 문제가 발생하지 않지만 변수가 많이 있는 경우 개별적으로 변수를 취급하는 것은 효율적이지 않다. 그러한 복수의 데이터를 모아서 취급하기 위한 메커니즘으로 자바에는 '배열'과 '컬렉션'이 있다. 자바의 배열이나 컬렉션을 알고 있거나 사용한 경험이 있더라도 '성능이 좋은 컬렉션을 선택할 수 있는가?', '효율적인 작성이 가능한가?'라는 물음에 직면하면 이것은 별개의 문제가 된다. 이 장에서는 그럭저럭 알고 있던 자바의 배열이나 컬렉션에 대해서 기본적인 기술 방법부터 컬렉션별 성능 차이, 그리고 의외로 놓치기 쉬운 효율적인 기술 방법 등에 대해서 소개한다.

4.1 | 배열로 여러 데이터 처리하기

4.1.1 배열이란?

동일 타입의 값을 여러 개 취급할 수 있는 기능이 배열이다. 인덱스라고 불리는 [ ]로 감싼 0부터 시작하는 정수를 사용하여 배열의 길이나 순서를 나타낼 수 있다. 자바에서는 나중에 언급할 컬렉션의 기능이 충실하게 마련되어 있어 배열보다도 컬렉션을 사용하는 경우가 많을지도 모르겠지만 기본적으로 파악해 두어야 한다. 우선 배열을 이용한 간단한 소스 코드를 살펴보자.

```
int[] array = new int[10];          // ❶ 배열의 선언
array[0] = 1;                        // ❷ 배열에 값을 대입
array[1] = 1;
array[2] = 2;
array[3] = 3;
array[4] = 5;
System.out.println(array[0]);       // ❸ 배열에서 값을 추출
System.out.println(array[4]);
```

```
1
5
```

각각의 처리를 자세히 살펴보자. ❶은 길이가 10개인 배열을 선언하고 있다. 좌변에 int[]라고 기술함으로써 array라는 변수를 int의 배열로서 선언하고 있다. 그리고 우변에는 new int[10]이라고 기술함으로써 10개의 길이를 가진 int 배열을 생성하고 있다.

❷는 배열의 요소에 대입하는 처리다. ❶에서 선언한 배열에 인덱스를 붙여서 배열의 몇 번째 요소에 값을 대입할지 지정한다. 인덱스는 0부터 시작하기 때문에 array[0]은 첫 요소를 나타낸다. 즉, 이 행은 array라는 배열의 처음 요소에 숫자인 '1'을 대입하고 있는 것이다.

❸은 배열로부터 값을 취득하여 표준 출력에 출력하고 있다. 값을 꺼낼 때에도 ❷와 마찬가지로 인덱스를 사용하여 배열의 몇 번째 요소에서 값을 꺼낼지를 지정한다.

여기서 이용한 예에서는 단순히 값을 대입하고 있을 뿐이므로 배열이 아닌 변수를 사용한 경우의 기술과 크게 다른 부분이 없다. 배열이 편리하게 되는 경우는 for문 등의 루프로 처리할 때다. 예를 들어 피보나치 수열을 10번째까지 계산하는 소스 코드를 생각해 보자. 피보나치 수열이란 다음과 같이 처음의 수를 0, 다음의 수를 1로 하고 그 이후의 수를 앞의 두 수를 더한 값으로 하는 수열이다(Note 참조).

$F0 = 0$

$F1 = 1$

$Fn = Fn{-}2 + Fn{-}1 \ (n \geq 2)$

우선 배열을 사용하지 않고 변수로만 피보나치 수열을 계산해 보자.

```
int fib1 = 1;
int fib2 = 1;
int fib3 = fib1 + fib2;
int fib4 = fib2 + fib3;
...
int fib10 = fib8 + fib9;

System.out.println(fib1);
System.out.println(fib2);
System.out.println(fib3);
...
System.out.println(fib10);
```

계속해서 배열을 사용한 경우의 소스 코드를 살펴보자.

```
int[] array = new int[10];

for(int i=0; i < 10; i++) {
    if (i <= 1) {
        array[i] = 1;
    } else {
        array[i] = array[i - 1] + array[i - 2];
    }
}

for(int value: array) {
    System.out.println(value);
}
```

```
2
3
5
8
13
21
34
55
```

만약 배열이 없다면 값의 수만큼 변수를 선언할 필요가 있으며 동일 처리를 몇 번이고 소스 코드에 기술해야 한다. 2~3개 정도라면 변수로 해도 상관없겠지만 수가 증가함에 따라 변수로 하는 것은 점차 어렵게 된다. 이럴 때 배열을 사용함으로써 선언할 변수는 하나만으로 충분하게 되어 for문을 사용한 루프 처리를 이용할 수 있게 된다. 배열은 이렇듯 복수의 값을 보관하거나 동일 처리를 반복해서 계산할 때 유용하다.

> **N O T E**   **피보나치 수열**
>
> 피보나치 수열이란 처음의 수를 0으로, 그리고 다음 수를 1로 한 후, 그 이후의 수를 앞의 두 수를 더한 수열이다. 변수나 루프 처리를 나타내는 프로그래밍의 예로서 적절하기 때문에 자주 이용되고 있다. 또한 피보나치 수열은 주변에 있는 수의 비율이 황금비로 수렴하고 있고, 자연계에 피보나치 수열로 표현할 수 있는 것이 많다는 이유로 수학의 세계에서 자주 애용되고 있다.

4.1.2 배열 초기화하기

배열을 작성하기 위해서는 처음에 배열을 초기화할 필요가 있다. 배열은 요소 수가 고정된 데이터 구조이기 때문에 초기화할 때에는 크기를 지정해야 할 필요가 있다. 배열의 초기화에는 크게 나누어 세 가지 서식이 있다. 다음의 소스 코드는 세 가지 방법으로 배열의 초기화를 실시하여 그 크기를 length로 취득하고 있다.

```java
int[]    array1 = new int[10];              // ❶ 크기만을 지정

int[]    array2 = {1,2,3,4,5};              // ❷ 초깃값을 지정

int[]    array3 = new int[] {10, 9, 8, 7, 6};   // ❸ 초깃값과 타입을 지정

System.out.println(array1.length);          // length로 길이를 알아낼 수 있다
System.out.println(array2.length);
System.out.println(array3.length);
```

```
10
5
5
```

❶은 앞의 예제에서 소개한 것과 동일하게 크기를 지정한 초기화다. 이 방법으로는 인수로 지정한 크기(위의 예에서는 10)의 배열이 선언되어 각 요소의 값이 타입의 초깃값이 된다. 예를 들어 int나 double 등의 기본형의 배열을 초기화하는 경우 값은 모두 '0'(소수점이 있는 float이나 double에서는 0.0)의 배열이 되고, String이나 Integer 등의 객체에서는 값이 모두 'null'의 배열이 된다. 대입하는 값이 결정되지 않은 경우에는 이 문법을 사용하여 초기화하면 될 것이다. 참고로 배열의 선언에 사용하는 []은 타입에 붙이거나 변수에 붙여도 된다. 즉, int[] array와 int array[] 양쪽다 사용할 수 있다. 그러나 'int 배열이다'라고 명확히 알 수 있도록 전자인 int[] array라는 작성법을 추천한다.

❷는 초깃값을 지정한 문법이다. 이 방법으로 초기화를 하면 각 요소의 값은 우변에서 지정한 값이 되고 배열의 크기는 요소 수와 같게 된다(위의 예라면 5). 초깃값이 정해진 배열을 사용하고 싶은 경우에는 이 문법을 사용한 초기화가 유효하다.

❸은 ❷에 더하여 배열의 타입을 지정한 것이다. ❷에 비해 중복만 발생한 것처럼 보이지만 이 문법은 배열을 초기화할 경우뿐만 아니라 이미 선언한 배열에 새롭게 배열을 생성하여 대입하는 경우에도 사용할 수 있다. 다음의 소스 코드에서는 ❷의 방법과 ❸의 방법을 사용하여 이미 선언된 배열에 새로운 배열을 대입하고 있다.

```
int[] array4;

array4 = new int[] {1, 2, 3, 4, 5};    // ❹ 값을 지정하여 대입
array4 = {1, 2, 3, 4, 5};              // ❺ 이것은 컴파일 에러
```

❹와 같이 타입을 지정하여 배열을 초기화하는 경우는 문제없이 값을 대입할 수 있지만 ❺와 같이 타입의 지정을 생략한 경우에는 컴파일 에러가 발생한다. ❺와 같이 타입을 생략한 작성법은 배열의 초기화 시에만 가능하기 때문이다. 특히 배열을 인수로 하고 있는 메서드를 호출할 때는 ❹와 같이 타입을 지정할 필요가 있다는 점에 주의해야 한다. 배열을 인수로 하는 처리를 호출할 경우 다음과 같이 한다.

```
void log(String message, String[] args) {
    // 생략
}

log("사용자를 등록하였습니다", new Sring[]{"userName", "Ken"});     // 문제없이 실행할 수 있다
log("사용자를 등록하였습니다", {"userName", "Ken"});               // 컴파일 에러
```

지금까지 몇 가지 초기화 방법을 소개했다. 어떤 용도에서 어떤 초기화 방법을 선택하면 좋은지 다음과 같이 정리했다.

- (1) 선언 시에 내용이 정해져 있지 않다 ➡ new로 요소 수만을 지정한다
    - 예 int[] array = new int[10];
- (2) 선언 시에 내용이 정해져 있다 ➡ 값의 리스트를 열거한다
    - 예 int[] array = {1,1,2,3,5};
- (3) 선언 후에 내용이 정해지거나 인수로 이용한다 ➡ new 선언을 붙여서 값의 리스트를 열거한다
    - 예 array = new int[] {1,1,2,3,5};

필자의 경험상 (1)과 같이 배열에 대입할 값이 선언 시에 정해져 있지 않은 경우에는 나중에 언급할 컬렉션을 이용하는 경우가 많다. 배열을 선언할 때는 초기화 시에 값을 정하는 (2)나 (3)의 작성법을 기억해 두면 좋다.

4.1.3 배열의 대입과 취득

계속해서 배열에 값을 대입하는 방법과 취득 방법에 대해서 소개하겠다. 배열의 각 요소의 값은 인덱스를 사용하여 대입하거나 취득하거나 할 수 있다. 배열의 인덱스는 '0'부터 시작한다는 점에 주의한다. 그 때문에 마지막 요소의 인덱스는 '배열의 크기 - 1'이 된다. 다음의 소스 코드는 인덱스를 이용하여 값의 덮어 쓰기와 취득을 실시하고 있다.

```
int[] array = {1, 1, 2, 3, 5, 9, 13};

array[5] = 8;             // ❶ 배열의 5번째(원래 값은 9)를 8로 덮어 씀
int value = array[6];     // ❷ 배열의 6번째를 취득

System.out.println(array[5]);
System.out.println(value);
```

```
8
13
```

❶은 배열의 요소에 값을 덮어 쓰고 있다. 삽입이 아니라 덮어 쓴다는 점에 유의하길 바란다. ❷는 배열의 요소를 취득하고 있다. 배열의 크기를 넘어선 인덱스를 지정하여 값을 취득하려고 하는 경우에는 ArrayIndexOutOfBoundsException이라는 실행 시 예외(예기치 않은 동작, 자세히 는 '6장 예외 공략하기' 참조)가 발생한다. 다음의 소스 코드에서는 배열의 크기를 넘어서는 요소에 값을 대입하고 있다.

```
int[] array = {1, 1, 2, 3, 5, 9, 13};    // 크기가 7인 배열
array[7] = 21;                           // ArrayIndexOutOfBoundException 발생
```

```
Exception in thread "main" java.lang.ArrayIndexOutOfBoundsException: 7
```

0부터 시작해서 7번째(1부터 시작하면 8번째)의 요소에 대입하려고 하고 있는데 배열의 크기를 초 과했기 때문에 예외가 발생하고 있다. 에러 메시지의 끝부분에 있는 '7'은 7번째의 요소에 액세 스하려고 했음을 나타내고 있다. 다음의 소스 코드와 같이 배열의 길이를 넘어선 인덱스로 값 을 대입한 경우에도 동일하게 예외(ArrayIndexOutOfBoundsException)가 발생한다.

```
int[] array = new int[7];     // 크기가 7인 배열
int value = array[7];         // ArrayIndexOutOfBoundException 발생
```

```
Exception in thread "main" java.lang.ArrayIndexOutOfBoundsException: 7
```

덧붙여서 인덱스로 마이너스의 값을 이용한 경우에도 역시 ArrayIndexOutOfBoundsExceptipon 이 발생한다. 다음의 소스 코드에서는 -1번째의 요소를 취득하려고 하고 있다.

```
int[] array = {1, 1, 2, 3, 5, 9, 13};
int value = array[-1];    // ArrayIndexOutOfBoundException 발생
```

```
Exception in thread "main" java.lang.ArrayIndexOutOfBoundsException: -1
```

언어에 따라 -1로 배열의 끝 부분에 있는 값을 취득할 수 있는 것도 있지만 자바에서는 예외가 된다는 점을 주의하길 바란다.

4.1.4 배열의 사이즈 변경하기

배열은 한번 작성하면 요소 수를 변경할 수 없다. 그렇기 때문에 이미 작성한 배열의 요소 수를 변경하고 싶은 경우에는 새로운 배열을 작성한 후에 예전 배열에서 새로운 배열로 필요한 정보를 복사해야 한다. 배열을 복사하는 수단으로 자바 5.0까지는 System 클래스의 arraycopy 메서드를 사용했으나, 자바 6 이후에는 Arrays 클래스의 copyOf 메서드를 사용한다.

```
int[] array = {1, 1, 2, 3, 5, 9, 13};

int[] newArray1 = new int[array.length + 3];
System.arraycopy(array, 0, newArray1, 0, array.length);   // ❶ 자바 5.0까지의 배열 복사 방법

int[] newArray2 = Arrays.copyOf(array, array.length + 3); // ❷ 자바 6.0 이후의 배열 복사 방법

newArray1[7] = 21;
newArray1[8] = 34;
newArray1[9] = 55;
newArray1[10] = 89;    // ArrayIndexOutOfBoundException 발생
```

❶에서는 System 클래스의 arraycopy로 배열을 복사하고 있다. 인수는 다음과 같다. 이 예에서는 원래 배열을 모두 복사하기 때문에 원래 배열의 '0'번째부터 모든 요소 수인 'array.length'를 복사할 곳의 배열의 '0'번째에 복사하고 있다.

● **System 클래스의 arraycopy 메서드의 인수**

인수의 순서	처리 내용
1	복사 대상인 원래 배열
2	복사 대상인 원래 배열의 몇 번째부터 복사할 것인가
3	복사할 타깃 배열
4	복사할 타깃 배열의 몇 번째에 복사할 것인가
5	복사할 배열의 요소 수

❷에서 이용하고 있는 Arrays 클래스의 copyOf 메서드는 배열의 복제를 만드는 데 특화한 메서드다. 인수에 원래 배열의 객체와 새롭게 만들 배열의 길이를 지정하고 지정한 길이의 새로운 배열을 작성하여 원래 배열로부터 새로운 배열에 요소를 복사한다. Arrays 클래스의 copyOf 메서드는 내부에서 System 클래스의 arraycopy 메서드를 실행하고 있기 때문에 성능에는 거의 차이가 없다. 그 때문에 어느 쪽을 이용해도 실제 효과에는 그다지 차이가 없지만 굳이 이용한다면 Arrays 클래스를 이용하는 편이 소스 코드를 읽기에 편한다.

그러나 지금까지 살펴보았듯이 배열의 요소 수를 늘리기 위해서 배열을 복사하는 등의 처리를 기술해야 하는 것은 귀찮으며 소스 코드의 기술량도 많아지게 된다. 그래서 요소 수가 결정되지 않은 경우에는 배열이 아니라 나중에 언급할 ArrayList 클래스 등 컬렉션 클래스를 이용하는 편이 적절하다. 배열은 어디까지나 요소 수나 내용이 결정되어 간단히 작성하고 싶은 경우나 기본형의 값의 배열을 작성하고 싶을 때만으로 한정해서 이용하는 것이 좋다.

4.1.5 Arrays 클래스를 이용하여 배열 조작하기

자바에는 배열의 정렬(순서대로 나열)이나 검색 등 자주 사용하는 처리를 정리한 java.util.Arrays 클래스가 준비되어 있다. Arrays 클래스를 이용함으로써 정렬 등도 효율적으로 실시할 수 있다. 여기에서는 이 Arrays 클래스를 이용하여 배열을 조작하는 방법에 대해 소개할 것이다.

배열의 문자열 변환

우선 배열의 요소를 문자열로 변환하는 메서드를 소개하겠다. 배열의 요소 리스트를 표준 출력으로 표시하고 싶은 경우 단순히 System.out.println 메서드의 인수에 배열을 건네면 배열의 타입이나 해시값('3장 타입 공략하기'를 참조)이 표시되어 버린다. Java5.0에서 Arrays 클래스에 추가된 toString 메서드를 이용하면, 배열 요소의 리스트를 문자열로 변환할 수 있으므로 이 것을 이용하자.

```java
int[] array = {1, 1, 2, 3, 5, 9, 13};
System.out.println(array);
System.out.println(Arrays.toString(array));
```

이 처리를 실행하면, 다음과 같이 출력된다.

```
[I@bb60c3
[1, 1, 2, 3, 5, 9, 13]
```

첫 번째의 [I@bb60c3의 부분은 각각 다음과 같은 것을 나타낸다.

- [➡ 배열
- I ➡ int 타입
- @ 이후의 문자열 ➡ 해시값

이것을 봐도 int 배열인 것밖에 모른다. 그에 비해 Arrays 클래스의 toString 메서드를 사용한 경우에는 배열의 내용이 모두 출력된다. 배열의 내용이 모두 출력되고 있으면, 소스 코드를 디버깅할 때 배열이 어떤 내용을 갖고 있는지를 프로그램을 동작시키면서 조사하지 않고도 일목 요연하게 알 수 있어 효율있게 작업할 수 있다.

배열의 정렬

배열을 순서대로 나열하는 정렬 처리는 Arrays 클래스의 sort 메서드로 실시할 수 있다. sort 메서드는 자기 자신이 직접 기술하는 것보다도 효율이 좋은 알고리즘으로 정렬을 실시해 준다.

```java
int[] array = {3 , 1, 13, 2, 8, 5, 1};
Arrays.sort(array);
System.out.println(Arrays.toString(array));
```

```
[1, 1, 2, 3, 5, 8, 13]
```

Arrays 클래스의 sort 메서드에 의한 정렬의 나열 순서는 나열 대상에 따라 다르다.

- 기본 타입 ➡ 오름차순으로 값을 정렬
- 객체   ➡ Comparable 인터페이스의 compareTo 메서드를 사용하여 정렬

객체의 경우, 정렬의 대상이 되는 클래스가 Comparable 인터페이스의 구현 클래스가 아니면 ClassCastException이 발생한다는 점에 주의하길 바란다.

Comparable 인터페이스를 구현한 클래스가 아닌 경우나 정렬 순서를 지정하고 싶은 경우에는 두 번째 인수에 java.util.Comparator 인터페이스를 구현한 클래스를 건넘으로써 독자적인 규칙에 따른 정렬을 실시할 수 있다. 다음의 소스 코드는 인수 2에 Comparator 인터페이스의 구현 클래스를 건네, 숫자를 내림차순으로 정렬한 예제다.

```java
Integer[] array = {3, 1, 13, 2, 8, 5, 1};
Comparator<Integer> c = new Comparator<Integer> () {
    @Override
    public int compare(Integer o1, Integer o2) {
        return o2.compareTo(o1);
    }
};

Arrays.sort(array, c);
System.out.println(Arrays.toString(array));
```

```
[13, 8, 5, 3, 2, 1, 1]
```

compare 메서드의 반환값에 따라 정렬의 동작이 변한다.

- 반환값이 0 이상의 경우　　　　　➡ 인수 1 → 인수 2의 순서로 정렬
- 반환값이 0 미만인 숫자를 반환한 경우 ➡ 인수 2 → 인수 1의 순서로 정렬

단, 이 정도의 소스로는 Comparator의 효과를 그다지 잘 이해할 수 없을지도 모르겠다. 그래서 좀 더 복잡한 예를 살펴보도록 하자. 다음 소스 코드의 예에서는 학생(Student)의 배열을 점수(score)의 내림차순으로 정렬하여 마지막에 표준 출력으로 표시하고 있다.

Student 클래스

```java
public class Student {
    private String name;
    private int score;

    public Student(String name, int score) {
        this.name = name;
        this.score = score;
    }

    public String getName() {
        return name;
    }

    public int getScore() {
        return score;
    }
}
```

Student 객체의 배열을 점수로 정렬

```java
Student[] students = {
    new Student("Ken", 100),
    new Student("Shin", 60),
    new Student("Kim", 80)
};

Comparator<Student> comparator = new Comparator<Student>() {
    @Override
    public int compare(Student o1, Student o2) {
        return Integer.compare(o2.getScore(), o1.getScore());
    }
};
```

```
Arrays.sort(students, comparator);
for (Student student : students) {
    System.out.println(student.getName() + ":" + student.getScore());
    }
}
```

이렇게 Comparator를 사용하여 정렬 조건을 명확하게 함으로써 자신이 직접 만든 Student 객체
의 정렬을 할 수 있게 된다.

> **N O T E** **Comparator인가? Comparable인가?**
>
> 위의 예에서는 Comparator를 이용하여 정렬을 실시했는데, 정렬을 실시하는 다른 하나의 방법으로 정렬
> 대상이 되는 클래스 자신을 Comparable 인터페이스의 구현 클래스로 정의해서 compareTo 메서드를 구
> 현하는 방법이 있다.
>
> 다음은 Student 클래스를 Comparable 인터페이스를 이용해 구현한 경우의 예다.
>
> ```
> public class Student implements Comparable<Student> {
>     private String name;
>     private int score;
>
>     public Student(String name, int score) {
>         this.name = name;
>         this.score = score;
>     }
>
>     // 생략
>
>     public int getScore() {
>         return score;
>     }
>
>     @Override
>     public int compareTo(Student o) {
>         return Integer.compare(o.getScore(), getScore());
>     }
> }
> ```
>
> 이 방법을 사용하면 Arrays 클래스의 sort 메서드에서 Comparator를 지정하지 않고 정렬할 수 있다.
>
> 그러나 Comparable은 한 종류의 정렬밖에 할 수 없으므로 여러 종류의 정렬로 전환할 수 없다. 위의 예에
> 서는 점수의 내림차순으로 정렬하였지만, 예를 들어 이름의 오름차순, 점수의 오름차순 등 별도의 정렬을
> 하고 싶은 경우에는 아무래도 Comparator가 필요하게 된다.

또한 Comparable에 의한 정렬은 해당 클래스 자신이 갖는 디폴트 정렬 순서에 의한 정렬이므로 가장 자연스러운 정렬 방식이어야 한다. 예를 들어 숫자라면 오름차순, 문자열이라면 ASCII 코드의 오름차순으로 나열되길 기대할 것이다. 그러한 점에서 Student, 즉 '학생'을 나열하는 것을 상정했을 경우, 예를 들어 '출석번호의 오름차순', '이름의 오름차순' 등이 기본적인 나열 방식일 것이며, '점수의 내림차순' 등은 특수한 정렬일 것이다.

즉, 다음과 같은 사용 방식으로 나누어 사용하면 좋겠다.

- Comparable에 의한 정렬 ➡ 해당 클래스 자신의 가장 자연스런 정렬 방식에 따른 디폴트 정렬로 사용한다
- Comparator에 의한 정렬 ➡ 업무적으로 필요한 나열 방식에 따른 정렬로 사용한다

필자의 경우, Comparable을 이용하는 경우는 그다지 없고 거의 대부분 Comparator를 이용하고 있다.

배열의 검색

배열 안에서 원하는 번호를 찾으려면, 배열의 검색을 실시할 필요가 있다. 검색에는 Arrays 클래스의 binarySearch 메서드를 사용할 수 있다. binarySearch 메서드는 그 이름대로, 바이너리서치(이진 탐색)를 수행하여 원하는 값을 검색한다. 바이너리서치는 그림과 같이 배열의 중앙값을 보고 기대하는 값보다 큰 경우에는 중앙보다 왼쪽을 탐색하고, 작은 경우에는 오른쪽을 탐색하는 것을 반복해서 목적하는 값을 찾는다. 따라서 대상의 배열이 정렬되어 있지 않으면 제대로 검색할 수 없다는 점에 유의해야 한다. 정렬된 배열에 대해 검색하는 횟수가 적기 때문에 대부분은 for문을 사용한 단순 검색(선형 검색)보다 빠르게 검색 대상을 찾을 수 있다.

binarySearch 메서드는 검색 대상이 발견된 경우에는 배열의 인덱스를 반환하고, 발견되지 않았을 경우에는 0보다 작은 값을 반환한다.

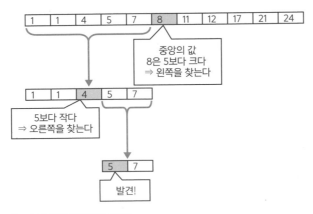

● 바이너리서치(이진 검색)

```
int[] array = { 1, 1, 4, 5, 7, 8, 11, 12, 17, 21, 24 };
int found = Arrays.binarySearch(array, 5);        // ❶ '5'라는 숫자를 검색
System.out.println(found);

int notFound = Arrays.binarySearch(array, 6);     // ❷ '6'이라는 숫자를 검색
System.out.println(notFound);
```

```
3
-5
```

❶에서 발견한 '8'은 array의 (0번째부터 세서) 3번째 요소이므로 '3'을 반환하고 있다. 또한 ❷에서는 '6'이 발견되지 않았으므로 마이너스 값이 반환된다.

참고로, 이 발견되지 않았을 때의 반환값은 '만일 그 요소가 들어있다고 치면 몇 번째가 될까'라는 숫자값에 마이너스 부호를 붙이고 거기서 1을 뺀 수가 된다. 만약 '6'이라면 4번째이므로 –4에서 1을 뺀 '-5'가 반환된다는 뜻이다.

위에서 'binarySearch를 실시하기 위해서는 사전에 배열의 요소를 정렬하고 있을 필요가 있다'라고 설명했는데, 만약 정렬되지 않았다면 어떻게 될까? 사양대로라면 '정해지지 않은 값이 반환된다'로 되어 있어 어떤 값이 반환될지 명확하지 않다.

```
int[] array = { 3, 1, 13, 2, 8, 5, 1 };
int value=Arrays.binarySearch(array, 8);
System:out printin(value);
```

```
-8
```

'8'이라는 숫자는 4번째에 있는 요소이므로 원래대로라면 '4'라는 값이 반환되어야 하지만, 사전에 정렬을 하고 있지 않기 때문에 찾을 수 없었다.

만약 정렬이 되지 않은 배열에 대해 검색을 하고 싶은 경우에는 다음의 2가지 방법이 있다.

  (1) 사전에 Arrays 클래스의 sort 메서드를 사용하여 정렬한다
  (2) Arrays 클래스의 binarySearch 메서드를 사용하지 않고 선형 검색 등을 실시한다

정렬 처리에도 시간이 걸리므로 경우에 따라 다음과 같이 처리하는 편이 보다 성능이 좋을 것이다.

- 동일 데이터에 대해서 몇 번이고 검색을 할 경우

  ➡ (1)과 같이 사전에 정렬한 후에 검색한다

- 한 번만 검색할 경우

  ➡ (2)와 같이 정렬을 하지 않고 검색만 한다

4.1.6 가변 길이 인수로 메서드 정의하기

지금까지는 배열의 특징을 설명했지만 여기서는 잠시 관점을 바꿔서 메서드의 인수에 배열을 지정하는 경우의 작성법에 대해서 살펴보자.

'4.1.2 배열 초기화하기'의 예에서는 인수에 배열을 건네는 log 메서드를 기재했다. log 메서드의 내부는 다음과 같이 인수의 값을 출력하도록 되어 있다.

배열을 인수로 갖는 메서드

```
void log(String message, String[] args) {
    System.out.println(message);
    System.out.println("매개변수:");
    for(String arg : args) {
        System.out.println(arg);
    }
}
```

args 배열에 들어가는 요소의 수는 가변으로, 요소의 수에 상관없이 모든 값을 표시할 수 있도록 되었다. 그러나 이 메서드를 호출하는 쪽은 인수 args의 부분에 배열을 건넬 필요가 있어 매번 배열을 new하는 기술이 중복된다.

args의 부분은 항상 new String[]해야 한다

```
log("사용자를 등록하였다", new String[]{"userName", "Ken"});
log("오류가 발생하였다", new String[]{"Cannot load file"});
log("처리를 종료하였다", new String[0]);
```

이 중복된 기술을 없애기 위해서 가변 길이 인수를 사용해 메서드를 정의할 수 있다. 가변 길이 인수는 타입의 뒤에 '...'(마침표 3개)를 붙여서 정의한다. 가변 길이 인수를 사용함으로써 메서드를 호출하는 쪽은 일일이 배열을 new할 필요가 없게 되었다.

가변 길이 인수에 의한 메서드 정의

```java
void log(String message, String... args) {
  System.out.println(message);
  System.out.println("파라미터:");
  for (String arg : args) {
    System.out.println(arg);
  }
}
```

가변 길이 인수에 의한 메서드 호출

```java
log("사용자를 등록하였다", "userName", "Ken");
log("오류가 발생하였다", "Cannot load file");
log("처리를 종료하였다");
```

메서드 호출이 간단하게 되었다. 메서드를 정의하는 쪽도 인수를 배열로 하고 있던 때와 변함이 없다. 이것은 컴파일 시에 가변 길이 인수가 배열로 변환되기 때문이다.

앞의 가변 길이 인수의 메서드 호출은 컴파일 시에 다음과 같이 변환된다.

```java
log("사용자를 등록하였다", new String[]{"userName", "Ken"});
log("오류가 발생하였다", new String[]{"Cannot load file"});
log("처리를 종료하였다", new String[0]);
```

4.2 | 컬렉션 프레임워크로 여러 데이터 처리하기

4.2.1 배열의 한계와 컬렉션의 특징

지금까지 복수의 데이터를 취급하기 위한 메커니즘으로 배열을 소개했다. 그러나 배열은 길이가 결정되어 있기 때문에 요소의 추가나 삭제가 어렵다는 등 취급하는데 문제가 있었다. 그래서 자바에서는 복수의 데이터를 좀 더 다루기 쉬운 구조로 '컬렉션'을 준비했다. 이러한 컬렉션과 반복자, 그리고 컬렉션을 다루기 위한 유틸리티 등의 집합을 컬렉션 프레임워크라고 부른다.

컬렉션은 배열과 달리 처음부터 크기의 제한을 결정할 필요가 없이 원하는 만큼 데이터를 저장할 수 있다. 또한 컬렉션 프레임워크는 많은 인터페이스와 구현이 준비되어 있어, 각각 다른 알고리즘으로 데이터를 관리한다. 예를 들어, 배열처럼 여러 데이터를 처리할 수 있는 List 인터페이스와 키와 값을 나누어 데이터를 유지하는 Map 인터페이스 등이 있다. 이것들을 용도에 따라 구분해야 하지만, 반대로 말하자면 용도에 적합하지 않는 컬렉션을 이용하는 것이 원인이 되서 성능이 저하되거나 의도하지 않은 데이터를 취득하는 등의 문제가 발생하곤 한다.

그러한 문제를 일으키지 않도록 컬렉션의 인터페이스나 구현의 메커니즘을 올바로 이해하자.

4.2.2 대표적인 컬렉션과 구분 기준

대표적인 컬렉션을 표로 정리했다.

● **대표적인 컬렉션과 배열**

명칭	개요
배열	복수의 요소를 취급하는 메커니즘. 간단하지만 유연성이 떨어진다.
java.util.List	배열처럼 복수의 요소를 취급할 수 있으며, 인덱스를 지정해서 값의 취득이나 설정을 할 수 있다.
java.util.Set	List와 비슷하지만 요소가 중복하는 경우는 등록하지 않기 때문에 중복이 없는 복수의 요소를 취급할 수 있다. 순서성이 없기 때문에 인덱스를 지정하여 값을 취득, 설정할 수 없다
java.util.Map	키와 값을 이용하여 요소를 취급할 수 있다. 다른 언어에서는 연상 배열이나 딕셔너리라고 불리기도 한다. Set과 마찬가지로 순서성이 없다

컬렉션을 이용할 때에는 목적에 따라 적절한 것을 선택할 필요가 있다.

- 배열과 같이 인덱스를 지정해서 값의 취득이나 설정을 하고 싶은 경우
  - ➡ List 인터페이스
- 요소에 값의 중복이 없는 경우, 검색/정렬을 고속으로 실시하고 싶은 경우
  - ➡ Set 인터페이스
- 키와 값을 나누어서 요소를 취급하고 싶은 경우
  - ➡ Map 인터페이스

이렇게 고려함으로써 컬렉션의 인터페이스를 결정할 수 있다. 그러나 이것으로 끝이 아니라 인터페이스를 정한 후에는 어떤 구현을 선택할 지 검토해야 할 필요가 있다. 구현의 선택 방법에 대해서는 각 인터페이스의 절에서 설명하겠으므로 그것을 참조하길 바란다.

우선은 각 컬렉션의 사용법부터 설명하겠다.

4.3 │ 배열과 비슷한 방법으로 여러 요소 처리하기 — List 인터페이스

4.3.1 List 인터페이스의 기본

List 인터페이스는 배열과 비슷한 방법으로 복수의 요소를 처리할 수 있다. List 인터페이스는 다음과 같은 메서드가 준비되어 있다.

- 요소를 추가하는 add 메서드
- 요소를 덮어 쓰는 set 메서드
- 인덱스를 사용하여 요소를 취득하는 get 메서드

취급하기 쉽기 때문에 컬렉션 프레임워크 중에서도 가장 이용될 기회가 많은 인터페이스다.

List 인터페이스의 대표적인 메서드를 분류해서 나타냈다.

● **List 인터페이스에서의 요소 추가, 변경, 삭제**

메서드명	역할	설명
add	요소의 추가	인수로 지정한 요소를 리스트에 추가한다.
addAll	모든 컬렉션 요소의 추가	인수로 지정한 컬렉션 안의 모든 요소를 리스트에 추가한다.
set	요소의 덮어 쓰기	인수로 지정한 위치에 있는 요소를, 인수로 지정한 요소로 덮어 쓴다.
remove	요소의 삭제	인수로 지정한 위치에 있는 요소, 또는 인수로 지정한 요소를 리스트로부터 삭제한다.
removeAll	일치하는 요소의 삭제	인수로 지정한 컬렉션에 포함된 요소를 리스트에서 삭제한다.
retainAll	일치하지 않은 요소의 삭제	인수로 지정한 컬렉션과 일치하는 요소만을 리스트에 남기고 나머지 요소를 삭제한다.
clear	모든 요소의 삭제	모든 요소를 리스트에서 삭제한다.

● List 인터페이스에서의 요소 취득/변환

메서드명	역할	설명
get	요소의 취득	인수로 지정한 위치에 있는 요소를 리스트로부터 취득한다.
size	요소의 수를 취득	리스트 내에 있는 요소의 수를 취득한다.
isEmpty	비어 있는지를 판정	리스트에 요소가 없는지를 판정한다.
subList	범위 내의 요소 취득	인수로 지정한 시작 위치와 종료 위치의 사이에 있는 요소를 취득한다.
toArray	배열로의 변환	리스트 내의 모든 요소를 배열로서 취득한다.

● List 인터페이스에서의 요소 검색

메서드명	역할	설명
contains	요소의 검색	인수로 지정한 요소가 리스트에 포함되어 있는지를 판정한다.
containsAll	모든 요소의 검색	인수로 지정한 컬렉션 안의 모든 요소가 리스트에 포함되어 있는지를 판정한다.
indexOf	처음에 검색된 요소의 위치 취득	인수로 지정한 요소가 리스트 내에서 처음에 발견된 위치를 취득한다.
lastIndexOf	마지막에 검색된 요소의 위치 취득	인수로 지정한 요소가 리스트 내에서 마지막에 발견된 위치를 취득한다.

● List 인터페이스에서의 반복 처리 등

메서드명	역할	설명
iterator	반복자의 취득	리스트의 반복 처리를 적절하게 실시하기 위한 반복자를 취득한다.
listIterator	리스트 반복자의 취득	전방 처리나 추가, 변경 처리 등을 실시하는 반복자를 취득한다.

List 인터페이스에는 몇 가지 구현 클래스가 제공되고 있다. 그중에서 대표적인 것을 소개하겠다.

● List 인터페이스의 대표적인 구현 클래스

구현 클래스명	설명
ArrayList	가장 대표적인 List의 구현 클래스. 내부에서 배열을 갖고 있어 루프 처리 등을 고속으로 할 수 있다.
LinkedList	앞 뒤의 참조를 갖고서 순서를 유지하는 클래스. 리스트의 중간에서 요소의 추가, 삭제를 고속으로 할 수 있다.
CopyOnWriteArrayList	ArrayList를 스레드 세이프화('11장 스레드 세이프 즐기기' 참조)한 클래스

이런 구현 클래스들의 자세한 내용에 대해서는 나중에 다루겠다. 우선은 List 인터페이스의 사용법을 살펴보자.

▌ 4.3.2 List 작성하기

List를 작성하려면 먼저 초기화를 해야 한다. 구체적으로는 List에 추가할 요소의 타입을 지정하여 List 인터페이스의 구현 클래스를 new로 함으로써 초기화한다.

List는 여러 가지 방법으로 만들 수 있다. 요소가 비어 있는 List를 작성하려면 List 인터페이스의 구현 클래스를 인수 없이 new한다. 다음 코드에서는 요소가 빈 ArrayList 객체를 생성하고 있다.

```
List<Integer> list = new ArrayList<>();
```

또한 요소의 값을 열거하여 List를 작성하고 싶은 경우에는 다음과 같이 new로 작성한 List에 add 메서드로 요소를 추가할 수 있다.

```
List<Integer> list = new ArrayList<>();
list.add(1);
list.add(62);
list.add(31);
list.add(1);
list.add(54);
list.add(31);
```

이것을 좀 더 간단하게 작성하고 싶은 경우에는 이미 작성한 배열을 베이스로 List를 작성하는 것도 가능하다. 다음의 예에서는 Arrays 클래스의 asList 메서드를 이용해서 List를 작성하고 있다.

```
List<Integer> integerList = Arrays.asList(1, 62, 31, 1, 54, 31);
```

단, asList 메서드를 사용해서 List를 작성한 경우, 작성한 List에 대해 요소의 추가, 변경, 삭제를 할 수 없다. Arrays 클래스의 asList 메서드로 작성한 클래스는 일반적인 ArrayList와 약간 달라서 읽기 전용의 List 구현이기 때문이다.

요소를 열거해서 작성한 List의 내용을 변경하고 싶은 경우에는 다음과 같이 List 클래스를 new할 때에 인수를 건넨다.

```
List<Integer> integerList = new ArrayList<>(Arrays.asList(1, 62, 31, 1, 54, 31);
```

4.3.3 List의 대표적인 메서드

List 인터페이스의 대표적인 메서드에 대해서 ArrayList를 사용해서 설명하겠다. 다음의 소스 코드는 값의 추가나 취득, 삭제라는 일련의 처리를 실시하고 있다.:

```java
List<String> names = new ArrayList<>();

names.add("Ken");                            // ❶ 값의 추가
names.add("Shin");
names.add("Kim");
System.out.println(" ❶ 리스트의 내용:" + names.toString());

names.add(2, "Jung");                        // ❷ 값의 추가
System.out.println(" ❷ 리스트의 내용:" + names.toString());

names.set(0, "Lee");                         // ❸ 값의 치환
System.out.println(" ❸ 리스트의 내용:" + names.toString());

String thirdName = names.get(2);             // ❹ 값의 취득
System.out.println(" ❹ 2번째의 요소:" + thirdName);

names.remove(1);                             // ❺ 값의 삭제
System.out.println(" ❺ 리스트의 내용:" + names.toString());

int size = names.size();                     // ❻ 요소 수의 취득
System.out.println(" ❻ 요소의 수:" + size);

int kimIndex = names.indexOf("Kim");         // ❼ 값의 검색
System.out.println(" ❼ Kim의 위치:" + kimIndex);

boolean exists = names.contains("Shin");     // ❽ 값이 포함되어 있는지의 여부
System.out.println(" ❽ Shin이 포함되어 있는지의 여부:" + exists);
```

```
❶ 리스트의 내용 : [Ken, Shin, Kim]
❷ 리스트의 내용 : [Ken, Shin, Jung, Kim]
❸ 리스트의 내용 : [Lee, Shin, Jung, Kim]
❹ 2번째의 요소 : Jung
❺ 리스트의 내용 : [Lee, Jung, Kim]
❻ 요소의 수 : 3
❼ Kim의 위치 : 2
❽ Shin이 포함되어 있는지의 여부 : false
```

각 메서드의 사용법에 대해서 순서대로 살펴보자.

❶ 값의 추가

값의 추가는 add 메서드로 실시한다. 인수를 하나만으로 add 메서드를 호출할 때에는 List의 끝 부분에 요소를 추가한다.

❷ 값의 삽입

add 메서드는 인수 1에 인덱스를 지정하여 그 위치에 값을 삽입할 수 있다. 삽입 위치 이후의 요소(삽입 위치의 요소를 포함)는 하나씩 뒤로 물러난다. 여기서는 두 번째 위치에 'Jung'을 삽입 하는 코드로 되어 있으므로 이 메서드의 실행 결과는 두 번째 요소가 'Jung', 세 번째 요소가 'Kim'이 된다.

인덱스에 0을 지정하면 맨 앞으로, 요소의 수와 동일한 값을 지정하면 맨 끝에 추가한다(인덱스 를 지정하지 않은 ❶의 패턴과 동일한 동작이다). 인덱스에 요소의 수보다 큰 값을 지정한 경우, 또는 음수를 지정한 경우는 IndexOutOfBoundsException 예외가 발생한다. (예외에 대해서는 '6장 예외 공략하기'를 참조)

❸ 값의 치환

지정한 인덱스에 어떤 요소를 치환하는 경우에는 set 메서드를 사용한다. 여기서는 0번째의 요 소인 'Ken'을 'Lee'로 치환하고 있다.

인덱스에 요소의 수 이상의 값을 지정한 경우는 IndexOutOfBoundsException 예외가, 음수 값 을 지정한 경우는 ArrayIndexOutOfBoundsException 예외가 발생한다.

❹ 값의 취득

값을 취득하기 위해서는 get 메서드를 사용한다. 인수는 취득하고 싶은 요소의 인덱스다. 여기 서는 두 번째의 요소인 'Jung'을 취득하고 있다.

인덱스에 요소의 수 이상의 값을 지정한 경우는 IndexOutOfBoundsException 예외가, 음수 값 을 지정한 경우는 ArrayIndexOutOfBoundsException 예외가 발생한다.

❺ 값의 삭제

요소를 삭제하고 싶은 경우에는 remove 메서드를 사용한다. 인수는 삭제하고 싶은 요소의 인덱 스다. 여기서는 첫 번째 요소인 'Shin'을 삭제하고 있다.

인덱스에 요소의 수 이상의 값을 지정한 경우는 IndexOutOfBoundsException 예외가, 음수 값을 지정한 경우는 ArrayIndexOutOfBoundsException 예외가 발생한다.

❻ 요소 수의 취득

List의 요소 수를 취득하고 싶은 경우에는 size 메서드를 사용한다.

❼ 값의 검색

요소를 검색하기 위해서는 indexOf 메서드를 사용한다. indexOf 메서드는 인수로 지정한 값과 일치하는 요소의 인덱스를 취득한다. 그리고 리스트의 선두부터 순서대로 요소를 검색(선형 검색)하고 최초로 발견된 요소의 인덱스를 반환한다. 일치하는 요소가 없으면 –1을 반환한다. 여기에서는 'Kim'을 검색하고 있는데 두 번째에 존재하기 때문에 kimIndex에는 2가 저장된다.

비슷한 메서드로 요소가 존재하는지의 여부를 조사하는 contains 메서드가 있다. 이것은 인덱스를 반환하는 것이 아니라 요소가 있는지 없는지(true/ false)를 반환해 준다.

그러나 일반적으로 선형 검색은 처리가 느리기 때문에 요소 수가 많거나 자주 검색해야 하는 경우에는 나중에 언급할 검색 처리를 실시하는 편이 좋을 것이다. 중복 요소가 없다면 Set 인터페이스를 사용하는 편이 더 빠르게 찾을 수 있다.

❽ 값이 포함되어 있는지를 판정

List 안에 특정의 값이 포함되어 있는지를 판정하기 위해서는 contains 메서드를 사용한다. 인수는 확인하고 싶은 값이다.

contains 메서드는 지정한 값이 List에 포함되어 있는 경우는 true를, 포함되어 있지 않은 경우는 false를 반환한다.

contains 메서드도 위에 쓴 indexOf 메서드와 동일하게 선형 검색을 실시하고 있기 때문에 요소 수가 많은 경우에는 처리에 시간이 걸릴 가능성이 있다.

▌ 4.3.4 List 정렬하기

List를 정렬하기 위해서는 java.util.Collections 클래스의 sort 메서드를 이용한다. 배열의 정렬에서 사용한 Arrays 클래스의 sort 메서드와 똑같은 처리를 하는 메서드다.

다음의 소스 코드는 Collections.sort 메서드를 이용한 정렬 처리다. 인수 2에 Comparator 인터페이스를 지정함으로써 나열 순서를 임의로 할 수 있다. 여기서 예로 든 코드의 경우 값을 내림차순으로 나열하도록 하고 있다.

```java
List<Integer> list = new ArrayList<>();
list.add(3);
list.add(1);
list.add(13);
list.add(2);

Comparator<Integer> c = new Comparator<Integer>() {
    @Override
    public int compare(Integer o1, Integer o2) {
        return o2.compareTo(o1);
    }
};

Collections.sort(list, c);
System.out.println(list);
```

```
[13, 3, 2, 1]
```

4.3.5 List 검색하기

List를 검색하기 위해서는 Collections 클래스의 binarySearch 메서드를 이용한다. 이 메서드를 사용하면 '4.1.5 Arrays 클래스를 이용하여 배열 조작하기'에서 소개한 Arrays 클래스의 binarySearch 메서드와 똑같은 처리를 List에 대해서 실시할 수 있다.

다음의 소스 코드는 binarySearch 메서드를 사용하여 검색을 실시하고 있다. 찾고자 하는 값을 발견했을 경우에는 발견한 요소의 인덱스를 반환하고, 발견하지 못한 경우에는 음수의 값을 반환한다.

```java
List<Integer> values = Arrays.asList(1, 1, 4, 5, 7, 8, 11, 12, 17, 21, 24);
int found = Collections.binarySearch(values, 5);        // '5'라는 숫자를 검색
System.out.println(found);

int notFound = Collections.binarySearch(values, 6);     // '6'이라는 숫자를 검색
System.out.println(notFound);
```

```
3
-5
```

여기에서 binarySearch 메서드를 실행하기 전에 대상의 List가 정렬되어 있어야 한다는 점에 주의해야 한다. 앞서 작성한 Collections 클래스의 sort 메서드를 사용해서 정렬하면 될 것이다.

4.3.6 List의 반복자

List에 보관되어 있는 요소에 대해서 동일한 처리를 하는 경우는 배열과 마찬가지로 for문(for-each문)을 사용한다.

```java
List<String> list = new ArrayList<>();
list.add("a");
list.add("b");
list.add("c");

for(String element : list) {
    System.out.println(element);
}
```

```
a
b
c
```

동일하게 반복 처리를 실시하는 방법으로 Iterator 인터페이스라는 것이 있다. List 인터페이스의 iterator 메서드를 실행함으로써 이 Iterator 인터페이스를 취득할 수 있다. Iterator 인터페이스에는 다음의 메서드가 준비되어 있다.

- 다음 요소가 있는지를 확인하는 hasNext 메서드
- 다음 요소를 실제로 취득하는 next 메서드

다음의 소스 코드는 Iterator 인터페이스를 사용한 것으로 for-each를 사용한 경우와 똑같은 실행 결과를 얻을 수 있다.

```java
List<String> list = new ArrayList<>();
list.add("a");
list.add("b");
list.add("c");
```

```
for(Iterator iterator = list.iterator(); iterator.hasNext();) {
    String element = iterator.next();
    System.out.println(element);
}
```

for-each를 사용한 리스트와 iterator를 사용한 리스트를 서로 비교하면, for-each문을 사용하는 편이 간단하므로 반복자인 iterator를 사용하지 않아도 될 것처럼 보인다. 그러나 반복자인 iterator를 요소를 삭제하는 메서드가 준비되어 있어 반복 처리를 하면서 컬렉션으로부터 요소를 삭제할 수 있다.

```
class Student {
    private String name;
    private int score;

    public Student(String name, int score) {
        this.name = name;
        this.score = score;
    }

    public String getName() {
        return name;
    }

    public int getScore() {
        return score;
    }
}
```

```
List<Student> students = new ArrayList<>();
students.add(new Student("Ken", 100));
students.add(new Student("Shin", 60));
students.add(new Student("Kim", 80));

Iterator<Student> iterator = students.iterator();
while (iterator.hasNext()) {
    Student student = iterator.next();
    if (student.getScore() < 70) {
        iterator.remove();      // 점수가 70 미만인 사람은 리스트에서 삭제
    }
}

for (Student student : students) {
    System.out.println(student.getName() + ":" + student.getScore());
}
```

```
Ken:100
Kim:80
```

이렇게 요소에 대해서 조작도 하고 싶은 경우에는 Iterator를 이용하면 좋을 것이다.

4.3.7 List의 세 가지 구현 클래스 이해하기

여기서는 List의 세 가지 구현 클래스를 소개하겠다.

ArrayList 클래스

ArrayList(java.util.ArrayList) 클래스는 그 이름 그대로 내부에 배열(Array)을 갖는 클래스다. 단순해서 취급하기 쉬운 구현이므로 이용 빈도가 높은 클래스다.

ArrayList 클래스는 내부에 배열을 보관하고 있어 추가한 요소는 모두 배열 내에 보관된다. 그 때문에 요소의 인덱스를 지정하여 값을 대입하는 처리나, 값을 취득하는 처리를 고속으로 실행할 수 있다.

ArrayList 클래스가 갖는 배열의 길이는 생성자로 지정할 수 있는데 지정하지 않은 경우는 길이가 10이 된다. 이 배열에 크기 이상의 요소를 추가하려고 하면 '보다 사이즈가 큰 배열을 새롭게 생성해서 원래 배열로부터 모든 요소를 복사하는' 처리가 실행된다. 쓸데없는 처리를 줄이기 위해서 ArrayList에 보관할 배열의 요소 수를 대략적으로 알고 있을 때에는, 생성자에서 초깃값을 지정하여 배열 생성, 복사 처리의 횟수를 줄이는 편이 좋다.

ArrayList는 내부에서 배열을 이용하고 있기 때문에 인덱스를 지정해서 요소를 대입/취득하는 처리를 고속으로 실시할 수 있다. 맨 끝에 요소를 추가하는 처리도 문제없이 고속으로 실행할 수 있다. 한편 리스트의 중간에 요소를 추가/삭제하는 처리는 그다지 고속으로 할 수 없다. 배열의 중간에 요소를 추가하려고 하면 그 이후의 요소를 모두 하나씩 뒤로 이동해야 하므로 그 처리에 시간이 걸린다.

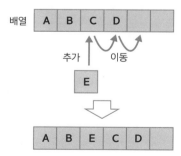

● ArrayList의 처리 예

LinkedList 클래스

LinkedList(java.util.LinkedList) 클래스는 요소 자신의 앞뒤의 요소 정보를 갖음으로써 리스트를 구성하고 있는 클래스다. ArrayList와 동작면에서 차이가 없지만 성능과 특성에 차이가 있으므로 용도에 따라 분류해서 사용하면 좋겠다.

LinkedList는 요소 자신이 자신의 하나 앞과 하나 뒤의 요소 정보(링크)를 갖고 있다. 예를 들어 'A', 'B', 'C', 'D'라는 4개의 요소가 있다고 하면, 다음과 같이 된다.

- 'A'는 'B'로의 링크를 갖고 있다
- 'B'는 'A'와 'C'로의 링크를 갖고 있다
- 'C'는 'B'와 'D'로의 링크를 갖고 있다
- 'D'는 'C'로의 링크를 갖고 있다

이러한 구조이기 때문에 LinkedList에는 ArrayList와 같은 초기 사이즈의 개념이 없다. 어디까지나 요소가 늘어날 때마다 링크를 업데이트할 뿐이다.

그러므로 성능의 특성으로 LinkedList는 ArrayList와 거의 대부분 반대의 성질을 갖고 있다고 말할 수 있다. 즉, 리스트의 중간에서 요소를 고속으로 추가/삭제할 수 있는 반면에 인덱스를 지정해서 요소를 대입/취득하는 처리에는 시간이 걸린다.

예를 들어 'A', 'B', 'C', 'D'라는 네 가지 요소에 대해, 'B'와 'C'의 사이에 'E'를 추가하는 경우를 생각해 보자(설명을 간단히 하기 위해서, 'C'에서 'B'와 같이 하나 앞의 링크에 대해서는 생각한다). 이때, 'B'의 링크를 'C'에서 'E'로 변경하고 'C'의 링크를 'B'에서 'E'로 변경한 후에, 'E'는 'B'와 'C'에 링크로 연결한다. ArrayList와 같이 뒤의 요소를 전부 업데이트하는 처리가 필요없기 때문에 리스트 중간에서의 요소 추가나 삭제가 고속으로 가능하다.

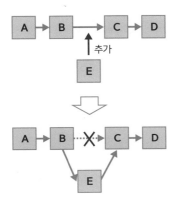

● LinkedList의 처리 예

이와는 반대로 인덱스를 지정하여 요소를 대입/취득할 때는 선두부터 리스트를 순서대로 찾아갈 필요가 있으므로 리스트의 사이즈에 비례하여 시간이 걸리게 된다. 그 때문에 특히 index를 이용한 for문은 index가 변할 때마다 선두부터 요소를 찾아가기 때문에 성능이 나쁘게 된다. 한편 Iterator나 for-each문을 사용한 루프는 위치를 특정하기 위해 선두부터 매회 요소를 찾아갈 필요가 없기 때문에 고속으로 처리할 수 있다.

CopyOnWriteArrayList 클래스

CopyOnWriteArrayList(java.util.concurrent.CopyOnWriteArrayList) 클래스는 복수의 스레드로부터 동시에 액세스해도 올바로 처리되는 ArrayList 클래스의 확장이다. 스레드란 프로그램의 실행의 흐름을 나타내는 단위다. 처음에 main 메서드가 시작하고 거기서 다음의 메서드가 호출되면 return으로 되돌아와 그 다음의 메서드가 실행되는 계속되는 이러한 흐름을 스레드라고 한다. 스레드는 여러 개 만듦으로써 각 처리를 병행으로 실시할 수 있다.

ArrayList 클래스에서는 특정 스레드에서 iteration이나 for-each문을 사용한 루프를 실행하고 있을 때에 별개의 스레드가 그 ArrayList 객체의 요소를 변경하면 ConcurrentModification Exception이 발생한다. ArrayList는 여러 스레드로부터 변경 조작을 포함하는 액세스를 할 수 없다.

한편, CopyOnWriteArrayList 클래스는 iterator나 for-each문을 사용한 루프를 실시할 때에 원래의 리스트의 복사본을 작성하여 그 복사본에 대해서 루프를 실시한다. 그래서 다른 스레드가 리스트의 조작을 실시해도 루프 쪽의 리스트에 영향을 미치지 않아 예외가 발생하지 않는다. 하나의 리스트 객체에 대해 여러 스레드가 동시에 액세스할 가능성이 있는 경우는 CopyOnWriteArrayList 클래스를 사용한다. 스레드의 자세한 내용에 대해서는 '11장 스레드 세이프 즐기기'를 참조하기 바란다.

참고로 CopyOnWriteArrayList 클래스는 성능면에서 ArrayList와 거의 비슷하다. 단, 요소를 추가/변경/삭제할 경우, CopyOnWriteArrayList에서는 내부적으로 갖고 있는 배열을 복사하기 때문에 ArrayList에 비해 성능이 나빠진다.

그 외의 List 구현 클래스로는 리스트 객체를 읽기 전용으로 하는 UnmodifiableList 클래스(Collections 클래스의 unmodifiableList 메서드로 생성) 등이 있다.

4.3.8 List의 구현 클래스를 어떻게 분류해서 사용할까?

지금까지 List 인터페이스의 구현 클래스에 대해서 대략적으로 소개했다. 그럼 실제 개발에서는 이것들을 어떻게 분류해서 사용할 것인가? 개발 시에는 List가 어떻게 사용되는지를 상상해서 구현 클래스의 성능에 착안해 최적의 것을 선택한다. 구현 클래스의 성능에 대해서 표로 정리했다.

● **List 인터페이스의 구현 클래스 성능 비교하기**

클래스	추가	삽입	값의 취득	검색
ArrayList	○	○	◎	X
LinkedList	◎	◎	X	X
CopyOnWriteArrayList	○	○	◎	X

이것들은 다음의 기준으로 분류하여 사용하길 바란다.

- 배열의 중간에서 요소의 추가나 삭제를 실시하는 일이 많다 ➡ LinkedList
- for문 등을 사용한 전체적인 반복 처리가 많다 ➡ ArrayList
- 복수의 스레드에서 동시에 액세스한다 ➡ CopyOnWriteArrayList

단, '여러 스레드에서 동시에 액세스할 경우는 언제나 CopyOnWriteArrayList 클래스를 사용하면 된다'라는 뜻은 아니다. 여러 스레드에 관해서는 고려해야 할 것이 여럿 있으므로 잘 검토한 후에 List를 선택하여 구현할 필요가 있다. 자세히는 '11장 스레드 세이프 즐기기'를 참조하길 바란다.

4.4 | 키와 값의 조합으로 값 처리하기
— Map 인터페이스

Map 인터페이스는 키와 값의 조합으로 값을 취급한다. List 인터페이스의 경우는 값의 추가는 add 메서드에 값만을 건넸지만, Map 인터페이스의 경우는 값의 추가는 'put' 메서드를 사용하여 키와 값을 동시에 건넨다. 또한 값의 삭제는 키를 지정하여 실시한다.

Map 인터페이스의 대표적인 메서드는 분류별로 나타냈다.

● **Map 인터페이스에서의 요소 추가/변경/삭제**

메서드명	역할	설명
put	요소의 추가	인수로 지정한 요소를 Map에 추가한다.
putAll	모든 Map 요소의 추가	인수로 지정한 Map 안의 모든 요소를 Map에 추가한다.
remove	요소의 삭제	인수로 지정한 키를 갖는 요소를 Map에서 삭제한다.
clear	모든 요소의 삭제	모든 요소를 Map에서 삭제한다.

● **Map 인터페이스에서의 요소 취득/변환**

메서드명	역할	설명
get	요소의 취득	인수로 지정한 키를 갖는 요소의 값을 Map에서 취득한다.
size	요소 수의 취득	Map 안에 있는 요소의 수를 취득한다.
isEmpty	비어 있는지를 판정	Map에 요소가 없는지 판정한다.
entrySet	요소 집합을 취득	Map 안에 있는 모든 요소의 집합을 취득한다.
keySet	키 집합을 취득	Map 안에 있는 모든 요소의 키의 집합을 취득한다.
values	키의 컬렉션을 취득	Map 안에 있는 모든 요소의 값의 컬렉션을 취득한다.

● **Map 인터페이스에서의 요소 검색**

메서드명	역할	설명
containsKey	키의 검색	인수로 지정한 키를 갖는 요소가 Map에 포함되어 있는지를 판정한다.
containsValue	값의 검색	인수로 지정한 값을 갖는 요소가 Map에 포함되어 있는지를 판정한다.

메서드명	역할	설명
forEach	모든 요소의 처리	Map 내의 모든 요소가 순차적으로 콜백 함수에 건네지고, 콜백 함수에서 요소에 대한 처리를 한다.

4.4.1 Map 작성하기

Map을 작성하기 위해서는 우선 초기화할 필요가 있다. 구체적으로는 Map에 추가할 키와 값의 타입을 지정하고, Map 인터페이스의 구현 클래스를 new함으로써 초기화한다.

다음의 코드에서는 요소가 빈 HashMap 객체를 생성하고 있다.

```
Map<Integer, String> map = new HashMap<>();
```

List와 동일하게 Map에도 초깃값을 지정할 방법은 없다. 그렇기 때문에 값을 지정하고 싶은 경우는 Map 인터페이스의 put 메서드를 사용하여 하나씩 값을 추가해 나갈 필요가 있다.

```
Map<Integer, String> map = new HashMap<>();
map.put(1, "One");
map.put(2, "Two");
map.put(3, "Three");
```

클래스의 초기화 시에 Map도 초기화하고 싶은 경우는 다음과 같이 static 초기화를 사용한다.

```
public class MapTest {

    private static final Map<Integer, String> map;

    static {
        map = new HashMap<>();
        map.put(1, "One");
        map.put(2, "Two");
        map.put(3, "Three");
    }
```

4.4.2 Map 사용법

그럼, Map 인터페이스의 사용법에 대해서 가장 표준적인 구현 클래스인 HashMap 클래스를 사용하여 설명하겠다.

```java
Map<String, Integer> scores = new HashMap<>();

scores.put("Ken", 100);                             // ❶ 값 추가하기
scores.put("Shin", 60);
scores.put("Jung", 80);
System.out.println("❶ Map의 내용:" + scores.toString());

scores.put("Shin", 50);                             // ❷ 값 치환하기
System.out.println("❷ Map의 내용:" + scores.toString());

Integer jungScore = scores.get("Jung");             // ❸ 값 취득하기
System.out.println("❸ Jung의 점수:" + jungScore);

scores.remove("Shin");                              // ❹ 값 삭제하기
System.out.println("❹ Map의 내용:" + scores.toString());

int size = scores.size();                           // ❺ 요소 수 취득하기
System.out.println("❺ 요소의 수:" + size);

boolean existKen = scores.containsKey("Ken");       // ❻ 키 검색하기
System.out.println("❻ Ken의 존재:" + existKen);

boolean exist80 = scores.containsValue(80);         // ❼ 값 검색하기
System.out.println("❼ 80점의 존재:" + exist80);
```

```
❶ Map의 내용 : {Ken=100, Jung=80, Shin=60}
❷ Map의 내용 : {Ken=100, Jung=80, Shin=50}
❸ Jung의 점수 : 80
❹ Map의 내용 : {Ken=100, Jung=80}
❺ 요소의 수 : 2
❻ Ken의 존재 : true
❼ 80점의 존재 : true
```

그럼 순서대로 살펴보자.

❶ 값 추가하기

put 메서드로 Map에 요소를 추가한다. 여기서는 키가 'Ken'이고 값이 100인 요소를 추가한다.

❷ 값 치환하기

Map에 존재하는 키를 지정하여 put 메서드를 호출하여 값을 치환한다. 여기서는 키가 'Shin'의 값을 50으로 치환한다.

❸ 값 취득하기

get 메서드로 지정한 키의 값을 취득한다. 지정한 키에 일치하는 요소가 존재하지 않은 경우는 null이 반환된다. 여기서는 'Jung'을 지정하고 있으므로 그 값인 80이 반환된다.

참고로 'get 메서드의 동작을 이용하여 키의 존재를 체크할 수 있다'라고 생각할지도 모르겠는데, 엄밀하게 말하자면 잘못된 생각이다. 왜냐하면, 값으로 null을 갖고 있는 경우 요소가 존재하는데도 불구하고 그 값을 나타내는 null이 반환되기 때문에 키가 존재하지 않는 경우와 구별이 안 된다. 키의 존재를 체크하려면 containsKey 메서드를 사용하길 바란다. 물론 값에 null이 들어가지 않는 경우는 그러지 않아도 된다.

❹ 값 삭제하기

remove 메서드로 지정한 키의 요소를 삭제한다. 지정한 키에 일치하는 요소가 존재하지 않는 경우는 아무것도 하지 않는다. 여기서는 키가 'Shin'인 요소가 Map에 존재하기 때문에 삭제한다.

❺ 요소 수 취득하기

size 메서드에서 Map에 보관되어 있는 요소의 수를 취득한다.

❻ 키 검색하기

containsKey 메서드로 지정한 키가 존재하는 지를 체크한다.

❼ 값 검색하기

containsValue 메서드로 지정한 값이 존재하는 지를 체크한다. 일반적으로 containsValue 메서드는 내부에서 선형 검색을 실시하고 있으므로 요소가 많아질수록 처리가 늦어진다. 그렇기 때문에 가급적 사용하지 않도록 한다.

4.4.3 Map의 세 가지 구현 클래스 이해하기

여기서는 Map의 세 가지 클래스에 대한 특징을 설명하겠다.

HashMap 클래스

HashMap(java.util.HashMap) 클래스는 키로부터 해시값을 계산하여 내부의 해시 테이블라는 표에 키와 값을 저장하는 방식으로 요소를 관리한다. 해시 테이블은 값을 저장하는 위치의 인덱스로 키로부터 산출한 해시값을 이용하여 키에 해당하는 값을 빠르게 참조할 수 있는 데이터 구조다.

해시값의 계산은 키 객체의 hashCode 메서드에 의해 실행된다. 이 계산 결과의 값을 해시 테이블의 크기로 나눈 나머지를 값이 저장되는 위치의 인덱스로 사용한다. 키가 달라도 hashCode 메서드의 반환 값이 동일한 값이 될 수도 있다. 그러한 것을 상정하여 각각의 위치는 LinkedList와 같은 구조로 되어 있다. 이미 값이 보관되어 있는 인덱스에 새로운 값을 보관하는 경우는 List의 끝에 키와 값의 세트를 추가한다. 값을 꺼내는 경우도 해시값을 바탕으로 요소를 식별한다. 해시값으로 계산된 저장 위치에 여러 값이 보관되어 있는 경우는 맨 앞부터 순서대로 equals 메서드를 사용하여 키가 일치하는 요소를 검색한다.

해시 테이블의 초기 크기는 16이지만 테이블의 크기에 대해 보관하는 요소의 개수의 비율이 커지면 해시값이 충돌할 가능성도 높아져 값을 저장하는 효율이 떨어진다. 따라서 어느 정도 요소가 많아지면(기본 설정에서는 해시 테이블 크기의 75%) 해시 테이블의 크기를 확대하는 처리가 수행되어 저장하는 요소가 많아져도 효율이 떨어지지 않도록 되어 있다.

HashMap에서는 요소의 위치를 해시로 계산하기 때문에 키를 그대로 취급하는 다른 클래스에 비해 빠르게 처리할 수 있다. 단, 요소를 추가할 때에 해시 테이블의 크기를 확장하는 처리와 요소의 추가 처리가 동시에 진행되는 경우 무한 루프에 빠질 수 있다. 따라서 HashMap에 대해 여러 스레드에서 동시에 액세스하는 경우는 다음과 같은 조치가 필요하다.

- 여러 스레드로부터 동시에 액세스할 수 없도록 synchronized 등으로 동기화한다
- 여러 스레드로부터 액세스해도 안전하게 사용할 수 있도록 ConcurrentHashMap을 사용한다.

HashMap에서 요소의 추가 순서는 유지되지 못한다. 반복자로 요소에 대해 반복 처리를 실시할 때는 일반적으로 HashMap에 추가된 순서와는 다른 순서로 값이 출력된다.

LinkedHashMap 클래스

LinkedHashMap 클래스는 HashMap 클래스의 서브 클래스다. 그렇기 때문에 특징은 HashMap과 거의 동일하다. HashMap과 다른 점은 요소 자체가 앞뒤 정보를 갖고 있기 때문에 LinkedHashMap에 요소를 추가한 순서가 유지된다는 점을 들 수 있다. 추가한 순서가 유지되기 때문에 반복자에서 요소에 대해 반복 처리할 때는 LinkedHashMap에 추가한 순서대로 요소가 추출된다.

요소의 추가/삭제에 대해서는 HashMap에 비하여 요소 간 링크의 재설정이 필요하므로 Linked HashMap 쪽이 약간 성능이 떨어지지만 거의 손색이 없다. 키를 지정하는 값의 취득은 HashMap과 동일한 처리이므로 성능 차가 없다. iterator나 for-each문을 사용한 루프는 요소 간의 링크를 탐색하여 요소를 열거하기 때문에 LinkedList와 거의 같은 성능이 나온다. 한편 HashMap의 루프에서는 해시 테이블 내의 요소를 열거할 때 해시값이 중복되는 요소가 보관되어 있으면 그곳에서 다시 List의 열거가 발생해 성능이 악화된다. 그 때문에 요소의 열거에 대해서는 일반적으로 LinkedHashMap 쪽이 고속이다.

TreeMap 클래스

TreeMap 클래스는 키의 값을 베이스로 이진 탐색 트리의 알고리즘에 따라 요소를 정렬하는 클래스다. 이진 탐색 트리의 알고리즘은 요소를 추가할 때에 '왼쪽 자손의 값 ≤ 부모의 값 ≤ 오른쪽 자손의 값'이라는 조건으로 트리 구조를 만들어 요소를 정렬함으로써 값의 탐색을 효율화한다. 정렬은 요소를 추가할 때 실시되고 요소는 TreeMap의 내부에서 정렬된 상태로 보관된다.

TreeMap은 다른 Map에서는 할 수 없는 '○○ 이상 ○○ 이하의 키를 갖는 요소를 취득하기'나 '○○ 보다 큰, 가장 가까운 키를 갖는 요소의 취득' 등 크고 작음을 의식한 값의 취득이 가능하다. 한편 요소의 추가/삭제/검색은 내부의 이진 탐색 트리의 구조를 탐색할 필요가 있기 때문에 최악의 계산량으로,

$O(\log n)$ ※n은 요소 수[13]

---

13 O( )란 알고리즘이 어느 정도의 계산량(계산에 걸리는 시간이나 계산에 필요한 메모리의 양)이 될지를 나타내는 기호로 빅-오 (Big-O) 표기법이라고도 불린다. 알고리즘으로 처리되는 데이터의 양을 n이라고 하면 $O(n)$은 데이터의 양에 비례하여 계산량이 증가함을 의미한다. $O(n^2)$(n의 2제곱)의 알고리즘의 경우 데이터 양이 2배가 되면 계산량은 4배가 된다. 예를 들어 계산 시간에 착목한 경우 선형 검색은 $O(n)$, 삽입 정렬(정렬 알고리즘의 한 종류)은 $O(n^2)$이 된다.

의 시간이 필요하다. 빈번하게 요소의 추가/삭제/검색을 실시할 경우는 HashMap 등의 Map에 비해 처리 시간의 차가 현저하게 나타난다.

4.4.4 Map의 구현 클래스를 어떻게 분류해서 사용할까?

지금까지 Map 인터페이스의 구현 클래스에 대해서 대략적으로 소개했다. 그럼 실제 개발에서는 이것들을 어떻게 나누어 사용할 것인가? 개발 시에 Map이 어떻게 사용되는지를 상정하여 구현 클래스의 성능에 착안하여 최적인 것을 선택한다. 구현 클래스의 성능에 대해서 표로 정리했다.

● **Map 인터페이스의 구현 클래스에 대한 성능 비교**

클래스	추가	취득	열거
HashMap	◎	◎	◎
LinkedHashMap	◎	◎	◎
ConcurrentHashMap	○	○	○
TreeMap	△	△	△

이러한 것을 고려하여 다음과 같이 구현 클래스를 분류해서 사용하자.

- 키의 대소를 의식한 부분 집합을 취급할 경우 ➡ TreeMap
- 요소의 순서를 유지할 필요가 있는 경우 ➡ LinkedHashMap
- 복수 스레드로부터 동시에 액세스할 경우 ➡ ConcurrentHashMap
- 그 외의 경우 ➡ HashMap

4.5 | 값의 집합 처리하기 — Set 인터페이스

Set 인터페이스는 값의 집합을 취급할 수 있는 인터페이스다. List 인터페이스와 동일하게 요소를 추가하는 'add' 메서드가 준비되어 있는데 요소를 취득하는 'get' 메서드는 존재하지 않는다. 또한 값의 집합을 취급하는 인터페이스이기 때문에 특정의 요소를 취득할 수 없다. Set 인터페이스의 대표적인 메서드를 아래의 표로 분류별로 나타냈다.

● Set 인터페이스에서의 요소 추가/변경/삭제

메서드명	역할	설명
add	요소의 추가	인수로 지정한 요소를 Set에 추가한다.
setAll	모든 Set 요소의 추가	인수로 지정한 컬렉션 안의 모든 요소를 Set에 추가한다.
remove	요소의 삭제	인수로 지정한 요소를 Set에서 삭제한다.
removeAll	일치하는 요소의 삭제	인수로 지정한 컬렉션에 포함된 요소를 Set에서 삭제한다.
retainAll	일치하지 않는 요소의 삭제	인수로 지정한 컬렉션과 일치하는 요소만을 Set에 남기고 다른 요소를 삭제한다.
clear	모든 요소의 삭제	모든 요소를 Set에서 삭제한다.

● Set 인터페이스에서의 요소 취득/변환

메서드명	역할	설명
size	요소 수의 취득	Set 안에 있는 요소의 수를 취득한다.
isEmpty	비어 있는지를 판정	Set에 요소가 없는지 판정한다.
toArray	배열로의 변환	Set 안에 있는 모든 요소를 배열로 취득한다.

● Set 인터페이스에서의 요소 검색

메서드명	역할	설명
contains	요소의 검색	인수로 지정한 요소가 Set에 포함되어 있는지를 판정한다.
containsAll	모든 요소의 검색	인수로 지정한 컬렉션 내의 모든 요소가 Set에 포함되어 있는지를 판정한다.

메서드명	역할	설명
iterator	반복자의 취득	반복 처리를 적절하게 실시하기 위한 반복자를 취득한다.

Set인터페이스에는 표준으로 구현 클래스가 몇 개 제공되고 있다. 그중에서 대표적인 것을 소개하겠다.

● Set 인터페이스의 대표적인 구현 클래스

클래스명	설명
HashSet	가장 대표적인 Set의 구현 클래스. 요소의 해시를 갖고 고속으로 값을 검색할 수 있다.
LinkedHashSet	앞뒤로의 참조를 갖음으로써 순서를 유지하는 클래스. 요소의 추가 순서를 유지하고 싶을 때 사용한다.
TreeSet	자동으로 요소의 정렬을 실시하는 클래스. '지정한 값보다도 큰 요소의 경우' 등 순서를 의식한 조작을 실시할 수 있다.

이 구현 클래스들의 상세한 내용에 대해서는 다음에 언급하겠다.

4.5.1 Set 초기화

Set의 초기화는 객체를 new함으로써 실시할 수 있다.

```
Set<Integer> integerSet = new HashSet<>();
```

List와 똑같이 초깃값을 지정하려면 다소 특수한 기법을 사용해야 한다. 여기서는 그 기법을 소개한다.

(1) 컬렉션을 Set으로 변환하기

생성자의 인수로 컬렉션을 건네고 컬렉션을 Set으로 변환한다.

```
List<Integer> integerList = new ArrayList<>();

// List를 Set으로 변환한다
Set<Integer> integerSet = new HashSet<>(integerList);
```

변환하려는 컬렉션의 요소에 중복 요소가 존재하는 경우는 중복이 제외된 후 Set으로 변환된다.

```java
List<Integer> integerList = Arrays.asList(1,62,31,1,54,31);
System.out.println("List : " + integerList);

Set<Integer> integerSet = new HashSet<>(integerList);
System.out.println("Set : " + integerSet);
```

```
List : [1, 62, 31, 1, 54, 31]
Set : [1, 54, 62, 31]
```

List의 요소에 1과 31이 각각 중복해서 존재하고 있는데 Set의 요소에서는 중복하는 요소가 없어졌다.

(2) 배열을 Set으로 변환하기

List와는 다르게 배열을 직접 Set으로 변환할 수 없다. 그 때문에 일단 배열을 List로 변환하고 그 후에 List를 Set으로 변환한다.

```java
Integer[] integerArray = new Integer[] {1,62,31,1,54,31};
List<Integer> integerList = Arrays.asList(integerArray);
Set<Integer> integerSet = new HashSet<>(integerList);
```

※ 원서의 소스는 integerArray의 선언을 'int[]'을 사용했는데 그럴 경우 자바 8에서는 에러가 발생한다. 그러한 이유로 integerList 에서의 타입 일치를 위해 Integer로 바꾸었다.

이 경우도 (1)과 동일하게 중복하는 요소는 제외된다.

4.5.2 Set 사용법

그럼 Set 인터페이스의 사용법에 대해서 가장 표준적인 구현 클래스인 HashSet 클래스를 이용하여 설명하겠다.

```java
Set<String> names = new HashSet<>();

names.add("Ken");      // ❶ 값 추가하기
names.add("Shin");
names.add("Tommy");
System.out.println("❶ Set의 내용:" + names.toString());
```

```
names.add("Shin");        // ❷ 값 덮어 쓰기
System.out.println("❷ Set의 내용:" + names.toString());

names.remove("Shin");        // ❸ 값 삭제하기
System.out.println("❸ Set의 내용:" + names.toString());

int size = names.size();     // ❹ 요소 수 취득하기
System.out.println("❸ 요소의 수:" + size);

boolean existKen = names.contains("Ken");    // ❺ 값 검색하기
System.out.println("❺ Ken의 존재:" + existKen);
```

```
❶ Set의 내용 : [Ken, Shin, Tommy]
❷ Set의 내용 : [Ken, Shin, Tommy]
❸ Set의 내용 : [Ken, Tommy]
❹ 요소의 수 : 2
❺ Ken의 존재 : true
```

순서대로 살펴보자.

❶ 값 추가하기

add 메서드로 Set에 요소를 추가한다. 여기서는 값이 'Ken'인 요소를 추가한다.

❷ 값 덮어 쓰기

동일 요소를 추가하면 이미 Set에 존재하는 요소를 덮어 쓴다. 그렇기 때문에 하나의 Set에 동일 요소가 2개 이상 존재하는 일은 없다.

❸ 값 삭제하기

remove 메서드로 지정한 요소를 삭제한다. 지정한 요소가 존재하지 않는 경우는 아무것도 하지 않는다.

❹ 요소 수 취득하기

size 메서드로 Set에 보관되어 있는 요소의 수를 취득한다.

❺ 값 검색하기

contains 메서드로 지정한 값이 존재하는지를 체크한다. List와는 달리 Set의 contains는 선형 탐색이 아니므로 고속으로 동작한다.

4.5.3 Set의 세 가지 구현 클래스 이해하기

여기서는 Set의 세 가지 클래스의 특징을 설명하겠다.

HashSet 클래스

HashSet(java.util.HashSet) 클래스는 값으로부터 해시값을 계산하여 내부의 해시 테이블이라는 테이블에 값을 보관하는 방법으로 요소를 관리한다. '4.4.3 Map의 세 가지 구현 클래스 이해하기'에서 설명한 HashMap과 마찬가지로 해시값의 계산은 값 객체의 hashCode 메서드에 의해 이루어진다. 그 계산 결과 값을 해시 테이블의 크기로 나누었을 때의 나머지를 값이 저장되는 위치의 인덱스로 사용한다.

HashSet에서는 요소의 위치를 해시에 의해 계산하기 때문에 다른 클래스에 비해 고속으로 처리할 수 있다. 단, 요소를 추가할 때 해시 테이블의 크기를 확장하는 처리와 요소에 대한 액세스가 동시에 진행되는 경우 무한 루프에 빠지는 경우가 있다. 따라서 HashSet에 대해 여러 스레드에서 동시에 액세스하는 경우 다음과 같은 대처가 필요하다.

- 여러 스레드에서 동시에 액세스할 수 없도록 synchronized 등으로 동기화한다
- 여러 스레드에서 액세스되어도 안전하게 사용할 수 있게 ConcurrentHashMap에서 Set를 작성하여 사용한다

HashSet에서는 요소의 추가 순서는 유지되지 않는다. 반복자로 요소에 대해 반복 처리를 실시할 때는 일반적으로 HashSet에 추가된 순서와는 다른 순서로 값이 취득된다.

LinkedHashSet 클래스

LinkedHashSet(java.util.LinkedHashSet) 클래스는 HashSet 클래스로 유지하고 있는 요소에 요소 사이의 링크를 부가하여 관리하는 클래스다. HashSet과 동일하게 해시 테이블에 요소를 보관하고 있지만 한편으로 List의 LinkedList처럼 요소 자신이 앞뒤의 정보도 갖고 있다.

LinkedHashSet 클래스는 HashSet의 서브 클래스다. 따라서 특징은 HashSet과 거의 동일하다. HashSet과 다른 점이라면 요소 자체가 앞뒤의 정보를 가지고 있기 때문에 LinkedHashSet에 요소를 추가한 순서가 유지된다는 점을 들 수 있다. 추가한 순서가 유지되므로 반복자에서 요소에 대해 반복 처리를 할 때 LinkedHashSet에 추가된 순서대로 요소가 취득된다. 단, 동일한 값을 여러 개 추가한 경우는 두 번째 이후의 요소는 추가되지 않는다(이미 추가된 요소는 덮어 쓰지 않는다).

요소 추가/삭제에 대해서는 HashSet과 비교하면 요소 사이의 링크의 교체가 필요한 만큼 LinkedHashSet의 경우가 성능이 약간 떨어지지만 그렇다고는 해도 거의 차이가 없다. iterator나 for-each문을 사용한 루프는 요소 간의 링크를 따라 요소를 열거하기 때문에 LinkedList와 거의 동일한 성능이 나온다. 한편 HashSet의 루프에서는 해시 테이블 내의 요소를 열거하는데 해시가 중복되는 요소가 보관되어 있으면 그 부분에 대해서 추가적으로 리스트의 열거가 이루어지기 때문에 성능이 저하된다. 따라서 요소의 열거에 대해서는 일반적으로 LinkedHashSet 속도가 빠르다.

TreeSet 클래스

TreeSet 클래스는 키 값을 바탕으로 이진 탐색 트리의 알고리즘에 의해 요소를 정렬하는 클래스다. 정렬은 요소를 추가할 때 이뤄지고, TreeSet의 내부에서는 요소가 정렬된 상태로 유지된다. TreeSet에서는 다른 Set에서는 할 수 없는 '○○ 이상 ○○ 이하인 요소의 취득'이나 '○○보다 큰 가장 가까운 요소의 취득' 등 크고 작음을 의식한 값의 취득을 할 수 있다. 또한 요소의 추가/삭제/검색은 내부의 이진 탐색 트리의 구조를 추적해야 하기 때문에 최악의 계산량으로서,

$$O(\log n) \quad ※n은 요소 수$$

의 시간이 필요하다. 빈번하게 요소의 추가/삭제/검색을 실시할 경우는 HashSet 등의 Set에 비해 처리 시간의 차가 현저하게 나타난다.

NOTE **Map과 Set의 관계**

Map은 '키와 값의 대응을 유지하는 클래스', Set은 '요소의 집합을 나타내는 클래스'이며 언뜻 보면 둘은 완전히 다른 클래스처럼 보인다. 하지만 Map과 Set은 비슷한 클래스를 가지고 있다(HashMap에 대한 HashSet, TreeMap에 대한 TreeSet 등). Map과 Set이 유사한 이유의 비밀은 Map에서의 키와 Set에서의 요소의 특성에 있다. Map의 키는 중복을 허용하지 않는다. 또한 Set은 중복하는 요소를 보관하지 않는 특징을 갖고 있다. 이러한 특징이 같지 않은가? 이 특징을 이용하여 실은 Set의 내부에 Map이 존재한다. 그래서 Set에 추가된 요소들은 Map 키로 유지된다. 이는 Map의 기능을 잘 활용한 효율적인 구현 방법이다. 또한 Set의 내부에서 유지하는 Map의 '값'에 해당하는 부분은 null 이외라면 뭐든지 좋기 때문에 일반적으로 boolean 타입에 'TRUE'가 보관된다. 물론 이 boolean 값은 사용되지 않는다.

앞의 Note 'Map과 Set의 관계'에서도 소개했듯이 Map과 Set는 각각 유사한 클래스가 존재한다. 단, 일부 클래스는 Map에 존재하고 Set에는 존재하지 않는 것도 있다. 예를 들어 스레드 세이프 클래스인 ConcurrentHashMap에 대응하는 'ConcurrentHashSet'이라는 클래스는 존재하지 않는다(물론, 다른 이름으로도 존재하지 않는다).

왜 존재하지 않을까? 그에 대한 답변은 'Map으로부터 Set을 만들 수 있기 때문'이다. Note 'Map과 Set의 관계'에서 설명한 바와 같이 Set의 내부에서는 Map을 사용하고 있다. Map에는 없고 Set에만 있는 처리는 거의 없어 대부분 Map에 위임하고 있다.

이 성질을 이용하여 자바 6부터 Map 인스턴스에서 Set 인스턴스를 만드는 newSetFromMap 메서드가 Conllections 클래스에 추가되었다. 이 메서드를 사용하면 다음과 같이 ConcurrentHashMap에서 ConcurrentHashSet에 상당하는 인스턴스를 쉽게 만들 수 있다.

```
Set<Integer> concurrentHashSet = Collections.newSetFromMap(new
ConcurrentHashMap<Integer, Boolean>());
```

위의 메서드가 있기 때문에 ConcurrentHashSet은 일부러 만들 필요가 없게 된 것이다.

4.6 | 그 밖의 인터페이스

4.6.1 값을 추가한 순서와 동일한 순서로 값 취득하기
— Queue 인터페이스

Queue(큐)란 선입선출(FIFO: First In, First Out)이라는 방법으로 값을 넣고 빼는 컬렉션이다. 내부에서 List 또는 배열을 갖고 있어 '값을 추가한 순서와 동일한 순서로 값 취득하기'라는 특성을 갖고 있다. Queue에서는 offer 메서드로 값을 추가하고, poll 메서드 또는 peek 메서드로 값을 취득한다. poll 메서드와 peek 메서드의 차이는 값을 취득한 후에 Queue에서 값을 삭제할지의 여부다.

- poll 메서드 ➡ 값을 삭제한다
- peek 메서드 ➡ 값을 삭제하지 않는다

따라서 peek 메서드를 반복 호출하면 동일한 값이 나온다. Queue를 사용하는 상황의 예로 통신 처리에서 사용하는 버퍼가 있다. 외부의 프로그램에서 데이터가 송신되고 있을 때 자신의 프로그램 쪽에서 미처 처리를 다하지 못했을 경우 데이터를 보존하는 장소로 큐를 사용함으로써 순서를 유지한 채로 나중에 데이터를 처리할 수 있다.

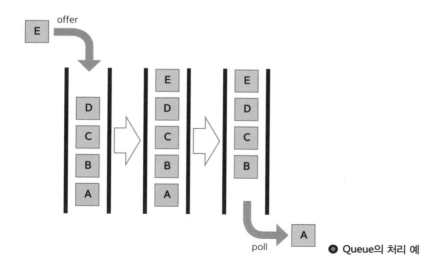

● Queue의 처리 예

```
Queue<Integer> queue = new ArrayBlockingQueue<>(10);
queue.offer(1);
queue.offer(3);
System.out.println(queue.poll());
queue.offer(4);
System.out.println(queue.poll());
System.out.println(queue.poll());
queue.offer(6);
queue.offer(8);
System.out.println(queue.peek());
System.out.println(queue.peek());
```

```
1
3
4
6
6
```

> **NOTE** **Queue의 멀티 스레드**
>
> 앞서 언급했지만 Queue는 데이터의 일시 보관 장소로 자주 사용된다. 그 경우 데이터를 보관하는 처리
> 와 데이터를 추출하는 처리는 별개의 스레드로 실시해야 한다. 왜냐하면 필연적으로 멀티 스레드를 고려
> 할 필요가 있기 때문이다. 멀티 스레드의 상세한 내용에 대해서는 '11장 스레드 세이프 즐기기'에서 설명하
> 고 있으므로 11장에서 자세히 설명하겠지만 이러한 상황에서 Queue를 사용할 때는 BlockingQueue의 구
> 현인 ArrayBlockingQueue나 LinkedBlockingQueue, 또는 ConcurrentLinkedQueue 등 스레드 세이프인
> Queue를 사용하도록 하자.

4.6.2 양방향 Queue 사용하기 — Deque 인터페이스

Queue에 대해서 양방향으로 값을 넣고 빼는 것이 가능한 컬렉션인 Deque(Double Ended Queue)
를 설명하겠다. '양방향 큐'라는 의미로 '디큐'라고도 부른다. '쌍방향'이라는 의미는 Deque 내부
에서 유지하고 있는 List 또는 배열에 대해서 앞에서부터든 뒤에서부터든 값의 추가나 삭제가 가
능하다는 의미다. Deque에서는 다음 메서드로 값을 조작한다.

- 값의 추가 ➡ offerFirst 메서드/offerLast 메서드
- 값의 취득 ➡ pollFirst 메서드/pollLast 메서드

Queue와 동일하게 poll계 메서드 대신에 peek계 메서드도 존재하며 이 메서드들은 Deque로부터 값을 삭제할 수 없다. LinkedList는 Deque의 성질을 갖고 있어 Deque 인터페이스를 구현하고 있다. 필자는 Deque를 사용하는 일이 거의 없었지만 참고로 사용 예를 들겠다.

```java
Deque<Integer> deque = new LinkedList<>();
deque.offerFirst(1);
deque.offerFirst(3);
deque.offerLast(4);
System.out.println(deque.pollFirst());
deque.offerLast(5);
System.out.println(deque.pollLast());
System.out.println(deque.pollLast());
System.out.println(deque.pollLast());
```

```
3
5
4
1
```

5

스트림 처리
제대로 사용하기
— 람다식과 Stream API

5.1 │ Stream API를 사용하기 위한 기본

5.1.1 Stream API로 컬렉션의 조작은 어떻게 변하는가?

자바 8에서는 자바의 문법을 크게 변화시킬 새로운 기능이 도입되었다. 하나는 람다식이고 다른 하나는 Stream API다. Stream API는 대량 데이터를 연속 처리하는 '스트림 처리'를 효율적으로 기술하기 위한 수단으로 도입되었다. 단, 대량 데이터가 아니더라도 컬렉션의 조작을 효율적으로 실시할 수 있으므로 자주 이용되고 있다. 우선은 어떻게 변했는지 소스 코드의 예로 살펴보자. 3명의 학생으로부터 70점 이상인 학생의 이름을 리스트 표시하는 예다.

```
List<Student> students = new ArrayList<>();
students.add(new Student("Haeun", 100));
students.add(new Student("Shin", 60));
students.add(new Student("Shion", 80));

students.stream()     // '작성'. Stream 인스턴스를 생성한다
    .filter(s->s.getScore() >= 70)     // '중간 작업'
    .forEach(s->System.out.println(s.getName()));     // '종료 작업'. 이름을 표시하기
```

```
Haeun
Shion
```

결과를 봐서 알겠지만 소스 코드의 행수가 줄어든 것뿐만 아니라 어떠한 처리를 실시하고 싶은지를 쉽게 알 수 있게 되었다. 이 예와 같이 Stream API는 '작성', '중간 작업', '종료 작업'의 세 가지 작업으로 되어 있다. 우선 java.util.stream.Stream의 인스턴스를 '작성'하고, 다음으로 그 Stream 인스턴스에 대한 '중간 작업'을 임의의 횟수로 실시한 후, 마지막으로 '종료 작업'을 실시하여 결과를 추출한다. 범용적으로 정리하면 다음과 같다.

● Stream API의 세 가지 작업

조작	수	처리 내용
작성	처음에 한 번	컬렉션이나 배열 등으로부터 Stream을 작성한다.
중간 작업	복수	Stream으로부터 Stream을 작성한다.
종료 작업	마지막에 한 번	Stream으로부터 컬렉션이나 배열로 변환하거나, 요소마다 처리를 하거나, 요소를 집계하거나 한다.

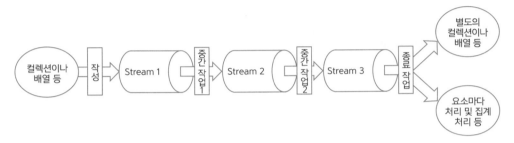

● Stream API를 사용한 스트림 처리 순서

이 Stream API을 사용하기 위해서는 어떻게 기술하면 좋은지 또 Stream API로 어떻게 자바가
변했는지 구체적인 소스 코드로 함께 살펴보자.

> **N O T E Stream API에서는 How가 아니라 What을 기술한다**
>
> Stream API는 'How가 아니라 What을 기술하는 API다'라고 이야기하곤 한다. 소개한 예를 보면 알겠지만
> 개별 처리(How)를 열거하는 것이 아니라 처리의 목적(What)을 열거하는 식의 소스 코드가 되었다.
>
> How보다도 What을 기술하는 것은 소스 코드의 가독성의 향상에도 이어진다. 따라서 Stream API를 적극
> 적으로 도입하고 싶은 프로그래머는 'for문이나 while문을 발견하면 Stream으로 치환해 볼까?'라는 생각이
> 종종 들 것이다. 단, 아래의 예와 같이 과다하게 Stream API를 도입하면 가독성 그 자체가 떨어지는 일이
> 발생하기 때문에 적절하게 사용하는 것이 좋다.
>
> ```
> list.stream()
>     .collect(Collectors.groupingBy(emp -> emp.dept))
>     .entrySet()
>     .stream()
>     .collect(
>         Collectors.toMap(
>         entry -> entry.getKey(),
>         entry -> entry.getValue().stream()
>             .filter(emp -> emp.sal > 1000).count()));
> ```

5.1.2 람다식 작성법 마스터하기

Stream API에 들어가기 전에 API의 기술에 필수적인 람다식의 작성법에 대해서 설명하겠다. 람다식은 메서드의 인수 등에 처리 그 자체를 건네는 것이 가능한 강력한 기법이다. 예를 들어 자바 7 이전의 문법에서 컬렉션의 정렬을 실시하려면 Comparator 클래스의 익명 클래스를 사용했다. 다음의 소스는 Student 클래스의 score 값으로 정렬하는 예다.

Student 클래스

```java
public class Student {
    private String name;

    private int score;

    public Student(String name, int score) {
        this.name = name;
        this.score = score;
    }

    public String getName() {
        return this.name;
    }

    public int getScore() {
        return this.score;
    }

    @Override
    public String toString() {
        return name + ":" + score;
    }
}
```

자바 7 이전까지의 정렬

```java
List<Student> studentList = new ArrayList<>();
studentList.add(new Student("Jung", 100));
studentList.add(new Student("Song", 70));
studentList.add(new Student("Tommy", 80));

System.out.println(studentList);

Collections.sort(studentList, new Comparator<Student>() {
    @Override
    public int compare(Student student1, Student student2) {
        return Integer.compare(student1.getScore(), student2.getScore());
    }
```

```
    });

    System.out.println(studentList);
```

```
[Jung:100, Song:70, Tommy:80]
[Song:70, Tommy:80, Jung:100]
```

이것을 람다식을 사용하면 다음과 같이 간단히 기술할 수 있다.

람다식 이용

```
List<Student> studentList = new ArrayList<>();
studentList.add(new Student("Jung", 100));
studentList.add(new Student("Song", 70));
studentList.add(new Student("Tommy", 80));

System.out.println(studentList);

Collections.sort(studentList, (student1, student2) -> Integer.compare(student1. ↴
getScore(), student2.getScore()));

System.out.println(studentList);
```

```
[Jung:100, Song:70, Tommy:80]
[Song:70, Tommy:80, Jung:100]
```

이것뿐이라면 '익명 클래스의 구현이 몇 행만 생략된 것뿐인데?'라고 생각할지도 모르겠다. 그러나 '인터페이스의 구현을 여러 가지 선언을 걸쳐서 작성하는 대신 처리의 내용을 나타내는 식만 작성하면 된다'라는 특성이 나중에 나오는 Stream API 등과 조합했을 때 코드를 강력하고, 알기 쉽고, 간결하게 해 준다. 그럼 위의 예에서 나온 내용을 순서대로 분해해서 살펴보자.

함수형 인터페이스 대신 사용하기

자바 8에서는 구현해야 할 메서드가 하나밖에 없는 인터페이스를 '함수형 인터페이스'라는 이름으로 취급할 수 있다. 람다식은 이 함수형 인터페이스 대신 사용할 수 있는 것이다. 예를 들면 '4.1.5 Arrays 클래스를 이용해서 배열을 조작하기'에서 나온 java.util.Comparator 인터페이스가 구현해야 할 메서드는 compare 메서드 하나뿐이므로 함수형 인터페이스다. 그래서 람다식을 대입할 수 있다. 람다식을 이용해서 재작성할 경우 다음과 같이 된다.

```
Student[] students = {
        new Student("Ken", 100),
        new Student("Shin", 60),
        new Student("Kim", 80)
        };

Arrays.sort(students, (Student o1, Student o2) ->
Integer.compare(o2.getScore(), o1.getScore()));

Arrays.stream(students).forEach(s ->
System.out.println(s.getName() + ":" + s.getScore()));
```

```
Ken:100
Kim:80
Shin:60
```

※ 원서의 소스가 틀려서 수정함

원래의 처리에 비해 행 수가 줄어들고 보기에도 깔끔해졌다.

람다식의 기본 문법

람다식은 다음에 나타내는 기본 문법으로 기술한다.

```
(인수) -> { 처리 }
```

인수 부분은 메서드 정의의 인수 부분과 동일하게 작성한다. 예를 들어, 앞의 Comparator
<Student> 클래스의 compare 메서드는 다음과 같이 선언하므로,

```
compare(Student o1, Student o2)
```

이에 대응하는 람다식은 다음과 같다. 또한 인수의 이름은 알기 쉽게 student1/student2로 변경
했다.

```
(Student student1, Student student2) -> {
    return Integer.compare(student1.getScore(),student2.getScore());
}
```

그리고 이 코드는 다음 절의 내용에 따라 짧게 줄일 수 있다(생략할 수 있다).

인수 부분의 생략

람다식에서는 대입할 곳의 함수형 인터페이스로부터 구현해야 할 메서드와 그곳에 정의되어 있는 인수의 타입을 알 수 있으므로 메서드의 인수 타입을 생략할 수 있다.

```
(student1, student2) -> {
    return Integer.compare(student1.getScore(),student2.getScore());
}
```

참고로 타입을 생략할 때는 모든 인수로부터 생략할 필요가 있다. 일부의 인수만 생략할 수 없다. 게다가 인수가 하나밖에 없는 경우는 인수의 소괄호도 생략할 수 있다. 예를 들어 Consumer<String>이라는 인수가 하나인 메서드 void accept(String t)를 갖는 함수형 인터페이스에 람다식을 대입하는 경우를 고려해 보자.

```
Consumer<String> consumer1 =
    (String s) -> {    System.out.println(s);    }
```

이 코드는 소괄호를 생략하여 다음과 같이 작성해도 동일한 의미가 된다. 이 경우 타입도 생략할 필요가 있다.

```
Consumer<String> consumer1 =
    s -> {    System.out.println(s);    }
```

참고로 인수가 0인 경우는 소괄호만 쓴다. 예를 들어 java.lang.Runnable의 run 메서드는 인수가 없는데 이 경우 람다식의 대입은 다음과 같이 된다.

```
Runnable runnable1 =
    () -> {    System.out.println("람다식의 테스트다.");    }
```

처리 쪽의 생략

람다식의 처리가 하나밖에 없는 경우 **return**과 처리부를 나타내는 중괄호를 생략할 수 있다. 이 경우 맨 끝의 세미콜론(;)도 생략한다. 앞서 나온 다음의 코드를 예로 살펴보자.

```
(student1, student2) -> {
    return Integer.compare(student1.getScore(),student2.getScore());
}
```

이 코드는 다음과 같이 된다.

```
(student1, student2) -> Integer.compare(student1.getScore(),student2.getScore())
```

이렇게 생략한 람다식을 Collectoin.sort 메서드의 두 번째 인자로 건네면 앞부분의 예에서 나온 다음과 같은 기술이 된다.

```
Collections.sort(studentList, (student1, student2) -> Integer.compare(student1. ↴
getScore(),student2.getScore()));
```

참고로 지금까지의 예에서는 처리 부분이 1행뿐이었지만 중괄호 안에 여러 행을 작성할 수도 있다.

```
(student1, student2) -> {
    int score1 = student1.getScore();
    int score2 = student2.getScore();
    return Integer.compare(score1, score2);
}
```

5.1.3 메서드 참조

앞서 람다식은 처리의 내용을 식으로 대입하는 기법이었다. 이와 더불어 자바 8에서는 이미 준비되어 있는 메서드 그 자체도 대입할 수 있다. 이것을 '메서드 참조'라고 부른다. 다음의 코드는 System.out.println 메서드를 forEach 메서드에 건네는 예다.

```
List<String> list = Arrays.asList("Xxx", "Yyyyy", "Zzzz");
list.forEach(System.out::println);
```

```
Xxx
Yyyyy
Zzzz
```

List 인터페이스의 forEach 메서드는 나중에도 나오겠지만 List의 요소에 대해 인수로 건넨 처리를 순차적으로 실행하는 메서드다. 인수에는 java.util.function.Consumer라는 함수형 인터페이스를 갖고 있는데 이 인터페이스의 메서드는 인수가 하나다.

메서드 참조는 '대입할 곳의 함수형 인터페이스에 있는 인수의 수와 타입이 일치하고 있다면 거기에는 메서드를 대입할 수 있다'라는 규칙이다. 위의 예인 경우 System 클래스가 static으로 갖는 표준 출력 스트림 인터페이스 out의 메서드인 println 메서드의 인수의 수와 타입이 일치하고 있으므로 대입할 수 있었다. 람다식으로 나타내면 다음의 구현과 동일하다.

```
List<String> list = Arrays.asList("Xxx", "Yyyyy", "Zzzz");
list.forEach(str -> System.out::println(str));
```

여기서 등장한 forEach의 사용법에 대해서는 뒤에서 보다 상세하게 설명하겠다. 메서드의 참조 문법은 다음의 표와 같다.

● **메서드 참조의 문법**

용법	문법
인스턴스의 메서드를 참조	{인스턴스명}::{메서드명}
자기 자신의 인스턴스의 메서드를 참조	this::{메서드명}
static 메서드를 참조	{클래스명}::{메서드명}

인수 부분은 기술하지 않는다. 이것은 인수가 일치해야 메서드의 대입이 가능하다는 점을 이용한 것으로, 해당 메서드의 인수가 컴파일 시에 자동적으로 결정되어 기술할 필요가 없기 때문이다.

5.2 | Stream 작성하기

여기서부터는 Stream API의 구체적인 사용법에 대해서 살펴보자. 우선 Stream 인스턴스의 작성 방법부터 설명하겠다.

5.2.1 List나 Set으로부터 Stream 작성하기

List나 Set으로부터 Stream을 작성하려면 stream 메서드를 이용한다.

```
List<String> list = Arrays.asList("Haeun", "Shin", "Shion");
Stream<String> stream = list.stream();      // ❶ Stream의 작성
stream.forEach(System.out::println);        // ❷ 각 요소의 출력
```

```
Haeun
Shin
Shion
```

❶에서 실행하고 있는 것은 Stream 인스턴스의 작성이다. 즉, Stream API를 시작하고 있다는 의미다. 참고로 Stream 인스턴스를 변수에 직접 할당하는 일은 그다지 없고 메서드 체인(메서드를 연속해서 호출)을 이용하여 기술하는 경우가 대부분이다. 여기에서는 stream 메서드의 설명을 위해 변수에 대입하고 있음을 인식하길 바란다.

❷에서는 메서드 참조를 이용하여 List의 각 요소에 대해 System.out.println의 처리를 실행하고 있다. forEach는 종료 작업의 하나로 모든 요소에 대해 동일한 작업을 수행한다. 자세한 사항은 다음 절에서 설명하겠다.

5.2.2 배열로부터 Stream 작성하기

Stream 인스턴스는 컬렉션 이외에서도 작성할 수 있다. 우선 배열로부터 Stream 인스턴스를 작성하는 방법을 살펴보자. 배열로부터 Stream 인스턴스를 작성하려면 java.util.Arrays의 stream 메서드를 이용한다.

```java
String[] array = {"Haeun", "Shin", "Shion"};
Stream<String> stream = Arrays.stream(array);
stream.forEach(System.out::println);
```

```
Haeun
Shin
Shion
```

또한 이 예처럼 배열에 넣고 싶은 값이 정해져 있는 경우에는 일부러 배열을 만들 필요 없이 Stream 클래스의 of 메서드를 이용해서 Stream 인스턴스를 작성할 수도 있다.

```java
Stream<String> stream = Stream.of("Haeun", "Shin", "Shion");
stream.forEach(System.out::println);
```

```
Haeun
Shin
Shion
```

값이 정해져 있는 경우는 이 방법을 사용하는 편이 간결하게 작성할 수 있다.

5.2.3 Map으로부터 Stream 작성하기

자바 8에는 Map을 적절하게 처리하기 위한 Stream 클래스는 준비되어 있지 않다.[14] 따라서 Map에 대한 Stream 조작을 실시하고 싶은 경우에는 Map의 entrySet 메서드에 의해 Set을 취득하고 이 Set 메서드의 stream 메서드를 호출할 필요가 있다.

---

14   개발 중인 OpenJDK 8의 Milestone 4까지는 MapStream이라는 클래스가 있었지만 Milestone 5의 시점에서는 삭제되었다.

```
Map<String, String> map = new HashMap<>();
map.put("1", "Haeun");
map.put("2", "Shin");
map.put("3", "Shion");

Stream<Entry<String, String>> stream = map.entrySet().stream();
stream.forEach(e->System.out.println(e.getKey() + ":" + e.getValue()));
```

```
1:Haeun
2:Shin
3:Shion
```

이 예에서는 entrySet에 대한 Stream 조작을 하고 있는데 keySet이나 values로 키나 값의 Set을
추출하여 Stream 조작하는 것도 가능하다.

```
Map<String, String> map = new HashMap<>();
map.put("1", "Haeun");
map.put("2", "Shin");
map.put("3", "Shion");

Stream<String> stream = map.values().stream();
stream.forEach(System.out::println);
```

```
Haeun
Shin
Shion
```

이 경우는 일반적인 Set에 대한 Stream 처리와 변함이 없다.

5.2.4 숫자 범위로부터 Stream 작성하기

컬렉션이나 배열, Map뿐만 아니라 숫자값으로부터도 Stream을 작성할 수 있다. 이때 이용할 수
있는 클래스로 LongStream 클래스, DoubleStream 클래스도 있는데 여기서는 이용 빈도가 높
은 IntStream(java.util.stream.IntStream) 클래스를 소개하겠다. IntStream 클래스에는 시작/종료의
값을 지정해서 수열을 만드는 range 메서드/rangeClosed 메서드가 준비되어 있다.

```
IntStream stream = IntStream.range(1, 5);        // ❶ range 메서드는 맨 마지막 값을 포함하지 않는다
Stream.forEach(System.out::print);
```

```
1234
```

```
IntStream stream = IntStream.rangeClosed(1, 5); // ❷ rangeClosed메서드는 맨 마지막 값을 포함한다
Stream.forEach(System.out::print);
```

```
12345
```

range 메서드와 rangeClosed 메서드의 차이는 맨 마지막 값을 포함하는지의 여부다. ❶에서 나타낸 range 메서드는 '5'를 포함하지 않으므로 실행 결과가 1~4가 된다. ❷에서 나타낸 rangeClosed 메서드는 '5'를 포함하므로 실행 결과가 1~5가 된다. for문으로 치환하면 각각 다음과 같이 나타낼 수 있다.

- range 메서드 ➡ for(int i=1; i<5; i++)
- rangeClosed 메서드 ➡ for(int i=1; i<=5; i++)

여기서 for문을 예로 나타냈듯이 이 IntStream은 단순히 숫자값의 열에 대해 Stream 처리를 실시하는 것뿐만 아니라 'n회의 처리를 하고 싶은' 경우에도 유효하다. 예를 들어 다음에 나타내는 for문을 사용한 처리와 IntStream을 사용한 처리는 똑같은 결과를 얻을 수 있다.

for문을 사용한 처리

```
for( int i=0; i < count; i++) {
    // 처리
}
```

IntStream을 사용한 처리

```
IntStream.range(0, count).forEach( i -> {
    // 처리
});
```

이 예에서는 IntStream을 사용하는 것보다도 for문을 사용하는 편이 가독성이 좋다. 단, IntStream은 이러한 반복 처리에도 이용할 수 있다는 사실을 기억하길 바란다.

5.3 | Stream에 대한 '중간 작업'

컬렉션 등에서 Stream 인스턴스를 작성하면 다음은 임의의 중간 작업을 할 수 있다. 카테고리별로 대표적인 중간 작업에 대해서 설명하겠다.

5.3.1 요소를 치환하는 중간 작업

메서드명에 'map'이 들어 있는 중간 작업은 요소를 치환하는 것을 목적으로 하고 있다. 대표적인 메서드를 표로 정리했다.

● 요소를 치환하는 중간 작업

메서드명	처리 내용	인수	반환값
map	요소를 별도의 값으로 치환한다.	Function(인수가 Stream 대상 객체, 반환값이 임의의 타입)	Stream<변환 후의 타입>
mapToInt	요소를 int 값으로 치환한다.	Function(인수가 Stream 대상 객체, 반환값이 int)	IntStream
mapToDouble	요소를 double 값으로 치환한다.	Function(인수가 Stream 대상 객체, 반환값이 double)	DoubleStream
mapToLong	요소를 long 값으로 치환한다.	Function(인수가 Stream 대상 객체, 반환값이 long)	LongStream
flatMap	요소의 Stream을 결합한다.	Function(인수가 Stream 대상 객체, 반환값이 Stream)	Stream<변환 후의 타입>

map 메서드는 요소를 별개의 값으로 치환할 수 있는 중간 작업에서 사용한다. 객체로부터 필드를 추출하는 처리나 객체를 별도의 객체로 변환할 때 이용한다. 참고로 Function은 람다식이나 메서드 참조를 대입할 곳에서 사용할 함수형 인터페이스다. 하나의 인수를 받아서 결과를 반환하는 함수를 나타낸다. 구체적으로는,

```
@FunctionalInterface
public interface Function<T,R>
```

이라는 선언 내용으로 다음의 메서드를 갖는다. T는 함수의 입력 타입이고, R은 함수의 결과 타입을 나타낸다.

```
R apply(T t)
```

참고로 @FunctionalInterface는 인터페이스가 함수형 인터페이스인 것을 명시하기 위한 애노테이션이다. map 메서드에 국한된 것이 아니라 Stream의 각 메서드는 이 Function처럼 대입할 곳의 함수형 인터페이스를 인수로 취함으로써 람다식이나 메서드 참조를 인수로 기술할 수 있다. 객체를 추출할 경우의 예로 Student 객체의 Stream으로부터 score의 값을 추출하는 코드를 나타냈다.

```
List<Student> students = new ArrayList<>();
students.add(new Student("Ken", 100));
students.add(new Student("Shin", 60));
students.add(new Student("Tommy", 80));

Stream<Integer> stream = students.stream()
    .map(s -> s.getScore());     // ❶ score의 추출
stream.forEach(System.out::println);
```

```
100
60
80
```

❶에서는 Student 객체로부터 score의 값을 추출하고 있다. 이 처리에 의해서 Stream의 타입이 Stream<Student>에서 Stream<Integer>로 대체되고 이후에는 Integer의 score에 대한 Stream 처리를 실시하게 된다. 또한 앞서 언급했지만 실제로는 Stream의 인스턴스를 변수에 대입하는 일이 없다. 또한 이 예에서는 s.getScore()의 부분에서 메서드 참조를 이용할 수 있다. 따라서 현실에 맞는 코드로 바꾸면 다음과 같이 된다.

```
students.stream()
  .map(Student::getScore)
  .forEach(System.out::println);
```

또한 mapToInt 메서드, mapToDouble 메서드, mapToLong 메서드는 map 메서드와 처리 자체는 동일하지만 반환값이 각각 IntStream, DoubleStream, LongStream이다. 따라서 이 메서드들을 경유함으로써 나중에 나올 sum이나 average와 같은 수치 처리 메서드가 이용할 수 있게 된다.

flatMap 메서드는 Stream을 결합하여 하나의 Stream으로 취급하기 위한 메서드다. map 메서드의 반환값이 컬렉션이나 배열이 될 경우는 일반적으로 개별 컬렉션으로 취급하지만 flatMap 메서드를 사용하면 그것들을 하나의 Stream으로 취급할 수 있다. 다음의 코드는 각각의 그룹으로 나눈 복수의 Student 객체를 하나의 Stream으로 결합한 예다.

복수의 Student를 갖는 클래스

```java
public class Group {
    private List<Student> students;

    public Group() {
        super();
        students = new ArrayList<>();
    }

    public void add(Student student) {
        students.add(student);
    }

    public List<Student> getStudents() {
        return students;
    }
}
```

※ 원서 코드에서는 생성자가 없어서 실행 시 오류가 발생함

각 그룹의 복수의 Student를 하나의 Stream으로 한다

```java
List<Group> groups = new ArrayList<>();

Group group1 = new Group();
group1.add(new Student("Jung", 100));
group1.add(new Student("Tommy", 60));
group1.add(new Student("Lee", 80));
groups.add(group1);

Group group2 = new Group();
group2.add(new Student("Woo", 75));
group2.add(new Student("Choi", 85));
group2.add(new Student("Na", 95));
groups.add(group2);

Group group3 = new Group();
group3.add(new Student("Kim", 90));
group3.add(new Student("Park", 65));
group3.add(new Student("Jin", 80));
groups.add(group3);
```

```
Stream<List<Student>> mappedStream = groups.stream().map(g -> g.getStudents());
                                                        // ❶ 일반적인 map을 실시
Stream<Student> flatMappedStream = groups.stream().flatMap(g -> g.getStudents().stream());
                                                        // ❷ flatMap을 실시
```

❶과 같이 map 메서드의 결과가 컬렉션인 경우 반환값은 Stream<List<Student>>가 되며 이후의 처리 단위는 List<Student>이 된다. 한편 ❷와 같이 flatMap 메서드를 사용하면 반환값은 Stream<Student>가 되기 때문에 이후에는 Student에 대해 처리할 수 있다. 예를 들어 '모든 Student를 score 순으로 나열하기'라는 처리를 기술하고 싶은 경우, flatMap 메서드를 사용하지 않는다면 사전에 컬렉션을 자신이 직접 결합해 둘 필요가 있다. 하지만 flatMap 메서드를 이용하면 그 기술을 생략할 수 있다. map 메서드만을 사용한 경우와 flatMap 메서드를 사용한 경우에서 소스 코드가 어떻게 다른지 살펴보자.

map 메서드만을 사용한 경우

```
List<Student> allStudents = new ArrayList<>();
groups.stream().forEach(g -> allStudents.addAll(g.getStudents()));
allStudents.stream()
    .sorted((s1, s2) -> s2.getScore() - s1.getScore())
    .forEach(s -> System.out.println(s.getName() + " " + s.getScore()));
```

flatMap 메서드를 사용한 경우

```
groups.stream()
    .flatMap(g -> g.getStudents().stream())
    .sorted((s1, s2) -> s2.getScore() - s1.getScore())
    .forEach(s -> System.out.println(s.getName() + " " + s.getScore()));
```

```
Jung 100
Na 95
Kim 90
Choi 85
Lee 80
Jin 80
Woo 75
Park 65
Tommy 60
```

flatMap 메서드를 사용함으로써 소스의 양이 줄어들어 처리 내용을 파악하기 쉽게 되었다.

5.3.2 요소를 걸러내는 중간 작업

다음으로 요소를 걸러내는 중간 작업이다.

● **요소를 걸러내는 중간 작업**

메서드명	처리 내용	인수
filter	조건에 일치하는 요소만으로 걸러낸다.	Predicate(인수가 Stream 대상의 객체, 반환값은 boolean)
limit	지정한 건수만을 추출한다.	숫자값
distinct	유니크한 요소만으로 추출한다.	없음

이러한 작업을 함으로써 요소의 수는 줄어든다. 물론 요소의 타입 자체는 변하지 않는다. filter 메서드는 지정한 조건에 일치한 요소만으로 걸러내기 위한 메서드다. 인수인 Predicate는 Function처럼 람다식을 대입할 대상의 함수형 인터페이스이지만 반환값의 타입이 boolean으로 고정되어 있다는 점이 다르다. 따라서 filter 메서드에 건넨 함수 객체(람다식)는 boolean을 반환할 필요가 있다. 다음의 예는 score가 70보다 큰 Student만으로 걸러내는 예다.

```java
List<Student> students = new ArrayList<>();
students.add(new Student("Haeun", 100));
students.add(new Student("Shin", 60));
students.add(new Student("Shion", 80));

students.stream()
    .filter(s -> s.getScore() > 70)     // score가 70보다 큰 Student의 추출
    .forEach(s -> System.out.println(s.getName()));
```

```
Haeun
Shion
```

limit 메서드는 지정한 건수로 요소를 추출하기 위한 메서드다. limit 메서드에는 int로 건수를 건넨다. 다음의 예에서는 Student를 2건으로 한정했다.

```java
List<Student> students = new ArrayList<>();
students.add(new Student("Haeun", 100));
students.add(new Student("Shin", 60));
students.add(new Student("Shion", 80));
students.stream()
    .limit(2)     // 2건으로 한정
    .forEach(s -> System.out.println(s.getName()));
```

```
Haeun
Shin
```

distinct 메서드는 유니크한 요소만으로 추출하기 위한 메서드다. distinct 메서드 자체에 인수나 반환값은 없다. '유니크한 요소로 추출하기'라는 점에서 java.util.Set과 비슷한 성질이 있다.

```java
List<String> strings = new ArrayList<>();
strings.add("Haeun");
strings.add("Shin");
strings.add("Shion");
strings.add("Yongho");
strings.add("Haeun");
strings.add("Shin");

strings.stream()
    .distinct()      // 유니크한 요소로 추출한다
    .forEach(System.out::println);
```

```
Haeun
Shin
Shion
Yongho
```

5.3.4 요소를 정렬하는 중간 작업

중간 작업의 마지막으로 요소를 정렬하는 sorted 메서드를 소개하겠다. sorted 메서드는 지정된 조건으로 정렬을 실시한다. sorted 메서드의 인수에는 2개의 인수를 받아서 int를 건네는 함수 객체(java.util.Comparator)를 지정한다. 복습하면 Comparator는 반환값인 int 값에 의해 다음과 같이 동작이 변한다.

- 0보다 작은 값(음수)인 경우 ➡ 인수 1의 객체가 앞으로 간다
- 0보다 큰 값(양수)인 경우 ➡ 인수 2의 객체가 앞으로 간다
- 0인 경우 ➡ 나열 순서가 변하지 않는다

다음의 예에서는 score가 높은 순서로 정렬하고 있다.

```java
List<Student> students = new ArrayList<>();
students.add(new Student("Ken", 100));
students.add(new Student("Shin", 60));
students.add(new Student("Jung", 80));

students.stream()
    .sorted((s1, s2) -> s2.getScore() - s1.getScore()) // score가 높은 순서대로 나열하기
    .forEach(s -> System.out.println(s.getName() + " " + s.getScore()));
```

```
Ken 100
Jung 80
Shin 60
```

5.4 | Stream에 대한 '종료 작업'

Stream에 대한 마지막 처리가 종료 작업이다. 중간 작업은 메서드를 연결함으로써 몇 번이고 여러 종류의 처리를 연속으로 실시할 수 있었다. 하지만 종료 작업을 실시하면 그 이상의 조작은 할 수 없게 된다.

5.4.1 반복 처리를 실시하는 종료 작업

바로 앞의 예제에도 나왔지만 Stream의 마지막에 반복 처리를 실시하고 싶은 경우는 표에 나온 forEach 메서드를 이용한다.

● 반복 처리를 실시하는 종료 작업

메서드명	처리 내용	인수
forEach	이 스트림의 각 요소에 대해 액션을 실행한다.	Consumer(인수가 Stream 대상인 객체, 반환값은 없음)

Consumer는 반환값을 갖지 않는 함수형 인터페이스다. 앞 절에서는 System.out::println의 메서드 참조를 부여했는데 인수가 하나인 람다식이나 메서드 참조라면 무엇이든 건넬 수 있다.

5.4.2 결과를 정리해서 추출하는 종료 작업

다음은 결과를 정리해서 추출하는 종료 작업이다.

● 결과를 정리하여 추출하는 종료 작업

메서드명	처리 내용	인수	반환값
collect	요소를 스캐닝하여 결과를 작성한다.	Collector	나중에 언급
toArray	모든 요소를 배열로 변환한다.	없음	OptionalObject[]
reduce	값을 집약한다.	BinaryOperator (인수가 Stream 대상 객체)	Optional

가장 자주 사용하는 것은 collect 메서드다. collect 메서드는 인수로 건넨 처리에 따라 다양한 결과를 작성해 주는데 주로 java.util.Collectors 클래스의 각 메서드를 건넨다. 다음의 예는 Stream 요소를 filter한 결과를 List로 반환하고 있다.

```java
List<String> list = Arrays.asList("HaeunJung", "Shin", "ShionJung");

List<String> newList = list.stream()
    .filter(p -> p.length() > 5)
    .collect(Collectors.toList());
```

Collectors 클래스의 각 메서드는 다음 표와 같은 처리를 실시하고 구상 클래스(추상 클래스와는 달리 실제로 인스턴스화할 수 있는 클래스)를 반환해 준다.

● **Collectors 클래스의 각 메서드가 반환하는 구상 클래스**

메서드명	처리 내용	인수
toList	List로 반환한다.	없음
toSet	Set으로 반환한다.	없음
joining	전체 요소를 하나의 문자열로 결합한다.	없음
joining	전체 요소를 인수로 지정한 구분 문자를 사용해 결합한다.	String(구분 문자)
groupingBy	요소를 그룹으로 나눈다.	값을 집계하는 함수

toList 메서드는 앞의 예에서도 나왔는데 이를 toSet 메서드로 하면 중복이 제거된 Set이 반환된다. joining 메서드는 문자열을 결합하여 반환한다.

```java
List<String> list = Arrays.asList("HaeunJung", "Shin", "ShionJung");

String joined = list.stream()
        .filter(p -> p.length() > 5)
        .collect(Collectors.joining(","));

System.out.println(joined);
```

```
HaeunJung,ShionJung
```

groupingBy 메서드는 요소를 집계한 Map을 반환하는 강력한 메서드다. 다음의 예에서는 학생을 점수로 그룹화한 뒤에 100점을 얻은 학생의 이름을 추출하고 있다.

```
List<Student> students = new ArrayList<>();
students.add(new Student("Ken", 100));
students.add(new Student("Shin", 60));
students.add(new Student("Yoon", 80));
students.add(new Student("Jung", 100));

// 그룹을 나눈다. 키로 점수, 값에 대응하는 학생의 List가 들어 있는 Map이 만들어진다
Map<Integer, List<Student>> map = students.stream()
        .collect(Collectors.groupingBy(Student::getScore));

// Map에서 100점을 얻은 학생의 리스트를 추출한다
List<Student> perfects = map.get(100);
perfects.forEach(s -> System.out.println(s.getName()));
```

```
Ken
Jung
```

5.4.3 결과를 하나만 추출하는 종료 작업

다음은 Stream의 요소로부터 1개 요소만 추출하는 종료 작업이다.

● 결과를 하나만 추출하는 종료 작업

메서드명	처리 내용	인수	반환값
findFirst	선두의 요소를 반환한다.	없음	Optional
findAny	어떤 한 요소를 반환한다.	없음	Optional
min	최솟값을 갖는 요소를 반환한다.	Comparator(인수가 Stream 대상 객체)	Optional
max	최댓값을 갖는 요소를 반환한다.	Comparator(인수가 Stream 대상 객체)	Optional

반환값으로 적혀 있는 Optional(java.util.Optional)이란 객체의 참조가 null일지 모른다는 것을 명시적으로 나타내도록 한 클래스다. 반환값이 Optional인 것은 반환하려는 Stream이 비어 있을 경우에 빈 채로 반환하기 위해서다.[15] min과 max는 Comparator에 의해 순서가 붙은 것들 중에서 최소/최대의 요소를 반환한다.

---

15 역주 프로그래밍을 하다 보면 null 체크를 하지 않아 프로그램 실행 중에 Exception이 발생하는 경우가 많이 있다. 자바 8에서는 Optinal을 사용함으로써 이러한 null 체크 문제를 회피할 수 있게 됐다.

5.4.4 집계 처리를 실시하는 종료 작업

마지막으로 Stream의 요소를 집계하여 결과의 수치를 반환하는 종료 작업이다. 인수는 없다.

● 집계 처리를 실시하는 종료 작업

메서드명	처리 내용	반환값
count	요소의 개수를 반환한다.	long
min	최소 요소를 반환한다.	OptionalInt/OptionalDouble/OptionalLong
max	최대 요소를 반환한다.	OptionalInt/OptionalDouble/OptionalLong
sum	합계 값을 반환한다.	OptionalInt/OptionalDouble/OptionalLong
average	평균 값을 반환한다.	OptionalDouble

count 이외의 메서드는 IntStream/DoubleStream/LongStream 등의 수치화된 Stream에서만 사용할 수 있다. min과 max는 결과를 하나만 추출하는 종료 작업에서 Comparator를 인수로 건넨 동일 명칭의 메서드가 나왔지만 여기서 나온 Stream용의 메서드에서는 인수가 필요없다. 반환값이 Optional인 이유는 Stream이 비어 있을 때 빈 채로 반환하기 위해서다. min, max, sum은 숫자 Stream의 타입에 대응해서 Optional을 반환한다. 그에 비해 average는 요소 수로 나누기 때문에 숫자 Stream 타입이 아니라 OptionalDouble만이 반환된다.

5.5 │ Stream API를 사용하기 위한 포인트

5.5.1 왕도는 map, filter, collect

Stream API 중에서도 map, filter, collect는 매우 이용 빈도가 높기 때문에 처음부터 기억해야 할 메서드라고 말할 수 있다. 다음의 예에서는 5 문자보다 긴 문자열만 괄호로 둘러싼 List를 생성하고 있다.

```java
List<String> list = Arrays.asList("HaeunJung", "Shin", "ShionJung");

List<String> newList = list.stream()
    .filter(p-> p.length()>5)
    .map(p-> "[" + p + "]")
    .collect(Collectors.toList());

newList.forEach(System.out::println);
```

```
[HaeunJung]
[ShionJung]
```

5.5.2 n번 반복하는 IntStream

'IntStream은 숫자값의 배열로부터 Stream을 만드는 것'이라고 설명했는데 이것은 for문을 치환하는 용도로도 이용할 수 있다. 여기서는 예로서 java.sql.PreparedStatement에 의한 SQL문을 만들기 위해서 '?, ?, ?'와 같은 문자열의 작성 처리를 고려해 보겠다. 이러한 처리를 실시할 경우 자바 7에서는 StringBuilder를 사용하여 문자열을 조립하거나 배열을 만든 후에 결합할 필요가 있었다. StringBuilder를 만들어서 결합하는 경우는 다음과 같이 한다.

```
int count = 5;

StringBuilder builder = new StringBuilder();
for (int i = 0; i < count; i++) {
    if (i != 0) {
        builder.append(", ");
    }
    builder.append("?");
}
System.out.println(builder.toString());
```

```
?, ?, ?, ?, ?
```

배열을 만들어 두고 결합하는 경우는 다음과 같다. 여기에서는 처리를 간단하게 하기 위해 Apache Commons Lang의 StringUtils를 사용하고 있다(Apache Commons Lang에 대한 부분은 '14장 라이브러리로 효율 높이기' 참조).

```
int count = 5;

String[] array = new String[count];
Arrays.fill(array, "?");
String query = StringUtils.join(array, ", ");      // Apache Commons Lang의 클래스를 이용
System.out.println(query);
```

```
?, ?, ?, ?, ?
```

처리로는 간단하지만 '일부러 배열을 한 번 만들고 있다'라는 점에서 쓸데없는 처리가 발생한다. 이들 처리는 IntStream을 사용하여 다음과 같이 바꿔 쓸 수 있다.

```
int count = 5;

String query = IntStream.range(0, count)        // ❶ 0부터 count까지의 Stream 인스턴스를 작성
    .mapToObj(i -> "?")                          // ❷ 번호에 상관없이 '?'로 변환
    .collect(Collectors.joining(", "));          // ❸ ', '로 결합
System.out.println(query);
```

```
?, ?, ?, ?, ?
```

❶에서는 range 메서드를 사용하여 0부터 count까지의 Stream 인스턴스를 만든다. 다음으로 ❷의 mapToObj 메서드로 그것을 모두 '?'로 치환할 수 있다. IntStream의 map 메서드는 반환값에 int를 기대하고 있으므로 여기서는 map 메서드가 아니라 mapToObj 메서드를 사용할 필요가 있다. 마지막으로 ❸의 collect에서 Collectors 클래스의 joining 메서드를 사용해 문자열을 결합한다. 이것은 Apache Commons Lang의 StringUtil 클래스의 결합과 동등한 처리라고 말할 수 있다.

이렇게 IntStream을 이용하면 쓸데없이 객체를 작성하지 않고도 간단하게 목적을 달성할 수 있다. 작은 규모의 처리에 있어서도 Stream API를 사용함으로써 낭비가 적은 처리를 높은 효율로 기술할 수 있다.

5.5.3 List나 Map에 대한 효율적인 처리 실시하기

Stream API는 아니지만 List나 Map에 대해 자바 8에 추가된 새로운 메서드 중 특히 이용 빈도가 높을 것 같은 메서드를 기억해 두자. Stream 인스턴스를 작성하지 않고 Stream과 비슷한 처리를 실시할 수 있는 메서드다. 우선 List에는 모든 요소에 함수를 적용하는 메서드가 추가되었다.

● List에서 모든 요소에 함수를 적용하는 메서드

메서드명	처리 내용	인수
removeIf	인수로 주어진 함수의 결괏값이 true를 반환하는 모든 요소에 대해 List에서 삭제한다.	Predicate(인수가 Stream 대상인 객체, 반환값은 boolean)
replaceAll	인수로 주어진 함수의 결과로 List의 모든 요소를 치환한다.	UnaryOperator(인수가 Stream 대상인 객체, 반환값은 동일 타입)

removeIf는 실제로는 List가 아니라 Collection에 대해 추가된 것이므로 예를 들어 Set에 대해서도 이용 가능하다. 사용 예를 보자.

```
List<String> list = new ArrayList<>();
list.add("HaeunJung");
list.add("IYOU");
list.add("ShionJung");

list.removeIf(s->s.length() <= 5);        // 5 문자 이내의 이름을 삭제
list.replaceAll(s->s.toUpperCase());      // 리스트의 요소를 대문자로 변환

list.forEach(System.out::println);
```

```
HAEUNJUNG
SHIONJUNG
```

물론 이 예에서 나온 조작은 Stream API로도 실현할 수 있지만 List로 간단하게 삭제 및 변환만
을 실시하고 싶은 경우라면 이런 메서드들을 이용하는 편이 보다 간략하게 기술할 수 있다. List
를 보자마자 조건 반사적으로 Stream API를 들고 나오기 전에 보다 간단하게 할 수 없을지 고려
해 보는 것이 좋을 것이다. Map에 대해서도 다음과 같은 메서드가 추가되었다.

● **Map에서 모든 요소에 함수를 적용하는 메서드**

메서드명	처리 내용	인수
compute	인수로 주어진 함수의 결과를 Map에 재설정한다.	인수 1이 키, 인수 2가 BiFunction(인수는 키와 값, 반환값은 설정할 값)
computeIfPresent	키가 있을 때만, 인수로 주어진 함수의 결과를 Map에 재설정한다.	인수 1이 키, 인수 2가 BiFunction(인수는 키와 값, 반환값은 설정할 값)
computeIfAbsent	키가 없을 때만, 인수로 주어진 함수의 결과를 Map에 설정한다.	인수 1이 키, 인수 2가 Function(인수는 키, 반환값은 설정할 값)

지금까지는 Map의 키에 대한 값의 유무에 따라 분기를 작성했지만 이 메서드를 이용함으로
써 그런 부분이 보다 간단하게 작성 가능하다. computeIfAbsent의 예를 들어 보자. 다음은 이
름의 리스트를 이름의 길이로 분류하여 길이를 키로 한 이름 리스트의 Map을 만드는 예다.
computeIfAbsent를 사용하지 않는 경우는 다음과 같은 코드가 될 것이다. 이름의 길이에 대한
List가 Map에 없으면 빈 List를 추가하고 있다.

```java
List<String> list = new ArrayList<>();
list.add("David");
list.add("MinHyunHwang");
list.add("ShionJung");
list.add("HaeunJung");

Map<Integer, List<String>> map = new HashMap<>();
list.forEach(name -> {
    Integer nameLen = name.length();

    List<String> valueList = map.get(nameLen);
    // 길이에 대응하는 List가 없으면, 빈 List를 부여한다
    if(valueList == null){
        valueList = new ArrayList<>();
        map.put(nameLen, valueList);
    }
```

```
    valueList.add(name);
});

System.out.println(map);
```

```
{5=[David], 9=[ShionJung, HaeunJung], 12=[MinHyunHwang]}
```

이것을 computeIfAbsent를 사용함으로써 반복 처리의 부분을 다음과 같이 간략화할 수 있다.

```
List<String> list = new ArrayList<>();
list.add("David");
list.add("MinHyunHwang");
list.add("ShionJung");
list.add("HaeunJung");

Map<Integer, List<String>> map = new HashMap<>();
list.forEach(name -> {
    Integer nameLen = name.length();
    // 키가 없을 때만, 빈 List를 값으로 부여한다
    List<String> valueList = map.computeIfAbsent(nameLen, key -> new ArrayList<>());
    valueList.add(name);
});

System.out.println(map);
```

computeIfPresent에서는 반대로 키 값이 있을 때만 함수를 처리한다. compute에서는 키의 유무에 상관없이 함수를 처리한다.

5.6 | Stream API를 사용하여 List 초기화하기

지금까지 Stream API의 사용법에 대해 소개했다. 여기서는 약간 독특한 사용법으로 List의 초기화에도 이용해 보자.

5.6.1 Stream을 이용해 열거한 값으로 List 작성하기

IntStream 인터페이스의 of 메서드는 인수로 열거한 요소로부터 Stream을 작성할 수 있다. 이 메서드를 이용해서 작성한 Stream으로부터 List를 작성할 수 있다. 다음의 소스 코드에서는 IntStream.of 메서드로 작성한 Stream으로부터 boxed 메서드로 기본형인 int를 Integer로 변환해서 그 결과를 collect 메서드를 이용해 List로 반환하고 있다.

```
List<Integer> integerList = IntStream.of(1, 62, 31, 1, 54, 31).boxed()
.collect(Collectors.toList());
```

IntStream 인터페이스 이외에 Long을 취급하는 LongStream이나 Double을 취급하는 DoubleStream 인터페이스가 각각 이용 가능하다. 문자열 등의 다른 타입의 List를 작성할 경우는 Stream 인터페이스를 이용한다. 다음의 예에서는 문자열을 열거해서 String의 List를 작성하고 있다.

```
List<String> stringList = Stream.of("Haune", "Shin", "Shion").collect(Collectors.toList());
```

5.6.2 Stream을 이용해 값의 범위로부터 List 작성하기

IntStream/LongStream 인터페이스의 range 메서드를 이용함으로써 범위를 지정한 List를 간단히 작성할 수 있다. 다음의 예에서는 1~99까지의 99개의 요소를 갖는 List를 작성하고 있다.

```
List<Integer> integerList = IntStream.range(1, 100).boxed()
.collect(Collectors.toList());
```

여기서 range 메서드의 인수 2로 지정한 값(100)은 List에는 포함되지 않음을 주의하길 바란다. 인수 2에 지정한 값까지 List에 포함하고 싶은 경우는 rangeClosed 메서드를 사용한다. 다음의 코드를 실행하면 integerList 안에는 1~100의 100개의 요소가 보관된다.

```
List<Integer> integerList = IntStream.rangeClosed(1, 100).boxed()
.collect(Collectors.toList());
```

▌5.6.3 Stream을 이용해 배열 작성하기

Stream 인터페이스를 사용함으로써 List뿐만 아니라 배열도 작성할 수 있다. 다음의 예에서는 열거한 숫자의 배열을 작성하고 있다.

```
Integer[] integerArray = IntStream.of(1, 62, 31, 54, 31).boxed()
.toArray(n -> new Integer[n]);
```

IntStream.of 메서드로 작성한 Stream으로부터 boxed 메서드로 기본형인 int를 Integer로 변환하고 그 결과를 toArray 메서드로 배열로해서 반환하고 있다.

지금까지 본 것처럼 자바 8에서 Stream API가 도입되고 람다식을 이용한 메서드가 추가됨으로써 자바의 문법은 크게 변했다. 혹 예전 방식의 소스 코드에 익숙한 프로그래머가 처음으로 Stream API를 이용하고 있는 소스 코드를 접하게 된다면 반대로 뭘 하고 있는지 이해하지 못할지도 모르겠다.

그러나 먹어보지도 않고 싫다고 계속 사양한다면 보다 효율적인 처리를 기술할 수 있는 장점을 얻지 못한 채 도태되고 말 것이다. Stream API에 익숙하기 위해서는 우선 Stream API를 사용한 소스 코드를 읽고 쓸 수밖에 없다. 편리하고 가독성이 높은 Stream API를 꼭 적극적으로 이용해 보길 바란다.

예외 공략하기

6.1 | 예외의 기본

6.1.1 예외의 세 가지 종류

작성한 프로그램에 '기대하지 않은 동작'(프로그램의 '버그'나 이른바 '오류' 등을 포함)이 발생한 것을 '예외'라고 한다. 다른 대다수의 언어에서도 볼 수 있지만 자바에서도 이러한 예외를 인식하고 대응할 수 있는 구조가 준비되어 있다. 예외가 발생하는 원인과 중요도는 다양하며 자바에서는 예외를 크게 세 가지 종류로 나눌 수 있다.

(1) 검사 예외(Exception)

주로 프로그램 작성 시에 예상할 수 있는 비정상 상태를 통지하기 위해서 사용한다. 예를 들어 파일에서 데이터를 입출력하는 처리에서 파일을 읽고 쓸 수 없는 경우가 있는데 이때는 java. io.IOException 예외가 발생한다. 검사 예외를 사용하면 예상되는 비정상 상태에 대응하는 처리가 있는지 컴파일 시에 체크할 수 있기 때문에 견고한 애플리케이션을 만들 수 있다. 검사 예외는 프로그램에서 포착(catch)해서 처리하거나, 상위의 호출원에 대해 예외를 발생시키는(throw) 것이 필수다. 둘 중 어느 것도 행하지 않으면 컴파일 오류가 발생한다.

(2) 실행 시 예외(RuntimeException)

주로 프로그램 작성 시에 예상할 수 없는 오류를 통지하기 위해서 사용한다. '예상할 수 없는 오류'에는 흔히 있는 버그나 설정 누락이 포함되어 있다. 검사 예외와는 달리 프로그램에서 포착하지 않아도 컴파일 오류가 발생하지 않는다. 포착하지 않는 경우 무조건 호출원에서 발생하게 된다. 예를 들어 Integer 클래스의 parseInt 메서드를 호출할 때 정수로 변환할 수 없는 문자열을 인수로 지정하면 java.lang.NumberFormatException이 발생한다. 그러나 Integer 클래스의 parseInt 메서드는 String 객체를 int 타입으로 변환하기 위한 API이므로 정수로 변환할 수 없는 문자열을 인수로 지정하는 것은 예상 외의 이용 방법이다. 따라서 일반적으로 호출원에서 예외를 포착할 필요가 없다. 이러한 예외를 모두 검사 예외와 마찬가지로 반드시 포착해야 한다면 프로그램이 복잡해져서 파악하기 어렵게 된다. 이러한 이유로 실행 시 예외를 이용함으로써 예상치 못한 동작에 의해 비정상 상태가 발생하는 경우에도 불필요하게 호출원에 예외를 포착시킬 필요가 없게 되었다. '2장 기본적인 작성법 익히기'의 예제 프로그램에서 다루었듯이 숫자를 0으로 나누는 경우에 발생하는 java.lang.ArithmeticException도 바로 실행 시 예외에 해당한다.

(3) 오류(Error)

예외와는 달리 시스템의 동작을 계속할 수 없는 '치명적 오류'를 나타낸다. 거의 대부분의 경우 이 '치명적 오류'는 프로그램에서 포착해야 하는 것이 아니다. 이유는 '6.1.2 예외를 나타내는 세 가지 클래스'의 (3)에서 설명하겠다.

6.1.2 예외를 나타내는 세 가지 클래스

예외 처리를 실시하려면 예외의 종류에 대응한 클래스를 이용한다. 하나씩 살펴보자.

(1) java.lang.Exception 클래스

검사 예외를 나타내는 클래스다. 이 클래스를 계승한 예외의 예로는 다음과 같은 것이 있다.

- 파일이나 네트워크 등의 입출력 중에 발생한 에러를 나타내는 java.io.IOException 클래스
- 데이터베이스 액세스 중에 발생한 에러를 나타내는 java.sql.SQLException 클래스

이 클래스를 계승한 예외(나중에 나올 RuntimeException 클래스 및 그 계승 클래스를 제외)는 프로그램 안에서 포착할 수 있는데, 발생하는 메서드의 시그니처(선언의 내용)에 throws 절을 기술할 필요가 있다. 예를 들면 다음에 나타낸 코드에서는 readFile 메서드의 호출에서 IOException이 발생할 가능성이 있음을 명시적으로 알 수 있다.

```
public List<String> readFile() throws IOException {
    // 파일을 읽어들이는 처리
}
```

throw 절을 메서드의 시그니처에 기술하면 그 처리에서 예외가 발생하는 것을 알 수 있다. 위에 작성한 것처럼 시그니처에 예외가 기술된 메서드는 호출하는 쪽에서 그 예외에 대해 무언가의 처리를 하도록 자바의 언어 사양상 요구되고 있다. 즉, 예외를 처리하는 코드를 기술하고 있지 않다면 컴파일 오류가 발생한다. '처리해야 하는 예외'를 언어 사양으로 체크(검증)하도록 되어 있음으로써 라이브러리를 이용하거나 여러 사람들이 공동 개발을 하는 경우에도 처리해야 할 예

외를 빠뜨리지 않게 된다. 이런 점에서 대규모 개발 등에서도 실수를 발생시키기 어려운 프로그램을 만들 수 있다.

참고로 이런 예외 처리의 메커니즘은 실수가 발생하기 어려운 반면 강제적으로 try~catch 블록이 필요하게 되어 프로그램이 길어진다는 점에서 찬반 여론이 있는 것도 사실이다. 필자는 기업용의 기간계 시스템을 개발하는 기회가 많아서 정적 타입과 함께 '견고한 프로그램을 만든다'라는 입장이므로 예외 처리 메커니즘을 언어적으로 지원하는 자바가 좋다고 생각한다.

(2) java.lang.RuntimeException 클래스

실행 시 예외를 나타내는 클래스다. 이 클래스를 계승한 예외는 프로그램 안에서 반드시 포착할 필요도 없고, 메서드의 시그니처에 throws 절을 기술할 필요도 없다. catch 블록도, thows 절도 기술하지 않은 경우 발생한 실행 시 예외는 호출원에 자동적으로 전파된다. 그렇다면 실행 시 예외를 어디서도 포착하지 않은 경우는 어떻게 될까? 해답은 '그 스레드가 종료해 버린다'이다. 스레드를 시작한 처리 자체에는 예외가 전파되지 않는다. 실제로 스레드를 시작하고 있는 것은 Java VM이다. 그 결과 Java VM에 예외가 도달한 시점에 그 스레드는 종료해 버린다. 스레드가 Java VM의 메인 스레드인 경우는 애플리케이션 자체가 종료한다.[16]

(3) java.lang.Error 클래스

'일반적인 애플리케이션에서는 포착해서는 안 되는 중대한 문제'를 나타내는 클래스다. 자바의 예외 메커니즘의 관점에서 볼 때 Error는 RunimeException과 비슷하여 catch 블록도, throws 절도 기술할 필요가 없다. 그러나 그 의미는 RuntimeException과는 크게 다르다. 위에 언급한 대로 Error는 '포착해야 할 것이 아닌' 것이다. 왜냐하면 Error가 발생하는 상황은 대부분의 경우 애플리케이션이 비정상의 상태에 빠져 있어 신속하게 프로그램을 종료시켜야 하는 상황이기 때문이다. 예를 들어 유명한 Error 중에 하나로 java.lang.OutOfMemoryError 클래스가 있다. 이것은 자바가 사용하는 메모리가 부족하거나 할 때[17] 발생한다. 이 오류가 발생한 경우는 로그 출력 조차도 할 수 없는 상태라고 생각할 수 있다. 그런 상태에서 애플리케이션이 침묵하고 있는(멈춰서 아무도 작동하지 않는) 최악의 사태라고 할 수 있기 때문에 신속하게 종료해야 하는 것이다.

---

16 엄밀하게 말하자면 일부는 아니다. 'Daemon 스레드가 아닌 스레드'가 1개 이상 남아 있는 경우는 애플리케이션은 계속 동작한다.

17 '메모리가 부족하다'는 것 말고도 '스레드를 작성할 수 없다'처럼 그냥 봐서는 OutOfMemoryError라는 이름으로부터 유추할 수 없는 것도 있다.

이 세 가지 클래스는 java.lang.Throwable의 서브 클래스로 작성되어 있으며 다음의 그림과 같은 계승 관계를 하고 있다.

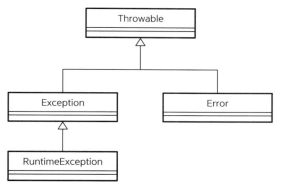

● 세 가지 예외의 계승 관계

6.1.3 예외 처리의 세 가지 구문 제대로 사용하기

예외를 포착해서 처리하는 구문에는 세 가지 종류가 있다. 하나씩 살펴보자.

(1) try~catch~finally

기본이 되는 것은 try~catch~finally 구문이다.

구문

```
try {
    // SomeException 예외가 발생하는 코드를 포함하는 처리
} catch (SomeException ex) {
    // SomeException 예외를 catch한 경우의 처리
} finally {
    // try~catch 블록을 종료할 때에 반드시 실행해야 하는 처리
}
```

try 블록은 그 이름대로 자바 구문의 문법상의 표현으로 봐도 블록 표현을 따르고 있다. 따라서 블록 안에서 선언한 변수는 블록 안에서만 유효하다. 일반적으로 try 블록 안에 작성하는 처리는 적을수록 좋다. 너무 장대한 처리를 try 블록 안에 넣어 버리면 catch 블록에서 포착한 예외가 어디에서 발생한 것인지 코드에서 찾기 어렵게 된다. 또한 try 블록을 짧게 하면 try~catch 블

록을 가로지르는 변수를 참조할 필요가 발생하는 경우도 있을 것이다. try~catch 블록을 가로지르는 변수를 사용하려면 다음에 나타낼 리스트와 같이 try~catch 블록의 시작 전에 변수를 선언하면 좋을 것이다.

구문

```
// try~catch 블록을 가로질러 사용하는 변수의 선언
byte[] contents = new byte[100];
InputStream is = null;

try {
    // 예외가 발생하는 코드를 포함하는 처리
    is = Files.newInputStream(path);
    is.read(contents);
} catch (IOException ex) {
    // 예외를 포착한 경우의 처리
} finally {
    // try~catch 블록을 종료하기 전에 반드시 실행해야 할 처리
    // ※설명을 간단히 하기 위해 생략화해서 표기
    if (is != null) {
        is.close();
    }
}

// try~catch를 끝난 후에 하는 처리
System.out.println("value=" + new String(contents, StandardCharsets.UTF_8));
```

finally 블록은 스트림이나 데이터베이스 접속처럼 사용 후에 반드시 해제해야 하는 리소스(OS에서 확보되는 자원)의 객체를 사용할 경우에 자주 이용된다. 우선 finally 블록을 사용하지 않는 경우를 살펴보자. 예를 들어 다음과 같은 경우는 리소스의 해제를 빼먹는 일이 발생한다.

```
try {
    InputStream is = Files.newInputStream(path);
    is.read(contents);
    is.close();
} catch (IOException ex) {
    // 예외를 포착한 경우의 처리
}
```

이 프로그램에서는 try 블록 안에서 is 인스턴스의 close 메서드의 호출보다 앞에 예외가 발생한 경우, 예를 들어 read 메서드에서 예외가 발생하면 close 메서드는 실행되지 않은 채 catch 블록에 제어가 이동하기 때문에 InputStream 객체의 리소스가 해제되지 않게 된다. 시스템에서 취급

하는 리소스의 양에는 제한이 있기 때문에 이러한 처리를 몇 번이고 실행하다 보면 시스템은 언젠가 리소스가 고갈되어 정지해 버린다. 리소스 해제를 빠뜨리는 문제를 막기 위해 다음과 같이 finally 블록을 사용해서 리소스를 해제하는 처리를 기술한다.

```java
InputStream is = null;
try {
    is = Files.newInputStream(path);
    read(contents);
    // contents에 대한 처리
} catch (IOException ex) {
    // 예외를 포착한 경우의 처리
} finally {
    if (is != null) {
        try {
            is.close();
        } catch (IOException closeEx) {
            // is.close 메서드가 IOException을 throw하기 때문에
            // catch 블록이 필요하지만, 이 경우에 처리할
            // 것이 없기 때문에 아무것도 안 한다
        }
    }
}
```

(2) try~with~resources

지금까지 설명한 작성법은 자바 6까지의 정석이었다. 단, finally 블록의 작성법은 중복으로 리소스를 여러 개 사용하는 try~catch 블록에서는 중복이 배로 증가하여 상당히 귀찮다. 그래서 자바 7부터 도입된 것이 try~with~resources라는 구문이다. 우선은 앞에서 나온 '정석' 코드를 try~with~resources로 재작성해 보자.

```java
try (InputStream is = Files.newInputStream(path)){
    is.read(contents);
    // contents에 대한 처리
} catch (IOException ex) {
    // 예외를 포착한 경우의 처리
}
```

불과 이것만으로 끝난다. 왜 그런 걸까? 실은 자바 7부터 InputStream 등의 리소스를 취급하는 클래스는 java.lang.AutoClosable 인터페이스 또는 java.io.Closable 인터페이스를 구현하도록 되었다(java.io.Closable 인터페이스는 java.lang.AutoClosable 인터페이스를 계승하고 있다). 그리고 try 블록의 시작 시(try (...)으로 작성한 ... 부분)에 AutoClosable 인터페이스의 구현 클래스를 선언해 두

면 해당 try~catch 블록의 종료 시의 처리에서 실시할 close 메서드를 자동으로 호출하게 된다.

그럼 close 메서드에서 예외가 발생했을 경우는 어떻게 되는 걸까? 그 경우는 try~with~resources 블록의 외부로 예외가 throw된다. 그러나 그 전에 try 블록에서 예외가 발생하는 경우는 close 메서드의 예외는 억제되고 try 블록에서 발생한 예외가 throw된다. 억제된 예외는 Throwable 클래스의 getSuppressed 메서드로 취득할 수 있다. 또한 try 블록의 시작 시에 기술하는 선언은 복수의 문장으로 작성할 수 있다.

```
try (InputStream is = new FileInputStream(fromFile);
     OutputStream os = new FileOutputStream(toFile)) {
    is.read(contents);
    os.write(contents);
} catch (IOException ex) {
    // 예외를 포착한 경우의 처리
}
```

그 경우 InputStream 객체와 OutputStream 객체는 둘 중 어느 쪽의 처리에서 예외가 발생해도 양쪽 모두 클로즈해 준다. 게다가 try 블록 시작 시의 선언에 작성할 경우 첫 번째 문장에서 정의한 객체를 두 번째 문장에서 사용할 수도 있다.

```
try (Connection con = DriverManager.getConnection(myConnectionURL);
     PreparedStatement ps = con.prepareStatement(sql)) {
    ps.setInt(1, 123);
    int result = ps.execute();
    // ...
} catch (IOException ex) {
    // 오류 처리
}
```

이 경우에도 Connection 객체와 PreparedStatement 객체는 처리 중에 예외가 발생한 경우에 양쪽 모두 확실히 클로즈해 준다. 단, 뭐든지 '과도한' 것은 좋지 않다. try 블록 시작 시의 선언에 너무 길게 처리를 기술하는 것은 프로그램의 가독성을 현저하게 떨어뜨릴 위험이 있기 때문에 주의하도록 한다. 예를 들어 try 블록 시작 시의 선언부에서 변수의 초깃값 대입이나 로그 출력 등 리소스 확보/해제에 관련이 없는 처리를 작성할 필요는 없다. 또한 하나의 try~catch~finally 블록에 여러 리소스를 확보해야 하는 처리가 있다면 근본적으로 설계를 재검토하는 편이 좋을 것이다.

(3) 다중 캐치

지금까지의 예는 try 블록 안에서 한 종류의 예외만 발생한다고 가정했다. 그러나 실제 업무에서 프로그램을 만들려고 하면 try 블록 안에서 여러 예외가 발생하는 경우도 많다. 예를 들어 데이터베이스에 액세스하는 처리와 파일을 읽어들이는 처리를 순서대로 실시하는 경우에는 각각의 처리에서 예외가 발생한다. 이때 각각의 처리에 catch 블록을 작성하는 것도 가능하지만 예외가 늘어날 때마다 catch 블록이 필요하게 되므로 예외 처리만으로 프로그램이 번잡해진다.

```java
try {
    Class<?> clazz = Class.forName(className);
    SomeClass objSomeClass = clazz.newInstance();
} catch (ClassNotFoundException ex) {
    // ClassNotFoundException에 대한 오류 처리
} catch (InstantiationException ex) {
    // InstantiationException에 대한 오류 처리
} catch (IllegalAccessException ex) {
    // IllegalAccessException에 대한 오류 처리
}
```

각각의 예외에 상응하는 처리를 하고 싶은 경우도 있을 것이다. 하지만 대부분의 경우 로그를 출력하고 상위로 예외를 발생시키든지(다시 throw하든지), 처리를 중지시키게 된다. 귀찮다고 해서 Exception으로 포착해서는 안 된다(이 이유에 대해서는 '6.2.3 공포의 throws Exception 감염'에서 설명). 복수의 예외에서 동일 처리를 하고 싶은 경우는 자바 7에서 도입된 '다중 캐치'를 이용하면 복잡한 catch 블록의 기술을 좀 더 편하게 할 수 있을 것이다.

```java
try {
    Class<?> clazz = Class.forName(className);
    SomeClass objSomeClass = clazz.newInstance();
} catch (ClassNotFoundException |
        InstantiationException |
        IllegalAccessException ex) {
    // 오류 처리
}
```

이렇게 작성하면 ClassNotFoundException, InstantiationException, IllegalAccessException 중 어느 것이 발생해도 동일한 catch 블록에서 오류 처리를 실시하게 된다. 물론 catch 블록을 여러 개 작성할 수도 있다. 예외 처리를 나눌 필요가 있을 경우는 각각 별개의 catch 블록을 작성하게 된다.

```
try {
    Class<?> clazz = Class.forName(className);
    SomeClass objSomeClass = clazz.newInstance();
} catch (ClassNotFoundException ex) {
    // ClassNotFoundException에 대한 오류 처리
} catch (InstantiationException |
        IllegalAccessException ex) {
    // InstantiationException과 IllegalAccessException에 대한 오류 처리
}
```

이렇게 작성하면 다음과 같이 처리가 실시되게 된다.

- ClassNotFoundException이 발생한 경우
    → ClassNotFoundException에 대해 오류 처리
- InstantiationException, IllegalAccessException이 발생한 경우
    → InstantiationException과 IllegalAccessException에 대한 오류 처리

즉, 공통된 예외 처리를 유연하고 간략하게 기술할 수 있는 것이 '다중 캐치'의 편리함이다.

6.2 | 예외 처리에서 혼란에 빠지지 않기 위한 포인트

6.2.1 오류 코드를 return하지 않기

메서드에 처리를 의뢰한 결과를 오류 코드의 반환값으로 받는 패턴을 자주 보게 된다. 정상이라면 0, 비정상이라면 0 이외의 값. 인수의 잘못된 지정은 1, 파일 오픈 실패는 2, 데이터 에러는 3, … 등 여러 가지 패턴이 있다.

그런데 이러한 값들을 어디서 정의하면 될까? 그 값이 추가되었을 때의 유지보수는 어떻게 할까? 예외 메커니즘이 없는 언어에서는 오류 코드를 return하는 코드가 사용되는 경우가 많을 것이라 생각한다. 그러나 자바에는 예외 메커니즘이 언어의 사양으로 제공되기 때문에 오류가 발생하면 예외를 발생시켜야 한다. 정상적으로 처리가 종료하면 그 객체를 반환값으로 반환하면 된다. 그렇게 함으로써 호출한 쪽에서는 '메서드가 종료해서 반환값을 얻었으니 처리 자체는 성공했다'라고 생각하기 때문에 호출한 쪽에서 불필요한 if문을 작성할 필요가 없게 된다.

```java
public String getValueFromFile(File file) throws IOException {
    Properties props = new Properties();
    props.load(Files.newInputStream(file.getPath()));

    // 파일 로딩에 실패한 경우는 여기로 오지 않는다
    // → props가 올바른 파일을 로딩했는지를 if문으로 판정할 필요가 없다
    String value = props.getString("key");
    return value;
}
```

단, 모두 예외를 throw하면 되는가라고 하면 그렇지 않다. isXxx 메서드라는 원래부터 판정 처리를 의도한 메서드(boolean을 반환하는 것)는 판정 결과가 false가 되는 경우에도 판정 자체가 실시되었다면 (판정을 실시했다라는) 처리가 성공했다고 인정하고, 예외는 throw하지 않도록 해야 할 것이다.

█ 6.2.2 예외를 제거하지 않기

예외는 catch 블록으로 포착했다면 그 취급은 자유다. 다시 throw하지 않아도 컴파일 오류가 되지는 않는다. 그렇기 때문에 고려하는 시간을 아낀 나머지 다음과 같은 코드를 작성하는 사람이 있다.

```
String strValue = "123";
try {
    int intValue = Integer.valueOf(strValue);
    System.out.println("intValue is " + intValue);
} catch (NumberFormatException ex) {
    // 아무것도 하지 않는다
    // ※어차피 오류 같은 건 일어날 리가 없다?
    // ※그래도 strValue가 가변 값으로 되면 어떡하지?
}
```

이것은 좋지 못하다. '예외가 발생했는지도 모른다'라는 문제가 발생하기 때문이다. 그럼 아무것도 할 필요가 없는 경우에는 어떻게 catch 블록을 기술하면 좋을까? 여기서의 포인트는 두 가지가 있다.

(1) 로그 출력을 잊지 않는다

첫 번째는 '로그를 출력한다'는 것이다. 아무것도 할 수 있는 것이 없다 해도 적어도 로그를 출력하면 언젠가 로그를 확인해서 장애의 원인을 알 수 있을지도 모른다. 로그를 출력하는 경우에는 발생한 예외를 로그에 기록하는 것을 잊지 않도록 하자. 예외 객체는 문제 해결의 실마리가 되는 정보의 보고다. 탐정이 다잉 메시지를 근간으로 범인을 추리하듯이 우리 엔지니어들은 예외의 정보를 기초로 버그를 특정한다. 실마리가 없으면 명탐정의 힘을 갖고 있어도 사건은 점차 미궁 속으로 빠져든다.

예외를 로그에 출력하는 경우는 할 수 있는 한 '예외의 스택 트레이스'도 로그에 출력시키자. 스택 트레이스에는 예외가 발생한 곳과 관련된 클래스와 메서드의 호출 과정이 정보로 담겨 있다. 즉, '어디에서 예외가 발생했는지'를 '소스 레벨로 알 수 있는' 정보인 셈이다. 개발자에게 있어서 이 정보가 있는지 없는지에 따라 디버깅의 효율이 크게 차이가 난다. 로그를 출력하려면 '14장 라이브러리로 효율 높이기'에서 소개하는 Logger를 사용한다. 상세한 사용법은 14장에서 살펴보도록 하고 여기서는 예를 보면서 생각해 보자. 다음의 코드를 실행하면 Integer 클래스의 valueOf 메서드의 호출 시에 NumberFormarException이 발생한다. 그러나 그것은 (독자인 당신도) 소스 코드가 있기 때문에 알 수 있는 것이다.

```java
import org.slf4j.Logger;
import org.slf4j.LoggerFactory;

public class ValuePrinter {
    // 로그 객체
    private Logger log = LoggerFactory.getLogger(ValuePrinter.class);

    public void printValue() {
        String strValue = "abc";
        try {
            int intValue = Integer.valueOf(strValue);
            System.out.println("intValue is " + intValue);
        } catch (NumberFormatException ex) {
            log.warn("숫자가 아닙니다.");
        }
    }
}
```

실제로 프로그램을 동작시키는 쪽은 다음에 나타나는 메시지만 보게 된다.

실제 결과

```
20:03:48.806 [main] WARN ValuePrinter - 숫자가 아닙니다.
```

이것만으로는 문제가 어디서 발생했는지를 특정하기 어려울 것이다. 참고로 이 정도의 예라면 '원래 소스 코드를 보면 금방 알 수 있을 텐데......'라고 생각할지도 모르겠다. 그러나 실제 업무로 개발하는 프로그램은 이보다 훨씬 더 복잡한 구조로 되어 있기 때문에 '소스 코드를 보려고 해도 어떤 클래스를 보면 되지?'라는 부분부터 문제가 생긴다. 다음은 예외의 클래스명을 표시하도록 해 보았다.

```java
// Logger log = ...

String strValue = "abc";
try {
    int intValue = Integer.valueOf(strValue);
    System.out.println("intValue is " + intValue);
} catch (NumberFormatException ex) {
    log.warn("숫자가 아닙니다." + ex);
}
```

```
20:03:48.806 [main] WARN ValuePrinter - 숫자가 아닙니다.
java.lang.NumberFormatException: For input string: "abc"
```

NumberFormatException 예외가 발생하여 처리가 종료된 것, 입력 문자열이 'abc'였다는 것까지는 알 수 있게 되었다. 하지만 역시 어떤 코드에서 예외가 발생했는지는 모르겠다. 마지막으로 예외의 스택 트레이스를 출력시켜 보았다.

```
// Logger log = ...

String strValue = "abc";
try {
    int intValue = Integer.valueOf(strValue);
    System.out.println("intValue is " + intValue);
} catch (NumberFormatException ex) {
    log.warn("숫자가 아닙니다.", ex);
}
```

```
20:03:48.806 [main] WARN ValuePrinter - 숫자가 아닙니다.
java.lang.NumberFormatException: For input string: "abc"
    at
java.lang.NumberFormatException.forInputString(NumberFormatException.java:65)
    at java.lang.Integer.parseInt(Integer.java:492)
    at java.lang.Integer.valueOf(Integer.java:582)
    at ValuePrinter.main(ValuePrinter.java:7)
```

이것을 보면 ValuePrinter 클래스의 main 메서드에서 Integer.valueOf 메서드를 호출했을 때 NumberFormatException이 발생한 것을 알 수 있다. 게다가 'ValuePrint.java:7'이라는 부분을 보고 ValuePrinter.java 파일의 7행째를 보면 된다는 것을 알 수 있다. 문제가 있는 코드를 바로 특정할 수 있을 것이다.

실제 업무 상황에서 이러한 오류 메시지를 보는 것은 개발자(당신)가 아닌 다른 사람이다. 운영자일지도 모르고, 시험 담당자일지도 모른다. 그 경우 그 '누군가'는 개발자인 당신에게 수정을 의뢰하러 오게 된다. 과연 '숫자가 아닙니다'라는 메시지만으로 당신은 문제를 파악하고 신속하게 해결할 수 있을까? 당신은 '어디에서 오류가 발생했는지 모르겠네!'라고 곤란해하며 어쩔 수 없이 재현 순서를 문의하여 자신의 환경에서 재현하려고 할 것이다. 그러나 발견자에게 문의해도 재현 순서를 가르쳐 준다고는 말할 수 없다(오히려 상대방 또한 재현 순서를 모르는 경우가 대부분이다). 이제 개발자는 궁지에 몰리게 된다. 이런 일이 발생하지 않도록 예외의 스택 트레이스를 로그에 출력해 두도록 하자.

(2) 처리를 계속할지 판단한다

두 번째의 포인트는 처리를 계속할지에 대한 여부를 명확하게 하는 것이다. 주의해야 할 것은 예외가 발생한 행에서 catch 블록까지 처리가 넘어간 결과, 객체의 상태가 변경되지 않은 경우가 있다는 점이다. catch 블록에 처리가 넘어간 시점에서 객체의 초기화가 완료되지 않았거나, 취득해야 할 값을 얻지 못하거나 하는 경우가 대부분이라고 생각한다. 그런 경우 처리를 계속하더라도 결국은 NullPointerException이 발생하는 등 의미가 없는 처리가 될 것이다.

좋지 못한 예

```java
// Properties props = ...

String strValue = null;
try {
    strValue = props.get("key");
} catch (IOException ex) {
    log.warn("프로퍼티 [key]를 찾지 못했습니다", ex);
}

// key의 길이를 판정한다 → null로 되어 있을 가능성이 있다
if (strValue.length() < 8) {
    log.error("8 문자 이상이 필요");
    return;
}
```

따라서 대부분의 경우 예외가 발생하면 후속 처리를 중단하고 즉시 복구하거나 상위 메서드에 예외를 throw하게 된다. 처리를 계속하는 경우는 예를 들어 디폴트 값을 줘서 그 이후의 처리를 계속해도 괜찮도록 한다.

```java
String strValue = null;
try {
    strValue = props.get("key");
} catch (IOException ex) {
    log.warn("프로퍼티의 로딩에 실패하였습니다", ex);
    strValue = "default";
}

// key의 길이를 판정한다 → null로 되어 있을 가능성이 있다
if (strValue.length() < 5) {
    log.error("5 문자 이상이 필요");
    return;
}
```

6.2.3 공포의 throws Exception 감염

'복수의 예외가 발생하더라도 예외의 선언이나 포착이 귀찮기 때문에'라는 이유로 메서드의 시그니처에 'throws Exception'이라고 기술하는 사람이 있다. 이것은 나중에 비극을 낳을 수 있으므로 하지 않도록 한다. throws Exception은 다음과 같은 공포의 감염을 일으키기 때문이다.

(1) 호출하는 곳에서 Exception을 포착해야 한다

검사 예외는 호출하는 쪽에서 이것을 포착하거나, 상위로 다시 throw해야 한다는 것은 '6.1.1 예외의 세 가지 종류'의 (1)에서 설명했다. 이것은 Exception 클래스는 검사 예외를 나타내므로 throws Exception으로 선언되어 있는 메서드를 호출한 코드는 이것을 포착하거나 상위로 다시 throw시켜야 한다.

```java
public void caller() {
    try {
        callee();
    } catch (Exception ex) {
        // 포착해야 한다
    }
}

private void callee() throws Exception {
}
```

아무리 callee 메서드에서 실제로는 예외가 발생하지 않는다 하더라도 caller 메서드에서는 Exception 클래스의 catch 블록을 작성할 필요가 있다. 이 코드는 1 계층의 호출밖에 없는 단순한 예이지만, 이것이 여러 계층에 걸쳐 있다면 상위의 호출원은 '왜 예외를 포착해야 하는지 모르겠다'라는 상태가 될 것이다.

(2) 도중에 IOException 등 구체적인 예외가 발생한다 해도 Exception에 휩쓸려 버린다

Exception 클래스는 모든 예외의 기저 클래스이므로 IOException 등 구상 클래스의 예외가 발생해도 throws Exception으로 선언이 가능하다. Exception으로 선언해 버리면 호출하는 쪽은 이 Exception이 실제로는 구상 클래스의 예외였다고 해도 그 종류를 이해해서 코드를 작성할 수 없게 된다.

```
public void caller() {
    try {
        callee();
    } catch (Exception ex) {
        // 발생한 예외의 종류로 catch 블록을 나눌 수 없다
    }
}

private void callee() throws Exception {
    // 여기서의 메서드 호출에서는 다음의 검사 예외가 발생할 가능성이 있다
    // ClassNotFoundException
    // InstantiationException
    // IllegalAccessException
    Class someClass = Class.forName(className);
    SomeClass obj = someClass.newInstance();
}
```

(3) 도중에 RuntimeException이 발생해도 Exception에 휩쓸려 버린다

(2)와 동일한 이치이지만 RuntimeException이 실행 시 예외이므로 이쪽이 보다 문제가 될 가능성이 있다.

· 실행 시 예외로 처리해도 상관없는 경우라도 검사 예외와 동일하게 포착해야 한다
· 검사 예외라고 생각해서 처리를 하고 있으면 실행 시 예외가 발생한 경우에 잘못된 처리를 실시할지도 모른다
· 만약 호출원에서 포착해서 상위로 전파시키지 않으면 실제로 처리가 필요한 실행 시 예외를 놓칠 수도 있다

```
public void caller() {
    try {
        callee();
    } catch (Exception ex) {
        // 여기서 포착한 예외를 검사 예외라고 생각해서 처리하다 보면,
        // callee 메서드에서 NullPointerException이 발생한 경우의
        // 처리가 적절하지 않을지도 모른다
    }
}

private void callee() throws Exception {
    String str = null;
    // 여기서 NullPointerException이 발생한다
    System.out.println("str.length = " + str.length());
}
```

RuntimeException이 발생하는 처리에 대해 Exception을 포착하는 처리를 작성하면 본래 포착해서는 안 되는 예외도 의도하지 않게 포착해 버리는 일이 있다. RuntimeException은 프로그램의 버그를 나타내고 있는 경우가 있기 때문에 이것을 포착할 경우 버그의 발견이 늦어질 수 있다. 그만큼 RuntimeException을 의도하지 않게 포착해 버리는 것은 위험하며 이러한 사태를 일으킬 가능성이 있는 throws Exception은 피해야 한다.

'개발 단계의 단위 시험이나 통합 시험에서 프로그램의 버그를 없앤다'라는 전제에서 버그가 발생한 경우 예외가 main 메서드를 지나쳐 애플리케이션을 비정상 종료시키는 문제에 대해 인식하고 즉시 대응할 수 있으므로 좋다고 생각할 수 있다. 물론 실제 환경에서 버그가 발생하여 애플리케이션이 비정상적으로 종료해 버리는 것은 문제이기 때문에 애플리케이션이 요구하는 품질 요구 사항에 따라 어떤 문제가 발생해도 처리를 계속시키는 구조를 검토할 필요가 있다(Note 참조).

6.2.4 어느 계층에서 예외를 포착해서 처리해야 하는가?

예외를 취하는 쪽은 포착할지, 아니면 상위로 예외를 발생시킬지를 판단할 필요가 있다. 예외가 발생하는 원인이나 장소는 각각 다르다고 생각하는데 만드는 사람이나 기분에 따라 제각각으로 처리하면 통제가 안 된다. 그럼 어떤 부분에서 예외를 처리하는 것이 적절할까? 기본적인 고려 방식으로서 우선 다음의 두 종류로 나누어 보면 좋겠다.

- 예외가 발생하는 (가능성이 있는) 장소
- 처리의 흐름을 판단하는 장소

전자의 '예외가 발생하는 (가능성이 있는) 장소'란, 바꿔 말하면 말단의 처리가 되기 때문에 이 경우에 일일이 개별적인 처리의 중지 및 회복의 판단을 할 경우 전체적인 흐름이 보이지 않게 된다. 또한 개별로 판단하려고 하면 대상이 상당히 많아 작업량이 엄청나게 많아진다. 양이 많다는 것은 그만큼 틀리기 쉽다는 의미도 있고 어떤 하나에 변경을 가했을 때 동일한 변경을 여러 번 해야 하는 어려움도 있다. 그러므로 말단의 처리에서는 '예외를 발생시키기만' 하는 것이 좋다.

한편, 후자인 '처리의 흐름을 판단하는 장소'의 경우 말단 처리에서 발생한 예외를 포착해야 하는 곳이며, 처리를 계속할지 아니면 중지할지를 이 부분에서 판단해야 한다. 규모가 큰 프로그램이 되면 어느 정도는 처리가 큰 덩어리로 여러 계층으로 구성될 것이다. 그런 경우는 가능한 한 상위의 호출 계층에서 예외를 포착하도록 하는 쪽이 취급하기 쉽다. 예외를 포착하는 계층은 프로그램을 만들려고 시작하기 전인 설계 단계에서 인식해 두면 좋다. 어쨌든 리소스의 뒷처리는 try~finally 블록을 잊지 않고 실시하도록 하자.

6.2.5 독자적인 예외 작성하기

일반적으로 특별한 이유가 없으면 자바 표준 API에 있는 예외 클래스에서 적절한 클래스를 선택하여 사용하는 것이 좋다. 하지만 예외를 개별적으로 처리하는 것이 아니라 통일해서 처리하고 싶은 경우가 있다. 그때 이용하는 것이 독자적인 예외다. 자주 만드는 독자적인 예외가 다음의 두 가지다.

(1) 애플리케이션 예외(예 ApplicationException 클래스)

애플리케이션의 비즈니스 로직에서 오류가 발생했음을 나타내는 예외를 만든다. 웹 애플리케이션의 경우 해당 처리를 다시 시작할 수 있는 오류가 여기에 해당한다. 예를 들어 화면에서 입력한 데이터가 시스템이 기대하는 포맷에 맞지 않는 경우에 ApplicationIllegalFormatException 등과 같이 구체적인 구상 클래스를 만든다.

(2) 시스템 예외 (예 SystemException 클래스)

'데이터베이스가 정지해 있다', '네트워크가 연결되지 않았다' 등 시스템으로서 정상적인 동작을 유지할 수 없는 경우에 시스템 전체에 영향을 주는 장애가 발생했음을 나타내는 예외를 만든다.

표준 API에 있는 예외를 사용해야 하는가 아니면 독자적인 예외를 만들어야 하는가에 대해서는 망설일지도 모르겠다. 다음의 두 가지 조건을 만족할 경우는 독자적인 예외를 만들어야 한다고 말할 수 있다.

⑴ 업무에 특화한 처리인 경우(적어도 광범위하게 재사용할 것이 아닌 것)

⑵ 프레임워크나 시스템에서 공통적인 예외 처리를 하는 경우

조건을 만족하는 경우에 독자적인 예외를 도입하면 다음의 장점이 있다고 생각한다.

· 자바의 표준 API에 있는 예외 클래스와 구별함으로써 예외를 포착하는 쪽은 많은 예외를 의식하지 않아도 된다
· 업무 로직으로서 공통 처리를 만들 때 영향 범위를 국소화할 수 있다

반대로 말하자면 예외 처리를 실시하는 로직이 업무에 의존하지 않는 경우는 표준 API에 있는 예외를 사용해야 한다. 독자적인 예외는 각각 다음과 같이 작성한다.

· 검사 예외 ➡ java.lang.Exception 클래스를 계승
· 실행시 예외 ➡ java.lang.RuntimeException 클래스를 계승

다음은 매우 간단한 독자적인 예외 클래스의 예다.

```java
public class ApplicationException extends Exception {
    public ApplicationException(String message) {
        super(message);
    }

    public ApplicationException(String message, Throwable cause) {
        super(message, cause);
    }

    public ApplicationException(Throwable cause) {
        super(cause);
    }
}
```

Java.lang.Exception 클래스에는 그 외에도 인수가 없는 생성자 등이 있는데 독자 예외 클래스에서는 할 수 있는 한 인수를 강제하는 형태로 해야 한다. 지금까지 설명했듯이 예외는 디버그 등에 필요한 정보가 되기 때문이다. 나중에 로그를 봤을 때 잘 알 수 있도록 개발자에게도 메시지나 발생의 원인이 되는 예외를 지정하도록 해야 한다. 참고로 필자의 추천은 메시지 대신에 오류 ID와 매개변수를 지정하는 것이다.

```java
public class ApplicationException extends Exception {
    private String id;
    private Object[] params;

    public ApplicationException(String id, Object... params) {
        super();
        this.id = id;
        this.params = Arrays.copyOf(params, params.length);
    }

    public ApplicationException(String id, Throwable cause, Object... params) {
        super(cause);
        this.id = id;
        this.params = Arrays.copyOf(params, params.length);
    }

    public String getId() {
        return id;
    }

    public Object[] getParams() {
        return Arrays.copyOf(params, params.length);
    }
}
```

이렇게 하면 실제 메시지 등을 '오류 ID에 해당하는 정보'로 프로그램의 밖으로 내보낼 수 있게 된다. 팀으로 시스템을 개발하다 보면 메시지 작성 방식이 제각각이 되거나 메시지를 변경하려고 할 때 어디를 수정하면 좋은지 잘 모르겠는 경우가 많다. 또한 다국어에 대응할 필요가 나올 수도 있다. 그런 경우에 프로그램에 메시지를 넣어 두면 유지보수가 힘들어진다. 그래서 메시지 리소스를 속성 파일 등에 따로 두어 로그 출력의 공통 클래스나 예외 핸들러와 같은 구조를 사용하여 메시지로 변환하도록 하면 유지보수성의 좋은 메커니즘이 될 수 있다.

로그 메시지에 넣을 매개변수는 가변 길이 인자로 사용할 수 있도록 해둔다. 단 이런 구조는 시스템 개발의 최초로 도입하는 것이 중요하다. 도중에 도입하는 것은 그 나름의 노력이 필요하다 (그래도 할 만한 가치가 있다).

6.2.6 예외의 트렌드

이 장의 마지막에 예외의 세 가지 트렌드를 소개하겠다.

(1) 검사 예외보다도 실행 시 예외를 사용한다

프레임워크에서 제공하는 독자적인 예외는 대체로 실행 시 예외로 되어 있다. 프로그램의 시작 시에 공통적인 부분을 정리하여 예외로 처리함으로써 예외 처리 자체를 간단하게 하는 목적과 예외를 일일이 개별 로직으로 처리하지 않아도 되기 때문에 로직의 코드도 간단하게 된다는 장점이 있다. 예를 들어 자바 8에서는 Stream API를 처리하기 위해 UncheckedIOExcepion을 추가했다. 프레임워크의 독자적인 예외로는 SQLRuntimeException 등의 예외 래퍼가 만들어질 수 있다.

(2) 람다식 안에서 발생한 예외의 취급

자바 8에서 등장한 람다식에서는 람다 안에서 기술한 처리에서 예외가 발생할 가능성도 있다. 그것이 검사 예외인 경우는 포착하지 않으면 컴파일 오류가 발생한다. RuntimeException인 경우 람다식을 호출한 처리로 예외가 throw된다.

```
try (BufferedWriter writer = Files.newBufferedWriter(Paths.get(W_FILENAME))) {
    // writer.write()가 IOException을 throw하므로, 포착하도록 한다
    lines.forEach(s -> writer.write(s + '\n'));
} catch (IOException ioex) {
    System.out.println("IOException in Writer-try.");
    ioex.printStackTrace(System.out);
    throw new UncheckedIOException(ioex);
}
```

람다 안에서 발생한 실행 시 예외를 throw하면 람다의 바깥 쪽에 예외를 전달할 수 있다. 하지만 예를 들어 (parallelStream 메서드를 사용하는 등의) 병렬 실행을 하는 경우는 모든 예외를 수취할 수 있는 것은 아니다. 그러한 경우를 고려하여 람다 안에서 모든 예외를 처리하는 것이 좋다.

```
try (BufferedWriter writer = Files.newBufferedWriter(Paths.get(W_FILENAME))) {
    lines.forEach(s -> {
        // 람다식 안에서 예외를 포착한다
        try {
            writer.write(s + '\n');
        } catch (IOException ex) {
            System.out.println("IOException in lambda.");
            ex.printStackTrace(System.out);
            throw new UncheckedIOException(ex);
```

```
        }
    });
} catch (IOException | RuntimeException ex) {
    System.out.println("Exception in Writer-try.");
    ex.printStackTrace(System.out);
    throw ex;
}
```

(3) Optional 클래스의 도입에 의한 장점

자바 8부터 Optional 클래스가 도입되었다. Opional 클래스가 도입된 것은 자바가 NullPointerException을 발생하기 쉬운 언어인 점을 개선하기 위해서다. 자바 프로그래밍을 하는데 있어서 API를 호출했을 때 반환값이 존재하지 않는 경우 null을 반환하는 API가 많이 있다. 예를 들어 java.util.Map 클래스의 get 메서드는 지정된 키에 해당하는 값이 존재하지 않는 경우 null을 반환한다. 이 사양은 API의 Javadoc에 기재되어 있지만 null 체크(변수가 null인지의 여부를 확인하고 null인 경우에 처리를 실시하지 않도록 하기)를 하지 않아도 컴파일 시는 오류가 발생하지 않는다. 따라서 개발자가 의식적으로 null 체크를 하지 않으면 NullPointerException는 막을 수 없다.

```
Map<String, String> map = new HashMap<>();

String value = map.get("key1");      // 아무것도 보관하지 않은 상태에서 get을 호출한다

// value.length() NullPointerException!!!

if (value != null) { // null 체크
    System.out.println(value.length());
} else {
    System.out.println("null value");      // null value
}
```

Optional 클래스를 이용하면 이러한 상황을 개선할 수 있다. 우선은 Optional 클래스가 갖는 주요 메서드에 대해서 설명하겠다.

● Optional 클래스가 갖는 주요 메서드

메서드	설명
Optional<T> optional = Optional.of(T value)	값을 갖는 Optional 객체를 반환한다.
Optional<T> optional = Optional.empty()	값을 갖지 않는 Optional 객체를 반환한다.
T value = optinal.get()	값을 반환한다. 값을 갖지 않는 Optional인 경우에는 예외가 발생하기 때문에 isPresent 메서드로 확인한 후에 사용한다.
T value = optinal.get()	값을 갖는 경우는 그 값을, 값을 갖지 않는 경우는 인수로 지정된 값을 반환한다.
optional.isPresent()	값을 갖는 경우는 true, 값을 갖지 않는 경우는 false를 반환한다.
optional.isPresent(value -> {…})	값을 갖는 경우만 람다식의 처리를 실시한다.

실제로 '3장 타입 공략하기'에서 예로 든 스택 클래스에 Optional 클래스를 도입해 보자. 핵심은 지금까지 null을 반환할 가능성이 있던 pop 메서드를 Optional 객체를 반환하도록 변경하는 것이다.

```java
public class OptionalStack<E> {

    private List<E> taskList;

    public OptionalStack() {
        this.taskList = new ArrayList<>();
    }

    public boolean push(E task) {
        return this.taskList.add(task);
    }

    public Optional<E> pop() {
        if (this.taskList.isEmpty()) {
            return Optional.empty();
        }

        return Optional.of(this.taskList.remove(this.taskList.size() - 1));
    }
}
```

```java
OptionalStack<String> optStack = new OptionalStack<>();
Optional<String> optional = optStack.pop();          // 아직 push하지 않았으므로 값을 갖고 있지 않다
                                                     // optional을 반환

String optElement = optional.orElse("empty");        // optional의 값이 존재하지 않는 경우는
                                                     // "empty"를 반환

System.out.println(optElement);                      // empty

optStack.push("Scala");
optStack.push("Groovy");
optStack.push("Java");

optional = optStack.pop();

if(optional.isPresent()) {                            // optional의 값이 존재하는 경우만 실행한다
    System.out.println(optional.get());              // Java
}

optional = optStack.pop();

optional.ifPresent(System.out::println);             // Groovy
```

이용하는 쪽의 클래스를 확인해 보자. pop 메서드를 호출하면 Optional 타입의 객체가 반환된다. 여기에서 핵심이 되는 것은 'Optional 객체를 취득한 후에 개발자는 Optional 객체가 값을 갖고 있는지, 안 갖고 있는지 명확하게 의식해서 코드를 작성해야 한다는 점'이다. isPresent 메서드로 값을 갖는지의 여부를 확인하는 것은 의미상 null 체크를 하고 있는 것과 그다지 다르지 않다. 그러나 Optional 클래스를 이용함으로써 API 이용자 스스로가 의식해서 null 체크에 신경을 쓰게 하는 것이 아니라 API가 Optional 객체를 반환함으로써 (좋은 의미에서) 강제적으로 값을 갖는 경우와 갖지 않는 경우의 코드를 작성하도록 한다. 게다가 orElse 메서드나 람다식에 처리를 전달할 수 있는 편리한 메서드가 준비되어 있기 때문에 프로그램이 간단해진다. Optional 클래스는 객체를 취급하는데 기본형인 int, long, double을 취급하고 싶은 경우에는 각각 OptionalInt, OptionalLong, OptionalDouble 클래스를 사용한다.

문자열 조작 공략하기

7.1 │ 문자열 조작의 기본

문자열은 프로그램을 작성할 때 반드시 사용하는 요소 중 하나다. 사용 용도 또한 풍부해서 로그와 메일의 문구, 고객의 목록, 파일 목록 정보 등 다양한 것들이 프로그램상의 문자열로 표현된다. 반면 많은 문자열을 처리하기 위해 데이터 변형과 양이 방대해지기 쉬워 취급을 잘못하면 성능 문제 등의 심각한 버그로 이어질 수도 있다. 예를 들어 반복 문자열의 결합만을 하는 처리의 경우, 작성 방법을 하나만 틀려도 극단적으로 그 성능이 느려질 수 있다. 그것이 시스템을 사용하는 유저를 장시간 기다리게 하는 상황으로 이어진다면 큰일이다. 평소 자주 사용하는 문자열인 만큼 문제의 영향은 크다고 말할 수 있다. 이러한 문제를 일으키지 않도록 자바의 문자열 조작의 특징을 파악해 두자.

7.1.1 String 클래스의 특징

자바에는 문자열을 나타내기 위한 클래스로 String 클래스가 준비되어 있다. 우선 String 클래스의 특징을 확인해 보자.

String은 char의 배열을 유지하고 있다

String은 문자열의 정보를 내부에서 char 타입의 배열로 유지하고 있다. char는 단일 문자를 보관하는 타입인데 String은 char를 배열로 유지함으로써 여러 문자(문자열)을 모아서 처리할 수 있다.

한 번 만들면 변경할 수 없다

String 객체는 한 번 만들면 변경할 수 없다. 다음의 예는 문자열을 소문자로 변환하는 것이다.

```
String originalText = "THIS IS TEST!";
String lowerText = originalText.toLowerCase();

System.out.println(originalText);
System.out.println(lowerText);
```

```
THIS IS TEST!
this is test!
```

String 클래스의 toLowerCase 메서드는 문자열에 포함된 모든 대문자를 소문자로 반환한다. 하지만 소문자화한 후의 출력을 봐도 originalText의 내용은 변경되어 있지 않음을 알 수 있다. toLowerCase 메서드는 소문자화한 결과의 새로운 String 객체를 반환하고 있을 뿐 호출원의 내용을 변경하지 않는다.

실은 String 클래스가 갖는 잘라내기, 치환, 결합, 변경 등의 모든 가공용 메서드는 가공한 결과로 새로운 객체를 만들도록 그 방식이 통일되어 있다. 따라서 어떠한 가공용 메서드를 호출해도 원래 문자열은 변경되지 않는다. 또한 이와 같이 일단 객체를 만들면 상태가 변경되는 일이 없는(=변경되지 않는 것을 API에서 보장하고 있는) 클래스의 특성을 '불변 객체(Immutable)'라고 한다. String 클래스는 불변하는 클래스다. 불변 객체에 대해서는 '10장 객체지향 즐기기'에서 설명하겠다.

7.1.2 문자열을 결합하는 세 가지 방법

문자열을 조합시켜 문자열을 구축하는 처리는 프로그램 안에서 빈번하게 등장한다. 우선 2개의 문자열을 결합하여 하나의 문자열로 하는 방법을 살펴보자. 자바에서는 문자열을 결합하는 방법이 몇 가지 준비되어 있다. 대표적인 방법이 다음의 세 가지다.

- StringBuilder 클래스를 사용하기
- + 연산자를 사용하기
- String 클래스의 concat 메서드를 사용하기

(1) StringBuilder 클래스 사용하기

StringBuilder 클래스는 가변 문자열을 유지하는 클래스로 문자열의 결합이나 삭제 등을 반복할 때 사용한다. 다음의 예에서는 StringBuilder 클래스의 append 메서드를 사용하여 문자열을 결합하고 있다.

```
String aaa = "aaa";
String bbb = "bbb";

StringBuilder builder = new StringBuilder();
builder.append(aaa);
builder.append(bbb);

String str = builder.toString();
System.out.println(str);
```

aaabbb

(2) + 연산자를 사용하기

+ 연산자를 사용한 문자열 결합의 예를 다음에 나타냈다. 결합하고 싶은 문자열을 '+'로 연결한다.

```
String aaa = "aaa";
String bbb = "bbb";
String str = aaa + bbb;
System.out.println(str);
```

aaabbb

(3) String 클래스의 concat 메서드 사용하기

String 클래스의 concat 메서드를 사용한 문자열 결합의 예를 다음에 나타냈다. 결합원의 문자열에서 concat 메서드의 인수로는 결합하고 싶은 문자열을 지정한다.

```
String aaa = "aaa";
String bbb = "bbb";

String str = aaa.concat(bbb);
System.out.println(str);
```

aaabbb

이렇게 문자열 결합 방법을 나열해서 살펴보면 '코드가 단순한 + 연산자를 사용하는 방법이 가장 좋지 않아?'라고 생각할지도 모르겠다. 그러나 여기에서 고려해야 하는 것은 성능이다. 루프

(for문, while문) 안에서 문자열을 순차적으로 결합해 나가는 처리를 할 경우, StnngBuilder 클래스를 사용하는 방법과 + 연산자를 사용하는 방법을 비교해 보면 처리 시간에서 압도적인 차이가 나온다. 지정된 수(LOOP_COUNT)만큼 문자열 'a'를 결합하는 코드로 처리 시간을 비교해 보자. StringBuilder를 사용하는 쪽이 빠른 것을 알 수 있다.

StringBuilder 클래스의 append 메서드를 사용하는 경우

```
StringBuilder builder = new StringBuilder();
for (int i = 0; i < LOOP_COUNT; i++) {
    builder.append("a");
}
```

+ 연산자를 사용하는 경우

```
String str = "";
for (int i = 0; i < LOOP_COUNT; i++) {
    str += "a";    // str = str + "a"와 똑같은 의미
}
```

String 클래스의 concat 메서드를 사용하는 경우

```
String str = "";
for (int i = 0; i < LOOP_COUNT; i++) {
    str = str.concat("a");
}
```

LOOP_COUNT=100000으로 한 경우 처리 시간은 다음과 같다.

문자열 결합의 방법	처리 시간
StringBuilder 클래스의 append 메서드를 사용한 경우	2.4 msec
+ 연산자를 사용하는 경우	11,219 msec
String 클래스의 concat 메서드를 사용하는 경우	4,595 msec

이렇듯 처리 시간에 커다란 차이가 발생했다. 물론 실행 환경(CPU나 기타 동작하고 있는 애플리케이션 등)에 따라 수치는 다르겠지만 '+ 연산자나 concat 메서드를 사용하는 쪽이 느리다'라는 결론은 크게 다르지 않다. 이것은 + 연산자나 concat 메서드를 사용하는 문자열 결합의 경우 루프의 횟수만큼 객체나 배열의 생성 처리를 하고 있기 때문이다. 예를 들어 concat 메서드를 사용할 경우 루프가 100번이라면 100 문자의 'a'를 보관할 배열과 추가할 'a'를 보관하는 배열을 결합하기 위해 101 문자의 'a'를 저장할 수 있는 새로운 배열을 만들고, 배열의 내용을 복사하는 처리가 이루어진다. 메모리를 확보하는 (이번 경우라면 새로운 배열을 만드는) 처리는 느리며, 이 느린 처리가

루프의 횟수만큼 실시되기 때문에 처리에 많은 시간이 소요된다. + 연산자의 경우 컴파일러에서 다음과 같은 코드로 변환되는데, 반복 횟수만큼 StringBuilder 객체와 String 객체가 생성되어 시간이 걸린다(toString 메서드에서 String 객체를 생성한다).

```
String str = "";
for (int i = 0; i < LOOP_COUNT; i++) {
    str = new StringBuilder(String.valueOf(str)).append("a").toString();
}
```

한편 StringBuilder 클래스에서도 문자열을 배열로 보유하고 있지만 StringBuilder 클래스에서는 미리 여유 있는 크기의 배열을 확보하고 있기 때문에 append 메서드에 의한 문자열 추가에서 매번 새로운 배열을 만드는 일은 없다. 혹, 배열의 크기가 부족해도 다시 여유 있는 크기로 확장된다. 따라서 메모리를 확보하는 횟수가 적어져 + 연산자와 concat 메서드보다도 빨라진다.

문자열의 결합 처리는 프로그램에 자주 등장하는 만큼 성능을 고려한 구현에 유의하자. 반복해서 실행되는 경우는 StringBuilder 클래스의 append 메서드로 문자열을 결합하길 바란다.

반복 실행되지 않는 문자열의 결합은 + 연산자와 concat 메서드를 사용해도 문제없다. 실행 횟수가 적으면 + 연산자와 concat 메서드의 실행 속도의 차이는 오차 범위 내에 있게 되므로 필자는 코드의 가독성 면에서 + 연산자를 사용하고 있다. 또한 자바 표준 API에는 StringBuilder 클래스와 StringBuffer 클래스라는 유사한 클래스가 있다. 이 두 클래스는 갖고 있는 메서드가 똑같다. 둘의 차이는 '스레드 안전 여부'다('11장 스레드 세이프 즐기기' 참조). 여러 스레드로부터의 액세스에 대해서도 값을 망가트리지 않고 문자열 조작을 실시하는 만큼 StringBuffer 클래스는 StringBuilder 클래스보다 성능이 나쁘다. 다음과 같이 구분하자.

- 로컬 변수 등 여러 스레드로부터 액세스되지 않는 경우
  ➡ StringBuilder 클래스를 사용한다
- 여러 스레드로부터 사용되는 경우
  ➡ StringBuffer 클래스를 사용한다

7.1.3 문자열 분할하기

영어 문장을 읽어들여 영단어로 분할해 보자. 그러한 경우에 사용하는 것이 String 클래스의 split 메서드다. 다음의 예에서는 영문을 반각 스페이스로 분할하여 단어의 배열로 만들고 있다.

```java
String sentence = "This is a pen.";
String[] words = sentence.split(" ");

for (String word : words) {
    System.out.println(word);
}
```

```
This
is
a
pen.
```

위의 예에서는 반각 스페이스를 문자열의 구분 문자로 이용하고 있는데 split 메서드는 분할할 구분 문자를 정규 표현으로 지정할 수 있다. 정규 표현이란 일반적인 문자와 메타 캐릭터로 불리는 특수 문자를 조합시켜 표현하는 문자열의 패턴을 말한다. 정규 표현을 사용함으로써 단순한 구분 문자에서 복잡한 구분 문자까지 유연하게 지정할 수 있다. 정규 표현에 대해서는 '7.2 정규 표현으로 문자열을 유연하게 지정하기'에서도 설명하고 있다. 또한 자바 8의 API 매뉴얼의 해당 부분을 다음에 나타내고 있으니 참고하길 바란다.

https://docs.oracle.com/javase/8/docs/api/java/util/regex/Pattern.html

다른 예를 살펴보자. 이번에는 마침표(.)로 문자열을 구분한다.

```java
String url = "www.jpub.co.kr";
String[] words = url.split("\\.");
// "."은 정규 표현에서는 '임의의 문자'라는 특수한 의미를 갖는다
// 그래서 '.'을 일반적인 문자로 인식시키기 위해
// 이스케이프 문자라고 불리는 '\'를 바로 앞에 붙일 필요가 있다

for (String word : words) {
    System.out.println(word);
}
```

```
www
jpub
co
kr
```

7.1.4 여러 문자열 결합하기

앞에서는 문자열을 분할하는 방법을 설명했는데 반대로 여러 문자열을 임의의 문자로 결합하여 하나의 문자열로 하려면 어떻게 해야 할까? 업무 현장에서의 프로그래밍 중에서 'List 객체에 보관한 문자열을 스페이스 구분으로 결합하여 표현하기'라는 방법이 자주 쓰인다. 이러한 요청에 대해 자바 7 이전의 표준 API에서는 'StringBuilder 클래스를 사용하여 for문으로 List 객체의 요소와 콤마를 순서대로 결합'해 나가는 처리를 실시하는 것이 극히 일반적이었다.

```java
List<String> stringList = new ArrayList<>();
stringList.add("This");
stringList.add("is");
stringList.add("a");
stringList.add("pen.");

StringBuilder message = new StringBuilder();
for (String word : stringList) {
    message.append(word);
    message.append(" ");
}
if (message.length() > 0) {
    message.deleteCharAt(message.length() - 1);
}

System.out.println(message.toString());
```

```
This is a pen.
```

그러나 이러한 방법으로는 마지막 요소의 뒤에도 스페이스가 결합되기 때문에 마지막의 스페이스를 삭제할 필요가 있는 등 단순히 문자열만 결합하고 싶은 것인데 쓸데없이 코드 양만 많아진다. 이러한 불만에 대해 자바 8에서는 표준 API에서 문자열의 연결을 할 수 있도록 했다. 이 새롭게 추가된 API, String 클래스의 join 메서드의 사용법을 살펴보자. 인수 1에는 연결에 사용하는 문자, 인수 2에는 문자열의 리스트를 설정한다.

```java
List<String> stringList = new ArrayList<>();
stringList.add("This");
stringList.add("is");
stringList.add("a");
stringList.add("pen.");

String message = String.join(" ", stringList);

System.out.println(message);
```

```
This is a pen.
```

join 메서드의 다른 사용법도 살펴보자. 인수 1에 연결에 사용하는 문자, 인수 2 이후에는 연결하고 싶은 문자열을 열거하는 것도 가능하다.

```
String message = String.join(".", "www", "jpub", "co", "kr");
System.out.println(message);
```

```
www.jpub.co.kr
```

7.1.5 문자열 치환하기

문자열 안의 일부를 다른 문자열로 치환하고 싶은 경우는 String 클래스의 replace 메서드를 사용한다. 다음의 예에서는 'is'를 'at'으로 치환하고 있다.

```
String sentence = "This is a pen.";
String replacedSentence = sentence.replace("is", "at");
System.out.println(replacedSentence);
```

```
That at a pen.
```

replace 메서드는 인수 1로 지정한 문자열을 인수 2에서 지정한 문자열로 치환한다. 인수 1로 지정한 문자열이 치환 대상의 문자열로 여럿 존재하는 경우는 그것들을 모두 치환 대상으로 한다.

7.1.6 문자열 검색하기

문자열 안에 특정 문자열이 포함되어 있는지 검색하고 싶은 경우는 String 클래스의 indexOf 메서드를 사용한다. 다음의 예에서는 'is'의 장소를 검색하고 있다.

```
String sentence = "This is a pen.";
int index = sentence.indexOf("is");        // This의 is의 부분의 장소를 반환한다
System.out.println(index);
```

indexOf 메서드는 인수로 지정한 문자열이 처음으로 등장하는 장소를 숫자로 반환한다. 선두의
장소가 0인 점을 주의하기 바란다. 이것은 배열의 인덱스가 0부터 시작한다는 점과 동일하다.
참고로 인수로 지정한 문자열이 포함되지 않은 경우는 '-1'을 반환한다.

```java
String sentence = "This is a pen.";
int index = sentence.indexOf("at");
System.out.println(index);
```

-1

또 지정한 인덱스 이후에서 지정한 문자열이 처음에 등장하는 장소를 반환하는 사용법도 가능
하다. 다음의 예에서는 4번째 문자 이후에서 'is'가 나타나는 장소를 취득하고 있다.

```java
String sentence = "This is a pen.";
int index = sentence.indexOf("is", 3);      // be 동사 is의 장소를 반환한다
System.out.println(index);
```

5

이제까지는 문자열을 앞에서부터 검색하는 방법이었지만 lastIndexOf 메서드를 사용하면 문자
열을 뒤에서부터 검색할 수도 있다.

```java
String sentence = "This is a pen.";
int index = sentence.lastIndexOf("is");     // be 동사 is의 장소를 반환한다
System.out.println("맨 뒤에서부터 검색 :" + index);

index = sentence.lastIndexOf("is", 4);      // This의 is 부분의 장소를 반환
System.out.println("5번째 문자부터 검색 :" + index);
```

```
맨 뒤에서부터 검색 :5
5번째 문자부터 검색 :2
```

7.2 | 정규 표현으로 문자열 유연하게 지정하기

펄(Perl)이나 루비(Ruby) 같은 프로그래밍 언어를 살펴보면 문자열을 처리할 때 정규 표현을 지원하고 있다. 자바의 경우도 정규 표현식을 처리하기 위한 API를 제공한다. 여기에서는 정규 표현식을 이용한 문자열의 처리에 대해 살펴보자.

7.2.1 문자열이 정규 표현 패턴에 적합한지 체크하기

먼저 지정한 정규 표현의 패턴에 적합한지를 확인하는 예를 살펴보자. 다음의 예에서는 문자열 'This is a pen'이 정규 표현 패턴 'This is a .*\\.'에 적합한지의 여부를 체크하고 있다. '.*'는 임의의 0문자 이상의 문자열을 나타내며, '\\.'은 마침표(.)를 나타낸다. 즉, 'This is a .*\\.'는 'This is a'와 '.'이 있고 그 사이에 어떤 문자가 있어도 괜찮다'라는 문자열의 패턴을 나타낸다. 'This is a phone.'이나 'This is a .'는 이 패턴에 적합하다. 반대로 'That is a phone.'은 적합하지 않다.

```java
// (1)정규 표현의 패턴을 생성
Pattern pattern = Pattern.compile("This is a .*\\.");

// (2)정규 표현의 패턴에 적합한지를 체크하는 문자열
String sentence = "This is a pen.";

// (3)정규 표현 처리를 실시하기 위한 클래스를 취득
Matcher matcher = pattern.matcher(sentence);

// (4)정규 표현의 패턴에 적합한지를 체크
if (matcher.matches()) {
    System.out.println("적합하다");
} else {
    System.out.println("적합하지 않다");
}
```

적합하다

처리의 흐름을 네 단계로 나누어 살펴보자. 설명에서 사용한 (1)~(4)는 위의 소스 리스트의 번호와 일치한다.

(1) 정규 표현의 패턴을 생성

java.util.regex.Pattern 클래스의 compile 메서드를 사용하여 인수에 문자열로 지정한 정규 표현으로부터 패턴 객체를 생성한다.

(2) 정규 표현의 패턴에 적합한지를 체크하는 문자열

이번에 체크 대상이 되는 문자열이다.

(3) 정규 표현 처리를 실시하기 위한 클래스를 취득

(1)에서 생성한 패턴 객체의 matcher 메서드를 정규 표현 처리의 대상 문자열을 인수로 하여 실행한다. 이것에 의해 정규 표현의 처리를 위한 클래스인 java.util.regex.Matcher 클래스의 객체가 취득된다.

(4) 정규 표현의 패턴에 적합한지를 체크

(3)에서 취득한 Matcher 클래스의 객체를 사용하여 정규 표현의 처리를 실시한다. 이번에는 정규 표현의 패턴에 적합한지를 체크하기 위해 Matcher 클래스의 matches 메서드를 사용하고 있다. matches 메서드는 문자열이 정규 표현에 일치하면 true를, 일치하지 않으면 false를 반환한다.

7.2.2 정규 표현을 사용하여 문자열 분할하기

다음은 문자열을 분할하는 예를 살펴보자. 1문자 이상 연속하는 공백 문자로 단어를 분할하고 있다.

```
// (1)정규 표현의 패턴을 생성('\\s'는 공백을 나타내는 정규 표현)
Pattern pattern = Pattern.compile("\\s+");

// (2)정규 표현의 패턴에 적합한지를 체크하는 문자열
String sentence = "This     is a pen.";

// (3)정규 표현을 사용하여 문자열을 분할
String[] words = pattern.split(sentence);
```

```
for (String word : words) {
    System.out.println(word);
}
```

```
This
is
a
pen.
```

처리의 흐름을 세 가지 단계로 나누어 살펴보자.

(1)에서는 정규 표현의 패턴 객체를 생성하고 있다. '\\s'는 공백을 나타내는 정규 표현으로 '+'를 붙임으로써 '하나 이상의 공백 문자'를 나타낸다.

(2)는 이번 체크 대상의 문자열이다.

(3)은 (1)에서 생성된 패턴 객체를 이용하여 Pattern 클래스의 split 메서드를 호출한다.

이로써 '하나 이상의 공백 문자'로 문자열을 분할한 문자열 배열을 취득했다.

7.2.3 정규 표현을 사용하여 문자열 치환하기

다음의 예에서는 한 문자 이상 계속되는 공백을 하나의 공백으로 치환하고 있다.

```
// (1)정규 표현의 패턴을 생성('\\s'는 공백을 나타내는 정규 표현)
Pattern pattern = Pattern.compile("\\s+");

// (2)정규 표현의 패턴에 적합한지 체크하는 문자열
String sentence = "This      is a pen.";

// (3)정규 표현 처리를 실시하기 위한 클래스를 취득
Matcher matcher = pattern.matcher(sentence);

// (4)정규 표현과 일치한 문자열을 치환
System.out.println(matcher.replaceAll(" "));
```

```
This is a pen.
```

(1)~(3)은 지금까지의 설명과 동일하다. 핵심은 (4)로 Matcher 클래스의 replaceAll 메서드를 사용하는 것이다. 이것은 정규 표현과 일치하는 문자열을 인수의 문자열로 치환하는 메서드다.

7.2.4 String 클래스의 메서드로 정규 표현 사용하기

지금까지 Pattern 클래스, Matcher 클래스를 이용한 정규 표현의 처리에 대해 살펴봤다. 다른 프로그래밍 언어를 알고 있는 사람은 '펄이나 루비에서는 한 줄로 정규 표현을 사용할 수 있는데, 자바로는 여러 클래스를 조합한 후 다시 여러 객체를 준비해야 하니 귀찮은 것 같다'라고 생각할 지도 모르겠다. 사실 지금까지 설명해 온 처리는 String 클래스의 메서드 호출 하나로 실현할 수 있다. 방금 전과 동일한 처리(적합성 체크/분할/치환)를 하는 데 있어서 String 클래스의 메서드를 이용한 예를 살펴보자.

```java
String sentence = "This    is a pen.";

// (1)정규 표현과 일치하는지 체크
System.out.println("(1)");
System.out.println(sentence.matches("Th.* is a .*\\."));

// (2)정규 표현을 사용한 분할
System.out.println("(2)");
String[] words = sentence.split("\\s+");
for (String word : words) {
    System.out.println(word);
}

// (3)정규 표현을 사용한 치환
System.out.println("(3)");
System.out.println(sentence.replaceAll("\\s+", " "));
```

```
(1)
true
(2)
This
is
a
pen.
(3)
This is a pen.
```

정규 표현 클래스의 객체를 직접 생성해 온 지금까지의 예에 비해 대단히 이해하기 쉬운 코드가 되었다. 실제로 정규 표현을 이용한 처리를 한 번만 사용할 경우는 String 클래스의 메서드를 이용하면 충분하다. 그러나 String 클래스의 메서드 내부에서는 실제로는 정규 표현 클래스를 이용한 처리가 이루어지고 있다는 점에 유의해야 한다. 몇 번이고 동일한 정규 표현을 이용하여 처리하는 경우, String 클래스의 메서드에서는 그때마다 Pattern 클래스와 Matcher 클래스의 객체가 생성되어 처리가 늦어진다. 특히 Pattern 클래스의 객체를 생성할 때는 정규 표현 패턴을 컴퓨터가 처리하기 쉽게 변환하기 때문에 시간이 걸린다. 따라서 다음과 같은 경우로 나누어 사용하면 좋을 것이다.

- 한 번만 문자열 처리를 할 경우(애플리케이션을 시작할 때의 인수 처리 등)
  - ➡ String 클래스를 사용하여 간결하게 작성한다
- 대량의 문자열을 반복하는 경우(로그 파일의 처리 등)
  - ➡ 자신이 직접 Pattern 클래스의 객체를 생성하고 객체를 재사용한다

7.3 | 문자열의 포맷과 출력

7.3.1 문자열 출력하기

다음은 문자열을 출력하는 방법에 대해 살펴보겠다. 문자열을 출력하는 대표적인 방법으로 System.out.println 메서드나 System.err.println 메서드가 있다. 이것들은 문자열을 출력하는 간단한 방법이다. 그러나 현장에서 프로그래밍을 실시하는 경우 '출력할 문자열의 일부를 매개변수로 하여 실행할 때마다 출력할 문자열의 일부를 변경한다'라는 식의 사용법도 자주 필요하다. 이것을 실현하는 것이 printf 메서드다.

곧바로 사용법을 살펴보자. 다음 예제에서는 숫자와 문자열로 구성된 2개의 매개변수로 출력 시에 값을 설정하도록 하고 있다. 출력할 문자열 중에 나오는 '%d'와 '%s'는 서식 문자열이라고 불리는 것으로 매개변수를 어떤 형식으로 출력할 것인지 나타낸다. '%d'는 10진수의 정수를 '%s'는 문자열 정보를 나타낸다. %d의 부분이 number의 값으로, %s의 부분이 parameter의 값으로 치환되어 출력된다.

```
int number = 13;
String parameter = "apples";

System.out.printf("I have %d %s.", number, parameter);
```

```
I have 13 apples.
```

다음은 위의 예에서 서식 문자열을 변경한 경우를 살펴보자. '%X'는 16진수 정수(A~F는 대문자)를 나타내고, '%S'는 문자열(대문자)를 나타내므로 매개변수는 같아도 출력이 바뀐다.

```
int number = 13;
String parameter = "apples";

System.out.printf("I have %X %S.", number, parameter);
```

```
I have D APPLES.
```

당연히 매개변수가 지정한 형식과 일치하지 않으면 오류가 발생하기 때문에 주의가 필요하다. 예를 들어 숫자인 '%d'를 기술하고 있을 때 매개변수에 문자열이 지정되는 경우 IllegalFormatConversionException 예외가 발생한다.

서식 문자열에 대해서는 다양한 값을 설정할 수 있다. 아래는 자바 8 API 매뉴얼의 해당 부분 링크이니 참고하길 바란다.

> https://docs.oracle.com/javase/8/docs/api/java/util/Formatter.html#syntax

7.3.2 MessageFormat에 대해서

매개변수를 적용한 출력 문자열을 String으로 취득하길 원할 경우 MessageFormat 클래스의 format 메서드를 사용하면 편리하다. System.out.printf 메서드에 서식 문자열을 지정할 수 있는 String 클래스의 format 메서드도 있지만 여기에서는 포맷 요소의 표현이 간단한 MessageFormat 클래스의 format 메서드에 대해서 소개한다.

```
int number = 13;
String parameter = "apples";

String message = MessageFormat.format("I have {0} {1}.", number, parameter);
System.out.println(message);
```

```
I have 13 apples.
```

format 메서드는 printf 메서드와는 달리 서식 문자열을 사용하는 대신에 '{0}', '{1}'과 같은 포맷 요소를 설정해서 사용한다. 포맷 요소 안의 번호는 그대로 인수 2 이후의 인수 순서와 일치하기 때문에 다음과 같이 인수의 순서를 바꿀 수도 있다.

```
int number = 13;
String parameter = "apples";

String message = MessageFormat.format("I have {1} {0}.", parameter, number);
System.out.println(message);
```

```
I have 13 apples.
```

포맷 요소에 대해서도 해당 부분을 자바 8의 API 매뉴얼에서 찾아 링크로 표시했으니 참고하길 바란다.

https://docs.oracle.com/javase/8/docs/api/java/text/MessageFormat.html

7.4 | 문자 코드 변환하기

문자를 컴퓨터에서 처리하기 위해서 문자에 정해진 숫자를 할당한다. 이렇게 할당된 숫자를 문자 코드라고 한다. 윈도우는 MS949, 리눅스에서 UTF-8이나 EUC-KR이라는 문자 코드를 표준으로 사용하고 있다. 그리고 이 문자 코드가 다르면 글자가 깨지는 현상의 원인이 된다.

자바로 만들어진 시스템만을 고려하면 자바가 내부에서 어떤 문자 코드를 사용하고 있는지 의식할 필요가 없다. 그러나 자바가 아닌 언어로 만들어진 시스템과의 연계를 생각하면 문자가 깨지지 않도록 상호 간에 문자 코드의 변환이 필요하다. 여기에서는 자바로 문자열에서 문자 코드를 얻는 방법에 대해 살펴보겠다.

7.4.1 자바는 어떻게 문자 코드를 이용하는가?

자바는 내부적으로 UTF-16으로 인코딩된 Unicode를 사용하여 문자열을 보관하고 있다. 자바의 String 클래스는 내부적으로 char 배열을 보관하고 있기 때문에 동일하게 char도 Unicode(UTF-16) 문자 코드를 사용한다. 이를 확인하기 위해 다음 코드를 실행해 보자.

```
char c = '가';
System.out.printf("%02x", (int)c);
```

```
ac00
```

이 실행 결과인 'ac00'에 주목하길 바란다. 이것은 자바의 내부에서 '가'라는 char를 유지하기 위해 'ac00'이라는 값을 사용하고 있음을 나타낸다. 그리고 ac00이 '가'라는 문자의 UTF-16 코드인 것은 다음의 사이트 등에서 확인할 수 있다(2018년 2월 현재).

- 유니코드 리스트 A000-AFFF

  https://ko.wikipedia.org/wiki/유니코드_A000~AFFF

- FileFormat.Info(직접 유니코드 'ac00'의 문자 표현을 살펴볼 수 있음)

  http://www.fileformat.info/info/unicode/char/ac00/index.htm

여기에서는 한 문자에 대해 확인했지만, 이를 통해 자바에서는 문자를 UTF-16으로 다루고 있음을 확인할 수 있다.

7.4.2 자바 문자에서 임의의 문자 코드로 변환하기

자바가 내부적으로 Unicode(UTF-16)를 이용하고 있음을 알게 되었으니 이제는 다른 문자 코드로 변환하는 방법도 살펴보자. 자바로 문자에서 문자 코드를 만들려면 String 클래스의 getBytes 메서드를 사용한다. 또한 문자 코드 변환을 해서 취득한 바이트 배열을 문자열로 하기 위해서는 앞에서 언급한 System.out.printf 메서드를 이용하면 편하다. 문자열 '가나다', UTF-8, UTF-16, UTF-32, MS949로 바이트 배열로 변환한 결과를 다음에 나타냈다.

```java
String str = "가나다";

System.out.print("UTF-8 : ");
byte[] utf8;
utf8 = str.getBytes("UTF-8");
for (byte b : utf8) {
    System.out.printf("%02x", b);
}
System.out.println();

System.out.print("UTF-16 : ");
byte[] utf16 = str.getBytes("UTF-16");
for (byte b : utf16) {
    System.out.printf("%02x", b);
}
System.out.println();

System.out.print("UTF-32 : ");
byte[] utf32 = str.getBytes(Charset.forName("UTF-32"));
for (byte b : utf32) {
    System.out.printf("%02x", b);
}
System.out.println();
```

```
System.out.print("MS949 : ");
byte[] ms949 = str.getBytes(Charset.forName("MS949"));
for (byte b : ms949) {
    System.out.printf("%02x", b);
}
System.out.println();
```

※ 실제 완전한 소스가 되려면 UnsupportedEncodingException의 예외 처리를 해 주어야 함

```
UTF-8 : eab080eb8298eb8ba4
UTF-16 : feffac00b098b2e4
UTF-32 : 0000ac000000b0980000b2e4
MS949 : b0a1b3aab4d9
```

7.4.3 임의의 문자 코드로부터 자바 문자로 변환하기

반대로 임의의 문자 코드에서 자바의 문자로 변환하려면 어떻게 해야 할까? 방법에는 여러 가지가 있지만 여기에서는 간단한 방법을 하나 소개하겠다. byte 배열로 지정된 문자 코드를 String 클래스의 생성자를 사용하여 문자열로 만드는 방법이다.

```
byte[] utf16 = { (byte)0xC0, (byte)0xAC, (byte)0xB7, (byte)0x91 };
System.out.println("UTF-16 에서:" + new String(utf16, "UTF-16"));

byte[] ms949 = { (byte) 0xBB, (byte) 0xE7, (byte) 0xB6, (byte) 0xFB };
System.out.println("MS949 에서 :" + new String(ms949, "MS949"));
```

※ 실제 완전한 소스가 되려면 UnsupportedEncodingException의 예외 처리를 해 주어야 함

```
UTF-16 에서 :사랑
MS949 에서   :사랑
```

7.4.4 문자 깨짐의 원인과 대책

한글을 취급하는 프로그램에서는 문자 깨짐의 문제를 피해 갈 수 없다. 여기에서는 주로 발생하는 두 가지 문제에 대해 설명하겠다.

개발 중에는 문제가 없었는데 실제 운영 환경에서는 문자 깨짐이 발생했다

이러한 문제가 발생하는 원인은 대부분의 경우 디폴트 인코딩의 차이 때문이라고 생각해도 좋을 것이다. '개발 환경에서는 윈도우를 이용하여 통합 시험이나 실제 운영 환경에서는 리눅스를 사용'하는 것은 자주 볼 수 있는 조합이라고 생각한다(최근에는 개발 환경으로 맥OS도 늘어나는 추세다). 파일이나 문자열의 디폴트 인코딩으로는 윈도우 환경에서는 'MS949'가 이용되고 리눅스 환경에서는 'UTF-8' 또는 'EUC-KR'이 이용되기 때문에 개발 환경과 통합 시험 환경에서 생성되는 파일 인코딩이 바뀌어 버리는 현상이 발생한다. 따라서 특히 서버 사이드 자바 개발에서는 '디폴트 인코딩을 사용하지 않도록 하기'를 철저히 지키도록 하자. 디폴트 인코딩을 사용하는 클래스나 메서드로는 다음과 같은 것이 많이 사용되고 있다.

- String 생성자(인수 없는 것)
- String 클래스의 getBytes 메서드(인수 없는 것)
- FileReader 클래스
- FileWriter 클래스
- InputStreamReader 생성자(인수 없는 것)
- OutputStreamWriter 생성자(인수 없는 것)

다음과 같이 하면 개발 환경과 통합 시험 및 실제 운영 환경에서 결과가 달라지는 일이 없게 된다.

- FileReader 클래스와 FileWriter 클래스는 사용하지 않고, FileInputStream 클래스와 InputStreamReader 클래스로 대체한다
- 그 이외의 메서드나 생성자는 반드시 인코딩과 charset을 지정한다

서로게이트 페어를 어떻게 취급할까

자바가 내부에서 사용하는 UTF-16은 서로게이트 페어(Surrogate Pair)라는 사양이 있다. 서로게이트 페어는 한마디로 말하면 '여러 문자(16비트 부호)로 한 문자를 표현하는 형식'으로, 자바의 세계에서는 '2개의 char로 하나의 문자를 표현하는 경우가 있다'라는 것을 의미한다.

문제는 이 '경우가 있다'라는 것이 좀 지저분하다. 무슨 말이냐 하면 '일부 문자는 char가 2개, 다른 문자는 char가 1개'와 같이 문자에 따라 필요한 char의 수가 다르다.

그래서 UTF-16에서 문자를 취급할 때, 예를 들어 문자 수를 계산해서 제한하는('화면상에서 최대 몇 글자까지'라는 제한을 두는 경우가 자주 있을 것이다) 처리의 경우 이 서로게이트 페어에 대응

할 필요가 생긴다. 대부분의 경우 서로게이트 페어를 '금지'하는 것은 간단하다. Character 클래스의 isLowSurrogate 메서드와 isHighSurrogate 메서드를 사용하면 그 문자가 서로게이트 페어인지의 여부를 확인할 수 있다. 그래서 서로게이트 페어라면 오류 처리를 실시하면 될 것이다.

```java
char[] chars = str.toCharArray();
for (char c : chars) {
    if (Character.isLowSurrogate(c) || Character.isHighSurrogate(c)) {
        System.out.println("서로게이트 페어가 포함되어 있는 문자열");
        return true;
    }
}

System.out.println("서로게이트 페어가 포함되어 있지 않은 문자열");
return false;
```

한편 서로게이트 페어를 허용해야 하는 경우는 문자 수를 적절하게 처리해야 한다. 대부분은 String 클래스의 length 메서드를 사용하여 문자를 계산하지만 서로게이트 페어에 대응하는 부분에서는 String 클래스의 codePointCount 메서드를 사용해야 한다. 문자 수 카운트의 예를 살펴보자.

```java
String str = "코알라🐨";
System.out.println(str.length());
System.out.println(str.codePointCount(0, str.length()));
```

```
5
4
```

변수 str의 내용과 비교하면 '4'가 맞는 것으로 보인다. 즉, 서로게이트 페어에 대응하기 위해서는 codePointCount 메서드를 이용하여 판정해야 한다.

7.4.5 String 클래스의 intern 메서드로 같은 문자열 찾기

이 장의 시작 부분에서 'String 클래스는 불변 객체'라고 설명했다. '그럼 동일 문자열을 여러 번 생성하면 그때마다 객체가 생성되서 메모리가 부족하게 되는 것이 아닌가?'라고 생각할지 모르겠다. 이러한 문제의 대책으로 String 클래스의 객체는 Java VM이 관리하고 있으며, 'aaa'와 같이 문자열을 작성하는 경우(문자 리터럴) Java VM에서 동일 객체를 참조한다'는 구조가 포함되어 있다. 이것을 명시적으로 하는 것이 String 클래스의 intern 메서드다. 문자열에 대해 intern 메서드를 호출하면 Java VM에서 동일한 문자열이 있는 경우에 그 객체를 얻을 수 있다. 예를 살펴보자.

```java
String aaa = "aaa";
String aa = "aa";
String a = "a";

System.out.println(aaa.equals(aa + a));
System.out.println(aaa == (aa + a));
System.out.println(aaa == (aa + a).intern());
```

```
true
false
true
```

위의 예에서는 문자열로 비교하면 'aaa'와 'aa + a'는 동일하다. 그러나 객체 자체가 다르기 때문에 두 번째 비교에서는 false가 된다. 세 번째 비교에서는 intern 메서드를 사용하여 Java VM에서 동일한 문자열을 나타내는 객체를 취득하기 때문에 세 번째 비교에서는 true가 된다. intern 메서드를 의식해서 이용하는 경우는 적을지도 모르지만 동일한 문자열이 여러 번 등장하는 것을 알고 있는 경우는 이것을 이용함으로써 메모리를 절약할 수 있다. 예를 들어 서블릿에서 HttpSession 인터페이스의 getId 메서드로 취득한 것을 intern 메서드로 동일 객체를 검색하여 synchronized하는 것도 가능하다.

파일 조작 공략하기

8.1 | 파일 조작의 기본

파일은 프로그램에서 일반적인 리소스 중의 하나다. 어느 정도의 규모를 가진 프로그램이라면 대부분의 경우는 설정 파일을 읽어들일 필요가 있을 것이고, 사용자 및 외부 시스템에서 파일을 송수신하는 것도 적지 않다.

한편, 파일 조작에 있어서 파일 경로를 체크하고, 문자 코드의 취급, 대용량 파일의 조작 등을 모르면 '읽어들일 수 없다', '문자가 깨졌다', '1GB의 파일을 업로드했더니 시스템이 다운됐다'라는 등 번거로운 문제가 발생한다. 또한 속성 파일이나 CSV 파일, XML 파일 등의 일반적인 데이터 형식에 대해서는 그것을 현명하게 처리하는 방법이 확립되어 있다. 즉, 파일을 '간결한 코드로', '안전하게', '효율적으로' 취급하려면 그 나름대로의 테크닉이 필요하다. 이 장에서는 그 기술을 배워 보자.

8.1.1 File 클래스로 초기화하기

자바는 기본적으로 파일을 취급하는 java.io.File 클래스가 준비되어 있다. File 클래스를 사용하면 파일의 존재 확인 및 디렉터리 내의 파일/디렉터리의 열거, 파일의 읽고 쓰기(다른 클래스를 병용)가 가능하다. 여기에서는 File 클래스를 이용한 파일 조작에 대해 살펴보겠다. File 클래스를 사용하기 위해서는 파일의 경로를 인수로 한 생성자를 사용한다. File 클래스의 객체를 생성하는 예를 살펴보자.

```java
// (1) 파일을 절대 경로로 지정
File file1 = new File("C:/work/sample1.txt");

// (2) 파일을 상대 경로로 지정
File file2 = new File("./work/sample2.txt");
```

위의 리스트 (1)에서는 파일을 절대 경로(파일이나 폴더의 위치를 최상위 계층에서 지정하는 표기법)로 지정하여 File 클래스를 생성하고 있다. 이 예에서는 윈도우상의 'C:\work\sample1.txt'를 file1 객체로 연관지었다. 이는 file1 객체를 조작하면 프로그램상에서 'C:\work\sample1.txt'를 처리할 수 있게 된 것이다.

(2)는 파일을 상대 경로(파일이나 폴더의 위치를 현재 위치를 기준으로 지정하는 표기법)로 지정했을 경우의 예다. 자바를 실행한 디렉터리에 'work' 디렉터리가 있고 그 아래에 있는 'sample2.txt'와 연관을 짓게 된다. 또한 리스트 중에서 '/'를 사용하는 것에 대해 윈도우라면 파일의 경로 구분자는 '\'가 아닌가 라고 생각할지도 모르겠다. 실제로 윈도우상에서 동작시키는 경우에 한하여 다음의 목록처럼 '\' 경로 구분 기호로 사용할 수 있다.

조금 뒤에 설명하겠지만 자바 문자열에서 '\'는 이스케이프 문자의 의미이므로 본래의 의미로 사용하기 위해서는 '\\' 2개를 연이어 사용해 이스케이프 문자를 이스케이프해야 한다는 점에 유의하기 바란다.

```
File file1 = new File("C:\\work\\sample1.txt");
```

그러나 위의 코드는 윈도우 이외에서는 기대한 대로 작동하지 않는다. 왜냐하면 윈도우 이외의 OS에서는 경로 구분에 '\'를 사용하지 않기 때문이다. 자바에서는 윈도우에서도 '/'를 경로 구분 기호로 사용할 수 있다. 따라서 OS에 의존한 코드를 작성하지 않기 위해서는 윈도우뿐만 아니라 다른 OS(맥OS, 리눅스)에서도 동작하는 '/'를 이용하도록 하는 것이 좋다.

참고로 'File.separator'의 상수를 사용하여 프로그램을 실행하는 OS의 파일 구분자를 얻을 수 있다. 이것을 사용하면 '\'도 '/'도 아닌 전혀 다른 경로 구분 기호를 사용하는 OS라고 해도 그것에 의존하지 않는 형태로 작성할 수 있다.

```
System.out.println(File.separator);
```

```
\   ※ 윈도우의 경우
/   ※ 맥OS, 리눅스의 경우
```

그럼 File 클래스의 생성자에 인수로 파일이 아닌 디렉터리를 지정했을 경우는 어떻게 될까? 실은 자바에서는 디렉터리도 파일과 동일한 것으로 취급할 수 있다. 다음의 예에서는 자바를 실행한 디렉터리를 읽어들여 현 디렉터리에 포함되어 있는 파일이나 디렉터리를 표시하고 있다.

```java
File dir = new File(".");

for (String file : dir.list()) {
    System.out.println(file);
}
```

```
.classpath
.project
.settings
bin
src
```

8.1.2 Path 클래스로 초기화하기

지금까지의 설명에서는 파일을 처리하기 위해 File 클래스를 이용했지만 자바 7 이후에는 java.nio.file.Path 클래스를 사용하여 파일을 조작하는 java.nio.file 패키지가 추가되었다. 다음은 이 Path 클래스를 이용한 파일 조작에 대해 살펴보겠다. 자바 7 이전부터 존재하는 File 클래스에는 다음과 같은 문제점이 있다.

- 파일의 메타 데이터(작성일이나 MIME 타입[16] 등)와 심볼릭 링크[17]를 취급할 수 없는 등의 제약이 있다
- 디렉터리 밑의 파일의 생성/삭제/갱신을 감시할 수 없었다

이러한 문제를 해소하기 위해서 자바 7에 도입된 것이 Path 클래스와 Path 클래스를 취급하는 유틸리티 클래스(공통의 처리를 static 메서드에 정의된 클래스)군이다. Path 클래스 군에는 위의 문제를 해결하는 기능뿐만 아니라 파일 경로를 조작하는 편리하고 강력한 메서드가 다수 준비되어 있다.

Path 객체와 File 객체는 상호 변환도 가능하다. 그 점을 감안하면 'Path 클래스를 이용한 소스 코드를 작성하도록 하고 기존의 라이브러리를 다루는 경우에는 필요에 따라 File 클래스로 변환하는 식'의 형태로 이용하면 좋을 것이다. Path 클래스를 사용하기 위해서는 유틸리티 클래스인 java.nio.file.Paths 클래스를 이용한다. Path 관련 클래스 다이어그램은 다음과 같다.

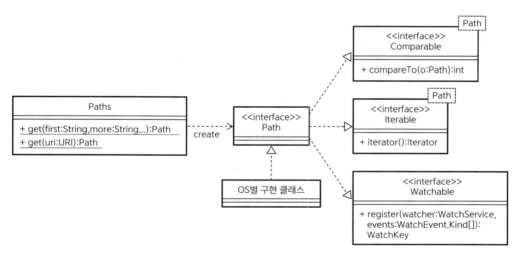

● **Path 관련 클래스 다이어그램**

Path 클래스의 주요 메서드를 표로 정리했다.

16　MIME(Multipurpose Internet Mail Extension)는 ASCII 텍스트만을 사용할 수 있는 메일이나 Web의 구조에서 바이너리, 이미지, 음성 등의 콘텐츠 타입을 규정하는 사양을 말한다.
17　심볼릭 링크는 파일에 대한 링크를 심볼로 작성하여 파일이 있는 것처럼 사용할 수 있는 구조다.

● **Path 클래스의 주요 메서드**

메서드명	내용
toString	경로의 문자열 표현을 반환한다.
toAbsolutePath	절대 경로를 반환한다.
toFile	File 객체를 반환한다.
toUri	URI를 반환한다.
getParent	부모 경로를 반환한다.
normalize	정규화한 경로를 반환한다.
startsWith	지정된 경로로 시작하는지의 여부를 반환한다.
endsWith	지정된 경로로 끝나는지의 여부를 반환한다.
resolve	결합한 경로를 반환한다.
register	파일 감시 서비스를 등록한다.

그럼 Paths 클래스를 이용한 Path 클래스의 취득 방법을 살펴보자. File 클래스에서도 설명했던 절대 경로와 상대 경로로 지정하는 방법 외에도 디렉터리 계층을 하나씩 지정하거나 URI 형식으로 지정하는 방법도 있다.

Paths를 이용한 Path 클래스의 취득

```
// (1)파일을 절대 경로로 지정
Path path1 = Paths.get("C:/work/sample1.txt");

// (2)파일을 상대 경로로 지정
Path path2 = Paths.get("./work/sample2.txt");

// (3)파일의 경로를 루트부터 순서대로 지정
Path path3 = Paths.get("C:", "work", "sample3.txt");

// (4)URI 형식으로 지정
URI uri = URI.create("file:///C:/work/sample4.txt");
Path path4 = Paths.get(uri);
```

(1)에서는 파일을 절대 경로로 지정하고 있다. (2)에서는 파일을 상대 경로로 지정하고 있다. (3)에서는 파일의 경로를 루트부터 순서대로 지정하고 있다. (4)는 URI 형식으로 지정된 파일의 경로에서 Path 클래스의 객체를 취득하는 방법이다. 일단 Path 클래스를 취득하면 부모 디렉터리나 동일 디렉터리 안의 파일/디렉터리를 다음의 예와 같이 쉽게 얻을 수 있다.

```
// (1)일반적인 절대 경로 지정
Path path1 = Paths.get("C:/work/sample1.txt");

// (2)부모 디렉터리의 취득
System.out.println(path1.getParent());

// (3)동일 디렉터리의 별개의 파일을 취득
System.out.println(path1.resolveSibling("sample2.txt"));

// (4)하나 위의 부모 디렉터리에 있는 파일을 취득
System.out.println(path1.resolveSibling("../sample3.txt").normalize());
```

```
C:\work
C:\work\sample2.txt
C:\sample3.txt
```

(1)에서 얻은 Path 객체를 이용하여 (2)에서 부모 디렉터리를 취득하고 있다. (3)에서는 동일 디렉터리 안에 있는 다른 파일을 나타내는 Path 객체를 취득하고 있다. (4)는 path1 객체로부터 상대경로를 지정한 예다. '..' 등을 포함하지 않는 형식으로 정규화하기 때문에 normalize 메서드를 이용하고 있다. Path 클래스에서는 다른 객체도 쉽게 변환할 수 있다. File 인스턴스와 URI 인스턴스를 가져오는 예를 나타냈다.

```
Path path = Paths.get("C:/work/memo.txt");

// File 인스턴스로 변환
File file = path.toFile();

// URI 인스턴스로 변환
URI uri = path.toUri();
```

8.2 | 파일 읽고 쓰기

다음으로는 파일의 내용을 읽거나 파일에 기록하는 방법에 대해 살펴보겠다.

8.2.1 바이너리 파일 읽어들이기

일반적으로 파일을 읽어들이기 위해서는 스트림라는 구조를 사용한다. 스트림이란 데이터를 '흐름'으로 취급하는 개념이다. 한 덩어리의 데이터로 취급하는 것이 아니라 앞에서부터 조금씩 데이터를 읽어 처리하는 것을 반복한다. 왜 그런 일이 필요한가 하면 거대한 파일의 처리로 인해 시스템이 망가지 않도록 하기 위해서다. 예를 들어 1GB의 파일을 한 번에 모든 메모리로 읽어들이면 그만큼의 메모리를 확보하지 않는 한 OutOfMemoryError가 발생하여 프로그램이 정지해 버린다. 설사 메모리가 확보되었다고 해도 확보한 1GB만큼의 데이터 모두를 읽어들이지 않으면 다음 작업으로 진행할 수 없기 때문에 긴 대기 시간이 발생한다.

한편 스트림은 조금씩 읽는 처리를 반복하기 때문에 메모리는 '조금'만 있어도 충분하고, 처리도 신속하게 시작할 수 있다. 예를 들어 설정 파일처럼 파일의 대략적인 길이를 알고 있고, 크기가 작은 경우라면 스트림이 아니더라도 그다지 문제가 없다. 하지만 그렇지 않은 상황에서는 스트림을 사용하는 것이 좋다. 특히 로그 파일과 같이 장대한 파일을 다루거나 사용자로부터 업로드되는 알 수 없는 크기의 파일을 가져올 때는 스트림이 필수다.

우선 바이너리 파일을 읽고 쓰는 방법을 살펴보겠다. 자바 6 이전과 자바 7 이상에서는 작성 방법이 다르다.

자바 6 이전에서 바이너리 파일을 읽어들이려면

먼저 자바 6 이전의 작성법을 설명하겠다. 다음의 예에서는 'C:/work/sample.dat' 파일을 스트림으로 한 문자씩 읽고 있다.

```
File file = new File("C:/work/sample.dat");

InputStream is = null;
try {
    // (1)파일을 1문자씩 읽어서 표시한다
    is = new FileInputStream(file);
    for (int ch; (ch = is.read()) != -1; ) {
        System.out.print((char) ch);
    }

} catch (FileNotFoundException ex) {
    // (2)파일 그 자체가 존재하지 않는 경우
    System.err.println(ex);

} catch (IOException ex) {
    // (3)파일 읽기에 실패했을 경우
    System.err.println(ex);

} finally {
    // (4)스트림의 클로즈 처리
    if (is != null) {
        try {
            is.close();

        } catch (IOException ex) {
            System.err.println(ex);
        }
    }
}
```

(1)은 파일의 내용을 읽어 들이기 위해 FileInputStream 클래스를 이용하고 있다. File 인스턴스를 인수로 하여 FileInputStream 인스턴스를 생성하고, InputStream 인터페이스의 read 메서드를 사용하여 파일의 내용을 읽는다(FileInputStream 클래스는 InputStream 인터페이스를 구현하고 있다). InputStream 인터페이스의 read 메서드는 파일의 시작 부분부터 1바이트씩 읽어들이고, 읽어들이는 위치를 다음 문자로 이동한다. 따라서 연속해서 read 메서드를 사용함으로써 파일의 시작 부분부터 한 글자씩 읽어들일 수 있다. read 메서드는 파일의 끝에 도달하면 -1을 반환한다. 이를 이용하면 read 메서드가 -1을 반환할 때까지 반복적으로 로드함으로써 파일의 시작 부분부터 파일의 끝까지 읽을 수 있다.

위의 리스트를 보면 파일을 읽어들이는 처리를 하는데 많은 오류 처리가 필요한 것을 알 수 있다. (2)처럼 파일 자체가 존재하지 않거나, (3)과 같이 파일을 읽어들이는 데 실패할 경우를 고려할 필요가 있기 때문이다. 스트림을 처리할 때 사용이 끝난 스트림은 반드시 스트림을 닫는 처리가 필요하다. 만약 스트림을 닫지 않으면 프로그램은 사용되지 않는 리소스를 계속 확보하고 있게 된다. 스트림의 이용을 반복함으로써 메모리가 부족하여 프로그램이 멈출지도 모른다. (4)에서는 스트림이 열려있는 경우 InputStream 인터페이스의 close 메서드를 이용하여 스트림을 닫는 처리를 실시하고 있다. 스트림을 닫는 처리는 확실하게 실시할 필요가 있기 때문에 처리가 성공적으로 완료되었는지 도중에 예외가 발생하여 비정상적으로 종료되었는지의 여부에 관계없이 반드시 호출되도록 finally 절을 사용하고 있다.

자바 7 이후에서 바이너리 파일을 읽어들이려면

지금까지 파일을 읽어들이는 처리를 봤는데 예외를 캐치하거나 스트림을 닫는 등의 '복잡한 처리가 필요하다'고 생각할지도 모르겠다. 그래서 자바 7 이후에서는 더 간결하게 구현할 수 있는 기술 방법을 사용할 수 있게 되었다. 자바 7 이후에서는 Path 클래스와 Files 클래스를 사용하여 스트림을 생성한다. 또한 try-with-resources 구문을 사용하여 스트림을 닫는 처리의 기술을 생략할 수 있다.

```java
Path path = Paths.get("C:/work/sample.dat");

try (InputStream is = Files.newInputStream(path)) {
    for (int ch; (ch = is.read()) != -1; ) {
        System.out.print((char) ch);
    }

} catch (IOException ex) {
    System.err.println(ex);
}
```

앞의 예제에서는 FileInputStream 클래스를 사용했지만 자바 7에서는 Files 클래스의 newInputStream 메서드를 사용하여 Path 클래스에서 직접 스트림을 생성할 수 있다. 그러므로 기술을 간단하게 할 수 있다. 게다가 자바 7의 예에서는 try-with-resources 구문을 사용한다. try-with-resources 구문을 이용하면 try 키워드 직후의 괄호 안에 선언한 자원은 try문이 정상적으로 종료하거나, 예외를 발생하는 등 갑자기 종료했는지에 관계없이 확실히 닫힌다. 따라서 finally 절을 이용한 기술은 불필요하게 된다.

8.2.2 바이너리 파일 기록하기

그럼 다음으로 파일에 내용을 기록하는 과정을 살펴보자. 읽기의 경우처럼 자바 6 이전의 작성법과 자바 7 이후의 작성법 모두를 소개하겠다.

자바 6 이전 버전으로 바이너리 파일에 기록하기

자바 6 이전 버전에서의 파일 기록은 FileOutputStream 클래스를 사용한다. 파일 읽기의 경우와는 달리 FileOutputStream 클래스에는 파일에 기록하는 방법을 지정하는 생성자가 준비되어 있다. 다음의 예 (1)의 부분이 바로 그것에 해당한다. 이 예에서는 인수 2에 true를 설정하고 있다. 이것은 파일이 이미 존재하는 경우는 파일 뒤에 추가하여 덮어 쓰지 않도록 하기 위한 것이다. 인수 2를 설정하지 않는 경우 파일의 내용을 덮어 쓰게 된다.

```
File file = new File("C:/work/sample.dat");
byte[] data = new byte[]{0x41, 0x42, 0x43};

OutputStream writer = null;
try {
    // (1)파일에 기록하기
    writer = new FileOutputStream(file, true);
    writer.write(data);

} catch (FileNotFoundException ex) {
    // (2)파일 그 자체가 존재하지 않는 경우
    System.err.println(ex);

} catch (IOException ex) {
    // (3)파일의 기록에 실패한 경우
    System.err.println(ex);

} finally {
    // (4)스트림의 클로즈 처리
    if (writer != null) {
        try {
            writer.close();

        } catch (IOException ex) {
            System.err.println(ex);
        }
    }
}
```

파일을 읽을 때와 마찬가지로 파일에 기록하는 것이 끝나면 스트림을 닫는다.

자바 7 이후 버전으로 바이너리 파일에 기록하기

Files 클래스의 newOutputStream 메서드를 사용해 OutputStream 객체를 생성하고 파일에 기록한다. 인수 2 이후는 가변 인자로 되어 있어 파일에 기록할 때 옵션을 지정할 수 있다. 또한 파일을 읽을 때처럼 try-with-resources 구문을 사용하여 스트림을 닫는다.

```
Path path = Paths.get("C:/work/sample.dat");
byte[] data = new byte[]{0x41, 0x42, 0x43};

try (OutputStream stream = Files.newOutputStream(path, StandardOpenOption.APPEND,
        StandardOpenOption.CREATE, StandardOpenOption.WRITE)) {
    stream.write(data);

} catch (IOException ex) {
    System.err.println(ex);
}
```

위의 예에서는 Files 클래스의 newOutputStream 메서드에서 다음과 같은 조건으로 파일 열기 설정을 한다.

● OpenOption의 지정 예1

OpenOption	내용
APPEND	파일의 끝에 내용을 추가한다.
CREATE	파일을 새로 만들어서 연다. 만일 파일이 존재한다면 그대로 연다.
WRITE	쓰기 가능으로 연다.

인수 2 이후를 생략하면 다음의 OpenOption이 지정된 것과 동일하게 된다.

● OpenOption의 지정 예2(인수 2 이후를 생략한 경우)

OpenOption	내용
TRUNCATE_EXISTING	파일의 처음부터 내용을 기록한다.
CREATE	파일을 새로 만들어서 연다. 만일 파일이 존재한다면 그대로 연다.
WRITE	쓰기 가능으로 연다.

좀 더 처리를 단순화할 수도 있다. Files 클래스의 write 메서드를 사용하여 다음과 같은 작성법도 가능하다(자바 7 이상).

```
Path path = Paths.get("C:/work/sample.dat");
byte[] data = new byte[]{0x41, 0x42, 0x43};

try {
    Files.write(path, data, StandardOpenOption.APPEND,
            StandardOpenOption.CREATE, StandardOpenOption.WRITE);

} catch (IOException ex) {
    System.err.println(ex);
}
```

8.2.3 텍스트 파일 읽어들이기

앞 절에서는 파일의 읽기와 쓰기의 기본 조작에 대해 확인했다. 여기서 '기본 조작'이라고 표현한 까닭은 가장 취급할 빈도가 많은 텍스트 파일의 경우 지금까지의 방법만으로는 불충분하기 때문이다. 텍스트 파일을 다룰 때 FileInputStream 클래스와 Files 클래스의 newInputStream 메서드를 사용하는 방법은 문자 코드를 지정할 수 없다. 프로그램 실행 환경의 디폴트 문자 코드가 사용되므로 실행 환경에 따라서는 예기치 않은 문자 깨짐 현상이 발생할 수도 있다. 이러한 문제를 피하기 위해 텍스트 파일을 읽고 쓸 때의 방법을 살펴보겠다.

자바 6 이전 버전에서 텍스트 파일을 읽기

먼저 자바 6 이전의 방법이다. 다음 예제에서는 FileInputStream 클래스와 InputStreamReader 클래스, BufferedReader 클래스를 함께 사용하여 문자 코드로 UTF-8을 사용해 파일을 한 줄씩 읽어들이고 있다.

```
File file = new File("C:/work/sample.txt");

BufferedReader reader = null;
try {
    reader = new BufferedReader(new InputStreamReader(
                new FileInputStream(file), "UTF-8"));

    // (1)파일을 한 줄씩 읽어들인다
    for (String line; (line = reader.readLine()) != null; ) {
        System.out.println(line);
    }

} catch (UnsupportedEncodingException ex) {
    // (2)지원하지 않는 인코딩을 지정한 경우
    System.err.println(ex);
```

```
} catch (FileNotFoundException ex) {
    // (3)파일 그 자체가 존재하지 않는 경우
    System.err.println(ex);

} catch (IOException ex) {
    // (4)파일 읽기에 실패한 경우
    System.err.println(ex);

} finally {
    // (5)파일 클로즈 처리
    if (reader != null) {
        try {
            reader.close();

        } catch (IOException ex) {
            System.err.println(ex);
        }
    }
}
```

앞서 언급한 바와 같이 FileInputStream 클래스를 사용하여 파일을 읽어들이는 것은 한 문자씩 읽어들이는 처리를 반복해야 할 필요가 있어 꽤 비효율적인 방식이었다. 반면에 여기서는 파일의 내용을 모아서 읽어들이기 위해 BufferedReader 클래스를 이용하고 있다. BufferedReader 클래스는 내부에서 스트림 데이터를 버퍼링(임시적으로 메모리에 보관하여 처리 속도의 차이를 해소한다)하여 한 줄씩 읽어들이는 readLine 메서드 등의 텍스트 데이터를 읽어들이는 유용한 방법이 준비되어 있다.

자바 7 이후 버전에서 텍스트 파일을 읽기

동일하게 자바 7 이후의 읽기 방법을 살펴보자. try-with-resources 구문을 사용하는 바이너리 파일의 읽기와 동일하지만 BufferedReader 인스턴스를 생성하기 위해 Files 클래스의 newBufferedReader 메서드를 이용하고 있다. newBufferedReader 메서드는 인수 1에 Path 클래스, 인수 2의 Charset 클래스로 문자 코드를 지정하고 있다. 이 예제에서는 표준에 정의되어 있는 StandardCharsets 클래스의 UTF_8 상수를 이용하여 문자 코드를 지정하고 있다.

```
Path path = Paths.get("C:/work/sample.txt");

try (BufferedReader reader = Files.newBufferedReader(path, StandardCharsets.UTF_8)) {
    // 파일을 한 줄씩 읽어들인다
    for (String line; (line = reader.readLine()) != null; ) {
        System.out.println(line);
```

```
    }
} catch (IOException ex) {
    System.err.println(ex);
}
```

자바 6 이전 방법에서는 FileInputStream 클래스 ➡ InputStreamReader 클래스 ➡ BufferedReader 클래스의 3 단계가 필요했던 것이, 자바 7 이후에는 한 번에 BufferedReader 클래스의 인스턴스를 생성할 수 있기 때문에 매우 이해하기 쉬운 코드가 되었다.

▌ 8.2.4 텍스트 파일 기록하기

그럼, 텍스트 파일을 기록하는 것에 대해서도 살펴보자.

자바 6 이전 버전에서 텍스트 파일 기록하기

자바 6 이전에는 FileOutputStream 클래스와 OutputStreamWriter 클래스, BufferedWriter 클래스를 함께 사용하여 문자 코드로 UTF-8을 사용해 파일을 기록한다. 다음 예제에서는 BufferedWriter 클래스의 append 메서드로 문자열을 기록하고 newLine 메서드로 줄 바꿈을 출력하고 있다.

```
File file = new File("C:/work/sample.txt");

BufferedWriter writer = null;
try {
    writer = new BufferedWriter(new OutputStreamWriter(
                new FileOutputStream(file), "UTF-8"));

    // (1)파일에 쓰기
    writer.append("test");
    writer.newLine();
    writer.append("test2");

} catch (UnsupportedEncodingException ex) {
    // (2)지원하지 않는 인코딩을 지정한 경우
    System.err.println(ex);

} catch (IOException ex) {
    // (3)파일 쓰기에 실패한 경우
    System.err.println(ex);

} finally {
```

```
    // (4)파일의 클로즈 처리
    if (writer != null) {
        try {
            writer.close();

        } catch (IOException ex) {
            System.err.println(ex);
        }
    }
}
```

자바 7 이후 버전에서 텍스트 파일 기록하기

자바 7 이후에서는 Files 클래스의 newBufferedWriter 메서드를 이용하여 BufferedWriter 클래
스의 인스턴스를 생성한다. 텍스트 파일을 읽을 때와 동일하게 인수 2의 Charset 클래스로 문자
코드를 지정한다.

```
Path path = Paths.get("C:/work/sample.txt");

try (BufferedWriter writer = Files.newBufferedWriter(path, StandardCharsets.UTF_8)) {
    // 파일에 쓰기
    writer.append("test");
    writer.newLine();
    writer.append("test2");

} catch (IOException ex) {
    System.err.println(ex);
}
```

8.2.5 Stream API를 사용해서 파일 읽어들이기

지금까지 자바 6 이전과 자바 7 이후의 API를 사용하여 파일의 읽기와 쓰기를 실시해 보았다.
이와 더불어 자바 8이 되면 '5장 스트림 처리를 제대로 다루기'에서 소개한 Stream API를 사용
하여 더욱 더 고급스런 파일 읽기 기능을 사용할 수 있다.

다음 예제에서는 파일을 한 줄씩 읽어 들여 화면에 표시하고 있다. Path 클래스에서
BufferedReader 클래스의 인스턴스를 취득할 때까지는 지금까지의 예와 비슷하지만 파일을 읽
는 데 BufferedReader 클래스의 lines 메서드를 사용하고 있다. BufferedReader 클래스의 lines
메서드는 문자열 Stream 인스턴스를 반환하는 메서드다.

```
Path path = Paths.get("C:/work/sample.txt");

try (BufferedReader reader = Files.newBufferedReader(path, StandardCharsets.UTF_8)) {
    reader.lines()
        .forEach(System.out::println);

} catch (IOException ex) {
    System.err.println(ex);
}
```

위의 예에서는 단지 파일의 내용을 출력할 뿐이다. 그럼 또 다른 Stream API를 이용한 예를 살펴보자. 우선 각 행에 사용자 이름과 다른 데이터가 스페이스 구분으로 기술된 파일을 준비한다.

userlist.txt

```
haeun aaa bbb
shion xxx yyy
insik ccc ddd
sangjoo zzz ---
yaerim xxx yyy
```

여기에서 각 행의 첫 번째 데이터(사용자 이름)만을 추출하고 싶다면 어떻게 처리를 하면 좋을까? 파일을 모두 읽어들인 다음에 처리하는 것도 물론 가능하다. 그러나 여기에서 Stream API를 사용하면 파일을 읽으면서 필요한 부분만 추출할 수 있다. 다음 예제에서는 텍스트 파일에 쓰여진 사용자 이름 부분(공백으로 구분된 부분의 첫 요소)을 추출하여 중복을 제거하고 화면에 출력한다.

```
Path path = Paths.get("C:/work/userlist.txt");

try (BufferedReader reader = Files.newBufferedReader(path, StandardCharsets.UTF_8)) {
reader.lines()
    .map(s -> s.split(" ")[0]).distinct()
    .forEach(System.out::println);

} catch (IOException ex) {
    System.err.println(ex);
}
```

```
haeun
shion
insik
sangjoo
yaerim
```

8.3 | 파일 조작하기

8.3.1 파일 복사하기

자바 프로그램상에서 파일을 복사하려면 어떻게 하면 좋을까? 이것도 자바 6 이전과 자바 7 이후에서 처리의 방법이 크게 달라진다.

자바 6 이전 버전에서 파일 복사하기

우선 자바 6 이전의 절차를 살펴보자. 다음의 예에서는 'C:/work/sample.dat' 파일을 'C:/work/copy.dat' 파일에 복사하고 있다. FileInputStream 클래스와 FileOutputStream 클래스에서 FileChannel 인스턴스를 취득해 transferTo 메서드를 사용하여 복사한다.

```java
FileChannel inputChannel = null;
FileChannel outputChannel = null;
try {

    FileInputStream inputStream = new FileInputStream("C:/work/sample.dat");
    inputChannel = inputStream.getChannel();

    FileOutputStream outputStream = new FileOutputStream("C:/work/copy.dat");
    outputChannel = outputStream.getChannel();

    inputChannel.transferTo(0, inputChannel.size(), outputChannel);

} catch (FileNotFoundException ex) {
    System.err.println(ex);

} catch (IOException ex) {
    System.err.println(ex);

} finally {
    if (inputChannel != null) {
        try {
            inputChannel.close();
        } catch (IOException ex) {
```

```
            System.err.println(ex);
        }
    }

    if (outputChannel != null) {
        try {
            outputChannel.close();

        } catch (IOException ex) {
            System.err.println(ex);
        }
    }
}
```

자바 6 이전에서는 직접 파일을 복사하는 API는 준비되어 있지 않다. 따라서 자신이 직접 파일을 읽어들여 복사 대상의 파일로 출력하는 처리를 구현해야 한다. 파일의 읽기 및 쓰기를 효율적으로 수행하려면 FileChannel 클래스를 이용하면 좋을 것이다. FileChannel 클래스는 OS에 의존한 처리로 구현되어 있으므로 OS의 파일 조작 기능을 직접 사용할 수 있다. 따라서 파일을 읽어들인 것을 바이트 배열로 변환하여 복사 대상의 파일로 기록하는 작업을 직접 구현하는 것보다도 적은 리소르로 빠르게 처리할 수 있다.

자바 7 이후 버전에서 파일 복사하기

자바 7 이후에는 표준 API로 복사 처리가 준비되었다. Files 클래스의 copy 메서드를 이용하여 바로 파일을 조작할 수 있다.

```
Path fromFile = Paths.get("C:/work/sample.dat");
Path toFile = Paths.get("C:/work/copy.dat");

try {
    Files.copy(fromFile, toFile);

} catch (IOException ex) {
    System.err.println(ex);
}
```

8.3.2 파일 삭제하기

다음은 파일을 삭제하는 방법을 살펴보자.

자바 6 이전 버전에서 파일 삭제하기

자바 6 이전 버전에서는 File 클래스의 delete 메서드를 이용하여 파일을 삭제한다.

```
File file = new File("C:/work/sample.dat");
boolean deleted = file.delete();
System.out.println(deleted);
```

파일이 제대로 삭제되었는지의 여부를 확인하려면 반환값을 체크해야 한다. delete 메서드는 파일이 성공적으로 제거된 경우는 'true'를, 그렇지 않은 경우는 'false'를 반환한다. delete 메서드는 대상이 디렉터리의 경우에도 제거할 수 있다. 그러나 디렉터리를 삭제하는 경우는 해당 디렉터리 안이 비어 있어야 한다. 디렉터리 안이 비어 있지 않은 경우는 제거에 실패한 것을 나타내는 'false'를 반환한다.

자바 7 이후 버전에서 파일 삭제하기

자바 7 이후에서는 Files 클래스의 delete 메서드를 사용하여 파일을 삭제할 수 있다. File 클래스의 delete 메서드와 달리 이 메서드는 반환값이 없다. 파일의 삭제에 실패하면 예외가 발생하게 된다. 삭제 대상 파일이 없는 경우 NoSuchFileException이 발생하고 대상이 디렉터리로 비어 있지 않은 경우는 DirectoryNotEmptyException이 발생한다. 다음 코드는 엄격히 오류 검출을 하는 경우의 예다.

```
Path path = Paths.get("C:/work/sample.dat");

try {
    Files.delete(path);

} catch (NoSuchFileException ex) {
    // 삭제 대상의 파일이 존재하지 않은 경우
    System.err.println(ex);

} catch (DirectoryNotEmptyException ex) {
    // 대상 디렉터리가 비어 있지 않은 경우
    System.err.println(ex);

} catch (IOException ex) {
```

```
    // 그 외의 오류
    System.err.println(ex);
}
```

자바 7 이후에도 File 클래스의 delete 메서드와 같은 동작을 하는 API가 존재한다. 바로 Files 클래스의 deleteIfExists 메서드다. deleteIfExists 메서드는 파일을 삭제한 경우 'true'를 반환하고, 삭제 대상이 없다면 'false'를 반환한다. 그러나 대상이 디렉터리이고 비어 있지 않은 경우는 DirectoryNotEmptyException이 발생하는 것이 File 클래스의 delete 메서드와는 다른 점이다.

```
Path path = Paths.get("C:/work/sample.dat");
try {
    boolean deleted = Files.deleteIfExists(path);
    System.out.println(deleted);

} catch (DirectoryNotEmptyException ex) {
    System.err.println(ex);

} catch (IOException ex) {
    System.err.println(ex);
}
```

8.3.3 파일 작성하기

소스 코드상에서 파일을 새로 만들려면 어떻게 하면 좋을까? 자바 6 이전과 자바 7 이후로 나누어 설명하겠다.

자바 6 이전 버전에서 파일 작성하기

자바 6 이전에서 파일을 만들려면 File 클래스의 createNewFile 메서드를 사용한다. createNewFile 메서드는 파일의 생성에 성공했을 경우는 'true'를 반환하고, 지정된 파일이 이미 존재하는 경우 'false'를 반환한다.

```
File file = new File("C:/work/new.dat");
try {
    boolean created = file.createNewFile();
    System.out.println(created);

} catch (IOException ex) {
    System.err.println(ex);
}
```

자바 7 이후 버전에서 파일 작성하기

자바 7 이상에서는 Files 클래스의 createFile 메서드를 사용하여 파일을 만들 수 있다. 이 API는 File 클래스의 createNewFile 메서드와 달리 파일 작성 시의 성공 및 실패를 반환값으로 판정하지 않는다. 지정된 파일이 이미 존재하는 경우 FileAlreadyExistsException이 발생한다.

```
Path path = Paths.get("C:/work/new.dat");
try {
    Files.createFile(path);

} catch (FileAlreadyExistsException ex) {
    System.err.println(ex);

} catch (IOException ex) {
    System.err.println(ex);
}
```

▌8.3.4 디렉터리 작성하기

디렉터리 작성에 관해서도 파일 작성과 같이 자바 6 이전과 자바 7 이후에서 차이가 있다.

자바 6 이전 버전에서 디렉터리 작성하기

자바 6 이전 버전에서 디렉터리를 만들려면 File 클래스의 mkdir 메서드를 사용한다. mkdir 메서드는 디렉터리 생성에 성공했을 경우는 'true'를 반환하고, 디렉터리 생성에 실패한 경우는 'false'를 반환한다.

인수로 여러 디렉터리 구조 아래의 디렉터리를 지정할 수도 있지만, 중간 디렉터리가 존재하지 않으면 디렉터리 생성에 실패하여 'false'를 반환한다. 예를 들어 다음의 예에서 C 드라이브의 바로 아래에 work 디렉터리가 없으면 newDir 디렉터리는 생성되지 않고 mkdir 메서드는 'false'를 반환한다.

```
File file = new File("C:/work/newDir");
boolean created = file.mkdir();
System.out.println(created);
```

File 클래스의 mkdir 메서드로 여러 디렉터리 구조를 작성하려면 부모에 해당하는 디렉터리부터 순서대로 하나씩 디렉터리를 생성해 나갈 필요가 있다. 여러 디렉터리 구조를 작성하는 경우는 mkdir 메서드 대신 mkdirs 메서드를 이용하면 한 번에 모든 디렉터리의 계층을 만들 수 있기 때문에 편리하다. 다음 예제에서는 C 드라이브에 work 디렉터리가 없는 경우 work 디렉터리, newDir 디렉터리, newSubDir 디렉터리를 작성하고 있다.

```java
File file = new File("C:/work/newDir/newSubDir");
boolean created = file.mkdirs();
System.out.println(created);
```

자주 실수하는 경우로 애플리케이션 시작 시에 데이터를 출력하는 디렉터리를 만들려고 했으나 그 부모 디렉터리가 존재하지 않아 시작 시 오류가 발생하는 경우가 있다. 그런 번거로움을 피하기 위해서라도 한꺼번에 모아서 디렉터리를 작성하는 편이 안전한 경우가 많을 것이다. mkdirs 메서드는 필요한 부모 디렉터리를 포함하여 디렉터리 생성에 성공했을 경우는 'true'를 반환하고, 디렉터리 생성에 실패한 경우 'false'를 반환한다. 'false'인 경우에도 부모 디렉터리의 일부는 생성되어 있을 수 있다는 점에 유의하길 바란다.

자바 7 이후 버전에서 디렉터리 작성하기

다음은 자바 7을 사용한 패턴을 살펴보자.

```java
Path path = Paths.get("C:/work/newDir");
try {
    Files.createDirectory(path);

} catch (NoSuchFileException ex) {
    System.err.println(ex);

} catch (IOException ex) {
    System.err.println(ex);
}
```

자바 7 이후에서는 Files 클래스의 createDirectory 메서드를 사용할 수 있다. 작성하려는 지정 디렉터리의 부모 디렉터리가 존재하지 않는 경우는 반환값이 아닌 NoSuchFileException이 발생한다. File 클래스의 mkdir 메서드와 동일하게 Files 클래스의 createDirectory 메서드로 여러 디렉터리 구조를 만들려면 부모에 해당하는 디렉터리부터 하나씩 디렉터리를 생성해 나갈 필요가 있다. 여러 디렉터리의 구조를 작성하는 경우는 createDirectory 메서드 대신 createDirectories 메서드를 이용하면 한 번에 모든 디렉터리의 계층을 만들 수 있으므로 편리하다.

```
Path path = Paths.get("C:/work/newDir/newSubDir");
try {
Files.createDirectories(path);

} catch (IOException ex) {
System.err.println(ex);
}
```

8.3.5 임시 파일 작성하기

'메모리를 압박할 것 같은 거대한 데이터를 일시적으로 파일로 출력'하는 목적으로 프로그램상에서 임시 파일을 만들 수 있다. 예를 들어 웹 시스템에서 사용자가 업로드한 파일을 일단 디스크상에 저장하고 그 후에 가공 및 분석 등의 작업을 하는 경우다. 그러한 때에 용무가 끝난 파일을 삭제하거나 여러 사용자가 동일한 이름의 파일을 업로드해도 충돌하지 않도록 이름을 변경하는 등의 구현을 하려면 설계 및 코딩 양이 증가되어 번거롭게 된다. 자바는 그런 문제에 대응한 임시 파일을 생성하기 위한 구조도 준비되어 있다. 이에 대해서도 자바 6 이전과 자바 7 이후에 따라 사용할 수 있는 API가 달라지므로 자세히 살펴보자.

자바 6 이전 버전에서 임시 파일 작성하기

먼저 자바 6 이전의 방법이다. File 클래스의 createTempFile 메서드를 사용하여 새로운 빈 파일을 만든다. createTempFile 메서드에 의해 생성되는 파일 이름은 다른 것과 중복되지 않음을 보증하고 있는 것이 특징이다. 인수 1은 파일 이름의 접두사를 지정하고, 인수 2에서 파일 이름 접미사를 지정한다. 접미사는 null을 지정할 수 있는데 그 경우의 접미사는 '.tmp'가 사용된다. 다음의 예에서는 인수 3으로 파일을 작성하는 디렉터리를 지정하고 있는데 디렉터리는 생략할 수 있다. 생략한 경우 OS의 디폴트 임시 파일 디렉터리가 사용된다. 또한 File 클래스의 deleteOnExit 메서드를 호출하고 있다. 이것으로 가상 머신의 종료 시에 파일이 삭제되도록 할 수 있다.

```
File directory = new File("C:/work/newDir");
try {
    File tempFile = File.createTempFile("pre", ".tmp", directory);
    System.out.println(tempFile.getAbsolutePath());
```

```
    // 가상 머신 종료 시에 파일이 삭제되도록 요청한다
    tempFile.deleteOnExit();
} catch (IOException ex) {
    System.err.println(ex);
}
```

```
C:\work\newDir\pre1506989035692875817.tmp
```

createTempFile 메서드와 deleteOnExit 메서드를 함께 사용하면 프로그램이 종료한 후에 임시 파일이 서버 컴퓨터상에 불필요하게 남아 버리는 것을 방지할 수 있다. 단, deleteOnExit 메서드를 사용해도 상황에 따라서는 파일이 삭제되지 않는 경우가 있다. 예를 들어 Java VM이 비정상적으로 종료된 경우 파일은 삭제되지 않는다.

자바 7 이후 버전에서 임시 파일 작성하기

다음으로 자바 7에서의 예를 살펴보자. 자바 7의 경우 Files 클래스의 createTempFile 메서드를 이용함으로써 Path 객체로부터 임시 파일을 만들 수 있다. 자바 6의 예와 마찬가지로 파일을 작성하는 디렉터리 경로, 파일 이름의 접두사, 접미사를 각각 지정한다. 또한 파일을 작성하는 디렉터리의 경로를 생략한 경우 OS의 디폴트 임시 파일 디렉터리가 사용된다.

```
Path path = Paths.get("C:/work/newDir");
try {
    Path tempPath = Files.createTempFile(path, "pre", ".tmp");
    System.out.println(tempPath);

} catch (IOException ex) {
    System.err.println(ex);
}
```

```
C:\work\newDir\pre4716288141653242151.tmp
```

작성한 임시 파일을 닫을 때 삭제하려면 '8.2 파일을 읽고 쓰기'에서 소개한 Files 클래스의 newOutputStream 메서드의 인수에 StandardOpenOption 클래스의 DELETE_ON_CLOSE를 지정한다. 또한 자바 7에서는 Files 클래스의 createTempDirectory 메서드를 사용하여 임시 디렉터리를 만들 수 있다. 이 경우 임의의 접두사를 부여한 디렉터리를 만든다. 경로를 지정하지 않은 경우는 OS의 디폴트 임시 파일 디렉터리에 임시 디렉터리가 생성될 것이다.

```
Path path = Paths.get("C:/work/newDir");
try {
    Path tempPath = Files.createTempDirectory(path, "pre");
    System.out.println(tempPath);

} catch (IOException ex) {
    System.err.println(ex);
}
```

8.4 | 다양한 파일 취급하기

8.4.1 속성 파일

자바 프로그램을 실행하기 위해서는 소스 코드의 컴파일이 필요하다. 그런데 동작 환경에 따라 매개변수가 다르거나 이용자별 설정 내용을 변경할 때마다 매번 컴파일을 해야 하는 상황이라면 매우 불편할 것이다. 그래서 나중에 변경할 가능성이 매개변수는 소스 코드 내부에 직접 작성하는 것이 아니라 필요에 따라 변경할 수 있도록 해두면 편리하다. 이것을 '외부 정의화'라고 하며 좀 더 쉽게 표현해 '속성 파일로 별도 정의하기'라고 한다. 특히 다른 시스템의 IP 주소나 로그인 사용자 이름 등의 접속 설정, 동작에 필요한 디렉터리와 파일의 경로 설정 등은 대체로 외부 정의화가 필요하다. 그 이유는 동작 환경에 따라 변경되는 일이 많기 때문이다. 예를 들어 개발 환경 및 시험에 사용하던 환경의 IP 주소를 자바 코드에 직접 작성하게 되면 실제 운용 환경에 넣을 때 변경하는 것을 잊어버려 제대로 동작하지 않을 등의 문제가 발생하곤 한다. 코드에 쓰여진 정의는 찾기 힘들기 때문에 정의 파일이라는 명확한 역할을 가진 파일을 만들어 거기에 정리해서 기술함으로써 문제를 막을 수 있다.

외부 정의화를 할 때 사용할 수 있는 간단한 형식 중 하나는 속성 파일이다. 속성 파일 이외의 방법으로 매개변수를 외부 정의화해도 동일한 장점을 얻을 수 있지만 속성 파일의 경우는 기술이 간단하고 자바 언어 자체에 읽어들이는 메커니즘이 있기 때문에 자주 이용되고 있다. 또한 다음과 같은 용도로 특히 속성 파일이 자주 사용된다.

- 메시지나 화면의 메뉴와 같은 문자열을 외부 정의화하여 변경하기 쉽게 하기
- 시스템을 사용하는 국가의 언어 환경에 따라 문자열을 한국어, 영어 등 다른 언어로 전환하여 표시할 수 있도록 한다(이것을 '국제화 대응'이라고 한다)

속성 파일을 사용하여 프로그램 내에서 사용하는 매개변수를 외부 정의화한 예를 살펴보자. 속성 파일에서는 한 줄마다 항목명(키)와 값을 '='로 연결하여 기술한다. 주석은 앞에 '#'을 붙여서 기술한다.

mail.properties

```
# 메일 설정
system.mail.address=insik@jpub.co.kr
system.mail.enable=true
system.mail.errormessage=Cannot send mail.
```

위의 예에서는 시스템 내부에서 사용하는 이메일 주소와 이메일의 유효/무효의 정의, 오류 메시지를 속성 파일에 기술해 보았다. 필자가 관련된 시스템에서는 위와 같이 '.'으로 구분된 키 이름으로 하여 키를 체계화하여 관리했다.

속성 파일을 읽기

다음으로 속성 파일을 읽어들이는 구현을 살펴보자. 속성 파일의 읽기는 java.util.Properties 클래스를 사용한다. 방금 만든 파일에서 InputStream 객체를 취득하고 Properties 클래스의 load 메서드의 인수로 지정하여 속성 파일을 로드할 수 있다. 속성 파일의 로드가 완료되면 Properties 클래스의 getProperty 메서드로 키를 사용하여 값을 가져온다. 자바 6 이전의 작성과 자바 7 이후의 작성 예를 소개하겠다.

자바 6 이전

```java
File file = new File("mail.properties");

InputStream is = null;
try {
    is = new FileInputStream(file);
    Properties properties = new Properties();
    properties.load(is);

    String address = properties.getProperty("system.mail.address");
    System.out.println(address);
} catch (IOException ex) {
    // 예외 처리는 생략
} finally {
    if (is != null) {
        try {
            is.close();
        } catch (IOException ex) {
            System.err.println(ex);
        }
    }
}
```

```
insik@jpub.co.kr
```

```
Path path = Paths.get("mail.properties");
try (BufferedReader reader = Files.newBufferedReader(
        path, StandardCharsets.UTF_8)) {
    Properties properties = new Properties();
    properties.load(reader);

    String address = properties.getProperty("system.mail.address");
    System.out.println(address);

} catch (IOException ex) {
    // 예외 처리는 생략
}
```

```
insik@jpub.co.kr
```

위의 예에서는 프로퍼티 파일의 경로를 직접 지정하여 파일을 읽어들였다.

국제화 대응

국제화 대응을 하려면 Properties 클래스가 아닌 java.util.ResourceBundle 클래스를 사용하여 속성 파일을 로드하도록 한다. ResourceBundle 클래스의 getBundle 메서드에서 속성 파일을 읽는데 확장자를 지정하지 않는다는 점에 주의해야 한다. 값을 얻으려면 getString 메서드를 사용한다.

```
ResourceBundle bundle = ResourceBundle.getBundle("mail");

String message = bundle.getString("system.mail.errormessage");
System.out.println(message);
```

```
Cannot send mail.
```

그리고 국제화 대응에서는 사용하는 언어의 수만큼 파일을 준비해야 한다. 파일 이름은 다음과 같이 한다.

기본 이름 + _ + 로케일 + .properties

로케일은 특정 지리적, 국가적, 또는 문화적 지역을 나타낸 것이다. 우리나라의 경우는 'ko'다.[18] 'system.mail.errormessage' 값이 이해할 수 없는 문자의 나열이 되어 있지만 ResourceBundle 클래스를 사용하는 경우 UTF-8 파일을 로드할 수 없으며 ISO 8859-1로 기술해야 하기 때문에 한국어 부분은 인코딩된 형식으로 설명하고 있다.[19]

●국제화 대응한 속성 파일의 설정 예(mail_ko.properties)

```
system.mail.address=insik@jpub.co.kr
system.mail.enable=true
// 메일송신 에러
system.mail.errormessage=\uBA54\uC77C\uC1A1\uC2E0 \uC5D0\uB7EC
```

mail_ko.properties 파일을 배치하고 다시 프로그램을 실행하면 실행하는 PC의 언어 설정이 한국어로 되어 있을 경우 mail_ko.properties 파일에 기술한 문자(한국어)가 출력된다. 국제화 대응한 속성 파일을 배치했을 때의 실행 예는 다음과 같다.

```
메일송신 에러
```

또한 Properties 클래스를 사용하여 직접 속성 파일을 가져 오려면 속성 파일을 ISO 8859-1로 기술할 필요가 없다. 한국어를 그대로 쓸 수 있다. 이와 같이 ResourceBundle 클래스는 속성 파일을 로드할 때 실행한 PC의 언어에 대응한 파일을 자동으로 읽어준다. 그러나 ResourceBundle 클래스를 사용하기 위해서는 속성 파일을 클래스 경로에 배치해야 할 필요가 있다는 점에 주의해야 한다. 참고로 자바 6부터는 Properties 클래스의 load 메서드에 Reader 객체를 지정할 수 있게 되어서 Reader 객체를 생성할 때 문자 코드를 지정하여 읽어 올 수 있다. 자바 5.0 이전의 load 메서드에는 InputStream 객체를 지정하는 것밖에 없기 때문에 자바 5.0을 사용하는 경우는 속성 파일을 ISO 8859-1 형식으로 작성해야 한다.

---

18 역주 로케일은 'ko'뿐만 아니라 'ko_KR'도 사용할 수 있다.
19 JDK와 함께 제공되는 native2ascii 명령을 사용하여 변환해야 한다. 하지만 이클립스와 같은 IDE에서는 파일을 저장할 때 이것을 자동으로 변환해 주기 때문에 개발자는 별로 의식하지 않아도 된다.

8.4.2 CSV 파일

일부 필드(항목)를 쉼표(,)로 구분하여 데이터를 저장한 파일을 CSV 파일이라고 한다. CSV는
'Comma-Separated Values'의 약자로[20] 일반적으로 CSV 파일은 '.csv' 확장자를 갖는다. 다음 예
제는 이름, 나이, 생년월일, 이메일 주소, 비고의 다섯 가지 항목을 기술한 CSV 파일이다.

```
name,age,birth,email,note
정우성,35,1978/4/1,woosung@xxx.co.kr,"소유면허:1종운전면허,응용정보기술자"
조수미,28,1985/10/23,soomi@xxx.co.kr,
```

첫 번째 줄에 정의 항목의 명칭, 두 번째 줄 이후에 데이터를 작성한다. 문자를 쉼표로 구분한
간단한 구조이며 여러 정보를 쉽게 표현할 수 있다는 점에서 데이터를 보관하는 데 널리 이용되
고 있다. Microsoft Excel에서도 그대로 가져올 수 있다. 단, 간단한 구조이긴 하나 엄격하게 취
급하고자 한다면 다음과 같은 것을 고려해야 한다.

- 필드 안에 쉼표, 큰따옴표, 줄 바꿈을 포함하는 경우에는 큰따옴표(")로 묶는 등 이스케이프 처리가
  필요하다
- 빈 줄, 주석 행은 건너뛰는 처리가 필요하다
- 인코딩, 줄 바꿈 코드의 취급이 필요하다
- 출력한 CSV 파일을 Excel에서 읽고 싶은 경우 MS949로 인코딩해야 한다

따라서 CSV 파일 가져오기 및 내보내기를 할 경우에는 자신이 직접 처리 프로그램을 작성하는
것이 아니라 전용 라이브러리를 사용하는 것이 좋다. CSV 파일을 처리하는 라이브러리는 여러
가지가 있지만 이 책에서는 '14장 라이브러리로 효율 높이기'에서 'SuperCSV'라는 라이브러리를
소개하고 있다.

8.4.3 XML 파일

속성 파일은 사용이 간단하긴 하지만 그만큼 반복 요소나 부모-자식 관계 등의 구조를 표현하
는 것이 어렵다. 키의 이름으로 노력해서 표현할 수도 있겠지만 대부분의 경우 이러한 노력의 결
과로 오히려 복잡해진 정의 내용을 이해할 수 없기 때문에 사용자에게 외면당한다.

---

20 구분 문자로 쉼표 이외의 탭이나 공백을 사용할 수도 있다. 이러한 파일 형식을 총칭하여 'Character-Separated Values'라고 부르기
도 한다.

외부화 정의를 구성하는 데 있어서 구조화가 필요한 경우 XML 형식을 사용할 수 있다. XML은 'eXtensible Markup Language'의 약자로 데이터의 논리적 구조와 의미를 데이터의 내용과 함께 텍스트 파일로 표현하는 기술 방법이다. 실제 XML 파일의 내용을 살펴보자. 우선 직원 정보를 보관하는 XML 파일의 예다(staff.xml). 'Insik', 'Jung'이라는 데이터의 내용에 대해 그것들이 무엇을 나타내는지 알려주기 위해 <firstname>과 <lastname>과 같은 태그로 구조화하거나 id="1024"와 같이 태그에 속성을 추가하여 추가 정보를 설정하고 있다.

staff.xml

```
<?xml version="1.0" encoding="UTF-8"?>
<staffs>
    <staff id="1024">
        <name>
            <firstname>InSik</firstname>
            <lastname>Jung</lastname>
        </name>
        <gender>male</gender>
        <job>Engineer</job>
    </staff>
</staffs>
```

다음은 XML 중에서도 쉽게 접할 수 있는 것 중의 하나인 XHTML 파일(HTML을 XML의 사양에 따라 재정의한 사양)의 예다. <head>와 <title> 같은 태그를 사용하여 'Acroquest Technology 주식회사 메인 페이지'라는 데이터의 내용이 웹 페이지의 제목임을 나타내고 있다.

index.html

```
<!DOCTYPE html PUBLIC "-//W3C//DTD XHTML 1.0 Transitional//EN" "http://www.w3.org/TR/
xhtml1/DTD/xhtml1-transitional.dtd">
<html xmlns="http://www.w3.org/1999/xhtml" xml:lang="ko" lang="ko">
    <head>
        <title>Acroquest Technology 주식회사 메인 페이지</title>
    </head>
    <body>
        (생략)
    </body>
</html>
```

이와 같이 XML을 사용함으로써 서로 다른 정보 시스템 사이에서 구조화된 문서 및 구조화된 데이터를 공유할 수 있다. 그럼 자바 소스 코드 안에서 XML을 로드하려면 어떻게하면 될까? 사실 자바에서 XML을 읽어들이는 API는 여러 개 존재하고 있으며 XML을 취급하는 목적에 따라 구분이 필요하다. 하나씩 살펴보자.

(1) DOM

DOM(Document Object Model)은 XML 문서를 객체의 트리 구조로 읽어들이는 API다. 방금 전의 staff.xml를 트리 구조로 표시한 예를 살펴보자. 각 요소는 각각 다음과 같다.

- Document ➡ XML 문서 전체
- Element ➡ 태그
- Attr ➡ 속성
- TextNode ➡ 태그로 묶인 문자열

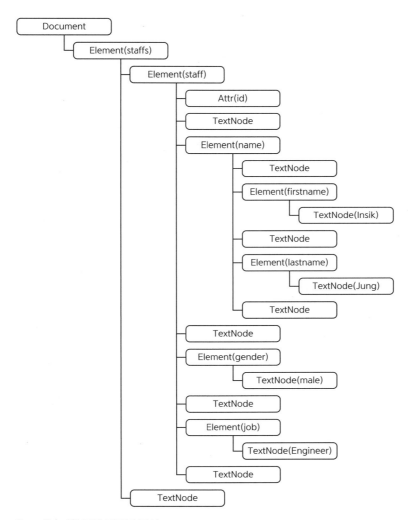

● **staff.xml을 트리 구조로 표시**

DOM API는 XML 파일을 읽어들여 우선은 이 트리 구조를 메모리에 전개한다. 그리고 XML 파일에서 필요한 데이터를 추출하기 위해 트리 구조를 root 요소인 staffs부터 순서대로 추적하면서 요소를 가져온다.

구체적인 구현 예를 살펴보자. 다음 예제에서는 중첩된 태그를 재귀적으로[21] 읽어들여 태그의 내용을 표시하고 있다(readRecursive 메서드 안에서 readRecursive 메서드를 부르고 있다).

태그의 내용은 org.w3c.dom.Node 클래스의 객체에 보관되어 있으며 태그 안에 태그(하위 태그)는 getFirstChild 메서드(첫 번째 하위 태그)와 getNextSibling 메서드(다음 하위 태그)를 취득하고 있다.

속성은 getAttributes 메서드로 취득한다.

```java
public void parse(String xmlFile) {
    try (InputStream is = Files.newInputStream(Paths.get(xmlFile))) {
        DocumentBuilder builder = DocumentBuilderFactory
                .newInstance().newDocumentBuilder();
        Node root = builder.parse(is);
        readRecursive(root);
    } catch (ParserConfigurationException | IOException | SAXException ex) {
        // 예외 처리 생략
    }
}

private void readRecursive(Node node) {
    Node child = node.getFirstChild();

    while (child != null) {
        printNode(child);
        NamedNodeMap attributes = child.getAttributes();
        if (attributes != null) {
            for (int index = 0; index < attributes.getLength(); index++) {
                Node attribute = attributes.item(index);
                System.out.print("Attribute: ");
                printNode(attribute);
            }
        }
        readRecursive(child);
        child = child.getNextSibling();
    }
}
```

---

21 어떤 내용을 기술할 때 그 자신의 기술을 참조하는 것을 말한다. XML 파일의 경우 '태그를 읽어들이기' 처리 안에서 하위 태그가 나온 경우에 자신의 '태그를 읽어들이기' 처리를 다시 부르면 하위 태그도 읽어들일 수 있다. 재귀 처리는 XML 파일 이외에도 디렉터리와 같은 트리 구조를 가진 것을 읽거나 저장할 때 사용한다.

```
private void printNode(Node node) {
    System.out.println(node.getNodeName() + "=" + node.getNodeValue());
}
```

```
staffs=null
#text=

staff=null
Attribute: id=1024
#text=

name=null
#text=

firstname=null
#text=InSik
#text=

lastname=null
#text=Jung
#text=

#text=

gender=null
#text=male
#text=

job=null
#text=Engineer
#text=

#text=
```

XML 파일을 트리 구조로 읽어들이기 위해 javax.xml.parsers.DocumentBuilder 클래스의 parse 메서드를 사용하고 있다. 트리 구조의 로드가 완료되면 트리의 root 요소부터 순서대로 따라가며 요소를 출력하고 있다. 출력 결과는 '#text =' 다음에 빈 줄도 출력되고 있는데 이것은 XML 파일 안에서 태그와 태그 사이의 줄 바꿈과 공백도 요소로 로드되고 있기 때문이다.

시스템 안에서 DOM을 사용하는 경우는 'XML 파일을 순차적으로 따라가며 필요한 요소를 찾아낸 곳에 값을 보관'하는 식의 사용법도 있다. 또한 사람이 보기 쉽도록 들여쓰기한 부분은 DOM에서는 TextNode로 객체화된다. 그렇기 때문에 공백만의 TextNode는 무시하고, 문자열이 있으면 문자열의 시작과 끝의 공백을 제거하는 처리가 필요하다. DOM은 트리 구조를 모두 읽어들이기 때문에 메모리를 많이 사용하는 경향이 있다. 구현 방식에 따라 다르지만 커다란 문서의 조작이나 동시에 대량의 XML 파일을 읽어들이는 처리에는 적합하지 않다고 말할 수 있다.

(2) SAX

DOM의 경우 먼저 XML 문서를 구문 분석하여 문서의 구조에 대응한 객체의 트리를 얻을 수 있었다. 한편 XML 문서의 구문 분석을 실시하는 점은 동일하지만 구문 분석을 마친 후에 처리를 하는 것이 아니라, 구문 분석을 진행하면서 이벤트 구동으로 필요한 정보를 가져가는 것이 SAX(Simple API for XML)다. 여기에서 '이벤트'라고 부르고 있는 것은 XML의 태그 및 텍스트 등의 요소를 읽어들이는 시작 및 종료 등의 처리를 가리킨다. 즉 XML 파일을 읽어들여 가며 태그와 텍스트가 발견되면 미리 정의된 작업을 수행하는 형태로 XML 파일을 처리하고 있다.

다음 예제에서는 org.xml.sax.helpers.DefaultHandler 클래스를 상속한 SampleHandler 클래스를 생성하고 태그의 내용을 표시하고 있다. XML 파일의 분석이 시작되면 startDocument 메서드가 호출되고, 분석이 완료되면 endDocument 메서드가 호출된다. 또한 시작 태그가 나타나면 startElement 메서드가 호출되고, 종료 태그가 나타나면 endElement 메서드가 호출된다. 태그로 둘러싸인 문자열이 발견되면 characters 메서드가 호출된다.

```java
public void parse(String xmlFile) {
    try (InputStream is = Files.newInputStream(Paths.get(xmlFile))) {
        SAXParserFactory factory = SAXParserFactory.newInstance();
        SAXParser parser = factory.newSAXParser();
        SampleHandler handler = new SampleHandler();

        parser.parse(is, handler);

    } catch (ParserConfigurationException | SAXException | IOException ex) {
        // 예외 처리는 생략
    }
}
```

SampleHandler 클래스

```java
class SampleHandler extends DefaultHandler {
    @Override
    public void startDocument() {
        System.out.println("Start Document");
    }

    @Override
    public void endDocument() {
```

```
            System.out.println("End Document");
    }

    @Override
    public void startElement(String namespaceURI, String localName,
            String qName, Attributes atts) {
        if (atts != null) {
            for (int index = 0; index < atts.getLength(); index++) {
                System.out.println("Attribute: " + atts.getQName(index)
                    + "=" + atts.getValue(index));
            }
        }
        System.out.println("Start Element: " + qName);
    }

    @Override
    public void endElement(String namespaceURI, String localName, String qName) {
        System.out.println("End Element: " + qName);
    }

    @Override
    public void characters(char[] ch, int start, int length) {
        String text = new String(ch, start, length);
        System.out.println("Text: " + text);
    }
}
```

```
Start Document
Start Element: staffs
Text:

Attribute: id=1024
Start Element: staff
Text:

Start Element: name
Text:

Start Element: firstname
Text: InSik
End Element: firstname
Text:

Start Element: lastname
Text: Jung
End Element: lastname
Text:

End Element: name
Text:
```

```
Start Element: gender
Text: male
End Element: gender
Text:

Start Element: job
Text: Engineer
End Element: job
Text:

End Element: staff
Text:
End Element: staffs
End Document
```

SAX는 그 이름처럼 단순해서 처리가 가벼운 API다. XML 파일 안에서 유니크한 요소명이 들어 있는 요소만을 취득하고 싶은 경우에는 신속한 처리가 가능하다. 반면에 XML 파일에 대해 여러 부분에 존재하는 태그를 동시에 취득하는 등의 복잡한 처리에는 그다지 적합하지 않다.

(3) StAX

StAX(Streaming API for XML)는 자바 6부터 표준으로 통합된 API다. StAX는 이벤트 구동형으로 처리를 수행한다는 점에서 SAX와 비슷하지만 SAX는 푸시형, StAX는 풀형이라는 차이가 있다. '푸시'란 API 쪽에서 코드를 호출하는 것을 말하고, '풀'이란 이벤트를 끌어내는 동작을 말한다. 이런 말로는 잘 모를 것이라고 생각하기 때문에 좀 더 자세하게 설명하겠다.

SAX의 경우 XML 파일의 로드는 API로 하고 요소의 로드(=이벤트 발생) 시에 작성한 코드를 호출하는 형태로 동작한다. SAX의 예에서는 org.xml.sax.ContextHandler 객체(DefaultHandler 클래스는 이것의 구현 클래스)를 작성하여 SAX API를 등록했다. SAX API는 XML을 파싱(구문 분석)하면서 '요소가 시작되었다'라는 이벤트를 감지하여 ContentHandler 객체의 startElement 등의 콜백 메서드(이벤트가 발생할 때 호출되는 메서드)를 호출한다. 'API 쪽에서 코드를 호출한다'라는 의미에서 푸시형인 것이다.

이에 반해 StAX는 파서가 이벤트를 던지는 것이 아니라 프로그램이 이벤트가 있는지의 여부를 판단하여 처리를 한다. 이벤트가 있으면 파서에서 취득한다는(=이벤트를 끌어내는 움직임) 점에서 풀형인 것이다. SAX는 구문 분석이 시작되면 코드 측에서 제어할 수 없다. 이에 반해 StAX는 구문 분석의 제어가 가능하기 때문에 예를 들어 '구문 분석의 중간에 중지한다' 등의 처리도 실현 가능하다.

그럼 StAX를 이용한 코드를 살펴보자. StAX는 'Cursor API'와 'Event Iterator API'라는 두 종류의 API가 준비되어 있으며 각각 XML 파싱의 방법이 다르다. 우선 Cursor API로 구현하는 방법을 살펴보자. Cursor API는 javax.xml.stream.XMLStreamReader 인터페이스를 사용하여 XML 파일의 이벤트를 순서대로 읽어 가며 처리 대상인 이벤트가 발견되었을 경우에 대응하는 처리를 실행한다.

StAX의 CursorAPI를 이용하여 XML을 읽어들이기

```java
public void parse(String xmlFile) {
    try (InputStream is = Files.newInputStream(Paths.get(xmlFile))) {
        XMLInputFactory factory = XMLInputFactory.newInstance();
        XMLStreamReader reader = factory.createXMLStreamReader(is);

        while (reader.hasNext()) {
            reader.next();

            int eventType = reader.getEventType();

            if (eventType == XMLStreamConstants.START_ELEMENT) {
                System.out.println("Name: " + reader.getName());

                int count = reader.getAttributeCount();
                if (count != 0) {
                    System.out.println("Attribute:");
                    for (int index = 0; index < count; index++) {
                        System.out.println(" Name: "
                        + reader.getAttributeName(index));
                        System.out.println(" Value: "
                        + reader.getAttributeValue(index));
                    }
                }

            } else if (eventType == XMLStreamConstants.CHARACTERS) {
                String text = reader.getText().trim();
                if (!text.isEmpty()) {
                    System.out.println("Text: " + text);
                    System.out.println();
                }

            }
        }
    } catch (IOException | XMLStreamException ex) {
        // 예외 처리는 생략
    }
}
```

```
Name: staffs
Name: staff
Attribute:
 Name: id
 Value: 1024
Name: name
Name: firstname
Text: InSik

Name: lastname
Text: Jung

Name: gender
Text: male

Name: job
Text: Engineer
```

한편 Event Iterator API는 javax.xml.stream.XMLEventReader 인터페이스를 사용하여 XML 파일의 이벤트를 순서대로 읽어간다.

StAX의 Event Iterator API를 이용하여 XML을 읽어들이기

```java
public void parse(String xmlFile) {
    try (InputStream is = Files.newInputStream(Paths.get(xmlFile))) {
        XMLInputFactory factory = XMLInputFactory.newInstance();
        XMLEventReader reader = factory.createXMLEventReader(is);

        // 처리 대상의 이벤트를 걸러낼 필터를 설정한다
        EventFilter filter = new EventFilter() {
            public boolean accept(XMLEvent event) {
                return event.isStartElement() || event.isCharacters();
            }
        };
        reader = factory.createFilteredReader(reader, filter);

        while (reader.hasNext()) {
            XMLEvent event = reader.nextEvent();

            if (event.isStartElement()) {
                StartElement startElement = event.asStartElement();
                System.out.println("Name: " + startElement.getName());

                Iterator<Attribute> attributes = startElement.getAttributes();
                if (attributes.hasNext()) {
                    System.out.println("Attribute:");

                    while (attributes.hasNext()) {
                        Attribute attribute = attributes.next();
```

```
                    System.out.println(" Name: " + attribute.getName());
                    System.out.println(" Value: " + attribute.getValue());
                }
            }

        } else if (event.isCharacters()) {
            Characters characters = event.asCharacters();
            String text = characters.getData().trim();
            if (!text.isEmpty()) {
                System.out.println("Text: " + text);
                System.out.println();
            }
        }
    }

    } catch (IOException | XMLStreamException ex) {
        // 예외 처리를 생략
    }
}
```

```
Name: staffs
Name: staff
Attribute:
 Name: id
 Value: 1024
Name: name
Name: firstname
Text: InSik

Name: lastname
Text: Jung

Name: gender
Text: male

Name: job
Text: Engineer
```

소스 코드만 보면 Cursor API와 흐름이 매우 비슷할지도 모른다. 그러나 Event Iterator API의
경우 이벤트를 javax.xml.stream.events.XMLEvent 클래스의 객체로 취급할 수 있다는 점이 다
르다. XMLEvent 객체를 다른 클래스나 메서드에 전달함에 따라 각 이벤트의 처리를 다른 곳에
이양하는 등 보다 파악하기 좋은 소스 코드로 만들 수 있다. 또한 위의 예에서와 같이 대상 이
벤트를 미리 javax.xml.stream.EventFilter를 이용하여 필터링할 수 있다.

이와 같이 StAX를 사용하면 XML 파일을 트리 형식으로 모두 로드하지 않고 신속하게 처리할

수 있을 뿐만 아니라 필요한 이벤트만을 구현하여 소스 코드도 간결하게 작성할 수 있다. 이 책에서는 소개하는 수준이지만 StAX를 사용하면 XML 파일의 내보내기도 비교적 쉽게 구현할 수 있다. 흥미가 있다면 꼭 조사해 보길 바란다.

(4) XPath

XPath(Xml Path language)는 XML 파일 중에서 조건에 맞는 부분만을 추출하는 형태로 처리하는 API다. XML 파일 안의 특정 부분을 나타내는 문자열(위치 경로)을 지정함으로써 조건에 맞는 요소를 직접 가져올 수 있다. 미리 XML 파일의 구조를 알고 있으며, 파일 안의 일부 값을 추출하려는 경우에 유용한 API다. XPath에서는 태그의 위치를 '/'로 구분한다. '@'를 사용하여 속성을 지정하거나 'text()'를 사용하여 태그로 둘러싸인 문자열을 취득하거나 대괄호([])를 사용하여 조건을 지정할 수도 있다.

```java
public void parse(String xmlFile) {
    try (InputStream is = Files.newInputStream(Paths.get(xmlFile))) {
        DocumentBuilder builder = DocumentBuilderFactory
                .newInstance().newDocumentBuilder();
        Document document = builder.parse(is);

        XPathFactory factory = XPathFactory.newInstance();
        XPath xpath = factory.newXPath();

        // staff 태그의 id 속성을 취득한다
        System.out.println("id=" + xpath.evaluate(
                "/staffs/staff/@id", document));

        // staff 태그 안, name 태그 안의 firstname 태그로 둘러싼 문자열을 취득한다
        System.out.println("firstname=" + xpath.evaluate(
                "/staffs/staff/name/firstname/text()", document));

        // staff 태그 안의 name 태그에서, firstname 태그로 둘러싼 문자열이 'InSik'인
        // name 태그의
        // lastname 태그로 둘러싼 문자열을 취득한다
        System.out.println("lastname=" + xpath.evaluate(
            "/staffs/staff/name[firstname='InSik']/lastname/text()", document));

    } catch (ParserConfigurationException | IOException
            | SAXException | XPathExpressionException ex) {
        // 예외 처리를 생략
    }
}
```

```
id=1024
firstname=InSik
lastname=Jung
```

DOM 소스 코드와 비교해 보면 알 수 있듯이 'XML 파일을 트리 구조로 읽어들인다'라는 점에서는 DOM과 다르지 않다. 따라서 DOM과 마찬가지로 메모리를 소모하기 때문에 커다란 문서의 조작이나 동시에 대량의 XML을 읽어들이는 처리에는 적합하지 않다고 말할 수 있다.

(5) JAXB

JAXB(Java Architecture for XML Binding)는 지금까지 소개해온 API와는 양상이 다르다. XML 파일을 읽어들이기보다 'XML 파일과 자바의 객체를 연결하는' 동작을 한다. JAXB를 이용함으로써 XML과 자바 객체를 상호 변환할 수 있다.

구체적인 사용 예를 살펴보자. 먼저 staff.xml의 내용과 결합하는 자바 클래스를 만든다. staff 태그에 대응하는 Staff 클래스와 그 안에 name 태그에 대응하는 StaffName 클래스를 준비한다. StaffName 클래스는 Staff 클래스의 <name> 태그에 대응하는 클래스로 firstname 객체, lastname 객체의 값을 보관하기 위한 클래스다.

객체의 내용을 간단히 볼 수 있도록 toString 메서드를 구현한다. ToStringBuilder 클래스는 필드의 내용을 문자열로 변환하는 유틸리티 클래스다. 자세한 내용은 '14장 라이브러리로 개발을 효율화하기'에서 설명하겠다.

Staffs.java

```java
import java.util.List;

import javax.xml.bind.annotation.XmlElement;
import javax.xml.bind.annotation.XmlRootElement;

import org.apache.commons.lang3.builder.ToStringBuilder;

@XmlRootElement(name = "staffs")
public class Staffs {
    private List<Staff> staffList;

    @XmlElement(name = "staff")
    public List<Staff> getStaffList() {
        return staffList;
    }

    public void setStaffList(List<Staff> staffList) {
```

```
        this.staffList = staffList;
    }

    @Override
    public String toString() {
        return ToStringBuilder.reflectionToString(this);
    }
}
```

Staff.java

```
import org.apache.commons.lang3.builder.ToStringBuilder;

import javax.xml.bind.annotation.XmlAttribute;
import javax.xml.bind.annotation.XmlRootElement;

public class Staff {
    private int id;

    private StaffName name;

    private String gender;

    private String job;

    @XmlAttribute(name="id")
    public int getId() {
        return this.id;
    }

    public void setId(int id) {
        this.id = id;
    }

    public StaffName getName() {
        return name;
    }

    public void setName(StaffName name) {
        this.name = name;
    }

    public String getGender() {
        return gender;
    }

    public void setGender(String gender) {
        this.gender = gender;
    }
```

```java
    public String getJob() {
        return job;
    }

    public void setJob(String job) {
        this.job = job;
    }

    @Override
    public String toString() {
        return ToStringBuilder.reflectionToString(this);
    }
}
```

StaffName.java

```java
import org.apache.commons.lang3.builder.ToStringBuilder;

public class StaffName {
    private String firstname;

    private String lastname;

    public String getFirstname() {
        return firstname;
    }

    public void setFirstname(String firstname) {
        this.firstname = firstname;
    }

    public String getLastname() {
        return lastname;
    }

    public void setLastname(String lastname) {
        this.lastname = lastname;
    }

    @Override
    public String toString() {
        return ToStringBuilder.reflectionToString(this);
    }
}
```

그럼 XML 파일과 Staff 클래스를 연결하는 소스 코드를 살펴보자. 다음 예제에서는 JAXB 클래스의 unmarshal 메서드에서 스트림의 XML 파일을 자바 객체로 변환한다.

```
public void parse(String xmlFile) {
    try (InputStream is = Files.newInputStream(Paths.get(xmlFile))) {
        Staffs staffs = JAXB.unmarshal(is, Staffs.class);
        System.out.println(staffs);
    } catch (IOException ex) {
        // 예외 처리는 생략
    }
}
```

Staffs@27bc2616[staffList=[Staff@3941a79c[id=1024,name=StaffName@506e1b77[firstname=InSik,lastname=Jung],gender=male,job=Engineer]]]

Staff 클래스의 객체에 XML 안에서 언급된 값이 보관되어 있는 것을 알 수 있다. 이렇게 일단 한 번 XML 파일에 대응하는 클래스를 생성해 버리면 XML 파일과 자바 객체의 변환을 쉽게 할 수 있는 것이 JAXB의 특징이다. 여기에서는 클래스를 직접 작성했지만 XML 파일의 문서 구조를 나타내는 XML Schema 파일이 존재하는 경우라면 XML Schema 파일에서 자바 클래스를 자동으로 생성할 수 있다. 또한 여기에서는 XML 파일에서 자바 객체로의 변환에 대해 다뤘지만 자바 객체에서 XML 파일로 출력할 수도 있다. XML 파일의 내용을 모두 자바 객체로 변환하여 사용하고 싶은 경우 JAXB은 유효한 수단이라고 할 수 있다.

8.4.4 JSON 파일

JSON(JavaScript Object Notation)은 구조화된 데이터를 간단하게 기술할 수 있는 데이터 형식이다. 기본적으로는 항목과 값의 조합으로 기술하지만 배열과 연상 배열(Map에 상당)도 표현할 수 있다. 다음은 JSON 파일의 예다.

```
{
    "name"     : "김철수",
    "age"      : 35,
    "licenses" : ["1종운전면허", "응용정보기술자"]
}
```

JavaScript에서는 JSON 형식의 데이터를 쉽게 가져올 수 있기 때문에 웹 애플리케이션이나 REST 통신[22]의 데이터 교환에 자주 이용되고 있다. JSON을 자바로 취급하려면 자바 객체를

---

22 REST는 REpresentational State Transfer의 약자로 네트워크상의 콘텐츠(리소스)를 고유한 URL로 표현, HTTP 메서드를 사용하여 자원에 대한 작업을 실시하는 구조를 말한다. 그 데이터 형식으로 JSON이 잘 사용된다.

JSON 형식의 문자열로 변환하거나 반대로 문자열을 자바 객체로 변환할 필요가 있다. Java EE 7 부터는 표준으로 JSON을 다루는 API가 제공되었지만 JSON 데이터를 직접 자바 객체에 매핑할 수 없는 등 사용하기 어려운 부분이 있다. 따라서 JSON과 자바 객체와의 변환에는 전용 라이브러리를 사용하는 것이 좋다. JSON 파일을 처리하는 라이브러리는 여러 가지가 있는데 이 책에서는 '14장 라이브러리로 효율 높이기'에서 공개 라이브러리인 'Jackson'이라는 라이브러리를 소개하고 있다.

CHAPTER

9

날짜 처리 공략하기

9.1 | Date와 Calendar 구분하여 사용하기

실제 개발하는 업무용 프로그램에서는 데이터의 생성 시간과 수정 시간과 같은 날짜 정보를 보관하거나 로그 정보를 처리한 시간을 기록하는 등 날짜 처리는 없어서는 안 되는 부분이다. 자바에는 프로그램 안에서 날짜와 시간을 취급하기 위한 클래스로 java.util.Date 클래스와 java.util.Calendar 클래스의 두 종류가 존재하며 용도에 따라 구분해야 한다. 또한 자바 8에서는 'Date and Time API'라는 날짜와 시간 조작용 API가 더해져 날짜와 시간을 다루기 쉽게 되었다. Date and Time API에 대해서는 '9.2 Date and Time API 사용하기'에서 설명하겠다. 여기에서는 이전부터 존재하는 Date 클래스와 Calendar 클래스에 대한 사용법과 클래스 간의 상호 변환하는 방법에 대해 설명한다.

● 날짜 처리를 실시하는 클래스

클래스	설명
Date	일시, 특정의 시각을 보관하는 클래스
Calendar	연, 월, 일, 시, 분, 초 단위로 개별적으로 설정/취득/가산/감산할 수 있는 클래스

9.1.1 Date 클래스 이용하기

Date 클래스의 사용 예를 나타냈다. 여기에서는 현재 시각이나 시각을 지정하여 Date 객체를 생성하고 있다.

```
// 현재 시각으로 Date 클래스를 생성한다
Date now = new Date();
System.out.println(now);

// 시각을 지정하여 Date 클래스의 인스턴스를 생성한다
// 1970년1월1일 오전0시(GMT)로부터 5,000밀리초 경과한 시간
Date date = new Date(5000);
System.out.println(date);
```

```
Sat Oct 07 15:06:28 KST 2017
Thu Jan 01 09:00:05 KST 1970
```

Date 클래스의 생성자를 인수 없이 호출하면 현재 시간을 보관한 Date 클래스의 인스턴스를 생성한다. 만약 시간을 지정하여 인스턴스를 생성하고 싶으면 long형을 인수로 갖는 생성자를 사용한다. 생성자의 인수에 '1970년 1월 1일 0시(GMT)부터 경과한 시간을 밀리초로 환산한 값'을 설정하면 지정한 시간을 보관한 인스턴스가 생성된다. '1970년 1월 1일 0시(GMT)부터 경과한 시간'을 계산한다는 것은 귀찮다고 생각할 수 있다. 사실 Date 클래스에는 연, 월, 일, 시, 분을 인수로 갖는 생성자가 존재한다. 그러나 이 생성자는 비추천(deprecated)으로 되어 있어 사용해서는 안 된다. 연, 월, 일, 시, 분을 지정하여 Date 클래스의 인스턴스를 취득하는 경우는 나중에 설명할 Calendar 클래스로부터 변환하는 방법이 있다.

또한 Date 클래스의 setTime 메서드를 이용하면 Date 클래스의 인스턴스가 보관하는 시간을 변경할 수 있다. 이 메서드의 인수는 long형으로 생성자와 마찬가지로 '1970년 1월 1일 0시(GMT)부터 경과한 시간'을 지정한다. Date 클래스에는 연, 월, 일, 시, 분, 초를 개별적으로 설정하는 방법(setYear, setMonth, setDate, setHours, setMinutes, setSeconds)이 존재하지만 이러한 방법도 비추천(deprecated)이며 사용해서는 안 된다. 마찬가지로 Date 클래스에는 연, 월, 일, 시간을 직접 지정하거나 검색하는 방법도 존재하지만 이 역시 비추천(deprecated)이다. 이러한 작업을 하려면 Calendar 클래스를 사용할 것을 추천하고 있다.

setTime 메서드에 의해 인스턴스가 유지하는 시간을 바꿀 수 있다는 점에서 Date 클래스는 불변 객체가 아니다(불변 객체의 자세한 내용은 '10장 객체지향 즐기기' 참조). Date 클래스를 사용하여 시각의 정보를 유지하는 경우 의도하지 않은 값이 변경될 수 있음을 의식해야 한다. 출력의 형식은 DateFormat 클래스를 사용함으로써 원하는 대로 변형할 수 있다(자세한 내용은 '9.3 날짜 클래스와 문자열 상호 교환하기' 참조). 실제 개발 현장에서는 Date 클래스는 로그에 처리 시간을 출력하거나 특정 처리의 실행 시간을 기록할 때 사용한다.

9.1.2 Calendar 클래스 이용하기

Calendar 클래스의 사용 예를 나타냈다. 여기에서는 현재 시간을 보관하는 Calendar 객체를 생성하고 있다.

```java
Calendar calendar = Calendar.getInstance();
System.out.println(" ■ Calendar의 값");
System.out.println(calendar);
System.out.println(" ■ getTime의 값");
System.out.println(calendar.getTime());
```

```
■ Calendar의 값
java.util.GregorianCalendar[time=1507356636545,areFieldsSet=true,areAllFieldsSet=t
rue,lenient=true,zone=sun.util.calendar.ZoneInfo[id="Asia/Seoul",offset=32400000,d
stSavings=0,useDaylight=false,transitions=22,lastRule=null],firstDayOfWeek=1,minima
lDaysInFirstWeek=1,ERA=1,YEAR=2017,MONTH=9,WEEK_OF_YEAR=40,WEEK_OF_MONTH=1,DAY_OF_
MONTH=7,DAY_OF_YEAR=280,DAY_OF_WEEK=7,DAY_OF_WEEK_IN_MONTH=1,AM_PM=1,HOUR=3,HOUR_OF_
DAY=15,MINUTE=10,SECOND=36,MILLISECOND=545,ZONE_OFFSET=32400000,DST_OFFSET=0]
■ getTime의 값
Sat Oct 07 15:10:36 KST 2017
```

Calendar 클래스는 추상 클래스다. 따라서 생성자를 호출하는 것이 아니라 예와 같이 getInstance 메서드를 사용하여 인스턴스를 취득한다. 출력 결과에서 알 수 있듯이 getInstance 메서드는 현재 시간을 보관한 GregorianCalendar 클래스의 인스턴스를 반환한다. 또한 연, 월, 일, 시, 분, 초 등의 정보를 개별적으로 보유하고 있음을 알 수 있다.

Calendar 클래스를 그대로 출력하면 출력 결과가 복잡해지기 때문에 실제 개발 현장에서는 위와 같이 getTime 메서드의 처리 결과를 출력하는 것이 일반적이다. 이 경우 Date 클래스로 변환된 결과를 출력한다. Calendar 클래스와 Date 클래스와 변환에 대해서는 '9.1.3 Date 클래스와 Calendar 클래스의 상호 변환을 실시하기'에서 상세히 설명하겠다. Calendar 클래스는 Date 클래스와는 달리 연, 월, 일, 시, 분, 초 단위로 개별적으로 설정, 취득, 가산, 감산할 수 있다. 다음 예제에서는 set 메서드나 add 메서드를 사용하여 값을 설정하고 있다.

```java
Calendar calendar = Calendar.getInstance();
// 분만 지정한다
calendar.set(Calendar.MINUTE, 18);
System.out.println("분의 지정: " + calendar.getTime());
// 전부 지정한다 (월 0~11로 나타낸다는 점에 주의)
calendar.set(2013, 9, 22, 18, 36, 42);
System.out.println("전부 지정: " + calendar.getTime());
// 날짜를 표시한다
System.out.println("날짜의 표시: " + calendar.get(Calendar.DATE));
// 초를 표시한다
System.out.println("초의 표시: " + calendar.get(Calendar.SECOND));
// 연도를 2 추가한다 (2년 후의 날짜로 변경한다)
calendar.add(Calendar.YEAR, 2);
System.out.println("연도 덧셈: " + calendar.getTime());
```

```
// 월을 2 줄인다(2달 전의 날짜로 변경한다)
calendar.add(Calendar.MONTH, -2);
System.out.println("월의 뺄셈: " + calendar.getTime());
```

```
분의 지정   : Sat Oct 07 15:18:50 KST 2017
전부 지정   : Tue Oct 22 18:36:42 KST 2013
날짜의 표시 : 22
초의 표시   : 42
연도 덧셈   : Thu Oct 22 18:36:42 KST 2015
월의 뺄셈   : Sat Aug 22 18:36:42 KST 2015
```

set 메서드를 이용하면, 연, 월, 일, 시, 분, 초의 값을 개별적으로 설정할 수 있다.

● set 메서드

메서드	설명
set(int field, int value)	지정한 캘린더에 값을 설정한다.

첫 번째 매개변수는 캘린더 필드, 두 번째 매개변수는 설정할 값이다.

캘린더 필드는 연, 월, 일, 시, 분, 초 중에서 어떤 값을 변경할지의 여부를 나타내는 값이다. 각각 다음과 같다.

- 연 ➡ Calendar.YEAR
- 월 ➡ Calendar.MONTH
- 일 ➡ Calendar.DAY_OF_MONTH
- 시 ➡ Calendar.HOUR
- 분 ➡ Calendar.MINUTE
- 초 ➡ Calendar.SECOND

이 가운데 월을 지정하는 경우는 주의가 필요하다. Calendar 클래스는 월을 0~11의 값으로 보관하고 있다. 따라서 1월이면 0으로, 10월이면 9로 숫자를 -1 해야 한다. 이러한 계산을 잊고 처리한 나머지 예상치 못한 월을 설정하지 않도록 다음의 Calendar 클래스의 상수를 이용하는 것이 안전하다.

● Calendar 클래스의 상수

상수	상수가 나타내는 월
Calendar.JANUARY	1월
Calendar.FEBRUARY	2월
Calendar.MARCH	3월
Calendar.APRIL	4월
Calendar.MAY	5월
Calendar.JUNE	6월
Calendar.JULY	7월
Calendar.AUGUST	8월
Calendar.SEPTEMBER	9월
Calendar.OCTOBER	10월
Calendar.NOVEMBER	11월
Calendar.DECEMBER	12월

연, 월, 일, 시, 분, 초를 한꺼번에 지정하려면 다음의 메서드를 이용한다.

- 연, 월, 일을 함께 설정하고 다른 캘린터 필드의 값을 유지한 채 보관하는 경우
  ➡ set(int year, int month, int date)
- 연, 월, 일, 시, 분을 함께 설정하는 경우
  ➡ set(int year, int month, int date, int hourOfDay, int minute)
- 연, 월, 일, 시, 분, 초를 함께 설정하는 경우
  ➡ set(int year, int month, int date, int hourOfDay, int minute, int second)

여기서도 다시 말하지만 달을 설정하는 경우는 0~11의 값을 사용한다는 점에 유의해야 한다. 연, 월, 일, 시, 분, 초의 값을 취득하려면 get 메서드를 사용한다. get 메서드의 인수는 캘린더 필드로, 인수로 지정된 캘린더 필드의 값을 가져온다. 연, 월, 일, 시, 분, 초의 값을 가산 및 감산하려면 add 메서드를 사용한다.

● add 메서드

메서드	설명
add(int field, int amount)	지정된 달력 필드에 값을 가산 또는 감산(마이너스 값의 경우)한다.

첫 번째 인수로 캘린더 필드를 지정하고 두 번째 인수로 지정한 시간량으로 가산 또는 감산한다. add 메서드는 인스턴스가 보관하고 있는 시간을 변경한다. 이 때문에 Calendar 클래스는 불

변 객체가 아니다. Date 클래스와 마찬가지로 Calendar 클래스를 사용하여 시간 정보를 보관하는 경우 의도하지 않은 값이 변경될 수 있음을 인식해야 한다.

▎9.1.3 Date 클래스와 Calendar 클래스의 상호 교환 실시하기

Date 클래스는 특정 날짜를 나타내는 클래스로 '9.3 날짜 클래스와 문자열 상호 변환하기'에서 설명할 방법으로 날짜와 시간을 화면에 표시하거나 사용자의 입력을 받아 보관할 수 있다. 그러나 날짜와 시간의 계산은 실시할 수 없다. 한편 Calendar 클래스는 날짜와 시간의 계산은 실시할 수 있지만 문자열의 상호 변환을 할 수 없다. Date 클래스와 Calendar 클래스의 단점을 보완하기 위해 상호 변환이 필요하다. Calendar 클래스에서 Date 클래스로의 변환에는 다음의 두 가지 방법이 있다.

(1) Calendar 클래스의 메서드를 이용하기

```
Calendar calendar = Calendar.getInstance();
Date date = calendar.getTime();
```

Calendar 클래스의 getTime 메서드는 Calendar 인스턴스가 보관한 시간을 지닌 Date 클래스의 인스턴스를 반환한다.

(2) 1970년 1월 1일 0시(GMT)부터의 경과 시간(밀리초)을 사용하기

```
Calendar calendar = Calendar.getInstance();
Date date = new Date(calendar.getTimeInMillis());
```

Calendar 클래스의 getTimeInMillis 메서드는 Calendar 인스턴스가 보관하고 있는 시간을 '1970년 1월 1일 0시(GMT)부터 경과한 시간'의 값으로 반환한다. 이 값을 Date 클래스의 생성자의 인수로 지정함으로써 동일한 시간을 갖는 Date 클래스의 인스턴스를 얻을 수 있다.

위의 두 가지 방법을 비교했을 때 현장에서는 (1)의 방법을 보다 처리가 이해하기 쉽다는 이유로 많이 사용하고 있다. 하지만 (2)의 방법에서는 시간 정보를 기본형(long)으로 처리할 수 있다는 장점이 있다. 상황에 따라서는 '1970년 1월 1일 0시(GMT)부터의 경과 시간(밀리초)'을 이용하여 시간 정보를 유지해야 하는 경우도 발생한다. 그런 경우 필요에 따라 Date 클래스의 인스턴스를 생성할 수 있기 때문에 (2)의 방법도 기억해 두는 것이 좋을 것이다. Date 클래스로부터

Calendar 클래스로의 변환은 다음과 같이 한다.

```
Date date = new Date()
Calendar calendar = Calendar.getInstance();
calendar.setTime(date);
```

Calendar 클래스의 setTime 메서드는 Date 클래스의 인스턴스를 인수로 취해 Calendar 클래스
에서의 보관 시간을 변경한다.

9.2 | Date and Time API 사용하기

기존의 날짜 클래스(java.util.Date, java.util.Calendar)에는 다음과 같이 사용하기 어려운 점이 있었다.

- Date 클래스는 연, 월, 일 등을 지정한 인스턴스의 생성이 비추천으로 되어 있다
- Date 클래스는 연, 월, 일의 각 필드의 값을 개별적으로 취득하는 처리가 비추천으로 되어 있다
- Date 클래스는 연, 월, 일의 계산을 할 수 없다
- Date 클래스, Calendar 클래스 둘 다 불변 객체가 아니다

애초부터 Date 클래스와 Calendar 클래스라는 두 가지 클래스를 서로 구분해서 사용하거나 상호 변환해야 하거나 하는 등 날짜 처리가 복잡하게 구성되어 있었다. 또한 이 클래스들이 불변 객체가 아니라는 점은 의도하지 않아도 값이 변경될 수 있음을 고려할 필요가 있어 오류의 원인이 되기도 했다. 이러한 문제를 해소하기 위해서 자바 8에서 Date and Time API가 추가되었다. 여기서는 Date and Time API에 대해 기존의 방법과의 차이와 이용 방법에 대해 설명하겠다.

9.2.1 Date and Time API의 장점

앞서 기존의 날짜 클래스(java.util.Date)의 문제점에 대해서 설명했다. 그럼 Date and Time API를 사용하면 어떤 이점이 있을까? Date and Time API의 장점은 다음과 같다.

- 날짜, 시간, 일시를 각각 다른 클래스로 처리하기 때문에 필요에 따라 나누어 사용할 수 있다(불필요한 정보를 보유할 필요가 없다)
- 연, 월, 일 등을 지정하여 인스턴스를 생성할 수 있다
- 연, 월, 일의 각 필드값을 개별적으로 취득할 수 있다
- 연, 월, 일의 계산이 가능하다
- 불변 객체다

각각의 특징에 대해 살펴보겠다.

9.2.2 날짜, 시간, 일시를 각각 별도의 클래스로 취급한다

Date and Time API는 날짜, 시간, 일시를 취급하는 클래스가 다음과 같이 세 가지로 나누어져 있다.

- 날짜 ➡ java.time.LocalDate 클래스
- 시간 ➡ java.time.LocalTime 클래스
- 일시 ➡ java.time.LocalDateTime 클래스

다음 예제에서는 각 클래스의 now 메서드를 사용하여 현재 날짜, 현재 시간, 현재의 날짜와 시간을 취득하고 있다.

```
// 날짜
LocalDate date = LocalDate.now();
System.out.println(date);

// 시각
LocalTime time = LocalTime.now();
System.out.println(time);

// 일시
LocalDateTime dateTime = LocalDateTime.now();
System.out.println(dateTime);
```

```
2017-10-07
15:34:24.903
2017-10-07T15:34:24.903
```

각 클래스의 now 메서드를 이용하여 현재 시간을 나타내는 인스턴스를 각각 취득할 수 있다. 출력 결과로부터 알 수 있듯이 각각의 클래스는 다음의 정보를 보유하고 있음을 알 수 있다.

- LocalDate 클래스 ➡ 연, 월, 날짜 (날짜만)
- LocalTime 클래스 ➡ 시, 분, 초, 나노초 (시간만)
- LocalDateTime 클래스 ➡ 연, 월, 일, 시, 분, 초, 나노초 (날짜 및 시간)

9.2.3 연, 월, 일 등을 지정하여 인스턴스를 생성할 수 있다

지금까지 Date 클래스와 Calendar 클래스의 인스턴스를 만드는 경우 다음 중 하나의 생성자를 사용해야 했다.

- '현재 시간'을 작성하는 생성자
- '1970년 1월 1일 0시(GMT)부터의 경과 시간(밀리초)'을 지정하는 생성자

한편 Date and Time API에서 제공하는 LocalDateTime 클래스의 인스턴스를 만들려면 다음과 같은 세 가지 방법이 있다.

- 현재 날짜와 시간을 지정한다
- 연, 월, 일, 시, 분, 초를 지정한다
- 날짜 문자열(ISO 8601 형식)을 지정한다

실제 코드를 살펴보자.

(1) 현재 날짜와 시간을 지정한다

```
// 현재의 일시
System.out.println(LocalDateTime.now());
```

```
2017-10-11T21:28:06.187
```

now 메서드를 사용하여 현재의 날짜와 시간을 지정해 인스턴스를 취득할 수 있음은 앞에서도 설명했다.

(2) 연, 월, 일, 시, 분, 초를 지정한다

연, 월, 일, 시, 분, 초를 지정하여 인스턴스를 얻으려면 다음과 같은 방법을 사용한다.

● **LocalDate 클래스의 메서드(모두 static)**

메서드
of(int year, int month, int dayOfMonth)
of(int year, Month month, int dayOfMonth)

● LocalTime 클래스의 메서드(모두 static)

메서드
of(int hour, int minute)
of(int hour, int minute, int second)
of(int hour, int minute, int second, int nanoOfSecond)

● LocalDateTime 클래스의 메서드(모두 static)

메서드
of(int year, int month, int dayOfMonth, int hour, int minute)
of(int year, int month, int dayOfMonth, int hour, int minute, int second)
of(int year, int month, int dayOfMonth, int hour, int minute, int second, int nanoOfSecond)
of(int year, Month month, int dayOfMonth, int hour, int minute)
of(int year, Month month, int dayOfMonth, int hour, int minute, int second)
of(int year, Month month, int dayOfMonth, int hour, int minute, int second, int nanoOfSecond)

Month 클래스는 월을 나타내는 enum에서 다음의 값을 갖는다.

● Month 클래스의 enum 값

Enum의 값	값이 나타내는 월
Month.JANUARY	1월
Month.FEBRUARY	2월
Month.MARCH	3월
Month.APRIL	4월
Month.MAY	5월
Month.JUNE	6월
Month.JULY	7월
Month.AUGUST	8월
Month.SEPTEMBER	9월
Month.OCTOBER	10월
Month.NOVEMBER	11월
Month.DECEMBER	12월

다음 예제에서는 of 메서드를 사용하여 날짜와 시간을 지정하고 있다.

```
// 연월일 등을 지정. 초 미만은 생략 가능
System.out.println(LocalDateTime.of(2017, Month.JANUARY, 1, 1, 23, 45));
System.out.println(LocalDateTime.of(2017, 1, 1, 1, 23, 45, 678_000_000));
```

```
2017-01-01T01:23:45
2017-01-01T01:23:45.678
```

위의 예를 봐도 알 수 있듯이 월을 숫자로 지정하는 경우 1~12를 지정한다. 기존 Calendar 클래스에서 월은 0~11로 지정해야 했다는 점을 생각하면 보다 자연스럽게 변경되었다.

(3) 날짜 문자열(ISO 8601 형식)을 지정한다

날짜 문자열을 지정하여 인스턴스를 얻으려면 각 클래스의 parse 메서드를 사용한다. parse 메서드의 인수에 지정할 문자열의 형식을 나타냈다.

● **parse 메서드의 인수로 지정하는 문자열의 형식**

클래스	문자열의 형식
LocalDate	"2012-02-03"
LocalTime	"21:30:15.123"
	"21:30:15"(밀리초를 생략)
LocalDateTime	"2012-02-03T21:30:15.123"
	"2012-02-03T21:30:15"(밀리초를 생략)

실행 예를 살펴보자. 다음 예제는 밀리초까지 지정하고 있다.

```
// 문자열을 지정
System.out.println(LocalDateTime.parse("2017-01-01T01:23:45.678"));
```

```
2017-01-01T01:23:45.678
```

9.2.4 연, 월, 일의 각 필드값을 개별로 취득할 수 있다

Date and Time API에서는 연, 월, 일의 각 필드값을 개별적으로 취득하는 메서드를 사용할 수 있다. 다음과 같이 각 클래스에 따라 사용할 수 있는 메서드가 정해져 있다.

● **LocalDate 클래스의 메서드**

메서드	설명
getYear	연도를 취득한다.
getMonth	월을 취득한다(반환값은 Month 클래스).
getMonthValue	월을 취득한다(반환값은 1~12).
getDayOfMonth	일을 취득한다.

● **LocalTime 클래스의 메서드**

메서드	설명
getHour	시간을 취득한다.
getMinute	분을 취득한다.
getSecond	초를 취득한다.
getNano	나노초를 취득한다.

● **LocalDateTime 클래스의 메서드**

메서드	설명
getYear	연도를 취득한다.
getMonth	월을 취득한다(반환값은 Month 클래스).
getMonthValue	월을 취득한다(반환값은 1~12).
getDayOfMonth	일을 취득한다.
getHour	시간을 취득한다.
getMinute	분을 취득한다.
getSecond	초를 취득한다.
getNano	나노초를 취득한다.

실행 예를 살펴보자. 다음 예에서는 2017년 1월 2일 3시 45분 57초 890의 LocalDateTime 객체를 생성하여 연, 월, 일, 시, 분, 초 각각의 필드로 나누어 값을 취급하고 있다.

```
LocalDateTime dateTime = LocalDateTime.of(2017, Month.JANUARY, 2, 3, 45, 57,
                890_000_000);
System.out.println(" 연 : " + dateTime.getYear());
System.out.println(" 월(Enum): " + dateTime.getMonth());
System.out.println(" 월(숫자): " + dateTime.getMonthValue());
System.out.println(" 일 : " + dateTime.getDayOfMonth());
System.out.println(" 시 : " + dateTime.getHour());
System.out.println(" 분 : " + dateTime.getMinute());
System.out.println(" 초 : " + dateTime.getSecond());
System.out.println(" 나노초 : " + dateTime.getNano());
```

```
연        : 2017
월(Enum) : JANUARY
월(숫자)  : 1
일        : 2
시        : 3
분        : 45
초        : 57
나노초    : 890000000
```

9.2.5 연, 월, 일을 계산할 수 있다

지금까지 귀찮았던 날짜 연산도 Date and Time API에서는 쉽게 가능하다. Date 클래스는 연산을 할 수 없고, Calendar 클래스를 이용하는 경우는 인수 필드를 지정해야 했다. 한편 Date and Time API는 plusDays, minusHours와 같은 메서드를 이용하여 보다 쉽게 연산을 할 수 있게 되었다. 각 클래스에서 사용할 수 있는 메서드를 간략하게 설명하겠다.

● LocalDate 클래스의 메서드

메서드	설명
plusYears	연도를 더한다.
minusYears	연도를 뺀다.
plusMonths	월을 더한다.
minusMonths	월을 뺀다.
plusWeeks	주를 더한다.
minusWeeks	주를 뺀다.
plusDays	일을 더한다.
minusDays	일을 뺀다.

● LocalTime 클래스의 메서드

메서드	설명
plusHours	시간을 더한다.
minusHours	시간을 뺀다.
plusMinutes	분을 더한다.
minusMinutes	분을 뺀다.
plusSeconds	초를 더한다.
minusSeconds	초를 뺀다.
plusNanos	나노초를 더한다.
minusNanos	나노초를 뺀다.

● LocalDateTime 클래스의 메서드

메서드	설명
plusYears	연도를 더한다.
minusYears	연도를 뺀다.
plusMonths	월을 더한다.
minusMonths	월을 뺀다.
plusWeeks	주를 더한다.
minusWeeks	주를 뺀다.
plusDays	일을 더한다.
minusDays	일을 뺀다.
plusHours	시간을 더한다.
minusHours	시간을 뺀다.
plusMinutes	분을 더한다.
minusMinutes	분을 뺀다.
plusSeconds	초를 더한다.
minusSeconds	초를 뺀다.
plusNanos	나노초를 더한다.
minusNanos	나노초를 뺀다.

실행 예를 살펴보자. 다음 예제에서는 날짜 단위 또는 초 단위로 덧셈과 뺄셈을 하고 있다.

```
// 2017/02/03 21:30:15
LocalDateTime dateTime = LocalDateTime.of(2017, 2, 3, 21, 30, 15);

// 3일 후
System.out.println("3일 후 : " + dateTime.plusDays(3));

// 100일 전
System.out.println("100일 전 : " + dateTime.minusDays(100));

// 30초 전
System.out.println("30초 전 : " + dateTime.minusSeconds(30));

// 원래의 인스턴스 값
System.out.println(" 원래의 값 : " + dateTime);
```

```
3일 후    : 2017-02-06T21:30:15
100일 전 : 2016-10-26T21:30:15
30초 전 : 2017-02-03T21:29:45
원래의 값 : 2017-02-03T21:30:15
```

코드 예제의 마지막 출력 결과를 보면 알 수 있듯이 LocalDateTime 클래스에서는 처음에 만든 dateTime 인스턴스의 시간이 변화하지 않는다. LocalDate 클래스, LocalTime 클래스, LocalDateTime 클래스의 인스턴스는 각각 불변 객체이기 때문에 날짜 계산 조작 등에서 정보가 변경되는 일이 없다. 이것은 지금까지의 날짜 클래스(java.util.Date, java.util.Calendar)와는 다른 특징이다.

9.3 날짜 클래스와 문자열 상호 교환하기

프로그램 중에서는 날짜와 시간을 계산하기 쉽도록 날짜 클래스의 인스턴스로 값을 보관해 두는데, 화면이나 파일에 날짜와 시간을 출력할 때는 사용자가 이해하기 쉽도록 변형하여 문자열로 표현할 필요가 있다. 반대로 화면에서 사용자가 입력한 날짜와 시간(문자열)은 프로그램에서 사용하기 쉬운 날짜 클래스의 인스턴스로 변환해야 한다. 날짜 클래스의 인스턴스를 특정 형식으로 표시하거나 특정 형식으로 작성된 날짜 문자열을 날짜 클래스의 인스턴스로 변환하려면 DateFormat 클래스를 사용한다. 또한 Date and Time API를 사용하는 경우는 DateTimeFormatter 클래스를 사용한다. Date and Time API의 날짜 클래스와 문자열의 상호 변환은 '9.4 Date and Time API로 날짜/시간 클래스와 문자열 상호 변환하기'에서 설명하겠다.

9.3.1 날짜 클래스를 임의의 형식으로 문자열 출력하기

출력 형식을 문자열로 지정하여 날짜와 시간을 문자열로 변환한다. Date 객체를 문자열로 변환하려면 java.text.SimpleDateFormat 클래스의 format 메서드를 사용한다.

```
Date date = new Date();

// DateFormat을 생성한다
DateFormat format = new SimpleDateFormat("yyyy년MM월dd일HH시mm분ss초");
System.out.println(format.format(date));
```

```
2017년10월13일22시13분00초
```

SimpleDateFormat 클래스의 생성자의 인수에는 패턴 문자를 사용하여 날짜 문자열의 형식을 나타낸 문자열을 지정한다. SimpleDateFormat 클래스에서 이용할 수 있는 패턴 문자를 표로 정리했다.

● SimpleDateFormat 클래스에서 이용할 수 있는 패턴 문자

문자	설명
G	기원
y	연도
M	월
w	연도에 대한 주
W	월에 대한 주
D	연도에 대한 일수
d	월에 대한 일수
F	월에 대한 요일
E	요일
a	오전/오후
H	1일에 대한 시간(0~23)
k	1일에 대한 시간(1~24)
K	오전/오후의 시간(0~11)
h	오전/오후의 시간(1~12)
m	분
s	초
S	밀리초
z	타임 존
Z	타임 존(4행의 숫자)

자릿수는 패턴 문자를 연속한 수에 따라 결정된다. 예를 들어 연도를 나타내는 'y'의 경우 'yy'로 하면 연도를 두 자리로 표시하고, 'yyyy'하면 네 자리로 나타낸다.

9.3.2 문자열로 표현된 날짜를 Date 클래스로 변환하기

다음은 문자열로 표현된 날짜를 Date 클래스로 변환하는 예를 살펴보자. 이번에는 SimpleDateFormat 클래스의 parse 메서드를 사용한다. SimpleDateFormat 클래스의 생성자에는 Date 객체를 문자열로 변환할 때와 마찬가지로 패턴 문자를 사용한다.

```
// DateFormat을 생성한다
DateFormat format = new SimpleDateFormat("yyyy년 MM월 dd일 HH시 mm분 ss초");

// 문자열을 Date 클래스로 변환한다
try {
    Date date = format.parse("2017년 01월 01일 01시 23분 45초")
    System.out.println(date);
} catch (ParseException ex) {
    System.out.println("파싱 에러");
}
```

```
Sun Jan 01 01:23:45 KST 2017
```

지정한 문자열이 예상하는 날짜 문자열의 패턴과 일치하지 않는 경우 ParseException이 발생한다는 점에 유의하자.

9.3.3 SimpleDateFormat 클래스는 스레드 세이프가 아니다

지금까지 살펴본 것처럼 날짜 클래스와 문자열을 상호 변환하기 위해서 DateFormat 클래스(실제로 SimpleDateFormat 클래스)를 이용했다. 여러 곳에서 변환 처리를 할 경우 '처음에 생성한 DateFormat 클래스의 인스턴스를 재활용하면 되지'라고 생각할 것이다. 그러나 여기에 함정이 있다.

DateFormat 클래스는 스레드로부터 안전하지 않다는 문제가 있다(스레드 세이프에 대한 자세한 내용은 '11장 스레드 세이프 즐기기' 참조). DateFormat 클래스의 인스턴스를 재사용하다 보면 동시에 사용되는 경우에 의도하지 않았던 값이 반환될 위험이 있다. 따라서 DateFormat 클래스의 재사용은 절대로 해서는 안 된다. 개발 현장에서는 '날짜를 나타내는 문자열을 상수로 유지하고 변환을 하기 직전에 DateFormat 클래스의 인스턴스를 생성하여 이용한다'라는 방법을 취해야 한다.

9.4 | Date and Time API로 날짜/시간 클래스와 문자열 상호 교환하기

LocalDateTime 클래스 등의 Date and Time API의 클래스를 이용하는 경우 DateFormat 클래스 대신 DateTimeFormatter 클래스를 사용한다.

9.4.1 날짜/시간 클래스를 임의의 형식으로 문자열 출력하기

변환하고 싶은 문자열의 형식을 지정하려면 java.time.format.DateTimeFormatter 클래스의 ofPattern 메서드(static 메서드)를 사용한다. SimpleDateFormat 클래스와 마찬가지로 패턴 문자를 이용하고 format 메서드를 사용해서 문자열로 변환한다.

```
LocalDateTime date = LocalDateTime.now();
System.out.println(DateTimeFormatter.ofPattern("yyyy/MM/dd HH:mm:ss.SSS").format(date));
```

```
2017/10/14 07:18:51.716
```

format 메서드의 인수 형태는 java.time.temporal.TemporalAccessor 인터페이스로 되어 있는데 Date and Time API에서 취급하는 날짜/시간 클래스는 모두 TemporalAccessor 인터페이스를 구현하고 있다. 따라서 이러한 객체들로부터 문자열로의 변환에는 DateTimeFormatter 클래스의 format 메서드를 공통으로 사용할 수 있다. 단, 날짜/시간 클래스에 정의되지 않은 값을 문자열 형식으로 지정했을 경우는 예외가 발생하기 때문에 주의해야 한다. 예를 들어 날짜 객체를 시간도 포함한 형식으로 변환하려고 하면 UnsupportedTemporalTypeException 예외가 발생한다.

```
LocalDate date = LocalDate.now();
System.out.println(DateTimeFormatter
    .ofPattern("yyyy/MM/dd HH:mm:ss.SSS")
    .format(date));
```

```
Exception in thread "main" java.time.temporal.UnsupportedTemporalTypeException:
Unsupported field: HourOfDay
```

9.4.2 문자열로 표현된 날짜를 날짜/시간 클래스로 변환하기

문자열에서 날짜/시간 클래스로 변환할 때도 DateTimeFormatter 클래스를 사용한다. 이번에는
format 메서드가 아닌 parse 메서드를 사용한다.

```
TemporalAccessor parsed = DateTimeFormatter
        .ofPattern("yyyy/MM/dd HH:mm:ss")
        .parse("2017/02/25 19:09:59");
LocalDateTime date = LocalDateTime.from(parsed);
```

parse 메서드의 반환값의 형태는 TemporalAccessor 인터페이스로 되어 있는데 이 상태로는 취
급하기 어렵기 때문에 LocalDateTime 클래스 등으로 변환한다. 변환하려면 변환하고 싶은 클래
스의 from 메서드를 사용한다. 만약 날짜만의 문자열을 TemporalAccessor 인터페이스로 변환
한 것을 시간을 포함한 LocalDateTime 클래스로 변환하려고 하면 DateTimeException 예외가
발생한다.

```
TemporalAccessor parsed = DateTimeFormatter
        .ofPattern("yyyy/MM/dd HH:mm:ss")
        .parse("2017/02/25");
```

```
Exception in thread "main" java.time.format.DateTimeParseException: Text '2017/02/25'
could not be parsed at index 10
```

9.4.3 DateTimeFormatter 클래스는 스레드 세이프다

SimpleDateFormat과 달리 DateTimeFormatter 클래스는 스레드로부터 안전하다. 따라서
DateTimeFormatter 인스턴스를 재사용할 수 있다. DateTimeFormatter의 인스턴스 생성은 지금
까지 ofPattern 메서드를 이용하여 패턴을 지정해 생성했지만, DateTimeFormatter 클래스에는
몇 가지 패턴에 대응한 인스턴스가 정의되어 있어 그것을 사용할 수 있다.

● 정의된 DateTimeFormatter 인스턴스의 예

정의된 인스턴스	설명
ISO_LOCAL_DATE	yyyy-MM-dd 형식의 날짜를 취급한다.
ISO_LOCAL_TIME	HH:mm 형식이나 HH:mm:ss 형식으로 시간을 취급한다.
ISO_LOCAL_DATE_TIME	yyyy-MM-dd'T'HH:mm:ss 형식의 날짜와 시간을 취급한다.

날짜만 문자열을 처리하기 위한 ISO_LOCAL_DATE를 사용하는 경우에는 다음과 같이 사용한다.

```
TemporalAccessor parsed = DateTimeFormatter.ISO_LOCAL_DATE.parse("2017-02-25");
LocalDate date = LocalDate.from(parsed);
```

객체지향 즐기기

10.1 | 기본형과 참조형의 값 전달하기

자바에서는 메서드 호출의 인수에 값을 전달하거나 변수에 대입할 때 크게 두 가지 패턴으로 나눈다. 기본형의 값 전달과 참조형의 값 전달이다. 이들을 제대로 이해하지 않으면 예상치 못한 부분에서 값이 교체되어 버리거나, 아니면 예상대로 값이 변하지 않거나 하는 문제가 발생한다. 여기서는 기본형의 값 전달과 참조형의 값 전달에 있어서 각각의 특징에 대해 알아보겠다.

10.1.1 기본형과 참조형의 값 전달 방법

우선 기본형의 값 전달 방법에 대해 살펴보자. 다음의 수신자(callByValue 메서드의 안)에서는 인수로 전달된 값에 1을 더하여 2가 되었다. 하지만 호출자(main 메서드)에는 이것이 반영되지 않고 1인 상태로 되어 있다.

```java
public class CallByValueSample {
    public static void main(String[] args) {
        int value = 1;
        callByValue(value);
        System.out.println("호출자:" + value);
    }

    public static void callByValue(int value) {
        value++;
        System.out.println("수신자:" + value);
    }
}
```

```
수신자: 2
호출자: 1
```

이와 같이 기본형의 값을 전달하는 경우는 수신자에서 값을 변경해도 호출자에 영향을 주지 못한다.

다음으로 참조형의 값 전달 방법에 대해 살펴보겠다. 수신자(callByReference 메서드 안)에서 변경된 값이 호출자(main 메서드)에 반영되어 모두 2로 되어 있다.

```java
public class Entity {
    public int value;
}
public class CallByReferenceSample {
    public static void main(String... args) {
        Entity entity = new Entity();
        entity.value = 1;
        callByReference(entity);
        System.out.println(" 호출자:" + entity.value);
    }

    public static void callByReference(Entity entity) {
        entity.value++;
        System.out.println(" 수신자:" + entity.value);
    }
}
```

```
수신자:2
호출자:2
```

참조형의 경우는 객체 자체가 아닌 객체에 대한 '참조'를 나타내는 값을 전달한다. 따라서 호출된 메서드의 변경 사항이 호출자에게 반영되는 특징이 있다.

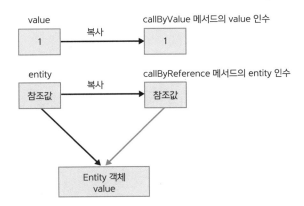

● 기본형의 값 전달과 참조형의 값 전달

그러나 참조형의 값 전달의 경우에도 호출자의 값이 변하는 것은 인수의 객체에 대한 조작을 하는 경우다. 인수에 다른 값(참조)을 할당한 경우에는 호출자의 값은 변경되지 않는다.

```
public class Entity {
    public int value;
}

public class CallByReferenceSample {
    public static void main(String... args) {
        Entity entity = new Entity();
        entity.value = 1;
        callByReference(entity);
        System.out.println(" 호출자:" + entity.value);
    }

    public static void callByReference(Entity entity) {
        entity = new Entity();
        entity.value = 2;
        System.out.println(" 수신자:" + entity.value);
    }
}
```

```
수신자: 2
호출자: 1
```

인수에 다른 객체를 할당하면 참조 그 자체가 교체되어 이후에는 새로운 객체로의 조작이 된다. 이처럼 인수에 객체를 전달했을 때 그 메서드 내에서의 변경이 호출자에도 영향을 준다. 따라서 객체를 메서드의 인수에 전달할 때는 메서드 안에서 값이 변하는지에 대한 여부를 명확히 해야 한다. 이를 위해 필자가 자주 사용하는 규칙은 다음과 같다.

- 원칙적으로 인수 객체의 수정은 피한다
- 반환값이 void의 경우 인수 객체를 수정해도 좋다
- 반환값이 void 이외의 경우 인수 객체를 변경해서는 안 된다

왜냐하면 반환값이 존재하는 경우 인수도 변경되는 것은 상상하기 어렵기 때문이다. 아무튼 호출에 영향을 미치는지 여부는 Javadoc 주석 등에서 명시적으로 언급하는 것이 좋다(Javadoc에 대해서는 '13장 주변 도구로 품질 높이기' 참조).

10.1.2 조작해도 값이 변하지 않는 불변 객체 클래스

메서드의 인수에 객체를 지정하는 경우 참조값을 전달하게 되는 것은 앞에서 설명했다. 또한 원칙적으로 메서드 안에서 인자로 전달된 값을 바꾸지 않도록 해야 하는 것도 설명했다. 단 현실

적인 문제이지만 값을 바꿀 수 있는 코드를 작성할 수 있는 만큼 무의식 또는 의식적으로 메서드 안에서 객체의 값을 변경할 가능성이 있다.

그런 가능성을 배제하기 위해 객체 자체의 값을 변경할 수 없도록 한 것이 불변 객체 클래스다. 불변 객체 클래스는 이름(Immutable = 불변) 그대로 값을 변경할 수 없는 클래스다. 단순하게 말하자면 값을 변경할 방법이 없는 클래스다. 예를 들어 Integer 등의 래퍼형 클래스와 String 클래스, 자바 8에서 추가된 Date and Time API의 클래스는 불변 객체 클래스다. 또한 이러한 불변 객체 클래스로 생성된 객체를 이뮤터블 객체(Immutable Object)라고도 한다.

그럼 정말 값이 변하지 않는 것인지 살펴보자. 예를 들어 String 클래스에는 값을 치환하는 replace 메서드가 있다. 이 replace 메서드를 호출해도 원래 객체의 값은 변경되지 않는다.

```java
String text1 = "This is an apple.";
String text2 = text1.replace("apple", "orange");
System.out.println("원래의 객체:" + text1);
System.out.println("반환값:" + text2);
```

```
원래의 객체 :This is an apple.
반환값      :This is an orange.
```

String 클래스의 다른 메서드도 마찬가지다. 또한 Integer 클래스에는 원래 값을 변화시키는 (숫자이므로 덧셈 및 뺄셈을 실시하는) 메서드는 존재하지 않는다. Integer 변수의 값을 변경하려면 다른 Integer 객체를 할당할 수밖에 없다. 따라서 불변 객체 클래스는 모든 메서드에서 객체 자신의 값을 바꾸지 않으며 조작한 결과는 메서드의 반환값으로 반환하고 있다. 따라서 불변하는 객체를 메서드의 인수로 전달하여 메서드 안에서 어떠한 조작을 해도 메서드를 호출한 곳의 값은 변경되지 않는다.

> **N O T E** **String이나 Integer의 값이 변한다!?**
>
> 다음 코드를 실행하면 '+='이나 '++'의 부분에서 String이나 Integer의 값이 바뀐 것처럼 보인다.
>
> ```java
> String text = "This is ";
> text += "an apple.";
> System.out.println(text);        // "This is an apple."이라고 표시된다
>
> Integer number = 1;
> number++;
> System.out.println(number);      // "2"라고 표시된다
> ```

사실 여기에는 트릭이 있는데, 실제로는 객체의 값은 변경되지 않는다. 이 코드는 자바 언어의 사양상 다음과 같이 해석되어 실행된다(여기서는 설명을 위한 이미지이며 엄밀하게는 다르다).

```java
String text = "This is ";
String text2 = text + "an apple.";
text = text2;
System.out.println(text);

Integer number = 1;
int number2 = number.intValue();
number2++;
number = Integer.valueOf(number);
System.out.println(number);
```

Integer는 오토박싱 및 언박싱된다(자세한 사항은 '3장 타입 공략하기' 참조). 이 코드를 보면 알 수 있듯이 String 객체도 Integer 객체도 새로운 객체가 만들어져 변수의 참조는 새로운 객체에 연결되어 바뀌고 있다. 이러한 조작에 의해 값이 바뀐 것처럼 보였던 것이다. 이것은 동일 메서드 안에서 실시하고 있기 때문에 이해하기 어렵지만, 다른 메서드에서 문자열 결합과 숫자 연산을 해도 메서드를 호출한 곳에서는 값이 변경되지 않은 것을 확인할 수 있다.

참고로 String 및 Integer 클래스의 연산은 연산마다 객체의 생성이 필요해 성능이 나쁘기 때문에 빈번한 연산이 필요할 경우에는 이러한 클래스의 사용을 피하는 것이 좋다. 컴파일러가 영리하게 불필요한 처리를 없애긴 하지만 컴파일러에 의지한 코딩은 향후 보다 정확한 처리를 위해 그다지 추천할 만한 것은 아니다.

그럼 어떻게 하면 좋은 것일까? 그것은 다음 절에서 소개할 뮤터블한 클래스를 사용하는 것이다.

10.1.3 조작하면 값이 변경되는 변경 가능 클래스

불변 객체 클래스와는 반대로 조작하면 값이 변경되는 변경 가능(Mutable) 클래스에 대해서도 살펴보자. 예를 들어 StringBuilder 클래스나 여러 스레드에서 안전하게 값의 변경과 취득을 할 수 있는 AtomicInteger 클래스에는 실행함으로써 객체 자신의 값을 변경할 수 있는 메서드가 있다. StringBuilder 클래스라면 append 메서드, AtomicInteger 클래스라면 incrementAndGet 메서드가 그에 해당한다.

```java
StringBuilder text = new StringBuilder("This is ");
System.out.println("조작하기 전:" + text);
text.append("an apple.");
System.out.println("조작한 후:" + text);        // 조작하기 전과 동일한 변수

AtomicInteger number = new AtomicInteger(1);
System.out.println("조작하기 전:" + number);
```

```
number.incrementAndGet();
System.out.println("조작한 후:" + number);        // 조작하기 전과 동일한 변수
```

```
조작하기 전:This is
조작한 후  :This is an apple.
조작하기 전:1
조작한 후  :2
```

이와 같이 객체 자신의 값을 변경하는 메서드가 '하나라도' 존재하는 경우, 그 클래스는 변경 가능 클래스로 간주될 수 있다. 변경 가능 클래스는 메서드의 인수에 객체를 전달했을 때 호출된 곳에서 값을 변경하면 호출한 곳에도 그 영향이 반영된다.

```
public void someMethod() {
    StringBuilder text = new StringBuilder("This is ");
    AtomicInteger number = new AtomicInteger(1);
    System.out.println(" 변경하기 전:" + text + " " + number);

    write(text, number);

    System.out.println(" 변경한 후:" + text + " " + number);
}

public static void write(StringBuilder text, AtomicInteger number) {
    text.append("an apple.");
    number.incrementAndGet();
}
```

```
변경하기 전:This is  1
변경한 후  :This is an apple. 2
```

10.1.4 변경 가능한 클래스의 장점과 단점

필자는 변경 가능한 클래스보다도 불변 객체 클래스 쪽을 더 즐겨 이용하고 있다. 불변 객체 클래스가 좋은 이유는 의도하지 않은 변경에 의한 버그를 일으키지 않으며, 그리고 값이 변하지 않는다는 '안정감'을 프로그래머가 가질 수 있기 때문이다.

예를 들어 메서드의 인수가 불변 객체 클래스면 그 인수에는 부작용(메서드 내부에서 멋대로 값이 변경되기)이 없어 안심할 수 있다. 한편, 메서드의 인수가 String 클래스가 아니라 StringBuilder

클래스면 값이 바뀔 가능성이 있다고 추측할 수 있다. 그러나 인수가 Date 클래스라면 변할지도 모르고 변하지 않을지도 모른다. 호출된 메서드의 소스 코드를 자세히 확인해야 할 필요가 있거나, 호출된 메서드 안에서 변경되면 곤란한 경우에는 객체를 복사하여 인수로 전달할 필요가 있다. 불변 객체 클래스라면 그런 걱정을 할 필요가 없기 때문에 효율적으로 코딩이 가능하다.

그러나 불변 객체 클래스도 만능은 아니다. 불변 객체 클래스의 경우 객체가 대량으로 생성된다는(생성할 필요가 있는) 단점이 있다. 예를 들어 다음의 코드에서 String 클래스를 사용하여 문자열을 결합할 경우 String 객체가 대량으로 생성된다.

```
String text = "";
for (int i = 0; i < 10000; i ++) {
    text += String.valueOf(i) + ", ";
}
```

구체적인 처리의 흐름은 다음과 같다.

(1) 첫 번째 행, 빈문자용으로 String 객체를 생성(처음 1회만)

(2) 세 번째 행, 콤마 문자용으로 String 객체 생성(처음 1회만)

(3) 세 번째 행, String.valueOf(i)로 String 객체를 생성

(4) 세 번째 행, (3)의 문자열과 (2)의 문자열을 결합한 문자열에 대해 String 객체를 생성

(5) 세 번째 행, text와 (4)의 문자열을 결합한 문자열용으로 String 객체를 생성

(6) 이후로는 (3)~(5)을 for 루프의 횟수만큼 반복

위에는 String 클래스였지만 다른 불변 객체 클래스도 마찬가지다. 예를 들어 자바 8에서 추가된 LocalDate 클래스는 불변 객체 클래스로 날짜 계산이 가능하다. 이 클래스를 사용하여 날짜 계산을 하는 경우 계산 결과로 매번 새로운 객체가 생성된다. 대량의 객체를 생성하면 메모리 소비가 일시적으로라도 늘어나는 것은 물론 객체의 생성은 시간이 걸리는 처리여서 성능에도 영향을 주기 때문에 불변 객체 클래스를 사용할 때는 주의해야 한다.

객체의 생성이 몇 개 정도라면 그다지 걱정할 필요는 없다. 다만, 그 몇 개가 많이 반복되는 루프의 처리 안에 있는 경우는 성능에 미치는 영향은 무시할 수 없다. 즉, 루프 처리 안에서 불변 객체 클래스의 값이 변경되는 것은 피하는 것이 좋다.

10.2 가시성을 적절히 설정하여 버그가 적은 프로그램 만들기

10.2.1 자바가 사용할 수 있는 가시성

자바의 변수와 메서드를 사용할 수 있는 범위를 '가시성[23]'이라고 한다. 가시성을 적절하게 설정함으로써 잘못된 사용을 줄이거나 확장성을 높게 할 수 있다. 자바에는 다음과 같은 네 가지의 가시성이 있어 접근 제한자로 지정한다.

● 가시성과 접근 제한자

가시성	설명	접근 제한자
public	모든 클래스로부터 이용할 수 있다.	public
protected	서브 클래스, 동일 패키지의 클래스가 이용할 수 있다.	protected
package private	동일 패키지의 클래스로부터 이용할 수 있다.	(지정 없음)
private	자신의 클래스만 이용할 수 있다.	private

public ➡ protected ➡ package private ➡ private 순으로 사용 가능한 범위가 좁아져 간다.

클래스나 인터페이스에 대해서는 public과 package private 중 하나만을 사용할 수 있다. 메서드와 필드에는 위의 4종류의 가시성을 사용할 수 있다. 예를 들어 protected 메서드는 '파생 클래스라면 다른 패키지에 속해도 참조가 가능'하다는 의미이다.

또한 클래스 자신도 접근 제한자를 가질 수 있어 멤버의 접근 제한자는 클래스의 가시성에도 의존한다. 예를 들어 package private 클래스의 메서드나 필드에 public 접근 제한자를 지정해도 다른 패키지에서는 클래스에 액세스할 수 없기 때문에 메서드나 필드에도 액세스할 수 없다.

---

23 역주 이 책에서는 '가시성'이라는 표현을 썼는데 일반적으로는 '스코프(Scope)'라고 한다.

```
class Entity {       // 접근 제한자가 지정되어 있지 않으므로 package private 클래스가 된다

    // 멤버 자체는 public이지만 클래스가 package private이므로,
    // 동일 패키지의 클래스로부터만 액세스 가능하다
    public int value;
}
```

10.2.2 가시성의 좋은 사례

가시성은 넓으면 넓을수록 다른 클래스에서 사용하기 쉽다. 하지만 반대로 말하면 생각지 못한 클래스에서 호출될 가능성도 높아진다. 따라서 가시성을 적절하게 설정하는 것이 중요하다. 4 종류의 가시성을 적절하게 사용함으로써 버그가 적은 프로그램을 만들 수 있다. 여기에서는 그 좋은 사례를 몇 가지 소개하겠다.

(1) 원칙적으로 가장 범위가 좁은 가시성으로 한다

public으로 하면 다른 클래스에서 호출하거나 변수의 값을 변경할 수 있게 된다. 그런 위험을 줄이기 위해 범위가 좁은 가시성을 사용한다. 원칙적으로 다음의 방침으로 하는 것이 좋을 것이다.

- 클래스에서 선언하는 필드는 private으로 한다
- 외부에서 액세스하는 메서드에만 public으로 한다

(2) 확장성을 높이기 위해 protected로 한다

'원칙은 private이다'라고 설명했지만 모두 다 private하면 사용하기 어렵게 된다. 예를 들어 기능 확장을 하고 싶은 경우에 private 메서드로 하면 상속도 변경도 할 수 없다. 따라서 확장할 가능성이 있는 메서드는 protected로 하여 미래를 위한 확장성을 높여 둔다.

다음의 예를 살펴보자. XxxDataLoader 클래스의 load 메서드를 오버라이드하여 파일 이외에서도 읽을 수 있도록 변경하고 싶은 경우를 생각해 보자. XxxDataLoader 클래스를 상속한 YyyDataLoader 클래스를 작성하고 load 메서드를 재정의하려고 해도, 슈퍼 클래스의 메서드가 private이기 때문에 재정의할 수 없어 컴파일 오류가 발생한다. 슈퍼 클래스의 load 메서드를 protected로 함으로써 컴파일 오류가 해결되어 재정의가 가능하게 된다.

```
public class XxxDataLoader {
    private String fileName;

    private List<String> load() throws IOException {
        List<String> lines = Files.readAllLines(Paths.get(this.fileName));
        return lines;
    }

    ...
}

public class YyyDataLoader extends XxxDataLoader {
    // 컴파일 오류가 된다
    // protected List<String> load() throws IOException {
    // ...
    // }
}
```

각각 장단점이 있다고 생각하지만, 필자는 private보다 protected를 즐겨 사용한다. protected는 public만큼 가시성이 넓지 않아 의도하지 않은 곳에서 변경이 되는 위험이 적은 데다 미래를 위한 확장성을 확보할 수 있기 때문이다.

(3) 테스트 용이성을 높이기 위해 protected하기

테스트 코드를 작성할 때 테스트 대상 클래스의 필드값을 변경하거나 임의의 값을 반환하도록 메서드를 변경하고 싶은 경우가 있다. 그럴 때 대상 필드나 메서드가 private라면 테스트에서 바꾸는 것이 귀찮아진다. 따라서 대상의 필드나 메서드를 protected 또는 package private로 함으로써 테스트 코드에서 쉽게 액세스하도록 하는 방법이 있다(테스트에 대해서는 '13장 주변 도구로 품질 높이기' 참조).

대상의 private 필드를 package private 필드로 함으로써 동일한 패키지에 배치된 테스트 코드에서 값을 덮어 쓸 수 있게 되고, 시험 조건을 설정하기 위해 임의의 값으로 변경하거나 객체를 모의 객체(테스트를 위해 실제 처리를 흉내내는 객체)로 교체하는 것이 용이하게 된다.

또한 대상의 private 메서드를 package private 메서드로 함으로써 대상 메서드를 테스트 코드에서 호출할 수 있다. 게다가 대상의 필드나 메서드를 protected로 함으로써 동일한 패키지에서뿐만 아니라 상속받은 클래스에서도 조작이 가능하게 된다.

테스트용으로 모의 객체를 작성하여 메서드의 내용을 변경하거나, 모의 객체로부터 필드의 값을 읽고 쓰고 싶은 경우에는 필드나 메서드를 protected로 해두면 편리하다. 이러한 점도 필자가 private보다 protected를 선호하는 이유다.

XxxDataLoader 클래스

```java
public class XxxDataLoader {
    protected String fileName;     // protected

    protected List<String> load() throws IOException {     // protected
        List<String> lines = Files.readAllLines(Paths.get(this.fileName));
        return lines;
    }

    ...
}
```

XxxDataLoaderTest 클래스

```java
// XxxDataLoader 클래스의 테스트 클래스(XxxDataLoader 클래스와 동일 패키지에 있게 한다)
public class XxxDataLoaderTest {

    @Test
    public void testLoad() {

        XxxDataLoader loader = new XxxDataLoader();

        // protected의 필드나 메서드에 대해서는,
        // 리플렉션 등을 사용하지 않고 값을 덮어 쓰거나 처리의 호출을 실시할 수 있다
        loader.fileName = "sample.txt";
        List<String> result;
        try {
            result = loader.load();

            ...
        }

        ...
    }
}
```

추가로 테스트 코드로부터 private 필드나 메서드에 액세스하기 위한 방법으로 리플렉션이 있다. 리플렉션이란 클래스 구조를 읽거나 갱신할 수 있는 기능이다. 이것을 이용함으로써 private 필드의 값을 변경하거나 또는 private 메서드를 외부에서 호출할 수 있게 된다. 다만 리플렉션은 대상 필드를 문자열로 지정하여 조작하기 때문에 소스 코드의 리팩토링(동일한 동작을 유지하면서 보다 알기 쉽고 수정하기 쉽게 만드는 것)에 취약해진다.

리플렉션을 사용하여 테스트를 잘 해내는 것도 가능하고, 그러한 목적의 라이브러리도 존재하지만, 필자로서는 리플렉션을 사용하는 것보다는 필드나 메서드의 가시성을 넓게 하는 것이 간편하기 때문에 필드나 메서드의 가시성을 넓히는 방법을 주로 이용하고 있다.

10.3 | 객체의 라이프 사이클 파악하기

10.3.1 세 종류의 라이프 사이클

자바의 객체의 생존 기간을 '라이프 사이클'이라고 한다. 간단히 말하면, 객체가 생성된 후부터 폐기될 때까지의 기간을 뜻한다. 자바 애플리케이션의 성능 향상과 품질 향상, 특히 멀티 스레드(자세한 내용은 '11장 스레드 세이프 즐기기' 참조)에서 안전하게 프로그래밍을 하기 위해서는 이 라이프 사이클의 이해가 필수적이다.

자바에는 다음과 같은 세 가지 변수의 라이프 사이클이 있다.

(1) 로컬 변수

로컬 변수는 처리 블록 내({~}로 둘러싸인 안쪽 부분)에서만 사용할 수 있는 변수다. 변수를 선언한 곳에서 생성되어 블록이 종료한 시점에서 폐기된다. 예를 들어 메서드의 선두에 선언한 변수는 해당 메서드 내에서만 사용할 수 있는 로컬 변수가 된다. if 블록 안에서 선언한 변수는 if 블록 안에서만 사용하는 로컬 변수가 된다.

(2) 인스턴스 변수

인스턴스 변수는 클래스의 필드로 선언하는 변수다. 인스턴스 변수의 라이프 사이클은 부모의 인스턴스와 똑같다. 즉, 부모 객체를 생성할 때 생성되어 부모 객체가 가비지 컬렉션(프로그램이 확보한 메모리 영역 안에서 필요하지 않은 공간을 해방하는 것)될 때 함께 삭제된다.

(3) 클래스 변수

클래스 변수는 클래스의 static 필드로 선언하는 변수다. 자바의 변수 중 가장 긴 라이프 사이클을 갖는다. 클래스 로드 시에 생성되어 클래스가 언로드되면 소멸된다. 대부분의 경우 자바의 프로세스 시작 시에 생성되어 프로세스 종료 시에 삭제된다. 또한, 인스턴스 변수와 클래스 변수에는 가시성(접근 제한자)을 지정할 수 있다.

```java
public class LifeCycleSample {
    public static int classVariable = 1;      // 클래스 변수
    public int instanceVariable = 1;          // 인스턴스 변수

    public void someMethod() {
        // 메서드 안에서 사용할 수 있는 로컬 변수
        int localVariable = 1;
        if (instanceVariable > 0) {
            // if 블록 안에서 사용할 수 있는 로컬 변수
            int localSubVariable = 1;

            ...

        }    // localSubVariable은 여기서 소멸된다

        ...
    }        // localVariable은 여기서 소멸된다
}
```

▌ 10.3.2 라이프 사이클의 좋은 사례

세 종류의 라이프 사이클도 가시성과 마찬가지로 적절하게 사용함으로써 버그가 적은 프로그램을 만들 수 있다. 여기에서는 그 좋은 사례를 몇 가지 소개한다.

(1) 라이프 사이클을 짧게 하여 사고를 방지한다

라이프 사이클이 길면 길수록 의도하지 않게 값이 변경될 가능성이 커진다. 따라서 라이프 사이클을 짧게 한다.

예를 들어 인스턴스 변수를 사용하는 경우 로컬 변수로 대체할 수 없는지 생각해 본다. 자주 볼 수 있는 패턴으로서 '메서드의 인수에 전달할 변수가 많다', '인수를 쓰는 것이 귀찮다'라는 이유로 클래스에 인스턴스 변수를 선언하여 메서드 안에서 사용하는 코드를 볼 수 있다. 그런 코드는 피하는 것이 좋다. 특히 멀티 스레드하에서는 값을 설정한 후 목적의 처리를 실행하기 전에 의도하지 않은 값의 변경이 발생할 가능성이 있다. '값은 메서드의 인수로 전달한다', '수가 많은 경우는 클래스에 정리한다' 등 인스턴스 변수를 사용하지 않도록 한다.

우선, 작성하지 말아야 하는 패턴을 살펴보자. 다음 예제에서는 EmployeeService 인스턴스에 대해 id나 name, birth 값을 설정한 후 create 메서드를 호출해 파일에 저장하는 형태로 되어 있다. 이러한 코드에서는 값을 설정한 후부터 파일로 저장할 때까지 EmployeeService 인스턴스에 값

을 유지해야 한다. 이 때문에 id나 name, birth 값을 설정한 후 create 메서드를 호출하기 전에 즉시 다른 처리가 중간에 끼어들어 값의 갱신을 실행했다면 원래의 처리에서는 의도하지 않은 값이 파일에 기록되어 버그가 발생한다.

```java
public class EmployeeService {
    private int id;
    private String name;
    private LocalDate birth;
    // setter/getter는 생략

    public void create() {
        // id, name, birth의 값을 파일에 보관한다
    }

    public void get(int id) {
        // 지정된 id와 일치하는 데이터를 파일로부터 읽어들인다
        // id, name, birth에 값을 설정한다
    }
}
```

```java
public class MainService {
    private EmployeeService employeeService = new EmployeeService();

    public void register() {
        this.employeeService.setId(1);
        this.employeeService.setName("시온");
        this.employeeService.setBirth(LocalDate.of(1980, 2, 7));
        this.employeeService.create();
    }

    public void show() {
        this.employeeService.get(1);
        System.out.println(this.employeeService.getName());
        System.out.println(this.employeeService.getBirth());
    }
}
```

이 코드의 개선 예를 살펴보자. 다음 예제에서는 값을 보관하는 전용 클래스를 만들고 그 인스턴스를 메서드에 전달함으로써 라이프 사이클을 단축하여 갑자기 끼어드는 처리에 의한 값의 변경을 막고 있다.

```java
public class Employee {
    public int id;
    public String name;
    public LocalDate birth;
}
```

```java
public class EmployeeService {
    public void create(Employee employee) {
        // employee.id, employee.name, employee.birth의 값을 파일에 보관한다
    }

    public Employee get(int id) {
        // 지정된 id와 일치하는 데이터를 파일로부터 읽어들여 반환한다
    }
}
```

```java
public class MainService {
    private EmployeeService employeeService = new EmployeeService();

    public void register() {
        Employee employee = new Employee();
        employee.id = 1;
        employee.name = "시온";
        employee.birth = LocalDate.of(1980, 2, 7);
        this.employeeService.create(employee);
    }

    public void show() {
        Employee employee = this.employeeService.get(1);
        System.out.println(employee.name);
        System.out.println(employee.birth);
    }
}
```

변경이 가능한 변수에 대해서는 클래스 변수를 사용하는 것보다 인스턴스 변수를 이용하도록 한다. 클래스 변수는 어떤 타이밍에서도 바꿔 쓰기가 가능하며, 특히 멀티 스레드에서의 동시 액세스에 의해 의도하지 않은 변경이 발생할 확률이 인스턴스 변수보다 높기 때문에 가능한 한 사용하지 않도록 한다.

(2) 라이프 사이클을 길게 하여 성능을 높이기

앞에서 설명한 (1)의 내용과는 모순되는 것처럼 보이지만 의도적으로 라이프 사이클을 길게 하는 경우도 있다.

라이프 사이클을 짧게 하면 수명이 짧은 객체가 많이 만들어져 그만큼 가비지 컬렉션(GC)의 발생 횟수도 증가한다. GC는 애플리케이션의 성능을 악화시키는 요인 중 하나이기도 하므로 횟수, 시간 모두를 줄이는 것이 성능에 좋다. 라이프 사이클을 길게 함으로써 값을 재사용할 수 있기 때문에 GC의 양을 줄일 수 있다. 마치 캐시의 개념과 비슷하다.

그러나 라이프 사이클이 긴 객체가 너무 많아지면 오히려 GC가 늘어날 수 있기 때문에 어떤 객체의 라이프 사이클을 늘릴지 검토가 필요하다. 인스턴스 변수와 클래스 변수 등의 필드가 없는 클래스('상태가 없는 클래스(Stateless Class)'라고도 한다)는 여러 스레드에서의 액세스에 따른 사고의 걱정도 없기 때문에 적극적으로 라이프 사이클을 길게 하면 좋을 것이다.

참고로 모든 메서드를 static으로 하는 유틸리티 클래스를 작성하는 일이 자주 있다. 유틸리티 클래스의 메서드가 모두 static인 이유는 인스턴스 생성의 부담을 덜 수 있다는 데 있다. 유틸리티 클래스를 매번 new 메서드를 호출하는 것보다 직접 메서드를 호출하는 편이 효율적이기 때문이다. 단, static 메서드만으로는 확장성이 없고 또한 테스트를 할 때 메서드를 모의 객체로 만들 수 없기 때문에 필자는 평소 유틸리티 클래스 자체는 nonstatic 메서드로 구성하고 그것의 인스턴스를 static으로 하는 방식을 채택하고 있다.

유틸리티 클래스

```java
public class StringUtils {
    // static은 붙이지 않는다
    public boolean isEmpty(String text) {
        return (text == null || text.length() == 0);
    }
}
```

```java
public class MainService {
    // 유틸리티 클래스의 인스턴스를 생성하여 static 취급한다
    private static StringUtils stringUtils = new StringUtils();

    public void execute(String text) {
        // static 인스턴스의 메서드를 호출한다
        if (stringUtils.isEmpty(text)) {
            // ...
        }
    }
}
```

※ 원서의 소스가 틀렸기에 역자가 수정했다. String이 아니라 boolean으로 반환한다.

10.4 | 인터페이스와 추상 클래스를 활용하여 설계하기

10.4.1 다형성을 실현하기 위한 메커니즘

자바의 객체지향적인 특징을 파악하기 위해서는 인터페이스와 추상 클래스라는 두 가지 개념 및 기능의 이해가 필수적이다. 인터페이스와 추상 클래스는 모두 다형성(Polymorphism)이라는 개념을 실현하기 위한 기능이다. 이들을 잘 이해함으로써 좋은 클래스, 좋은 API를 설계할 수 있게 된다.

다형성은 동일 타입이나 메서드를 작성하여 다른 작업을 실시할 수 있도록 하는 것을 말한다. 예를 들어 java.util.ArrayList 클래스와 java.util.LinkedList 클래스가 비슷한 List의 조작을 다른 이름의 메서드로 갖고 있다면 프로그래머는 그 차이를 파악해야 하며, 또한 기억해야 할 것도 많아 매우 복잡하게 된다.

그래서 다음과 같이 값을 보관하는 List 변수의 타입을 java.util.List 인터페이스로 해두면, List 변수에 할당하는 인스턴스가 java.util.ArrayList 클래스이건 java.util.LinkedList 클래스이건 신경 쓰지 않고 동일하게 사용할 수 있다. 이것은 ArrayList 클래스와 LinkedList 클래스가 모두 List 인터페이스를 구현하고 있기 때문에 가능하다.

ArrayList 클래스

```java
List<Integer> list = new ArrayList<>();
list.add(1);
list.add(2);
list.add(10);
System.out.println(list);
```

LinkedList 클래스

```java
List<Integer> list = new LinkedList<>();
list.add(1);
list.add(2);
list.add(10);
System.out.println(list);
```

위의 코드에서는 모두 List 인터페이스의 add 메서드를 호출하여 리스트에 요소를 추가하고 있는데, 실제로 프로그램을 실행시키면 전자는 ArrayList 클래스의 add 메서드, 후자는 LinkedList 클래스의 add 메서드가 실행되어 내부적으로 다른 처리가 실행된다. 프로그래머는 이 동작의 차이, 즉 list 변수에 어떤 인스턴스가 들어 있는지를 신경 쓸 필요는 없다. 반대로 말하면, 프로그래머는 list 변수 안의 인스턴스가 무엇인지를 신경 쓰지 않아야 한다.

예를 들어 다음의 코드는 instanceof로 list 인스턴스의 종류를 확인하여 처리를 바꾸고 있기 때문에 다형성의 의미가 없게 된다.

```java
List<Integer> list = new LinkedList<>();
list.add(1);
list.add(2);
if (list instanceof LinkedList) {
    ((LinkedList<Integer>)list).addLast(10);
}
System.out.println(list);
```

10.4.2 인터페이스와 추상 클래스

인터페이스와 추상 클래스의 성질에 대해 쉽게 표로 정리했다.

● **인터페이스와 추상 클래스의 성질**

종류	성질
인터페이스	인스턴스 변수를 가질 수 없다. 상수를 가질 수 있다.
추상 클래스	abstract 메서드를 선언할 수 있다. 추상 클래스 자체는 인스턴스를 생성할 수 없다. 그 외에는 클래스와 같다.

또한 인터페이스의 경우 자바 7 이전 버전에서는 위의 성질뿐만 아니라 메서드의 구현을 가질 수 없었다. 그러나 자바 8부터는 '디폴트 구현'이라는 형태로 메서드의 구현을 가질 수 있게 되었다(자세한 사항은 '10.4.3 인터페이스의 디폴트 구현' 참조). 인터페이스와 추상 클래스의 성질을 자세하게 살펴보자.

인터페이스의 성질

설계자 관점에서 인터페이스는 '특성'의 정의라고 할 수 있다. 인터페이스를 구현함으로써 동일한 특성을 가진 클래스를 여러 개 만들 수 있다. 한편, 구현자 관점에서의 인터페이스는 '클래스에 대한 액세스를 제한하는 제약'이라고 할 수 있다.

인터페이스를 구현한 클래스에서는 인터페이스에서 정의한 메서드 이외에 public 메서드를 작성했다고 해도 외부에서 (타입을 명확하게 하지 않는 한) 호출하는 것을 막을 수 있다.

인터페이스에서는 상수를 가질 수 있다. 따라서 인터페이스에 상수만을 정의하고 상수를 사용하는 클래스에서 인터페이스를 구현함으로써 여러 클래스에서 상수를 공유할 수 있다. 이렇게 상수만을 정의한 인터페이스를 '상수 인터페이스'라고 한다. 그러나 다음과 같은 이유로 상수 인터페이스를 작성하는 것은 바람직하지 않다.

- 인터페이스의 원래의 이용 목적이 아니다(서로 다른 특성을 가진 클래스가 동일한 인터페이스를 구현하게 된다)
- 상수 인터페이스가 필요하지 않은 경우 변경이 쉽지 않다
- 이용하지 않는 상수까지도 상수 인터페이스의 구현 클래스가 보관하게 된다

따라서 여러 클래스에서 상수를 공유하는 경우에는 상수를 보관하는 클래스를 만들고 '상수 클래스명.상수명'으로 지정하는 것이 좋다. 필자는 그다지 상수 클래스를 생성하지 않도록 하고 있다. 그러나 만들어야 할 경우에는 너무 비대화되지 않도록 카테고리마다 분할하도록 하는 것이 좋다. 또한 상수를 자주 참조하여 상수 클래스명이 중복되는 경우에는 static 임포트를 사용하는 것이 좋다.

다음 코드는 파일을 읽어들일 때의 이름, 주소, 이메일의 열의 위치를 UserCsvColumn 클래스에 정의해 두고 정의한 값을 CsvProcessor 클래스에서 사용하고 있다.

상수 클래스

```
package type.constant;

// 상수 클래스
public class UserCsvColumn {
    public static final int NAME = 0;
    public static final int ADDRESS = 1;
    public static final int MAIL = 2;
}
```

상수를 이용하는 클래스

```
import static type.constant.UserCsvColumn.*;      // static 임포트

public class CsvProcessor {

    public void processColumn(int column) {
```

```
        // 일반적으로 '상수 클래스명.상수명'으로 지정하지만,
        // static 임포트의 경우는 '상수명'만으로도 괜찮다
        if (column == NAME) {

            ...

        }

        ...

    }
}
```

추상 클래스의 성질

설계자 관점에서의 추상 클래스는 그 이름대로 클래스를 추상화한 것이라고 할 수 있다. 여러 클래스에서 동일한 부분을 슈퍼 클래스로 잘라 내어 추상화해, 공통화한 것이다.

한편, 구현자 관점에서의 추상 클래스는 클래스의 양식(form)이라고 할 수 있다. 공통 부분은 구현되어 있으며, 처리를 바꿀 필요가 있는 부분만 abstract 메서드로 되어 있기 때문에 상속받은 클래스에서는 필요한 부분만 구현하면 된다.

실제 고려

인터페이스와 추상 클래스의 성질을 알았으니 실제로 어떻게 구분하는지 살펴보겠다. 기본적인 아이디어는 다음과 같다.

- 인터페이스는 '정의'에 사용
- 추상 클래스는 '뼈대'나 '공통 처리'에 사용

예를 들어 '네트워크를 통해 서비스를 호출하는 기능'을 구현한다고 하자. 인터페이스를 사용하지 않으면 서비스를 호출하는 로직이 통신 방식에 의존한다는 문제가 발생할 수 있다. 한편, 인터페이스를 구현하는 클래스 안에 통신 처리를 기술하도록 하면 이 클래스를 사용하는 쪽에서는 네트워크의 통신 방식이 HTTP인지 SOAP인지, 또는 다른 방법인지를 신경 쓸 필요가 없다. 어디까지나 네트워크를 대상으로 하는 서비스를 이용할 때는 '무엇을 건네면 무엇이 반환되는가'라는 '정의'만 알면 충분하다. 반대로, 이것을 인터페이스가 아닌 추상 클래스로 하면 구현이 포함되어 종속성이 강해지기 때문에 나중에 수정이 힘들어진다.

다음의 인터페이스 정의에서는 사용자 정보의 등록, 목록 검색, 삭제를 실시한다는 것을 알 수 있다.

```
public interface UserManagementService {
    void register(User user);
    List<UserDto> list();
    void delete(Integer userId);
}
```

이용자는 인터페이스를 통해 나중의 처리를 신경 쓰지 않고 다른 구현에 집중할 수 있다. 또한 실제적으로 사용자 정보를 조작할 경우, UserManagementService 인터페이스를 구현한 클래스를 갈아 끼우는 것으로 구체적인 처리를 전환할 수 있다. 예를 들어 다음과 같이 하여 필요에 따라 교체할 수 있다.

- 외부의 서비스를 HTTP로 호출하는 클래스를 'HttpUserManagementService implementsUser ManagementService'로 작성한다
- 데이터베이스에 읽고 쓰는 클래스를 'DatabaseUserManagementService implementsUser ManagementService'로 작성한다

또한 각 구현 클래스의 공통 처리를 작성하려 한다면 인터페이스와 구현 클래스 사이에 추상 클래스를 만들고 각 구현 클래스에서 사용할 수 있다.

```
public abstract class AbstractUserManagementService implements UserManagementService {
    protected UserDto convertFrom(User user) {
        // User 클래스로부터 UserDto 클래스로 변환 처리
    }
}

public class HttpUserManagementService extends AbstractUserManagementService {
    public List<UserDto> list() {
        // convertFrom()을 사용한 처리
    }

    ...
}

public class DatabaseUserManagementService extends AbstractUserManagementService {
    public List<UserDto> list() {
        // convertFrom()을 사용한 처리
    }
    ...
}
```

나쁜 패턴

인터페이스를 만든 후 공통 처리 등의 구현을 추가하고 싶은 경우가 있다. 그러나 이때 인터페이스를 추상 클래스로 변경하는 것은 나쁜 패턴이다. 앞서 언급한 바와 같이 추상 클래스로 만듦으로써 클래스 간의 의존 관계가 강해져 버려 나중에 처리의 변경이 어려워지기 때문이다. 구현을 추가하고 싶은 경우는 위의 AbstractUserManagementService 클래스에 기재한 바와 같이, 인터페이스는 그대로 하고 추상 클래스를 그 사이에 넣도록 한다.

인터페이스의 안정감

추상 클래스 대신 인터페이스를 사용하는 것의 좋은 점은 테스트 코드(자세한 내용은 '13장 주변 도구로 품질 높이기' 참조)를 구현하는 경우에도 나타난다. 다음과 같은 클래스를 테스트한다고 생각해 보자.

```java
public class AService {
    protected BService service;

    public void someMethod() {
        service.execute();
        ...
    }
}
```

예를 들어 호출된 service.execute() 안에서 다른 시스템에 액세스하고 있어, 그대로는 테스트할 수 없는 경우 이 호출된 부분을 모의 객체로 만들게 된다. 만약 service 객체의 타입이 인터페이스인 경우 그 호출된 부분에서 무엇을 하고 있든 간에 호출하는 쪽에는 아무런 영향이 없기 때문에 호출된 부분의 처리를 신경 쓰지 않고 모의 객체로 만들 수 있다. 그러나 위의 예와 같이 service 객체의 형태가 추상 클래스인 경우 그 추상 클래스는 구현이 포함되어 있기 때문에 전체를 모의 객체화할 수 없다(필요한 처리를 지워 버릴 가능성이 있다).

이렇듯 인터페이스를 사용하는 것은 불필요한 일을 걱정하지 않아도 되기 때문에 테스트를 포함하여 코딩 시의 안정감으로 이어진다.

10.4.3 인터페이스의 디폴트 구현

자바 8에서는 인터페이스가 디폴트 구현을 가질 수 있게 되었다. 예를 들어 java.util.List 인터페이스에는 다음과 같은 '구현'이 들어간 메서드가 추가되어 있다.

```
public interface List<E> extends Collection<E> {
    ...
    default void sort(Comparator<? super E> c) {
        Collections.sort(this, c);
    }

    ...
}
```

이것에 의해 그냥 보기에는 인터페이스와 추상 클래스의 차이가 없어진 것처럼 보이지만 그 배경은 완전히 다르다.

자바 8에는 주요 기능으로 Stream API가 추가되었다(자세한 내용은 '5장 스트림 처리를 제대로 사용하기' 참조). Stream API에서는 컬렉션에 대한 수많은 조작을 실시할 수 있도록 하기 위해 java.util.List(이하 List) 인터페이스에도 메서드를 추가할 필요가 있었다. 하지만 그러면 그것을 상속하고 있는 클래스를 모두 다시 작성해야 할 필요가 있어 List 인터페이스와 같이 매우 많은 부분에서 사용되고 있는 경우는 상당한 영향을 미치게 된다. 애플리케이션뿐만 아니라 서드 파티에서 만든 (라이브러리 등) List 인터페이스의 구현 클래스에도 영향을 준다. 이렇게 되면 자바 7까지의 호환성을 완전히 잃어 버리게 된다.

이렇듯 호환성을 잃게 되는 것을 피하기 위해 List 인터페이스의 디폴트 구현으로 메서드가 추가되었다. 이것에 의해 List 인터페이스를 구현한 클래스에 자바 8에서 추가된 메서드가 구현되지 않아도 프로그램이 동작하도록 된 것이다. 즉, 인터페이스의 디폴트 구현은 자바의 '이전 버전과의 호환성'을 위해 태어난 것이다.

이러한 배경을 감안하면 공통의 구현을 가진 클래스를 생성하고 싶은 경우에 인터페이스의 디폴트 구현을 사용하지 않고 자바 7 이전처럼 추상 클래스를 만드는 것이 알기 쉬울 거라 생각한다.

인터페이스의 디폴트 구현을 사용하는 패턴으로 다중 상속과 mix-in(상태가 없이 상속되어 사용되는 것을 전제로 한 클래스) 등을 사용하는 특별한 클래스 디자인이 실시되는 경우가 있을 수 있다. 단, 이 책에서는 범위에서 벗어나기 때문에 자세한 내용은 생략한다.

10.4.4 인터페이스의 static 메서드

자바 8부터는 인터페이스가 메서드의 구현을 지닐 수 있으므로 static 메서드도 정의할 수 있다.

인터페이스 Bar

```java
public interface Bar {
    String say();

    static Bar newInstance(String message) {
        return new DefaultBar(message);
    }
}
```

구현 클래스 DefaultBar

```java
class DefaultBar implements Bar {

    private String message;

    DefaultBar(String message) {
        this.message = message;
    }

    @Override
    public String say() {
        return this.message;
    }
}
```

인터페이스의 static 메서드를 호출하는 newInstance 메서드

```java
Bar bar = Bar.newInstance("Hello Bar!");   // 인터페이스의 static 메서드를
                                           // 호출할 수 있다
System.out.println(bar.say());             // Hello Bar!
```

인터페이스에 static 메서드를 정의할 수 있게 됨으로써 인터페이스를 구현하는 클래스의 인스턴스를 반환하는 팩토리 메서드를 인터페이스에 정의할 수 있게 되었다.

팩토리 메서드란 객체를 생성해서 반환하는 메서드를 말한다. 일반적으로 반환값의 타입은 인터페이스 또는 추상 클래스로 하여 생성된 객체가 무엇인지를 의식하지 않도록 해서 처리의 공통화 및 재사용성을 높이고 있다. 팩토리 클래스란 팩토리 메서드를 구현하는 클래스다. 팩토리 메서드와 팩토리 클래스는 '12장 디자인 패턴 즐기기'에서 설명하는 디자인 패턴인 Factory Method 패턴에서 사용된다.

이 부분을 좀 더 깊이 있게 생각해 보자. 인터페이스란 public 메서드를 정의하는 것으로 패키지를 넘어 어디서나 액세스할 수 있도록 메서드를 공개하는 것을 의미한다. 인터페이스를 사용함으로써 사용하는 측은 그 구현 클래스가 어떠한 구현인지를 알 필요가 없지만, 그 인스턴스를 생성하기 위해서는 구현 클래스를 public으로 하고 코드상에서도 오른쪽 변에 구현 클래스를 기술해야 한다.

```
type
├─api
│   ├─DefaultFoo.java
│   └─Foo.java
└─client
    └─ApiClient.java
```

● **패키지의 구성**

예를 들어 위와 같은 패키지 구성인 경우, 인터페이스 Foo, 구현 클래스 DefaultFoo, 사용할 클래스 ApiClient가 다음과 같이 된다.

인터페이스 Foo

```java
package type.api;

public interface Foo {
    String say();
}
```

구현 클래스 DefaultFoo

```java
package type.api;

public class DefaultFoo implements Foo {          // 다른 패키지로부터 이용할 수 있도록
                                                  // public이어야 할 필요가 있다

    private String message;

    public DefaultFoo(String message) {
        this.message = message;
    }

    @Override
    public String say() {
        return this.message;
    }
}
```

```java
package type.client;

import type.api.DefaultFoo;                          // 구현 클래스의 import가 필요
import type.api.Foo;

public class ApiClient {

    public static void main(String... args) {

        Foo foo = new DefaultFoo("Hello Foo!"); // 오른쪽 변에 구현 클래스를 지정할 필요가 있다

        System.out.println(foo.say());              // Hello Foo!
    }
}
```

이용하는 쪽의 경우 구현 클래스는 지정할 필요가 있지만 사용할 때는 인터페이스를 통해서만 조작을 실시하기 때문에 구현 클래스에 액세스할 필요가 없다. 사실은 구현 클래스 쪽도 전체 클래스를 public으로 할 필요가 없다.

이러한 것이 자바 8에서 static 메서드를 정의할 수 있게 됨으로써 다음과 같이 할 수 있게 되어 사용하는 쪽은 구현 클래스인 DefaultFoo 클래스를 전혀 의식할 필요가 없게 되었다. 또한 동시에 인터페이스를 만드는 사람은 구현 클래스인 DefaultFoo 클래스를 완벽하게 '은폐'할 수 있게 되었다. 패키지의 구성은 방금 전과 다르지 않다.

```
type
├─api8
│   ├─DefaultFoo.java
│   └─Foo.java
└─client
    └─ApiClient.java
```

● **패키지의 구성(자바 8)**

인터페이스 Foo

```java
package type.api8;

public interface Foo {
    String say();

    static Foo newInstance(String message) {
        return new DefaultFoo(message);     // 동일 패키지 안의 DefaultFoo를 참조 가능
    }
}
```

구현 클래스 DefaultFoo

```
package type.api8;

class DefaultFoo implements Foo {     // package private

    private String message;

    DefaultFoo(String message) {
        this.message = message;
    }

    @Override
    public String say() {
        return this.message;
    }
}
```

사용 클래스 ApiClient

```
package type.client;

import type.api8.Foo;                              // DefaultFoo의 import가 불필요

public class ApiClient {

    public static void main(String... args) {

        Foo foo = Foo.newInstance("Hello Foo!");   // Foo 인터페이스의 static 메서드
                                                   // 를 이용

        System.out.println(foo.say());             // Hello Foo!
    }
}
```

자바 8의 static 메서드를 이용함으로써 인터페이스만을 알고 있으면 되고 접근 제한자에 의한 가시성의 정의도 의미가 있게 된다. 이러한 구현은 자바 7에서도 팩토리 클래스를 생성함으로써 동일하게 가능했지만 자바 8의 static 메서드를 사용하는 편이 더 간단하다. 참고로 팩토리 클래스를 만드는 방법을 다음에 나타냈다.

팩토리 클래스 FooFactory

```java
package type.api;

public class FooFactory {      // 팩토리 클래스는 public 클래스가 된다

    public static Foo newInstance(String message) {
        // DefaultFactory를 패키지 프라이빗으로 해도, 동일 패키지이므로 참조 가능
        return new DefaultFoo(message);
    }
}
```

이용 클래스 ApiClient

```java
package type.client;

import type.api.Foo;
import type.api.FooFactory;

public class ApiClient {

    public static void main(String... args) {

        Foo foo = FooFactory.newInstance("Hello Foo!");

        System.out.println(foo.say());    // Hello Foo!
    }
}
```

스레드 세이프 즐기기

11.1 | 멀티 스레드의 기본

11.1.1 멀티 스레드란?

여러 작업을 동시에 수행하는 방식을 멀티 스레드라고 한다. 멀티 스레드 프로그램과 그 프로그램에서 실행되는 태스크는 종종 여러 사람이 일을 처리해 나가는 모습에 비유된다. 사람 1명을 CPU 1개(코어)라고 상상해 보자.

'한 사람이' 쌓여 있는 일들을 '하나씩 차례대로' 처리하고 있는 상태가 단일 스레드다. 일을 의뢰하는 사람이 여럿 있어도 기본적으로는 먼저 온 일부터 순차적으로 처리해 나간다. 따라서 오랜 시간이 걸리는 업무를 처리하고 있으면 먼저 해 주었으면 하는 쉬운 일이 있어도 기다려야 할 것이다. 결과적으로 의뢰한 사람의 입장에서 보면 '간단한 일을 의뢰했는데 왜 이렇게 시간이 걸리는 거야?'라는 의문이 발생한다.

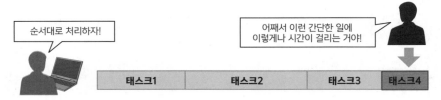

● 단일 스레드의 경우

한편, '1명 또는 여러 사람들이' 하나의 업무 덩어리에서 '여러 업무을 동시에' 처리하고 있는 상태가 멀티 스레드다. 실제로 혼자서도 여러 업무를 동시에 할 수 있지 않은가? 예를 들어 10분씩 나누어 A ➡ B ➡ C ➡ D ➡ ......처럼 조금씩 업무를 진행시켜 나가면 전체로 봤을 때 동시에 업무를 진행하고 있는 것처럼 보인다.

멀티 스레드의 실현 방식도 이와 비슷한 개념이 있어 이를 '시분할 방식'이라고 한다. 혼자서도 여러 업무를 동시에 진행할 수 있다면 나중에 온 간단한 태스크라도 긴 태스크에 방해받지 않고 빨리 끝낼 수 있게 된다.

● 멀티 스레드의 경우(싱글 코어)

물론 이 경우 한 명이 단위 시간당 할 수 있는 일의 양은 변하지 않는다. 예를 들어 1개당 1시간 걸리는 태스크 4개를 동시에 처리하면 4시간 후에 4개를 모두 끝내게 된다.

그렇다면 여러 사람이 하나의 업무 덩어리를 분담해 처리한다면 어떻게 될까? 당연히 더 빨리 끝낼 수 있을 것이다. 사실 프로세서/코어 수만으로 병렬 처리를 하면 그다지 효율적이지 않기 때문에 앞서 언급한 바와 같이 시분할 방식과 조합하는 것이 일반적이다.

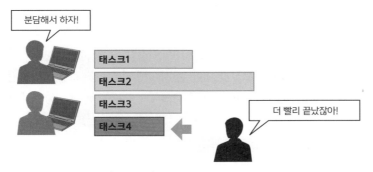

● 멀티 스레드의 경우(멀티 코어)

▌11.1.2 멀티 스레드의 장점

멀티 스레드를 사용하면 무엇이 좋은지 정리해 보자.

(1) 하나의 장시간을 요하는 작업 때문에 뒤에 있는 간단한 작업이 기다릴 필요가 없다

여러 태스크를 단일 스레드에서 처리하면 태스크는 순차적으로 처리해야 한다. 중간에 긴 시간을 요하는 태스크가 있으면 그 뒤에 있는 태스크는 그동안 계속 기다리게 된다. 한편, 멀티 스레드로 하면 그러한 대기 시간이 없이 처리를 시작할 수 있다.

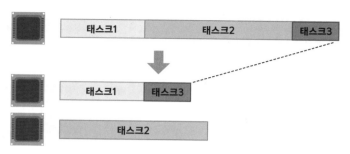

● 멀티 스레드에 의한 대기 시간의 해소

예를 들어 웹 서버에 여러 사용자로부터 액세스가 있을 경우를 생각해 보자. 어떤 사용자의 처리가 끝나지 않는 한 다음 사용자를 처리할 수 없는 단일 스레드 처리로 되어 있다면 엄청나게 응답이 느린 시스템이 되어 버린다. 그래서 멀티 스레드로 여러 사용자의 액세스를 동시에 처리함으로써 각 사용자는 다른 사용자의 처리 시간을 걱정하지 않고 화면을 조작할 수 있다.

(2) 태스크의 대기 시간을 효율적으로 활용할 수 있다

프로그램 외부의 리소스에 액세스하거나 다른 시스템과의 통신을 기다리는 상황에서 '결과를 기다리는 것 자체는 필요하지만, 그 사이에 자바 프로세스는 기다리기만 할 뿐 아무런 일을 하지 않고 있다'고 할 수 있다. 그런 처리를 스레드로 잘라 내어 그 사이에 다른 스레드를 동작시킴으로써 대기 시간을 줄여 CPU를 효율적으로 사용할 수 있게 된다.

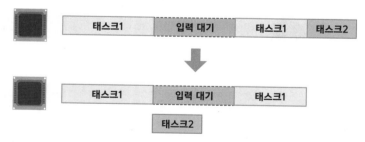

● 대기 시간의 효율적인 활용

일례로 파일 입출력 등에서 하드 디스크 등에 액세스하는 처리는 CPU가 계산하는 것보다 느리기 때문에 그런 처리를 하는 동안 CPU는 거의 할 일이 없는 상태가 된다. 그때 다른 스레드의 처리가 동작하게 되면 CPU 성능을 보다 효율적으로 활용할 수 있다.

또한 웹 애플리케이션에서 화면 조작이 끝난 뒤에 뭔가 메일을 보내는 처리가 있다면 그 종료를 기다릴 필요가 있을까? 화면에 송신 결과를 표시하는 등의 일이 없다면 메일 송신은 '뒤에서 처리하게' 해 두면 된다. 그렇게 함으로써 그 처리가 종료할 때까지 화면을 기다리게 할 필요가 없게 된다. 그때 메일 송신 처리를 다른 스레드에서 실시하도록 함으로써 화면을 즉시 표시해 화면의 대기 시간이 단축되도록 한다. 그 결과 화면을 보고 있는 사용자는 신속하게 움직이는 시스템처럼 느끼게 된다.

(3) 대량의 태스크를 빨리 끝낼 수 있다

CPU가 멀티 코어인 경우에도 프로그램을 단일 스레드로 움직이고 있으면 기껏해야 CPU 1코어만큼의 계산밖에 해낼 수가 없다. 한편, 멀티 스레드로 하여 여러 코어를 활용하면 Java VM이 스레드의 각 처리를 여러 프로세서/코어에 할당하여 시스템이 갖고 있는 능력을 최대한 활용해 주므로 전체의 응답 시간(요구한 후에 응답을 받을 때까지의 시간)을 향상시킬 수 있다.

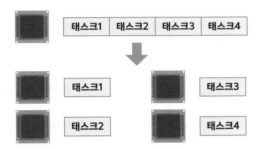

● 멀티 스레드에 의한 응답 시간의 개선

예를 들어 대량의 로그 데이터와 측정 데이터 등의 집계 결과를 얻고자 하는 경우 각 스레드별로 데이터를 분배하여 처리하고, 마지막에 그 결과를 통합함으로써 코어 수만큼 처리가 끝나는 시간을 단축할 수 있다. 단, 여기에는 다음의 조건이 있다.

· 되도록 각 스레드의 처리가 동시에 끝나도록 데이터를 분할한다
· 스레드 간에 서로를 기다리게 하는 처리가 없어야 한다/적어야 한다

11.1.3 멀티 스레드의 단점

반대로 멀티 스레드로 함으로써 발생하는 문제도 있다.

(1) 메모리의 사용량이 증가한다

스레드가 증가하면 동시에 처리하는 메모리의 사용량도 증가한다. 또한 원래부터 스레드 자체를 관리하는 데도 메모리는 소비된다. 스레드 수가 몇 개 정도라면 그다지 영향이 없을지도 모르겠지만 100개나 1000개씩 스레드를 마구 만들어 버리면 메모리 사용량이 문제가 될 수 있다.

(2) 처리량이 감소한다

스레드를 전환할 때 오버헤드가 발생하기 때문에 총 처리 시간이 증가해 결과적으로 스루풋(Throughput: 단위 시간당 처리량)이 감소한다. 앞서 언급한 시분할 방식으로 CPU 코어가 여러 개의 스레드를 처리할 경우 현재 처리 중인 스레드의 상태를 저장하고 다음에 처리하는 스레드의 상태를 복원하는 것이 필요하다. 이것이 자주 발생하는 상황이 되면 효율이 나빠지게 된다.

(3) 동시성 특유의 문제가 발생한다

이것이 이 장에서 설명하고자 하는 가장 중요한 문제다. 앞서 언급한 비유로 말하자면 지금까지 1명이 하던 일을 파트너와 둘이서 하게 되었을 때 어떤 문제(조심해야 할 것)가 있는지를 생각해 보자.

- 두 사람이 동일 데이터를 쓰려고 했을 때 먼저 저장된 데이터가 나중에 저장된 데이터로 덮여 쓰이게 된다
- 사용하려고 한 PC를 파트너가 사용하고 있어 작업을 할 수 없다
- 자세히 살펴보니 파트너가 다른 작업을 하고 있었다(파트너가 일을 끝내주지 않으면 내 일을 할 수 없는데 어쩌지?)

이런 예처럼 여러 개의 스레드가 함께 동작할 필요가 있을 때 동시에 공유 메모리와 파일에 액세스하여 데이터를 망가뜨리거나 서로의 완료를 기다림으로써 예기치 않은 대기 시간이 발생하거나 하는 문제가 발생한다. 이러한 문제를 일으키지 않도록 하기 위해서 충족해야 하는 조건을 스레드 세이프라고 한다.

11.1.4 동시에 작업하는 경우에 일어나는 문제

실제적인 프로그램을 통해 동시에 작업하는 경우에 발생하는 특유의 문제를 살펴보자.

(1) 데이터 덮어 쓰기가 발생한다

자주 설명하는 예로 은행의 예금 인출을 여러 사람이 하는 경우에 대해 생각해 보자. A와 B가 같은 은행 계좌 X에서 돈을 인출하는 작업을 하려고 한다. 이때 '은행 계좌에서 돈을 인출한다' 라는 것은 다음과 같은 두 단계로 이루어진다.

(1) 은행 계좌의 잔고를 확인한다

(2) 금액을 인출한 후의 잔액을 계산하고 은행 계좌의 잔액을 업데이트한다

이 작업이 스레드 세이프하지 않으면 나중에 인출하는 사람이 올바른 결과를 얻지 못할 수 있다 (오히려 은행 계좌의 금액도 틀리게 된다).

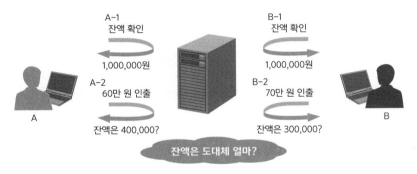

● 데이터의 확인과 덮어 쓰기

예를 들어 A가 잔액을 확인(A-1)하고, B도 잔액을 확인(B-1)한다. 이때 아직 계좌에서 돈을 인출하지 않기 때문에 두 사람은 모두 1,000,000원이라는 답변을 얻는다. 이 상태에서 A가 600,000 원을 인출하고(A-2), B가 700,000원을 인출하려고(B-2) 하면 어떻게 될까?

일반적으로 생각하면 A가 600,000원을 인출한 뒤 B가 700,000원을 인출하려고 해도 잔액이 부족하기 때문에 실패해야 한다. 그러나 앞서 설명한 바와 같이 B-1의 타이밍에서 B도 1,000,000 원이 있다고 인식하고 있기 때문에 B가 처리한 결과는 300,000원의 잔액이 된다. 반대의 타이밍으로 A가 B가 인출한 이후에 인출한 경우는 400,000원이 잔액이 된다.

어쨌든 이 두 사람이 은행의 원래 잔액(1,000,000원)보다 많은 금액을 인출했음에도 불구하고 잔

액이 플러스로 남아 있기 때문에 계산이 맞지 않는다.

(2) 교착 상태가 발생하여 처리가 정지한다

동시에 실행되고 있는 2개(이상)의 프로그램(여기에서는 스레드)이 서로 리소스가 해제되는 것을 대기하는 상태가 되어 움직일 수 없게 되는 상태를 교착 상태(Deadlock)라고 한다. 실제 프로그램을 보면서 생각해 보자.

DeadLockSample.java

```java
import java.util.ArrayList;
import java.util.List;

public class DeadLockSample {

    public static void main(String... args) {
        List<String> list1 = new ArrayList<>();
        List<String> list2 = new ArrayList<>();
        list1.add("list1-1");
        list2.add("list2-1");

        new Thread(new ResourceLocker(" 스레드A", list1, list2)).start();
        new Thread(new ResourceLocker(" 스레드B", list2, list1)).start();
    }
}
```

ResourceLocker.java

```java
import java.util.List;

public class ResourceLocker implements Runnable {
    private String name;
    private List<String> fromList;
    private List<String> toList;

    public ResourceLocker(String name, List<String> fromList, List<String> toList) {
        this.name = name;
        this.fromList = fromList;
        this.toList = toList;
    }

    @Override
    public void run() {
        String str = null;
        try {
            System.out.printf("[%s] started.%n", name);
            Thread.sleep(500L);
            System.out.printf("[%s] attempt to lock fmList(%s).%n", name, fromList);
```

```
        synchronized (fromList) {
            System.out.printf("[%s] fmList(%s) was locked.%n", name, fromList);
            str = fromList.get(0);
            System.out.printf("[%s] %s <- fmList(%s)%n", name, str, fromList);
            Thread.sleep(500L);

            System.out.printf("[%s] attempt to lock toList(%s).%n", name, toList);
            synchronized (toList) {
                System.out.printf("[%s] toList(%s) was locked.%n", name, toList);
                toList.add(str);
                System.out.printf("[%s] %s -> toList(%s)%n", name, str, toList);
            }
        }
    } catch (InterruptedException e) {
        e.printStackTrace();
    } finally {
        System.out.printf("[%s] finished.%n", name);
    }
  }
}
```

A와 B라는 2개의 스레드가 동작하고 다음의 동작을 시키고 있다.

(1) 스레드 A는 list1에서 객체(문자열)를 취득해 list2에 기록한다

(2) 스레드 B는 list2에서 객체(문자열)을 취득해 list1에 기록한다

(3) list1/list2의 취득 및 쓰기 작업을 할 때 각각의 리스트에 대해 배타적 잠금(여러 스레드가 동시에 조작하지 못하도록 하는 잠금)을 취득한다

이 프로그램을 실행하면 2개의 스레드는 쉽게 교착 상태가 된다. 이유는 다음과 같다.

· 스레드 A는 list2를 조작할 때 잠금 취득을 시도하는데, 이때 스레드 B에 list2의 잠금을 해제해 달라고 해야 한다

· 스레드 B는 list1을 조작할 때 잠금 취득을 시도하는데, 이때 스레드 A에 list1의 잠금을 해제해 달라고 해야 한다

이 결과 두 스레드 모두 먼저 취득한 list의 잠금을 해제하지 못한 채 서로의 스레드가 list의 잠금을 해제하기를 기다리는 상태(교착 상태)가 된다.

● 교착 상태

(3) 예외가 발생한다

멀티 스레드에서 동작 중인 프로그램은 어떤 형태로든 서로 자원(변수 나 파일 등)을 공유하게 된다. 이러한 상태가 제대로 보호되지 않는 경우는 멀티 스레드 작업을 수행하는 동안에 예외가 발생할 수 있다. 예를 들어 큐에 기록하는 스레드 A와 읽기를 실시하는 스레드 B와 스레드 C가 있는 경우를 생각해 보자. 스레드 B가 큐에서 읽을 수 있다고 판단한 직후에 스레드 C가 큐의 내용을 먼저 가로채 '실제로 읽어내려고 하니 내용이 비어 있다'라는 상태가 되면 예외가 발생한다.

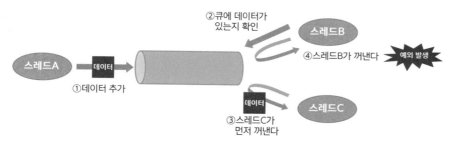

● 충돌에 의한 예외 발생

이렇게 멀티 스레드로 동작한 것이 원인이 되서 처리의 충돌이 발생한다. 그리고 이러한 원인으로 인해 스레드에서 예외가 발생하여 문제가 발생할 수 있다.

(4) 무한 루프가 발생한다

HashMap은 나중에 언급할 '스레드 세이프의 클래스'가 아니다. 따라서 HashMap을 synchronized로 보호하지 않고 여러 스레드에서 put하면 무한 루프가 발생하는 것으로 알려져 있다.

11.1.5 멀티 스레드 문제에 대응하기 어려운 이유

앞서 언급한 멀티 스레드 특유의 문제는 현장에서 매우 싫어 하고 두려워한다. 이유는 한 가지로 '타이밍에 따라 발생하는 경우와 발생하지 않는 경우가 있기' 때문이다. 한마디로 말해 버그의 재현성이 낮은 것이 문제다.

예를 들어 화면에서 특정 입력을 했을 때 100% 발생하는 문제라면 디버거를 작동해 화면에서 입력을 실시함으로써 그때의 객체 상황이나 처리 과정으로부터 문제의 원인을 찾아 수정할 수 있다. 그러나 멀티 스레드 문제는 그렇지 않다.

앞의 항목에 나온 은행에서 인출하는 문제의 예를 생각해 보자. 그 문제는 잔액에 액세스하는 타이밍이 거의 완전히 일치하지 않으면 발생하지 않는다. 0.1초 어긋나는 것만으로도 문제가 발생하지 않을지도 모른다. 발생하기만 하면 쉽게 버그를 잡아 수정할 수 있는데 버그를 잡을 수가 없는 것이 문제다. 그런 경우 프로그래머가 취할 수 있는 방법은 다음과 같다.

- 문제가 우연히 발생할 때까지 기다린다
- 문제가 발생할 수 있을 것 같은 상황(대량의 입력을 발생시키는 등)을 의도적으로 만들어 문제가 발생할 확률을 높인 후 기다린다
- 문제가 발생할 수 있을 것 같은 프로그램의 부분을 잘 찾아서 문제를 추측한다

모두 해결에 오랜 시간이 필요로 하거나 스레드의 깊은 이해를 필요로 할 가능성이 있다. 따라서 문제의 대응이 어려워지기 쉽다.

스레드 문제를 줄이는 확실한 방법은 '스레드를 만들지 않는' 것이다. 이렇게 언급하면 당연하다고 생각할지 모르지만 실은 프레임워크에서는 스레드가 필요한 경우 프레임워크 내에서 스레드를 생성하여 프레임워크의 이용자가 스레드를 만들지 않아도 된다. 따라서 우선 그러한 구조를 이해하여 불필요한 스레드를 만들지 않도록 하는 것이 안전한 방책이다.

그래도 스레드를 만들어야 하는 경우는 이 장에 써 있는 것을 근거로 엄격하고 안전한 설계로 스레드를 사용할 필요가 있다. 팀 개발이라면 예를 들어 '팀 리더가 체크하여 허가하지 않는 한 스레드를 만들지 않는다'라는 규칙을 만드는 것도 효과적이다.

11.2 | 스레드 세이프 구현하기

11.2.1 스레드 세이프란?

앞서 언급한 바와 같은 문제를 일으키지 않고 안전하게 동작하는 멀티 스레드 프로그램은 과연 어떠한 것일까? 그에 대한 해답은 다음의 조건을 충족하는 것이다.

- 여러 스레드에서 읽거나 쓸 경우에도 데이터가 파괴되지 않는다
- 여러 스레드에서 읽거나 쓸 경우에도 처리 오류가 발생하지 않는다
- 여러 스레드에서 읽거나 쓸 경우에도 교착 상태/처리 정지가 발생하지 않는다

이러한 것을 실현하기 위해 자바 API나 구문에 대한 지식이 필요하다. 그럼, 약간의 퀴즈로 좀 더 생각해 보자.

> Q. 다음 중 스레드 세이프인 것은 어느 것인가?
>
> (1) int의 증가 처리
>
> (2) SimpleDateFormat의 parse 메서드
>
> (3) HashMap의 put 메서드
>
> (4) ArrayList의 add/remove 메서드
>
> (5) javax.xml.bind.Marshaller의 marshal 메서드
>
> (6) long(원시 변수)로의 대입

A. 모두 스레드 세이프 '하지 않다'

하나씩 구체적으로 살펴보겠다.

(1) int의 증가 처리

여러 스레드에서 동시에 증가시켰는 데도 값이 증가하지 않을 수 있다.

```
public class IntIncrement {

    public static void main(String... args) {
        IntHolder holder = new IntHolder();
        Thread th1 = new Thread(new IntIncrementer("thread-1", holder));
        Thread th2 = new Thread(new IntIncrementer("thread-2", holder));
        th1.start();
        th2.start();

        try {
            th1.join();
            th2.join();
            int result = holder.getResult();
            System.out.println("result: " + result);
        } catch (InterruptedException e) {
            e.printStackTrace();
        }
    }
}
```

```
public class IntHolder {
    private int intNum = 0;

    public int getResult() {
        return intNum;
    }

    public void increment() {
        intNum++;
    }
}
```

```
public class IntIncrementer implements Runnable {
    private String name;
    private IntHolder holder;

    public IntIncrementer(String argName, IntHolder argHolder) {
        name = argName;
        holder = argHolder;
    }

    @Override
    public void run() {
        System.out.println("[" + name + "] started.");
        for (int counter = 0; counter < 1000000; counter++) {
            holder.increment();
        }
        System.out.println("[" + name + "] finished.");
    }
}
```

리스트에서는 하나의 IntHolder 인스턴스에 두 IntIncrementer 인스턴스를 갖게 된다. 2개의 IntIncrementer 인스턴스는 각기 서로 다른 스레드에서 IntHolder 인스턴스의 increment 메서드를 호출하여 값을 증가시킨다.

스레드에서는 각각 100만 번 증가를 실시하기 때문에 2개의 스레드가 처리를 완료한 후의 IntHolder 인스턴스 값(result: 뒤에 표시되는 숫자)은 200만(2,000,000)이 될 것으로 예상할 수 있다. 그러나 실제로 테스트해 보면 200만을 크게 밑도는 결과가 된다고 생각한다.

실행 예

```
[thread-2] started.
[thread-1] started.
[thread-1] finished.
[thread-2] finished.
result: 1097061
```

이 현상이 발생하는 이유는 앞서 언급한 잔액의 예와 동일하다. 즉, 증가시키는 조작은 하나의 단계가 아닌 다음과 같은 두 단계로 실시하고 있기 때문이다.

(a) 현재 값을 취득한다

(b) 취득한 값에 1을 더해서 기록한다

그리고 이 두 단계는 원자성(분할할 수 없는 최소 단위) 있게 실시되지 않아 (a)와 (b) 사이에 다른 스레드의 처리가 가능하다는 점이 문제의 원인이다. 그래서 2개의 스레드가 각각 (a)를 수행한 후 각각의 스레드에서 (b)를 실행하면 2회 증가했음에도 불구하고 값은 하나밖에 증가하지 않게 되는 일이 발생한다.

(2) SimpleDateFormat의 format 메서드

여러 스레드에서 동시에 사용하면 format 메서드의 실행 후에 잘못된 결과가 나올 수 있다. format 메서드는 synchronized로 보호되지 않기 때문에 SimpleDateFormat 인스턴스 내부의 각 속성이 순서대로 조작되는 과정에서 다른 값으로 설정될 수 있기 때문이다.

(3) HashMap의 put 메서드

여러 스레드에서 동시에 put하면 무한 루프 등이 발생할 수 있다.

```java
import java.util.HashMap;
import java.util.Map;

public class HashMapLoop implements Runnable {
    final Map<Integer, Integer> map = new HashMap<>();
    @Override
    public void run() {
        for (int i = 0; i < 100000000; i++) {
            int key = i % 10000000;
            if (map.containsKey(key)) {
                map.remove(key);
            } else {
                map.put(key, i);
            }
        }
    }

    public void runLoop() throws InterruptedException {
        Thread th1 = new Thread(this);
        Thread th2 = new Thread(this);
        System.out.println("start.");
        th1.start();
        th2.start();
        th1.join();
        th2.join();
        System.out.println("finished.");
    }

    public static void main(String... args) throws Exception {
        new HashMapLoop().runLoop();
    }
}
```

리스트에서는 하나의 IntHolder 인스턴스와 2개의 IntIncrementer 인스턴스를 갖고 있다. 2개의 스레드가 각각 HashMap에 값을 추가(put)하고 추가한 값을 제거(remove)하고 있다. 이 동작을 반복해서 실시하고 있으면 무한 루프가 발생할 수 있다. 참고로 PC의 스펙(코어 수, 주파수 등)에 따라 좀처럼 현상이 발생하지 않을 수도 있다. 그런 경우에는 스레드 수와 key에 대입할 때에 사용되는 나머지 값의 수를 늘려보길 바란다.

(4) ArrayList의 add/remove 메서드

Iterator를 사용하여 리스트의 요소를 처리하는 동안 리스트에 add와 remove를 실시하면 그 직후에 Iterator를 조작할 때에 ConcurrentModificationException이 발생한다.

ArrayList는 스레드 세이프 클래스가 아니다. 이것은 API 레퍼런스에서도 '이 구현은 synchronized 되지 않는다'라고 쓰여져 있다. 그와 동시에 '이 클래스의 iterator 및 listIterator 메서드에 의해 반환되는 반복자는 페일 퍼스트(Fail First)다'라고 쓰여져 있다. 페일 퍼스트는 리스트의 중간에 오류가 발견되면 처리를 종료시킨다는 의미다.

여기에서는 간단히 구조를 알아두면 좋을 것이다. Iterator는 베이스로 있는 컬렉션 클래스의 요소를 순차적으로 가져온다. 지금 어떤 요소를 보고 있는지를 관리하기 위해 Iterator는 요소 위치를 나타내는 커서를 내부에 가지고 있다. add와 remove 조작을 하면 List의 크기와 요소의 위치가 변경되므로 커서에서 보고 있는 그 뒷 요소를 찾을 수 없게 된다. 따라서 ArrayList와 같은 컬렉션 클래스는 이렇듯 요소를 수정하는 작업을 실행한 직후에 참조를 할 경우 ConcurrentModificationException을 발생시키는 구조로 되어 있다.

(5) javax.xml.bind.Marshaller의 marshal

자바에서 XML ➡ 객체로의 변환을 실시하는 데 비교적 많이 사용되고 있는 것이 '8장 파일 조작 공략하기'에서 설명한 JAXB다. JAXB로 XML을 자바 객체로 변환하기 위해서는 Marshaller라는 클래스를 사용하는데, Marshaller 인스턴스의 초기화에는 비용이 발생하기 때문에 가능한 라이프 사이클을 길게 하여 성능을 좋게 하고 싶다라고 생각할지 모르겠다.

```java
public void doMarshal(Employee employee) throws IOException, JAXBException {
    FileOutputStream stream;
    try {
        // Marshaller의 인스턴스를 작성한다
        JAXBContext ctx = JAXBContext.newInstance(Employee.class);
        Marshaller marshaller = ctx.createMarshaller();

        stream = new FileOutputStream("employee.xml");
        marshaller.marshal(employee, stream);
    } catch (JAXBException ex) {
        System.err.println("마샬에 실패하였다");
    } finally {
        if (stream != null) {
            stream.close();
        }
    }
}
```

그런 경우 당신이라면 어떻게 하겠는가? 우선 생각나는 것이 Marshaller 인스턴스를 호출 클래스의 속성으로 만들고 처음에 한 번 초기화한 후 그대로 그냥 계속해서 사용하려고 할 것이다.

```
// 생성자로 생성한 Marshaller
private Marshaller marshaller;
public MyMarshaller() {
    try {
        // 여기서 한 번만 인스턴스를 생성한다
        JAXBContext ctx = JAXBContext.newInstance(Employee.class);
        marshaller = ctx.createMarshaller();
    } catch (JAXBException e) {
        System.err.println("Marshaller의 작성에 실패하였다");
    }
}

public void doMarshal(Employee employee) throws IOException, JAXBException {
    FileOutputStream stream = new FileOutputStream("employee.xml");
    marshaller.marshal(employee, stream);
}
```

그러나 이런 구현 방법은 자바의 버전/제공 업체에 따라 스레드 세이프의 지원 여부가 다르므로 주의가 필요하다. 예를 들어 HotSpot 기반의 Java VM에서는 동시에 marshal 메서드를 실행하면 NullPointerException이 발생한다.

(6) long(기본형 변수)으로의 대입

기본형으로의 대입에 있어서 실은 long 타입의 경우 여러 스레드에서 동시에 값을 할당하는 것만으로 예상하지 못한 값이 될 수 있다. 이것은 long이 64bit인 것과 관계가 있다. 32bit의 Java VM의 경우 64bit long 타입의 변수를 상위 32bit와 하위 32bit를 개별적으로 조작하기 때문에 조작이 중복되면 결과가 예상치 못한 값이 되는 경우가 있다.

예를 들어 다음 코드로 확인해 보자. 이 코드는 long 변수의 값에 대해 2개의 스레드에서 단순히 1 또는 -1을 계속 대입하는 것이다. 단순히 생각하면 각각의 조작을 실시한 결과는 1 또는 -1 밖에 없다고 생각할 것이다.

IncrementLongSample.java

```
public class IncrementLongSample {

    public static void main(String... args) {
        LongHolder holder = new LongHolder();
        Thread th1 = new Thread(new LongPlusSetter("thread-1", holder));
        Thread th2 = new Thread(new LongMinusSetter("thread-2", holder));
        th1.start();
        th2.start();
```

```
        try {
            th1.join();
            th2.join();
            long result = holder.getResult();
            System.out.println("result: " + result);
        } catch (InterruptedException e) {
            e.printStackTrace();
        }
    }
}
```

LongHolder.java

```
public class LongHolder {
    private long longNum = 0;

    public long getResult() {
        return longNum;
    }

    public void setPlus() {
        longNum = 1;
        check(longNum);
    }

    public void setMinus() {
        longNum = -1;
        check(longNum);
    }

    public void check(long longNum) {
        if (longNum != 1 && longNum != -1) {
            throw new RuntimeException("longNum: " + longNum);
        }
    }
}
```

LongPlusSetter.java

```
public class LongPlusSetter implements Runnable {
    private String name;
    private LongHolder holder;

    public LongPlusSetter(String argName, LongHolder argHolder) {
        name = argName;
        holder = argHolder;
    }
```

```
    public void run() {
        System.out.println("[" + name + "] started.");
        for (int counter = 0; counter < 1000000; counter++) {
            holder.setPlus();
        }
    }
}
```

LongMinusSetter.java

```
public class LongMinusSetter implements Runnable {
    private String name;
    private LongHolder holder;

    public LongMinusSetter(String argName, LongHolder argHolder) {
        name = argName;
        holder = argHolder;
    }

    public void run() {
        System.out.println("[" + name + "] started.");
        for (int counter = 0; counter < 1000000; counter++) {
            holder.setMinus();
        }
    }
}
```

리스트에서는 하나의 LongHolder 인스턴스를 LongPlusSetter 인스턴스와 LongMinusSetter 인스턴스에 갖게 한다. LongPlusSetter 인스턴스와 LongMinusSetter 인스턴스가 서로 다른 스레드에서 다음의 처리를 수행한다.

· LongPlusSetter ➡ LongHolder의 setPlus 메서드를 호출하여 값을 1로 설정한다

· LongMinusSetter ➡ LongHolder의 setMinus 메서드를 호출하여 값을 -1로 설정한다

각각 값을 설정할 때 check 메서드가 호출되어 값이 1도 아니고 -1도 아닌 경우에는 Runtime Exception을 발생하도록 되어 있다. 2개의 스레드가 각각 100만 번씩 처리를 실시하고 있는데 값이 1 또는 -1밖에 되지 않는다면 예외가 발생하지 않을 것이다. 그러나 이 프로그램을 실제 32bit의 Java VM에서 실행해 보면 다음과 같이(프로그램 안에서 기술하고 있는) 예외가 발생할 수 있다(매번 반드시 발생하는 것은 아니기 때문에 귀찮지만 여러 번 시도해야 한다[24]).

---

24 **역주** 32Bit OS의 가상화 머신(VirtualBox)을 사용했을 때는 문제가 발생하지 않았다.

```
>"C:\Program Files (x86)\java\jdk1.7.0_71\bin\java" -showversion javabook.sample.
thread.IncrementLongSample
java version "1.7.0_71"
Java(TM) SE Runtime Environment (build 1.7.0_71-b14)
Java HotSpot(TM) Client VM (build 24.71-b01, mixed mode, sharing)

[thread-1] started.
[thread-2] started.
Exception in thread "Thread-1" java.lang.RuntimeException: longNum: 4294967295
at javabook.sample.thread.LongHolder.check(IncrementLongSample.java:42)
at javabook.sample.thread.LongHolder.decrement(IncrementLongSample.java:37)
at javabook.sample.thread.LongDecrementer.run(IncrementLongSample.java:79)
at java.lang.Thread.run(Thread.java:745)
```

'하나의 변수에 대한 대입인데 왜 여러 스레드에서 대입하면 값이 이상해지는 거야?'라고 생각할지도 모르겠다. 실은 32bit의 Java VM의 경우 long(64bit 필드)의 값을 할당하는 처리 자체를 원자성 있는 작업으로 실시할 수가 없다. 즉, 하나의 long 변수에 대한 '상위 32bit 할당'과 '하위 32bit 할당'이 별도로 이루어진다.

따라서 값 '1'의 대입은

```
상위 32bit = 0x00000000
하위 32bit = 0x00000001
```

이 되고, 값 '-1'의 대입은

```
상위 32bit = 0xffffffff
하위 32bit = 0xffffffff
```

가 되어, 이 조합에 따라

```
longNum = 0x00000000_ffffffffL; // 4294967295
```

나

```
longNum = 0xffffffff_00000001L; // -4294967295
```

가 될 가능성이 있다는 의미다.

이러한 예가 있으므로 프로그램을 만들 때는 사용하는 클래스가 스레드 세이프인지의 여부를 항상 의심해야 한다. 그럼, 스레드 세이프인 프로그래밍을 할 경우 어떤 것을 고려하면 좋은 것일까? 두 가지 요점에 대해 설명하겠다.

11.2.2 상태를 유지하지 않게(Stateless) 한다

'클래스 변수, 인스턴스 변수만 갖고 있지 않다면(상태를 유지하고 있지 않다면) 여러 스레드부터 액세스되어도 문제가 발생하지 않는다'

이를 실현할 수 있는 것이 스레드 세이프한 프로그램을 만드는 가장 쉬운 방법이다. 클래스 변수, 인스턴스 변수만 없다면 멀티 스레드에 관한 문제는 일어날 수 없기 때문이다. 그러나 실제로는 아무래도 인스턴스 변수를 갖게 해야하는 경우도 많을 것이다. 하지만 이처럼 평소부터 불필요하게 클래스 변수와 인스턴스 변수를 사용하지 않도록 습관화하는 것이 멀티 스레드에서 일어나는 문제를 해결하기 위해서는 중요하다.

그럼 어떤 경우에 '불필요한 인스턴스 변수'를 사용하지 않게 할 수 있을까?

(1) 속성은 처리할 메서드의 인수로 변경하여 삭제한다

'인수 리스트가 길어지니까 Service 클래스의 속성으로 설정하여 처리를 호출하도록 하고 있다'라고 생각하는데, 클래스의 속성으로 갖게 하면 해당 속성이 여러 스레드로부터 조작되는 것을 고려해야 한다. 인수로 사용할 뿐의 정보이며 상태로서 유지할 필요가 없는(처리의 결과로 쓰고 변경되는 일이 없는) 속성은 처리할 메서드의 인수로 변경한 후 삭제하도록 하자.

Before

```java
public class BadPractice {
    private Map<String, String> map = new HashMap<>();

    public void doSomething(String value) {
        map.put("foo", value);
        doInternal();
    }

    private void doInternal() {
        System.out.println(map.get("foo"))
    }
}
```

After

```
public class GoodPractice {
    public void doSomething(String value) {
        Map<String, String> map = new HashMap<>();
        map.put("foo", value);
        doInternal(map);
    }
    private void doInternal(Map<String, String> map) {
        System.out.println(map.get("foo"))
    }
}
```

※ 원서의 After 소스에서는 value 값을 사용하지 않았기에 역자가 변경함

(2) 로직에서 처리한 결과를 인스턴스 변수에 저장하고, 속성 접근자(Accessor) 메서드를 사용해 취득하도록 한다

이것을 실시하는 데는 주로 다음과 같은 두 가지 패턴이 있다.

(a) 로직에서 처리한 결과의 정보량이 여러 개인 경우

➡ 결과를 모아서 객체를 만들고 호출한 곳으로 반환한다

(b) 로직 자체가 비동기 처리가 되는(결과를 지연해서 얻는) 경우

➡ 콜백 처리를 구현한다

➡ Future 패턴(멀티 스레드의 디자인 패턴 중 하나)을 사용한다

콜백 처리를 구현하는 예를 살펴보자. 먼저 콜백을 받는 인터페이스를 정의한다.

```
public interface AsyncCallback {
    void notify(String message);
}
```

다음은 이 인터페이스를 사용하여 스레드를 실행하는 메인 클래스를 작성한다.

```
import java.util.concurrent.ExecutorService;
import java.util.concurrent.Executors;

public class CallbackSample {

    public static void main(String... args) {
        final ExecutorService executor = Executors.newSingleThreadExecutor();
        AsyncProcess proc = new AsyncProcess(new AsyncCallback() {
            public void notify(String message) {
```

```
                System.out.println("callback message: " + message);
                executor.shutdown();
            }
        });
        executor.execute(proc);
        System.out.println("AsyncProcess is started.");
    }
}
```

마지막은 실제 처리를 실시하는 스레드다. 이 스레드에서 콜백을 호출한다.

```
public class AsyncProcess implements Runnable {
    private AsyncCallback callback;

    public AsyncProcess(AsyncCallback asyncCallback) {
        this.callback = asyncCallback;
    }

    public void run() {
        try {
            Thread.sleep(1000L);
            this.callback.notify("Finished.");
        } catch (InterruptedException ex) {
            ex.printStackTrace();
        }
        System.out.println("AsyncProcess is finished.");
    }
}
```

이 프로그램을 실행하면 시작 메시지가 나오고 나서 1초 후에 콜백 처리가 실시되는 것을 알 수 있다. AsyncProcess 스레드의 종료 메시지는 콜백 처리의 메시지 후에 표시된다. 이것은 콜백 처리가 AsyncProcess 스레드에서 이루어지고 있기 때문이다. 이렇게 어떤 메서드가 어떤 스레드에서 실행되는지를 의식하는 것도 멀티 스레드 프로그래밍을 할 경우에는 중요하다.

또한 Future 패턴을 이용한 경우의 예도 살펴보자.

```
import java.util.concurrent.Callable;
import java.util.concurrent.ExecutionException;
import java.util.concurrent.ExecutorService;
import java.util.concurrent.Executors;
import java.util.concurrent.Future;

public class FutureSample {
    public static void main(String... args) {
        ExecutorService executor = Executors.newSingleThreadExecutor();
```

```
        Future<String> future = executor.submit(new Callable<String>() {
            public String call() {
                try {
                    Thread.sleep(1000L);
                } catch (InterruptedException ex) {
                    // 예외 처리
                    return "Execution is failed.";
                }
                return "Finished.";
            }
        });

        System.out.println("ExecutorService is started.");

        try {
            String message = future.get();
            System.out.println("ExecutorService is finished : message=" + message);
        } catch (InterruptedException | ExecutionException ex) {
            ex.printStackTrace();
        } finally {
            executor.shutdown();
        }
    }
}
```

여기도 실행하면 ExecutorService의 시작 메시지의 1초 후에 종료 메시지가 출력된다.

Future 객체는 소스 코드의 10번째 줄에서 취득하고 있는데, 취득 단계에서는 아직 메시지가 처리 스레드에서 주어지지 않았다. 그럼에도 불구하고 main 메서드의 처리는 시작 메시지 후 즉시 Future의 get 메서드를 호출하고 있다. Future의 get 메서드는 Callable(무명 클래스)의 처리가 끝날 때까지 처리를 블록해 주기 때문에 종료했다는 메시지를 제대로 받을 수 있다.

또한 어떤 경우라도 결과로서 얻을 수 있는 객체는 불변 객체로 해서 여러 스레드에서의 액세스에 대해 안전한 상태로 해야 한다. 예에서는 설명을 쉽게하기 위해서 String 클래스를 사용했는데 String 클래스도 훌륭한 이 불변 클래스다.

▌ 11.2.3 '메서드 단위'가 아니라 최소한의 '일련의 처리'에 대해 동기화한다

앞서 언급했듯이 HashMap 객체를 synchronized 블록으로 보호하지 않고 사용하면 put 메서드 호출에서 무한 루프가 발생할 가능성이 있다. 그런 경우에는 synchronized 블록을 사용하여 보호를 하게 되는데, 자칫 보호 범위를 오인하면 다른 문제가 발생하거나 애당초 문제가 해결되지 않을 수도 있다.

자주 있는 실수1: put 메서드의 호출만을 synchronized 블록으로 보호하기

```
private Map<String, Integer> map = new HashMap<>();

// 생성자에서 map.put("COUNTER", 0) 실시

public void increment() {
    Integer counter = map.get("COUNTER");
    counter++;
    synchronized(this) {
        map.put("COUNTER", counter);
    }
}
```

자주 있는 실수2: ConcurrentHashMap 클래스를 사용하기

```
private Map<String, Integer> map = new ConcurrentHashMap<>();

// 생성자에서 map.put("COUNTER", 0) 실시

public void increment() {
    Integer counter = map.get("COUNTER");
    counter++;
    map.put("COUNTER", counter)
}
```

이것은 각 메서드 호출을 보호할 수는 있지만 메서드 호출을 연결한 일련의 '처리'를 보호할 수 없다. 정확하게는 다음과 같이 '일련의 처리'를 synchronized 블록으로 보호해야 한다.

```
private Map<String, Integer> map = new HashMap<>();

// 생성자에서 map.put("COUNTER", 0) 실시

public synchronized void increment() {
    Integer counter = map.get("COUNTER");
    counter ++;
    map.put("COUNTER", counter)
}
```

'그럼 실질적으로 synchronized로 동기화되는 범위는 도대체 어디까지인 거야?'라고 생각할지도 모르겠다. 동기화되는 범위는 다음과 같다.

(1) 서로 다른 클래스의 synchronized 메서드는 동기화하지 않는다

```
public class SomeProcessorA {
    public synchronized void doSync1() { /* 생략 */ }
    public synchronized void doSync2() { /* 생략 */ }
}

public class SomeProcessorB {
    public synchronized void doSync3() { /* 생략 */ }
}
```

위의 코드 SomeProcessorA와 SomeProcessorB는 서로 다른 클래스이므로 만들어지는 인스턴스도 별개다. 따라서 다음과 같이 synchronized 메서드는 동일 클래스 내의 메서드끼리만 동기화되고 다른 클래스와는 동기화하지 않는다.

● 메서드 간의 동기(1)

	doSync1	doSync2	doSync3
doSync1	동기	동기	비동기
doSync2	–	동기	비동기
doSync3	–	–	동기

(2) 동일한 잠금 객체에 대한 처리만 동기화된다

```
public class SomeProcessor {
    Object lock = new Object();
    public synchronized void doSync1() { /* 생략 */ }
    public synchronized void doSync2() { /* 생략 */ }
    public void doSync3() {
        synchronized(this) {
            // 생략
        }
    }
    public void doSync4() {
        synchronized(lock) {
            // 생략
        }
    }
}
```

synchronized 메서드와 synchronized(this) 블록은 동일한 의미를 갖는다.

synchronized는 객체를 대상으로 잠금을 획득해 동일한 잠금 객체에 synchronized를 실시하고 있는 메서드(처리)끼리 동기화할 수 있다. doSync4 메서드만은 lock이라는 다른 잠금 객체를 지정하고 있기 때문에 동기화되지 않는다.

● 메서드 간의 동기(2)

	doSync1	doSync2	doSync3	doSync4
doSync1	동기	동기	동기	비동기
doSync2	-	동기	동기	비동기
doSync3	-	-	동기	비동기
doSync4	-	-	-	동기

(3) 동일 클래스의 동일 메서드라도 인스턴스가 다르면 잠금은 걸리지 않는다

```java
public class SomeProcessor {
    public synchronized void doSync() {
        // 생략
    }
}
public class SomeConsumer {
    public void doSync1() {
        SomeProcessor proc = new SomeProcessor();
        proc.doSync();
    }
    public void doSync2() {
        SomeProcessor proc = new SomeProcessor();
        proc.doSync();
    }
}
```

위의 코드는 잠금 대상의 객체(인스턴스)를 doSync1 메서드와 doSync2 메서드에서 개별적으로 초기화하고 있다. 따라서 synchronized로 서로를 잠글 수 없으며 똑같은 proc.doSync 메서드를 호출하고 있지만 동기화되지 않는다. 또한 동일한 doSync1 메서드끼리 그리고 doSync2 메서드끼리라고 할지라도 호출할 때마다 다른 인스턴스를 생성해서 처리를 실시하고 있기 때문에 동기화되지 않는다.

● 메서드 간의 동기(3)

	doSync1	doSync2
doSync1	비동기	비동기
doSync2	-	비동기

(4) 동일한 처리라도 잠금 객체의 인스턴스가 다르면 잠금은 걸리지 않는다

```java
public class SomeProcessor {
    public void doSync() {
        Object lock = new Object();
        synchronized(lock) {
            // 생략
        }
    }
}
```

이것은 (3)의 처리를 좀 더 간결하게 표현한 것이다. (3)의 doSync1 메서드끼리, doSync2 메서드끼리 각기 동기화되지 않는 이유를 명확하게 알 수 있다.

● 메서드 간의 동기(4)

	doSync
doSync	비동기

이를 바탕으로 '메서드 실행의 동기화'와 '일련의 처리의 동기화'의 차이를 고려해 보면 다음과 같다.

- 메서드 실행의 동기화
    - ➡ '스레드 세이프하지 않은 처리'를 동시에 호출하는 것을 방지한다
    - ➡ '처리의 호출' 부분을 동기화한다

- 일련의 처리의 동기화
    - ➡ '자신이 작성한 스레드 세이프하지 않은 처리'가 동시에 호출되는 것을 방지한다
    - ➡ '자신이 작성한 일련의 처리'를 동기화한다

'누가 (몇 년 후에) 호출할지도 모르겠다'라는 생각을 가지고 스레드 세이프가 되도록 구현해야 한다. 한편 스레드 세이프하기 위해 synchronized 블록으로 둘러싼 범위를 너무 넓게 하면 다음의 이유로 처리량이 저하된다.

- synchronized 블록으로 둘러싼 범위는 단일 스레드가 되기 때문에 여러 처리를 동시에 실행할 수 없다
- 다수의 스레드가 대기 상태가 됨으로써 잠금의 쟁탈이 발생해 처리 속도가 저하된다

너무 넓은 synchronized는 처리량을 저하시킨다. 너무 좁은 synchronized는 문제를 해결하지 못한다. 리소스를 보호하기 위해 필요한 범위를 제대로 파악하여 synchronized 블록으로 둘러싸도록 하자.

12

디자인 패턴 즐기기

12.1 | 디자인 패턴의 기본

12.1.1 디자인 패턴이란?

우리가 프로그램을 작성할 때 완성되는 것은 목적과 개발자에 따라 천차만별이다. 그러나 그 부품 단위로 내용을 살펴보면 프로그램마다 비슷한 부분이 있다. 예를 들어 '어떤 상태가 바뀌었을 때 그에 반응하는 클래스군을 만들기', '다른 팀이 만든 부품과의 중개를 하는 클래스를 만들기', '재귀적인 구조를 클래스로 표현하기'와 같은 것이다.

그런 비슷한 목적에 대해 클래스 구조의 모범 사례를 패턴으로 정리하려고 하는 움직임이 일어나기 시작했다. 그것이 바로 디자인 패턴이다. 프로그램의 세계에는 다양한 디자인 패턴이 존재하는데 그중에서도 특히 유명한 것이 'GoF 디자인 패턴'이다. GoF(고프)란 'The Gang of Four'의 약자이며, 에리히 감마, 리처드 헬름, 랄프 존슨, 존 블리시데스의 4명을 가리킨다. 그들은 객체 지향 프로그래밍에 도움이 되는 디자인 패턴을 도입해 《Design Patterns: Elements of Reusable Object Oriented Software》라는 제목의 책에 정리했다. 이 책에 소개된 23가지 디자인 패턴을 GoF 디자인 패턴이라고 한다. 이 장에서는 GoF 디자인 패턴 중에서 프로그래밍 현장에서 특히 잘 사용되는 것을 엄선해 소개하겠다. 23 종류의 패턴은 다음의 세 가지로 분류되어 있다.

- 객체의 '생성'에 관한 패턴
- 프로그램의 '구조'에 관한 패턴
- 객체의 '행동'에 관한 패턴

이 책에서도 각 분류마다 절을 나누어 설명하겠다. 디자인 패턴은 정교한 클래스 구조의 패턴 집합이며, 잘 이해해서 올바르게 적용하면 충실하고 알기 쉬운 클래스 구성을 생성할 수 있다. 여기에서는 그 구성을 배우고 활용해 보자.

12.1.2 디자인 패턴을 사용하면 좋은 점

그렇다면 도대체 왜 디자인 패턴을 사용하는 것일까? 디자인 패턴을 사용하면 무엇이 좋은가? 구체적인 디자인 패턴을 살펴보기 전에 디자인 패턴을 사용하는 이유를 확인해 두자.

(1) 재사용성이 높고 유연성 있는 설계가 가능하다

프로그램을 처음부터 설계하면 만들어진 성과물의 품질이 설계자의 직관이나 경험 등에 따라 달라진다. 하지만 디자인 패턴을 도입하면 초보자도 고수들의 갈고 닦은 '지혜'를 이용한 설계가 가능하다.

(2) 의사 소통이 쉬워진다

디자인 패턴을 습득하지 않은 기술자에게 설계를 설명할 경우 '이런 클래스를 만들고, 이 클래스는 이런 역할을 갖고 있고……'라고 끝없이 설명해야 한다. 한편, 디자인 패턴을 습득하고 있는 기술자라면 '○○패턴으로 만들어!'라는 한마디로 끝나 버린다. 디자인 패턴을 습득하고 있는 기술자끼리라면 설계에 대해 상담할 때도 디자인 패턴의 이름으로 설계 개요에 대해 동의를 얻는 것이 가능해 의사 소통이 원활하다.

물론 디자인 패턴은 어떤 경우에도 적용할 수 있는 마법의 도구가 아니다. 하지만 디자인 패턴을 이해하고 개념을 익혀두면 자신이 직접 설계하는 경우에도 적용할 수 있어 설계의 수준을 높일 수 있다. 다음 절에서는 구체적인 디자인 패턴을 살펴보겠다.

12.2 | 생성에 관한 패턴

우선, 객체의 '생성'에 관한 디자인 패턴을 소개하겠다.

● **객체의 생성에 관한 디자인 패턴**

패턴	개요
AbstractFactory	관련된 일련의 인스턴스를 상황에 따라 적절하게 생성하는 방법을 제공한다.
Builder	복합화된 인스턴스의 생성 과정을 은폐한다.
Singleton	특정 클래스에 대해 인스턴스가 하나임을 보장한다.

12.2.1 AbstractFactory 패턴 — 일련의 인스턴스군을 모아서 생성하기

'설정 파일에 기재된 시스템의 환경 정보에 따라 사용할 DBMS를 바꾸어 이용하기'와 같이 조건에 따라 시스템의 동작을 변화시키는 프로그램을 생각해 보자. DBMS란 Database Management System(데이터베이스 관리 시스템)의 약자로 정리된 정보(데이터베이스)를 관리하는 소프트웨어를 말한다. 대표적인 소프트웨어로 PostgreSQL과 MySQL 등이 있다. 프로그램에서 이러한 소프트웨어에 접속하여(커넥션 객체를 생성하여) 데이터에 액세스하게 되는데, 액세스 방법은 소프트웨어마다 조금씩 다른 부분이 있다.

DBMS마다 서로 다른 부분을 구현하는 방법으로 'DBMS마다 별도의 클래스를 만들어 처리를 전환하는' 프로그램이 떠오를 것으로 생각한다. 그러나 커넥션을 관리하는 클래스와 설정을 유지하는 클래스도 DBMS마다 전환해야 한다. 그렇다면 DBMS마다 연관된 인스턴스를 한꺼번에 생성하는 방법이 있으면 훨씬 편리할 것이다.

이를 실현하기 위한 수단이 바로 AbstractFactory 패턴이다. AbstractFactory 패턴은 인스턴스의 생성을 전문으로 실시하는 클래스(Factory)를 준비하여 일관성을 유지해야 하는 관련된 일련의 인스턴스들을 확실히 생성하기 위한 패턴이다. AbstractFactory 패턴을 이용한 예를 살펴보자.

Factory.java

```java
public interface Factory {
    Connection getConnection();

    Configuration getConfiguration();
}
```

Connection.java

```java
public abstract class Connection {
    // 임의의 처리
}
```

Configuration.java

```java
public abstract class Configuration {
    // 임의의 처리
}
```

PostgreSQLFactory.java

```java
public class PostgreSQLFactory implements Factory {
    @Override
    public Connection getConnection() {
        return new PostgreSQLConnection();
    }

    @Override
    public Configuration getConfiguration() {
        return new PostgreSQLConfiguration();
    }
}
```

PostgreSQLConnection.java

```java
public class PostgreSQLConnection extends Connection {
    // PostgreSQL의 커넥션 처리
}
```

PostgreSQLConfiguration.java

```java
public class PostgreSQLConfiguration extends Configuration {
    // PostgreSQL의 설정 정보의 로딩 처리
}
```

MySQLFactory.java

```java
public class MySQLFactory implements Factory {
    @Override
    public Connection getConnection() {
        return new MySQLConnection();
    }

    @Override
    public Configuration getConfiguration() {
        return new MySQLConfiguration();
    }
}
```

MySQLConnection.java

```java
public class MySQLConnection extends Connection {
    // MySQL의 커넥션 처리
}
```

MySQLConfiguration.java

```java
public class MySQLConfiguration extends Configuration {
    // MySQL의 설정 정보의 로딩 처리
}
```

SampleMain.java

```java
public class SampleMain {
    public static void main(String... args) {
        String env = "PostgreSQL";

        Factory factory = createFactory(env);
        Connection connection = factory.getConnection();
        Configuration configuration = factory.getConfiguration();
    }

    private static Factory createFactory(String env) {
        switch (env) {
        case "PostgreSQL":
            return new PostgreSQLFactory();
        case "MySQL":
            return new MySQLFactory();
        default:
            throw new IllegalArgumentException(env);
        }
    }
}
```

DBMS마다 관련된 클래스를 생성하는 클래스(PostgreSQLFactory, MySQLFactory)를 마련한다. 이 클래스들은 getConnection 메서드와 getConfiguration 메서드를 가진 Factory 인터페이스를 구현하도록 한다.

PostgreSQLFactory 클래스의 getConnection 메서드, MySQLFactory 클래스의 getConnection 메서드에 각각의 DBMS에 대응한 커넥션을 생성하는 처리를 구현한다(여기에서는 설명을 간단히 하기 위해 메서드 내에서는 아무것도 실시하지 않았다). 각 메서드의 반환값은 공통의 추상 클래스인 Connection을 계승한 것으로 한다.

마찬가지로 PostgreSQLFactory 클래스의 getConfiguration 메서드, MySQLFactory 클래스의 getConfiguration 메서드에 각각의 DBMS에 대응한 설정 정보를 생성하는 처리를 구현한다. 여기에서도 각 메서드의 반환값은 공통의 추상 클래스 Configuration을 계승한 것으로 한다. 이렇게 해두면 시스템의 환경 정보를 바탕으로 각 환경에 대응한 Factory를 생성해서 개별 Factory의 구현 내용을 신경 쓰지 않고 커넥션 정보(Connection) 및 설정 정보(Configuration)를 취득할 수 있다.

다음은 AbstractFactory 패턴의 일반적인 클래스 다이어그램을 나타냈다. 앞의 예제에 등장하는 클래스가 클래스 다이어그램 상에서 무엇에 해당하는지 확인하길 바란다.

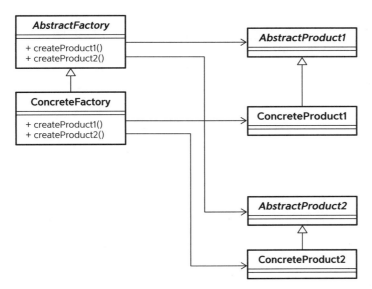

● **AbstractFactory 패턴의 일반적인 클래스 다이어그램**

AbstractFactory 패턴은 관련된 일련의 인스턴스들을 모아서 생성하는 경우에 위력을 발휘한다. 현업의 프로그램에서는 프레임워크를 만들 때 사용하는 경우가 많은 패턴이다. 환경이나 조건에 따라 처리 패턴을 전환하여 실행하는 구조를 실현할 때에 프레임워크의 이용자가 구체적인 처리 내용을 의식하지 않고 호출할 수 있는 점이 장점이다.

12.2.2 Builder 패턴 — 복합화된 인스턴스의 생성 과정을 은폐한다

인스턴스를 생성하는 데에 여러 처리가 필요한 경우를 생각해 보자. 예를 들어 프로그램상에서 여러 종류의 문서를 생성하는 시스템이 있다고 하자. 이 프로그램에서 생성되는 각 문서의 내용은 당연히 다를 수 있다.

그러나 어떤 문서도 '헤더(Header)와 콘텐츠, 그리고 푸터(Footer)'라는 동일한 구성으로 만들어진다고 하면 각 문서를 만들 때에 '헤더 만들기 ➡ 콘텐츠 만들기 ➡ 푸터 만들기'라는 흐름은 공통이다.

이러한 생성의 흐름을 공통화하기 위한 수단이 Builder 패턴이다. Builder 패턴이란 복잡한 생산 과정이 필요한 인스턴스에 대해 그 생성 과정을 은폐함으로써 동일 과정으로 서로 다른 내부 형식의 인스턴스를 얻기 위한 패턴이다.

Builder 패턴을 사용한 예를 살펴보자. 이번 경우 각 문서를 만드는 생성 과정을 정의한 클래스 (Builder)와 실제 문서마다의 생성 처리를 갖는 클래스(Director)를 분리해서 문서마다 생성 과정을 준비하기만 하면 생성 처리 자체는 다시 사용할 수 있다.

Builder.java

```java
public interface Builder {
    void createHeader();

    void createContents();

    void createFooter();

    Page getResult();
}
```

Page.java

```java
public class Page {
    private String header;

    private String contents;

    private String footer;

    // setter/getter는 생략
}
```

TopPage.java

```java
public class TopPage extends Page {
    // 내용은 Page와 동일
}
```

Director.java

```java
public class Director {
    private Builder builder;

    public Director(Builder builder) {
        this.builder = builder;
    }

    public Page construct() {
        builder.createHeader();
        builder.createContents();
        builder.createFooter();

        return builder.getResult();
    }
}
```

TopPageBuilder.java

```java
public class TopPageBuilder implements Builder {
    private TopPage page;

    public TopPageBuilder() {
        this.page = new TopPage();
    }

    @Override
    public void createHeader() {
        this.page.setHeader("Header");
    }
```

```
    @Override
    public void createContents() {
        this.page.setContents("Contents");
    }

    @Override
    public void createFooter() {
        this.page.setFooter("Footer");
    }

    @Override
    public Page getResult() {
        return this.page;
    }
}
```

SampleMain.java

```
public class SampleMain {
    public static void main(String... args) {
        Builder builder = new TopPageBuilder();
        Director director = new Director(builder);

        Page page = director.construct();
    }
}
```

문서를 작성하는 과정을 나타내는 클래스(Director)와 실제로 문서(Page)를 만드는 클래스(Builder)의 역할의 차이에 주목하길 바란다. 위의 예제에서는 문서의 헤더, 내용, 푸터을 작성하기 위한 실제 처리를 TopPageBuilder 클래스에 구현하고 있다(예제이기 때문에 처리의 내용은 간단하게 하고 있다).

그리고 처리를 문서의 작성 과정에 맞추어 호출하는 것이 Director 클래스다. 이러한 제작으로 해두면 다른 페이지를 작성하게 된 경우에도 Builder 인터페이스를 구현한 클래스를 생성하기만 해두면 된다는 것을 알 수 있을 것이다.

다음은 Builder 패턴의 일반적인 클래스 다이어그램을 나타냈다. 앞의 예제에 등장한 클래스가 클래스 다이어그램에서 무엇에 해당하는지 확인하길 바란다.

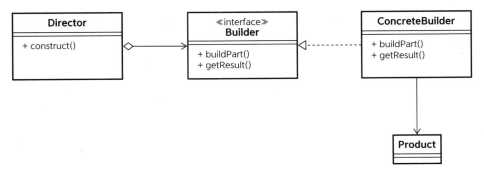

● Builder 패턴의 일반적인 클래스 다이어그램

Builder 패턴은 복잡한 생산 과정이 필요한 여러 인스턴스를 동일한 생성 과정으로 얼마든지 생성할 때 사용할 수 있다. 현업의 프로그램에서는 프레임워크를 만들 때 사용하는 경우가 많은 패턴이다. 프레임워크의 이용자가 생성 처리의 흐름을 의식하지 않고 개별 처리에만 주목하여 구현할 수 있는 것이 장점이다.

▌ 12.2.3 Singleton 패턴 ─ 특정 클래스에 대해 인스턴스가 하나임을 보장한다

시스템 전체에 공통적으로 사용되는 설정 정보를 모아서 보관하는 클래스가 있다고 하자. 시스템에서 변경된 설정 내용도 보존할 필요가 있는 경우 설정 정보를 보관한 클래스가 여럿이 있게 된다면 일관성이 없게 된다. 그럼 만약에 시스템에서 항상 동일한 인스턴스를 참조하는 클래스가 있다면 그 목적을 충족시킬 수 있을 것이다.

이를 실현하기 위한 수단이 Singleton 패턴이다. Singleton은 직역하면 '트럼프 게임인 브리지에서의 카드 1장만 있는 것'을 의미한다. Singleton 패턴은 특정 클래스의 인스턴스가 유일한 존재임을 보장한다. Singleton 패턴을 이용한 예를 살펴보자.

Configure.java

```java
public class Configure {
    private static Configure instance = new Configure();

    private Configure() {
        // 설정 정보를 읽어들이는 처리
    }
```

```
    public static Configure getInstance() {
        return instance;
    }

    // 설정 정보를 변경하는 처리 등
}
```

SampleMain.java

```
public class SampleMain {
    public static void main(String... args) {
        Configure configure = Configure.getInstance();
    }
}
```

위의 예에서 Configure 클래스는 생성자가 private으로 되어 있기 때문에 인스턴스를 새로 생성
할 수 없다. 그 대신 Configure 클래스의 getInstance 메서드를 사용해서 얻을 수 있는 유일한
인스턴스를 항상 사용하게 된다. 다음은 Singleton 패턴의 일반적인 클래스 다이어그램을 나타
냈다.

Singleton
– singleton
– Singleton() + getInstance()

● **Singleton 패턴의 일반적인 클래스 다이어그램**

Singleton 패턴은 시스템 내에서 항상 동일한 인스턴스를 계속해서 사용하고 싶은 경우에 사용
할 수 있다. 이 패턴을 응용하면 '시스템 내에서 항상 2개의 인스턴스만이 존재하는 클래스를 만
든다'라는 것도 쉽게 실현할 수 있다. 현업의 프로그램에서 시스템 내에 하나의 정보만을 유지하
고 싶은 경우에 사용하는 패턴이다. 단, Singleton 패턴을 이용하면 여러 작업이 동시에 인스턴
스를 조작해도 무결성을 손상하지 않도록 인스턴스에 다중 접속을 예상한 배타적인 처리를 실
시해야 한다는 점을 기억하길 바란다.

12.3 | 구조에 관한 패턴

다음으로, 객체의 '구조'에 관한 디자인 패턴을 소개하겠다.

● **객체의 구조에 관한 디자인 패턴**

패턴	개요
Adapter	인터페이스에 호환성이 없는 클래스들을 조합시키기
Composite	재귀적인 구조의 취급을 쉽게 하기

12.3.1 Adapter 패턴 — 인터페이스에 호환성이 없는 클래스들을 조합시키기

기존 시스템을 재사용하여 새로운 시스템에 통합할 경우를 생각해 보자. 기존 시스템의 처리는 그대로 사용할 수 있을 것이지만 새로운 시스템은 지금까지 사용하던 메서드와는 다른 인터페이스를 가지고 있다고 치자. 이 경우 기존 시스템에 손을 대서 수정을 하게 되면 엄청난 변화를 강요하게 될 수 있다.

이 문제를 해결하기 위한 수단이 바로 Adapter 패턴이다. Adapter는 한국어로 '적용시키다'라는 의미를 가지고 있다. Adapter 패턴에서는 인터페이스에 호환성이 없는 클래스들을 조합시키는 것을 목적으로 하여 기존 시스템과 새로운 시스템의 인터페이스의 차이를 흡수하는 Adapter를 제공함으로써 적은 변경으로 기존 시스템을 새로운 시스템에 적용할 수 있도록 한다.

Adapter 패턴은 구현 방법에 따라 두 가지 방법이 있다.

- 상속을 이용하는 방법
- 위임을 이용하는 방법

상속을 이용하는 방법

우선 상속을 이용하는 방법으로 구현한 예를 살펴보자.

```java
public class OldSystem {
    public void oldProcess() {
        // 기존 처리
    }
}
```

Target.java

```java
public interface Target {
    void process();
}
```

Adapter.java

```java
public class Adapter extends OldSystem implements Target {
    @Override
    public void process() {
        oldProcess();
    }
}
```

SampleMain.java

```java
public class SampleMain {
    public static void main(String[] args) {
        Target target = new Adapter();
        target.process();
    }
}
```

기존 시스템(OldSystem) 클래스의 oldProcess 메서드를 새로운 시스템에서 호출하려고 한다. 새로운 시스템에서는 Target 인터페이스를 구현한 클래스를 호출하는 방식으로 제작되어 있는 경우, 새로운 시스템에서 직접 OldSystem 클래스의 oldProcess 메서드를 호출할 수 없다. 그래서 Adapter 클래스를 제공한다.

Adapter 클래스는 OldSystem 클래스를 상속하고 Target 인터페이스를 구현한 클래스다. 위와 같이 Adapter 클래스의 process 메서드가 불려졌을 경우 상속원인 OldSystem 클래스의 oldProcess 메서드를 호출함으로써 처리 자체는 기존 시스템의 내용을 그대로 이용할 수 있게 되었다.

위임을 이용하는 방법

다음으로 위임을 이용한 방법을 살펴보자. 상속을 이용한 방법에서는 새로운 시스템은 Target 인터페이스를 구현한 클래스를 호출하는 방식으로 제작되었다. 만약 Target이 인터페이스 아닌 추상 클래스로 선언된 경우를 생각해 보자. 계승[25]을 이용한 방법과 같은 방식으로 제작을 할 경우 Adapter 클래스는 OldSystem과 Target의 2개의 클래스를 상속해야 하므로 제대로 되지 않는다. 또는 OldSystem 클래스가 final로 선언되어 있는 경우도 Adapter 클래스가 OldSystem 클래스를 상속할 수 없다. 이 문제는 위임을 이용하면 잘 해결할 수 있다. 위임을 이용한 방법으로 구현한 예를 살펴보자.

OldSystem.java

```java
public class OldSystem {
    public void oldProcess() {
        // 기존 처리
    }
}
```

Target.java

```java
public abstract class Target {
    abstract void process();
}
```

Adapter.java

```java
public class Adapter extends Target {
private OldSystem oldSystem;

    public Adapter() {
        this.oldSystem = new OldSystem();
    }

    @Override
    public void process() {
        this.oldSystem.oldProcess();
    }
}
```

25 　**역주** 원서에서는 위임이라고 썼는데 계승이 맞다.

```java
public class SampleMain {
    public static void main(String[] args) {
        Target target = new Adapter();
        target.process();
    }
}
```

이번 예에서는 Target 클래스가 추상 클래스로 선언되어 있기 때문에 Adapter 클래스는 Target 클래스를 상속한 클래스로 한다. Adapter 클래스가 OldSystem 클래스를 내부에 가짐으로써 process 메서드가 호출되었을 때 OldSystem 클래스 처리를 위임하는 형태로 이용하고 있다. 이 것에 의해 처리 자체는 기존 시스템의 내용을 그대로 이용할 수 있게 되었다.

다음은 Adapter 패턴의 두 가지 방법에 대하여 일반적인 클래스 다이어그램을 나타냈다. 앞의 예제에 등장하는 클래스가 클래스 다이어그램에서 무엇에 해당하는지 확인해 보자.

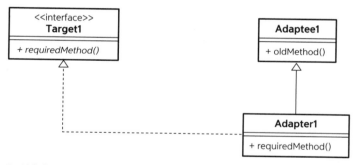

● 상속을 이용한 방법

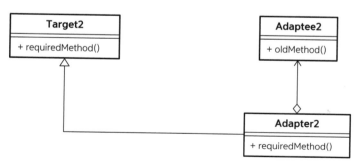

● 위임을 이용한 방법

Adapter 패턴은 사용하고자 하는 인터페이스를 강제적으로 바꾸고 싶은 경우에 사용할 수 있다. 현업의 프로그램에서는 예에서 보는 바와 같이 이미 존재하는 클래스를 변경하는 것이 아니라 다른 인터페이스에서 호출할 때 사용할 수 있다. 별로 권장하지는 않지만, 프레임워크를 이용하고 있을 때 '프레임워크 내부의 처리를 아무래도 다른 방법으로 호출하고 싶다'라는 경우에 사용할 수도 있다.

12.3.2 Composite 패턴 — 재귀적 구조 쉽게 처리하기

파일 시스템을 프로그램상에서 표현할 경우 어떻게 하면 될까? 일반적인 파일 시스템에서는 디렉터리와 파일이 존재하며, 폴더가 계층 구조를 가지고 파일은 폴더 안에 들어 있게 된다. 여기에서 특정 폴더의 파일 및 디렉터리를 삭제하려면 대상이 파일인지 디렉터리인지를 일일이 의식하지 않고 동일하게 처리할 수 있다면 보다 편할 것 같다.

이를 실현하기 위한 수단이 Composite 패턴이다. Composite 패턴은 재귀적 구조를 쉽게 처리하게 해 주므로 파일 시스템에 적용하기에 안성맞춤이라고도 말할 수 있다. Composite 패턴을 이용한 예를 살펴보자.

Entry.java

```java
public interface Entry {
    void add(Entry entry);

    void remove();

    void rename(String name);
}
```

File.java

```java
public class File implements Entry {
    private String name;

    public File(String name) {
        this.name = name;
    }

    @Override
    public void add(Entry entry) {
        throw new UnsupportedOperationException();
    }
```

```java
    @Override
    public void remove() {
        System.out.println(this.name + "를 삭제했다.");
    }

    @Override
    public void rename(String name) {
        this.name = name;
    }
}
```

Directory.java

```java
public class Directory implements Entry {
    private String name;

    private List<Entry> list;

    public Directory(String name) {
        this.name = name;
        this.list = new ArrayList<>();
    }

    @Override
    public void add(Entry entry) {
        list.add(entry);
    }

    @Override
    public void remove() {
        Iterator<Entry> itr = list.iterator();
        while (itr.hasNext()) {
            Entry entry = itr.next();
            entry.remove();
        }
        System.out.println(this.name + "을 삭제했다.");
    }

    @Override
    public void rename(String name) {
        this.name = name;
    }
}
```

```java
public class SampleMain {
    public static void main(String... args) {
        File file1 = new File("file1");
        File file2 = new File("file2");
        File file3 = new File("file3");
        File file4 = new File("file4");

        Directory dir1 = new Directory("dir1");
        dir1.add(file1);

        Directory dir2 = new Directory("dir2");
        dir2.add(file2);
        dir2.add(file3);

        dir1.add(dir2);

        dir1.add(file4);

        dir1.remove();
    }
}
```

Composite 패턴에서는 재귀적인 구조를 표현할 수 있기 때문에 디렉터리와 파일을 동일시하여 취급한다. 동일시하기 위해 공통의 인터페이스 Entry를 준비하고 각각의 클래스는 디렉터리(Directory)와 파일(File)로 Entry 인터페이스를 구현하도록 한다.

Entry 인터페이스에서는 추가(add), 삭제(remove), 개명(rename)을 메서드로 준비했다. Directory 클래스와 File 클래스는 각각의 처리가 불렸을 경우의 동작을 개별적으로 구현하고 있다.

이렇게 함으로써 Entry 인터페이스를 통해 Directory 클래스와 File 클래스를 동일시하여 처리할 수 있게 되었다.

예를 들어, Directory 클래스의 remove 메서드를 살펴보자. Directory의 내부에 보관하고 있는 Entry가 Directory 클래스의 인스턴스 또는 File 클래스의 인스턴스인지를 의식하지 않고 처리할 수 있음을 알 수 있다. 만일 파일 시스템에서 다른 요소, 예를 들어 링크 등을 추가할 경우에도 Directory 클래스나 File 클래스에는 손대지 않고 Entry 인터페이스를 구현한 클래스를 추가하여 대응할 수 있다.

다음은 Composite 패턴의 일반적인 클래스 다이어그램을 나타냈다. 앞의 예제에 등장하는 클래스가 클래스 다이어그램에서 무엇에 해당하는지 확인해 보길 바란다.

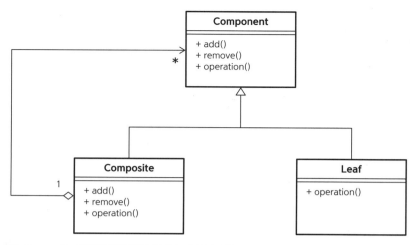

● **Composite 패턴의 일반적인 클래스 다이어그램**

Composite 패턴을 이용함으로써 재귀적인 구조의 기술이 용이하게 되고 유지보수성도 향상시킬 수 있다. 현업의 프로그램에서는 트리 구조의 데이터를 표현할 때 사용한다. 사용되는 곳은 제한되지만 틀림없이 효과적인 패턴이다. 확실하게 이용할 수 있도록 하자.

12.4 | 행동에 관한 패턴

마지막으로 객체의 '행동'에 대한 디자인 패턴을 소개하겠다.

● **객체의 행동에 관한 디자인 패턴**

패턴	개요
Command	'명령'을 인스턴스로 취급함으로써 처리의 조합 등을 쉽게 한다.
Strategy	전략을 간단히 전환할 수 있는 구조를 제공한다.
Iterator	보유하는 인스턴스의 각 요소에 순차적으로 액세스하는 방법을 제공한다.
Observer	어떤 인스턴스의 상태가 변화할 때 그 인스턴스 자신이 상태의 변화를 통지하는 구조를 제공한다.

12.4.1 Command 패턴 ― '명령'을 인스턴스로 취급하여 처리 조합을 쉽게 한다

처리 내용이 비슷한 명령을 패턴에 따라 구분하거나 조합하거나 해서 실행하는 처리가 필요할 수 있다. 예를 들어 판매 사이트에서의 할인 계산을 생각해 보자. 상품 금액에 할인율을 곱하는 것만이라면 간단하지만 계절과 상품의 내용에 따라 할인의 패턴을 바꾸어 처리하거나 할인한 금액에 추가로 할인을 할 필요가 있기도 하다.

이를 실현하기 위한 수단이 Command 패턴이다. Command 패턴은 '명령' 자체를 인스턴스로 취급함으로써 처리의 조합 등을 용이하게 하는 패턴이다. 위의 예를 프로그램으로 실현할 경우 Command 패턴을 사용함으로써 확연하게 소스를 파악하기 쉽게 된다. Command 패턴을 이용한 예를 살펴보자. 여기에서는 도서 판매를 가정하고 있다.

Command.java

```java
public abstract class Command {
    protected Book book;

    public void setBook(Book book) {
        this.book = book;
    }

    public abstract void execute();
}
```

Book.java

```java
public class Book {
    private double amount;

    public Book(double amount) {
        this.amount = amount;
    }

    public double getAmount() {
        return this.amount;
    }

    public void setAmount(double amount) {
        this.amount = amount;
    }
}
```

DiscountCommand.java

```java
public class DiscountCommand extends Command {
    @Override
    public void execute() {
        double amount = book.getAmount();
        book.setAmount(amount * 0.9);
    }
}
```

SpecialDiscountCommand.java

```java
public class SpecialDiscountCommand extends Command {
    @Override
    public void execute() {
        double amount = book.getAmount();
        book.setAmount(amount * 0.7);
    }
}
```

```java
public class SampleMain {
    public static void main(String... args) {
        // 5000원의 만화책
        Book comic = new Book(5000);

        // 25000원의 기술서적
        Book technicalBook = new Book(25000);

        // 할인 가격 계산용 명령
        Command discountCommand = new DiscountCommand();

        // 특별 할인 가격 계산용 명령
        Command specialDiscountCommand = new SpecialDiscountCommand();

        // 만화책에 할인을 적용
        discountCommand.setBook(comic);
        discountCommand.execute();
        System.out.println("할인 후 금액은" + comic.getAmount() + "원");

        // 기술서적에 할인을 적용
        discountCommand.setBook(technicalBook);
        discountCommand.execute();
        System.out.println("할인 후 금액은" + technicalBook.getAmount() + "원");

        // 기술서적에 추가 특별 할인을 적용
        specialDiscountCommand.setBook(technicalBook);
        specialDiscountCommand.execute();
        System.out.println("할인 후 금액은" + technicalBook.getAmount() + "원");
    }
}
```

할인 처리를 나타내는 클래스에 공통되는 인터페이스를 제공하는 추상 클래스로 Command 클래스를 준비했다. 이 Command 클래스를 상속하는 형태로 할인 클래스(DiscountCommand)와 특별 할인 클래스(SpecialDiscountCommand)를 작성하고 있다.

이러한 할인 처리를 나타내는 클래스에 도서의 인스턴스를 설정하고 execute 메서드를 호출함으로써 할인이 적용되도록 하고 있다. 할인 처리를 나타내는 Command의 인스턴스를 계속 사용하는 형태로 '여러 종류의 책에 할인을 적용하기', '할인 후의 도서에 또 다른 할인을 적용하기'의 처리가 통일되게 실시되고 있음을 알 수 있다.

이번에는 간단한 예제이지만 계절이나 고객의 상태 등 외부적인 변수에 의해 할인 패턴을 변경하거나 각 할인 계산이 보다 더 복잡하게 되어도 Command를 구현한 클래스를 추가하는 것만으로 할인의 적용 방법은 변하지 않는 장점이 있다. 다음은 Command 패턴의 일반적인 클래스

다이어그램을 나타냈다. 앞의 예제에 등장하는 클래스가 클래스 다이어그램에서 무엇에 해당하는지 확인해 보길 바란다.

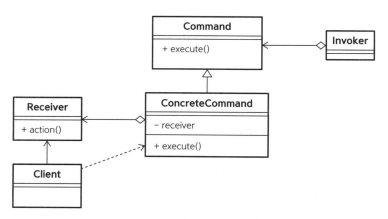

● Command 패턴의 일반적인 클래스 다이어그램

Command 패턴을 사용함으로써 처리 내용의 패턴이 다양한 경우나 함께 조합해서 처리할 경우에 보다 가독성이 높은 코드를 작성할 수 있게 된다. 현업의 프로그램에서는 'Command의 공통 인터페이스와 처리의 호출을 프레임워크 쪽에서 구현하고 프레임워크의 이용자에게 Command 클래스를 상속한 구체적인 처리 패턴을 구현하도록 하는' 사용법이 많을 것이다.

12.4.2 Strategy 패턴 — 전략을 간단히 전환할 수 있는 구조를 제공한다

Command 패턴의 예에서는 판매 사이트에서의 할인 계산을 예로 들었다. 계절과 상품의 내용에 따라 여러 개의 할인 패턴을 나누어 사용했고 할인된 금액에 추가로 할인을 실시할 필요가 있는 경우에 Command 패턴은 효과적인 방법이었다.

이를 실현하기 위한 수단이 또 하나 있다. 그것이 Strategy 패턴이다. Strategy란 '전략'을 의미한다. 전략은 간단하게 말하면 처리 알고리즘을 말한다. Command 패턴의 예에 적용시키면 '할인 계산', '특별 할인 계산'이 전략에 해당된다. Strategy 패턴은 처리 알고리즘을 쉽게 전환할 수 있도록 하는 패턴으로 조건에 따라 처리 알고리즘만을 전환해서 실행하려는 경우에 유용하다. 앞서 Command 패턴에서도 이용한 판매 사이트에서의 할인 계산을 예로 Strategy 패턴을 이용한 예를 살펴보자.

Strategy.java

```java
public interface Strategy {
    void discount(Book book);
}
```

Book.java

```java
public class Book {
    private double amount;

    public Book(double amount) {
        this.amount = amount;
    }

    public double getAmount() {
        return this.amount;
    }

    public void setAmount(double amount) {
        this.amount = amount;
    }
}
```

DiscountStrategy.java

```java
public class DiscountStrategy implements Strategy {
    @Override
    public void discount(Book book) {
        double amount = book.getAmount();
        book.setAmount(amount * 0.9);
    }
}
```

SpecialDiscountStrategy.java

```java
public class SpecialDiscountStrategy implements Strategy {
    @Override
    public void discount(Book book) {
        double amount = book.getAmount();
        book.setAmount(amount * 0.7);
    }
}
```

```java
public class Shop {
    private Strategy strategy;

    public Shop(Strategy strategy) {
        this.strategy = strategy;
    }

    public void setStrategy(Strategy strategy) {
        this.strategy = strategy;
    }

    public void sell(Book book) {
        this.strategy.discount(book);
    }
}
```

SampleMain.java

```java
public class SampleMain {
    public static void main(String... args) {
        // 5000원의 만화책
        Book comic = new Book(5000);

        // 25000원의 기술서적
        Book technicalBook = new Book(25000);

        // 할인 가격 계산용 전략
        Strategy discountStrategy = new DiscountStrategy();

        // 특별 할인 가격 계산용 전략
        Strategy specialDiscountStrategy = new SpecialDiscountStrategy();

        // 만화책에 할인을 적용
        Shop shop = new Shop(discountStrategy);
        shop.sell(comic);
        System.out.println("할인 후 금액은 " + comic.getAmount() + "원");

        // 기술서적에 특별 할인을 적용
        shop.setStrategy(specialDiscountStrategy);
        shop.sell(technicalBook);
        System.out.println("할인 후 금액은 " + technicalBook.getAmount() + "원");
    }
}
```

여러 할인 패턴을 Strategy 인터페이스로 구현한 클래스로 준비하고 실행 시에 Strategy를 전환하여 알고리즘을 변경하고 있다는 것을 알 수 있다.

Command 패턴과 비슷하게 보일지도 모르겠다. Command 패턴이 '명령' 자체를 객체화하고 처리 대상을 내부에 보관하고 있는 반면, Strategy 패턴은 '알고리즘'을 객체화하고 있다는 점에 차이가 있다. Command 패턴의 예에서는 존재하지 않았던 Shop 클래스가 존재하는 것도 Strategy를 이용하는 클래스가 필요하기 때문이다. 다음은 Strategy 패턴의 일반적인 클래스 다이어그램을 나타냈다. 앞의 예제에 등장하는 클래스가 클래스 다이어그램에서 무엇에 해당하는지 확인해 보길 바란다.

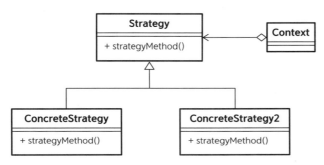

● **Strategy 패턴의 일반적인 클래스 다이어그램**

Strategy 패턴을 이용함으로써 여러 알고리즘을 바꾸어 이용하는 경우에 보다 가독성이 높은 코드를 작성할 수 있다. 현업에서는 Strategy 인터페이스를 구현한 알고리즘을 매개변수와 조건에 따라 바꾸어 이용함으로써 처리 내용 자체를 의식하지 않고 구현할 수 있다는 장점이 있다.

12.4.3 Iterator 패턴 — 보유한 인스턴스의 각 요소에 순차적으로 액세스하는 방법을 제공한다

여러 인스턴스를 보유하는 경우 각 요소에 순차적으로 액세스하여 작업을 실행하고 싶을 때는 어떻게 구현하면 좋을까? 자바라면 for문이나 for-each문을 이용하여 쉽게 구현할 수 있는데 실제로 for-each문 안에서는 어떤 처리가 실행되고 있는지 생각해 본 적이 있는가?

실은 자바에서 for-each문을 실현하기 위해 Iterator 패턴이 이용되고 있다. iterator는 '4장 배열과 컬렉션 공략하기'에서 설명한 컬렉션에서도 나온다. 이것은 우리말로는 '반복자'를 의미하며 '반복해서 실시할 것'을 뜻한다. Iterator 패턴은 그 이름대로 여러 인스턴스를 보유하는 경우에 각 요소에 순차적으로 액세스하는 방법을 제공하는 패턴이다.

Iterator 패턴은 자바의 컬렉션 API 내에서 사용되고 있다. 여러 인스턴스를 보유하는 경우 보통은 하나의 자바 컬렉션 API를 이용하기 때문에 자신이 직접 Iterator 패턴을 구현하는 일은 거의 없을 것이다. 그래서 이번에는 자바 SE7의 소스 코드로부터 Iterator 패턴을 구현하고 있는 부분을 소개하고 그 사용 예를 나타내겠다.

Iterable.java

```java
public interface Iterable<T> {
    Iterator<T> iterator();
}
```

Iterator.java

```java
public interface Iterator<E> {
    boolean hasNext();
    E next();
    void remove();
}
```

Collection.java

```java
public interface Collection<E> extends Iterable<E> {
    // 생략
}
```

SampleMain.java

```java
public class SampleMain {
    List<String> list = new ArrayList<>();
    list.add("string1");
    list.add("string2");
    list.add("string3");

    Iterator<String> itr = list.iterator();

    while (itr.hasNext()) {
        String str = itr.next();
        System.out.println(str);
    }
}
```

지면 사정상 소스 코드 안의 주석문과 Iterator 패턴에 직접 관련이 없는 부분은 생략했다. 위의 클래스 중 각 요소를 처리하기 위한 인터페이스가 Iterator다. 컬렉션 API의 기점이 되는 Collection 인터페이스는 Iterable 인터페이스를 상속하고 있다. Collection 인터페이스를 구현하는 클래스(ArrayList 클래스와 HashSet 클래스 등)는 모두 Iterator 인터페이스의 구현 클래스를 보유하고 있으며 iterator 메서드를 통해 Iterator 인터페이스를 구현한 클래스에 액세스할 수 있다. 즉, 자바 컬렉션 API는 모두 각 요소를 처리하기 위한 구조를 가지고 있다는 의미다.

이를 이용하여 List 안의 모든 내용을 출력하는 처리를 구현한 것이 SampleMain 클래스다. List의 Iterator를 취득하고 각 요소에 순차적으로 출력하고 있다. 이것이 만약 List가 아니라 HashSet을 사용했다 하더라도 처리는 전혀 바뀌지 않는다. 컬렉션 API의 클래스는 모든 Iterator 가 구현되는 것이 보장되어 있기 때문에 실제 처리 내용을 의식하지 않고 동일한 방법으로 각 요소를 처리할 수 있다. 다음은 Iterator 패턴의 일반적인 클래스 다이어그램을 나타냈다.

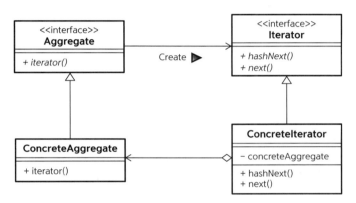

● Iterator 패턴의 일반적인 클래스 다이어그램

Iterator 패턴을 이용함으로써 각 요소를 순차적으로 처리할 수 있다. 현장에서 구현하는 일은 거의 없겠지만 설계에 대한 개념은 이해하자.

12.4.4 Observer 패턴 — 어떤 인스턴스의 상태가 변화할 때 그 인스턴스 자신이 상태의 변화를 통지하는 구조를 제공한다

정기적으로 혹은 어떤 계기로 상태가 변화하는 인스턴스가 있다고 하자. 예를 들어 '다른 시스템으로부터 데이터를 수신했다', '사용자가 버튼을 눌렀다' 등이 상태 변화의 계기에 해당한다. 이 인스턴스의 상태가 바뀐 것을 감지하여 처리하도록 하는 프로그램을 만들려면 어떻게 하면 좋을까?

상태가 바뀌었을 때 필요한 처리를 호출하면 좋겠지만 단순히 구현하려고 하면 상태를 보관하는 클래스와 호출되는 클래스가 밀접한 관계를 갖게 되어 확장성이 결여된 프로그램이 된다. 아마도 상태가 바뀌었을 때 호출되는 클래스를 증감시키거나 상태의 변화가 발생하는 클래스가 증감하는 경우에는 큰 변경이 필요하게 될 것이다.

이 문제를 해결하기 위한 수단이 Observer 패턴이다. Observer는 '관찰자'를 의미한다. Observer 패턴은 그 이름대로 어떤 특정 인스턴스의 상태가 변화한 것을 관찰하고 그 인스턴스 자신이 상태의 변화를 통지하는 구조를 제공하는 패턴이다. Observer 패턴을 이용한 예를 살펴보자.

Observer.java

```java
public interface Observer {
    void update(Subject subject);
}
```

Subject.java

```java
public abstract class Subject {
    private List<Observer> observers = new ArrayList<>();

    public void addObserver(Observer observer) {
        this.observers.add(observer);
    }

    public void notifyObservers() {
        for (Observer observer : observers) {
            observer.update(this);
        }
    }

    public abstract void execute();
}
```

Client.java

```java
public class Client implements Observer {
    @Override
    public void update(Subject subject) {
        System.out.println("통지를 수신했다.");
    }
}
```

```java
public class DataChanger extends Subject {
    private int status;

    @Override
    public void execute() {
        status++;
        System.out.println("상태가 " + status + "로 바뀌었다.");
        notifyObservers();
    }
}
```

```java
public class SampleMain {
    public static void main(String... args) {
        Observer observer = new Client();
        Subject dataChanger = new DataChanger();

        dataChanger.addObserver(observer);
        for (int count = 0; count < 10; count++){
            dataChanger.execute();

            try {
                Thread.sleep(500);
            } catch (InterruptedException e) {
                e.printStackTrace();
            }
        }
    }
}
```

Observer 패턴은 중요한 역할을 하는 클래스가 2개 존재한다. Observer와 Subject다. 각각 다음의 역할을 수행한다.

· Observer 클래스 ➡ 상태 변경을 '감시'한다
· Subject 클래스 ➡ 상태 변경을 '통지'한다

Subject는 통지할 Observer를 보관하고 notifyObserver 메서드가 호출되면 Observer에 통지 (update 메서드 호출)를 한다. 정보를 '통지'하는 구조가 Observer 인터페이스와 Subject 추상 클래스에서 제공되며 실제 처리는 각각을 구현하고 상속한 클래스에서 실시하는 것이 핵심이다.

앞의 예에서는 DataChanger 클래스가 Client 클래스에 상태의 변경을 '통지'하는 예로 되어 있는데 Observer와 Subject를 구현 및 상속한 클래스를 늘림으로써 통지하는 곳과 통지받는 곳을 쉽게 늘이거나 줄일 수 있음을 알 수 있다.

아래에 Observer 패턴의 일반적인 클래스 다이어그램을 나타냈다. 앞의 예제에 등장하는 클래스가 클래스 다이어그램에서 무엇에 해당하는지 확인해 보길 바란다.

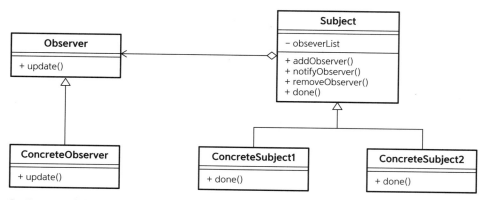

● Observer 패턴의 일반적인 클래스 다이어그램

Observer 패턴을 사용함으로써 인스턴스의 상태 변화에 따라 직접적인 호출 관계를 갖지 않는 클래스에 '통지'를 하여 처리를 호출하는 것이 가능하게 된다. 자바 API의 java.util. EventListener도 Observer 패턴을 사용하여 구현되어 있기 때문에 이를 의식하지 않고 사용하고 있는 경우가 많을 것이다. 현장에서는 '사용자의 조작에 의해 값이 변경된 것을 계기로 어떤 특정한 처리를 호출하여 표시 및 백그라운드 처리를 별도의 구현자가 담당한다'라고 쉽게 나누어 처리할 수 있다.

이 장에서는 디자인 패턴 중에서도 현장에서 실제로 자주 사용되는 패턴, 알아 두는 것이 도움이 되는 패턴를 엄선하여 소개했다. 디자인 패턴은 자바뿐만 아니라 객체지향 언어 전반에서 응용할 수 있는 기술이다. 일단 몸에 익히면 낭비가 아니라 고품질의 설계를 위한 도움이 될 수 있을 것이다. 다른 패턴도 꼭 살펴보길 바란다.

13

주변 도구로 품질 높이기

13.1 | Maven으로 빌드하기

13.1.1 빌드란?

막상 개발을 완료하고 나서 다른 사람에게 자신이 만든 프로그램을 사용하도록 할 단계가 되면, 일반적으로는 '빌드'라는 작업이 필요하다. 빌드(Build)란 소스 코드를 컴파일 등의 작업을 거쳐서 최종적인 실행 파일로 만드는 작업이다. 자바로 말하자면 자바 파일을 컴파일하여 적절한 단위로 JAR 파일로 합친 후 경우에 따라서는 기동용 스크립트나 설정 파일을 부여하여 다른 시스템에서 실행 가능한 파일의 세트를 만드는 작업이다.

이러한 작업은 실은 JDK에 들어 있는 명령 등을 이용하면 누구라도 실시할 수 있는 내용이다. 그러나 이를 작업자가 작업지침서를 바탕으로 각각 실시하는 것을 상상해 보라. 이것은 시간 낭비이며 혹여라도 작업 순서를 빼먹는 실수가 있어서 제대로 동작하지 않는 파일이 만들어질 수도 있다.

이러한 문제를 해결하기 위해 빌드용 (자동화) 도구라고 불리는 타입의 소프트웨어가 있다. 빌드 도구는 '빌드 스크립트'라고 불리는 빌드 순서가 적힌 파일을 로드하면서 그 대상이 되는 파일들을 순서대로 잘 정리하여 결과물로 만들어내는 도구다. 같은 도구와 같은 빌드 스크립트를 사용하면 누구나 동일한 내용의 빌드 결과물을 단시간에 얻을 수 있다. 단, 빌드하는 시스템에 들어 있는 JDK 버전이 동일해야 한다는 점 등 '빌드 환경'을 잘 맞춰야 한다.

최근의 개발 방법으로는 빌드 시에 나중에 언급할 Checkstyle이나 FindBugs에 의한 코드 체크, JUnit에 의한 자동 시험 등도 함께 실시하여 빌드 대상을 빌드하기에 적합한 품질인지를 확인하는 것도 일반화되어 있다. 이러한 체크 처리를 빌드 스크립트에 기술하여 빌드 도구로부터 실행한다.

또한 이러한 빌드 처리 자체를 나중에 언급할 Jenkins 등의 CI(지속적인 통합) 도구에서 자동 실시하고 정기적으로 적절한 빌드를 할 수 있는지에 대해 확인하는 것도 일반화되고 있다. Jenkins로 빌드한 결과물을 시험 환경에 투입하는('배치, Deploy'라고도 부른다) 부분까지 자동으로 하고 있는 곳도 많아졌다. IDE만으로도 빌드를 수행할 수 있지만 문서 생성 및 테스트 실행 등을 자동으로 수행하기 위해서는 IDE에 의존하지 않는 빌드 도구를 사용할 필요가 있다.

빌드 자동화 도구의 역사는 길고 언어마다 다양한 도구를 세상에 발표해 왔는데 자바와 관련해서는 다음과 같은 도구가 유명하다.

● 자바 관련 대표적인 도구 세 가지

도구명	내용
Ant	XML로 기술한 빌드 설정에 따라 컴파일 및 의존 관계의 해결을 실시하는 도구. 현재는 Maven과 Gradle로 대체되었다.
Maven	XML로 빌드 설정을 기술하는 부분은 Ant와 같지만 라이브러리의 의존 관계를 규칙에 따라 네트워크로부터 취득해서 해결하는 기능을 가진 자바 기반의 도구
Gradle	Groovy(Java VM에서 실행되는 스크립트 언어)로 작성하여 Ant 또는 Maven의 특징을 도입하여 만든 후발 빌드 도구. Android의 통합 개발 환경인 Android Studio에 빌드 도구로 사용되고 있다.

위의 표에서는 빌드 도구를 위에서 오래된 순서로 나열했는데 이 책에서는 기술적인 성숙도가 높아서 정보가 많으며 실제로 많이 사용되는 Maven으로 자동 빌드 방법에 대해 소개하겠다.

13.1.2 Maven의 기본적인 이용 방법

Maven의 설치 방법에 대해 설명하겠다. 먼저 Maven 프로젝트의 다운로드 페이지에서 다운로드를 한다.

https://maven.apache.org/download.cgi

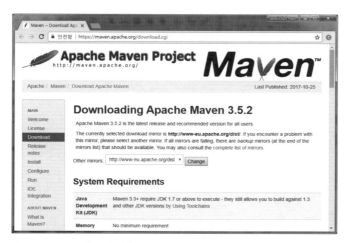

● Maven 프로젝트의 다운로드 화면

다음으로 환경 변수를 설정한다. 윈도우라면 시스템의 환경 변수 설정 화면에서 설정하고 리눅스라면 bash_profile에 설정하면 될 것이다.

● 설정할 환경 변수의 예

환경 변수명	설정값
M2_HOME	\<maven을 전개한 디렉터리\> 예를 들어 C:\tool 아래에 전개한 경우는 C:\tool\apache-maven-3.5.2
Path	\<원래부터 있던 Path 정의\>;%M2_HOME%\bin

● 시스템 변수의 편집 대화상자(M2_HOME 변수)

● 시스템 변수의 편집 대화상자(Path 변수)

명령 프롬프트/터미널을 열고 mvn -version이라고 커맨드를 쳐서 Maven의 version이 출력되면 설정이 완료된 것이다. 그럼 Maven의 빌드 대상이 되는 프로젝트의 기본 구성을 살펴보자. 실제 파일은 다음과 같으므로 참고하길 바란다.

https://github.com/acroquest/javabook-maven-example

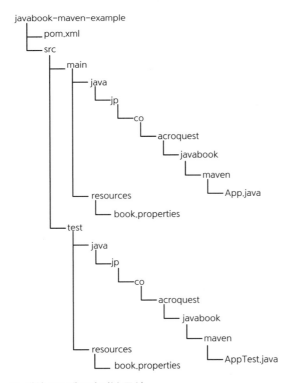

● 대상 프로젝트의 기본 구성

프로젝트의 top에 Maven 설정용 파일인 'pom.xml'이 있고, src/main에 프로그램 본체를, src/test에 테스트 코드를 배치한다. pom.xml은 Maven에 있어서의 빌드 설정을 기재하는 XML 파일이다.

pom.xml의 예

```
<project xmlns="http://maven.apache.org/POM/4.0.0" xmlns:xsi="http://www.w3.org/2001/ ⤵
XMLSchema-instance"
  xsi:schemaLocation="http://maven.apache.org/POM/4.0.0 http://maven.apache.org/ ⤵
maven-v4_0_0.xsd">
  <modelVersion>4.0.0</modelVersion>
  <groupId>com.java.book.app</groupId>
  <artifactId>javabook-maven-example</artifactId>
  <packaging>jar</packaging>
  <version>1.0-SNAPSHOT</version>
  <name>javabook-maven-example</name>
  <url>http://maven.apache.org</url>
  <properties>
    <project.build.sourceEncoding>UTF-8</project.build.sourceEncoding>
    <project.reporting.outputEncoding>UTF-8</project.reporting.outputEncoding>
    <maven.compiler.source>1.8</maven.compiler.source>
    <maven.compiler.target>1.8</maven.compiler.target>
  </properties>
  <dependencies>
    <dependency>
      <groupId>junit</groupId>
      <artifactId>junit</artifactId>
      <version>4.12</version>
      <scope>test</scope>
    </dependency>
  </dependencies>
</project>
```

기본적인 요소에 대해서 표로 설명하겠다.

● **pom.xml의 기본 요소**

요소명	설정값
groupId	프로젝트의 식별자. 프로젝트의 Root 패키지 이름을 사용하는 것이 일반적이다.
artifactId	출력할 결과물의 명칭에 사용되는 ID
dependencies	의존하는 라이브러리를 자식의 <dependency> 요소로 열거한다.
modelVersion	4.0.0 고정
packaging	빌드 성과물의 형식. JAR 파일을 생성하는 경우 jar를 지정한다.
version	빌드되는 애플리케이션의 버전

Maven의 특징적인 기능으로서 '의존성 해결'이 있다. 위의 디렉터리 트리에 나타난 것처럼 Maven 프로젝트에 담겨 있는 소스 코드만으로 빌드가 된다면 문제가 없지만, 실제로는 다양한 라이브러리를 사용하여 기능을 개발하는 것이 대부분이다. 예를 들어 위에 작성한 프로젝트로 테스트 코드(AppTest.java)를 실행하는 경우에는 나중에 언급할 JUnit을 사용한다.

만약 빌드 도구를 사용하지 않는 경우라면 JUnit을 인터넷에서 검색하여 다운로드하고 라이브러리를 로컬 디렉터리에 전개하여 안에 있는 JAR 파일을 클래스 패스에 추가한 후에야 빌드가 가능하게 된다. 따라서 자바로 빌드를 하려고 할 때 자신이 만든 프로그램에서 사용하는 라이브러리(의존 라이브러리)를 포함하여 필요한 JAR 파일을 다운로드하여 빌드할 수 있도록 하는 것은 매우 큰일이다.

그런 반면 Maven은 pom.xml에 자신의 프로그램이 사용하는 의존 라이브러리를 기술해 두면 그 라이브러리에서 의존하고 있는 라이브러리를 자동으로 해결해서 빌드할 수 있게 해 준다. 이 것이 '의존성 해결'이다.

Maven의 pom.xml에서는 방금 보여준 <dependencies> 요소 안에 의존하는 라이브러리를 하나씩 <dependency> 요소로 기술한다. 예를 들어 JUnit의 경우는 위의 예제처럼 'Unit을 사용한다'라고 기술하는 것만으로 그 외 필요한 라이브러리를 모두 Maven이 의존성 해결을 해서 Maven의 저장소(라이브러리가 등록되어 있는 곳)에서 다운로드해 준다. 이 pom.xml이 있는 디렉터리에서 mvn 명령을 실행함으로써 빌드가 이루어진다. 대표적인 커맨드인 package, install, clean의 사용법을 살펴보자.

(1) mvn package

target 디렉터리 안에 성과물 파일을 작성한다. 실행하면 다음과 같이 된다.

```
> mvn package
[INFO] Scanning for projects...
[INFO]
[INFO] ------------------------------------------------------------------------
[INFO] Building javabook-maven-example 1.0-SNAPSHOT
[INFO] ------------------------------------------------------------------------
[INFO]
[INFO] --- maven-resources-plugin:2.6:resources (default-resources) @ javabook-
maven-⤶
example ---
...
```

```
[INFO] ------------------------------------------------------------------------
[INFO] BUILD SUCCESS
[INFO] ------------------------------------------------------------------------
[INFO] Total time: 1.753 s
[INFO] Finished at: 2017-02-10T21:03:33+09:00
[INFO] Final Memory: 11M/220M
[INFO] ------------------------------------------------------------------------
```

'BUILD SUCCESS'라는 표시가 나오면 빌드가 성공한 것이다. target 디렉터리를 보면 java-book-1.0-SNAPSHOT.jar 파일이 생성되어 있는 것을 확인할 수 있다.

(2) mvn install

만든 결과물을 로컬 저장소에 설치하고 로컬의 다른 프로젝트로부터 참조할 수 있도록 한다.

```
> mvn install
[INFO] Scanning for projects...
[INFO]
[INFO] ------------------------------------------------------------------------
[INFO] Building javabook-maven-example 1.0-SNAPSHOT
[INFO] ------------------------------------------------------------------------
[INFO]
[INFO] --- maven-resources-plugin:2.6:resources (default-resources) @ javabook-
maven-↳
example ---
...
[INFO] ------------------------------------------------------------------------
[INFO] BUILD SUCCESS
[INFO] ------------------------------------------------------------------------
[INFO] Total time: 1.753 s
[INFO] Finished at: 2017-02-10T21:03:33+09:00
[INFO] Final Memory: 11M/220M
[INFO] ------------------------------------------------------------------------
```

(3) mvn clean

target 디렉터리를 삭제한다. 빌드 시에 이전 빌드한 결과가 이번 빌드에 영향을 미칠 수 있는 가능성이 있기 때문에 빌드 전에 clean해 두는 것이 좋다. 또한 'mvn clean package'를 실행하여 clean 및 package를 연속적으로 수행할 수 있다.

```
> mvn clean
[INFO] Scanning for projects...
[INFO]
[INFO] ------------------------------------------------------------------------
[INFO] Building javabook-maven-example 1.0-SNAPSHOT
[INFO] ------------------------------------------------------------------------
[INFO]
[INFO] --- maven-clean-plugin:2.5:clean (default-clean) @ javabook-maven-example ---
...
[INFO] ------------------------------------------------------------------------
[INFO] BUILD SUCCESS
[INFO] ------------------------------------------------------------------------
[INFO] Total time: 1.753 s
[INFO] Finished at: 2017-02-10T21:03:33+09:00
[INFO] Final Memory: 11M/220M
[INFO] ------------------------------------------------------------------------
```

13.1.3 Maven에 플러그인 도입하기

Maven은 풍부한 플러그인이 준비되어 있으며 나중에 언급할 Checkstyle과 FindBugs도 플러그인으로서 빌드에 통합할 수 있다. 여기에는 pom.xml으로 통합하는 방법에 대해 설명하겠다. <plugin> 요소 내에 지정하는 내용은 플러그인마다 예제가 준비되어 있는 경우가 많으므로 참고하면 좋을 것이다.

```xml
<project xmlns="http://maven.apache.org/POM/4.0.0" xmlns:xsi="http://www.w3.org/2001/
XMLSchema-instance" xsi:schemaLocation="http://maven.apache.org/POM/4.0.0 http://maven.
apache.org/maven-v4_0_0.xsd">
  <modelVersion>4.0.0</modelVersion>
  <groupId>com.java.book.app</groupId>
  <artifactId>javabook-maven-example</artifactId>
...
<dependencies>
...
</dependencies>
<build>
    <plugins>
        <plugin>
        ...
        </plugin>
        <plugin>
        ...
        </plugin>
    </plugins>
  </build>
```

```
  <reporting>
    <plugins>
        <plugin>
        ...
        </plugin>
        <plugin>
        ...
        </plugin>
    </plugins>
  </reporting>
</project>
```

<project><build><plugins> 아래에는 빌드 시에 포함시킬 플러그인을 열거하고, <project>
<reporting><plugins>에는 보고서 생성 시에 포함시킬 플러그인을 열거한다. 지정한 플러그인이
나 라이브러리가 로컬에 없는 경우는 groupId와 artifactId를 바탕으로 네트워크에서 Maven이
취득하여 의존성을 해결한다. 플러그인을 지정하는 구체적인 작성은 다음 절 이후에 언급할 것
이므로 나중에 참조하길 바란다.

13.2 | Javadoc으로 문서화 주석 작성하기

13.2.1 왜 Javadoc 주석을 작성하는가?

대부분의 경우 애플리케이션 및 라이브러리의 개발에는 여러 프로그래머가 참여하게 된다. 그때 클래스나 메서드에 대한 설명을 프로그램상에 남겨 두는 것은 다른 프로그래머에게 대한 중요한 매너다. 주석의 형식을 갖추면 작성하는 내용의 과부족도 줄고 이해도 원활하게 된다.

Javadoc은 자바의 클래스나 메서드에 기술한 주석으로부터 HTML 형식의 API 문서를 생성하는 도구다. 그리고 그 Javadoc이 해석할 수 있도록 소스 코드에는 Javadoc 형식의 문서화 주석을 기술한다. 참고로 이 책에서는 이를 'Javadoc 주석'이라고 표현하겠다. 우선, 작성한 예를 살펴보자.

```
/**
 * 사원 정보의 등록/변경/삭제를 실시하는 업무 로직 클래스
 *
 * @author S. Tanimoto
 * @version 2.1
 * @since 1.0
 */
public class EmployeeService {

    /** 사원 정보에 액세스하기 위한 Dao */
    private EmployeeDao employeeDao;

    /**
     * 사원 정보를 업데이트한다
     *
     * @param employeeId 업데이트 대상의 사원ID
     * @param employeeName 업데이트 후의 사원 이름
     * @return 업데이트한 건 수
     * @throws SQLException 업데이트 시에 오류가 발생한 경우
     */
    public int updateEmployee(int employeeId, String employeeName) throws SQLException {
        Employee employee = new Employee();
        employee.setEmployeeId(employeeId);
        employee.setEmployeeName(employeeName);
        return this.employeeDao.update(employee);
    }
(이후 생략)
```

일반적인 주석의 경우, 한 줄 주석은 '//'으로 시작하고, 여러 줄 주석은 '/*'로 시작하는 반면, Javadoc 주석은 '/**'로 시작한다. 또한 태그(@param 등)를 이용해서 메타 정보를 기술한다. Javadoc 주석을 쓰면 다음과 같은 이점이 있다. 코드를 작성했다면 함께 Javadoc 주석도 작성하는 것이 좋다.

- 이클립스 등의 IDE에서 메서드에 마우스 커서를 위치시키면 툴팁으로 메서드의 Javadoc이 표시되기 때문에 개발 효율이 향상된다
- javadoc 커맨드 하나로 API 문서(각 클래스와 각 메서드의 설명을 HTML 파일로 출력한 것)를 만들 수 있다

13.2.2 Javadoc의 기본적인 작성 방법

Javadoc 주석은 주로 다음의 세 부분에 기술한다.

● **Javadoc 주석을 기술하는 부분과 내용**

부분	설명
클래스	클래스가 어떤 역할을 갖는지(데이터를 갖고 있을 뿐인지, 통신을 하는지, 어떤 처리 로직을 갖고 있는지)를 기술한다. 버전이나 작성자 등의 정보를 기술한다.
필드	해당 필드가 클래스 내에서 어떠한 의미가 있는 데이터를 보관하고 있는지를 기술한다.
메서드	메서드의 입출력을 기술한다. 어떤 인수에 대해 어떤 반환값을 반환하는지, 또는 어떤 외부 처리를 할 것인지를 기술한다. 또한 발생하는 예외에 대한 설명도 기술한다.

각각 선언의 앞 부분에 주석을 기술한다. 이때 주석의 시작 기호는 '/**'로 한다.

클래스 주석

```
/**
 * 사원 정보의 등록/변경/삭제를 실시하는 업무 로직 클래스
 */
public class EmployeeService {
```

필드 주석

```
/** 사원 정보에 액세스하기 위한 Dao */
private EmployeeDao employeeDao;
```

메서드 주석

```
/**
 * 사원 정보를 업데이트한다
 */
public int updateEmployee(int employeeId, String employeeName) throws SQLException {
```

이런 식으로 Javadoc 주석을 기술한다. 이클립스와 같은 IDE에서는 Javadoc 주석을 기술한 메서드 등에 마우스 커서를 올려 놓으면 기술한 Javadoc 주석이 표시되는 것을 확인할 수 있다.

그러나 이것만으로는 Javadoc의 매력을 전부 나타낸 것이 아니다. Javadoc 주석에는 다음과 같은 태그를 기술함으로써 대상의 클래스와 필드, 메서드의 상세 정보를 구조화된 상태로 기술할 수 있다. 다음은 사용할 수 있는 주요 태그다.

● **Javadoc에서 사용할 수 있는 주요 태그**

태그	설명
@author 이름	클래스나 메서드의 작성자를 기술한다. 여러 @author를 기술함으로써 여러 작성자를 나타낼 수도 있다.
@deprecated 설명	폐지된 클래스나 필드, 메서드임을 나타낸다.
@param 변수명 설명	메서드의 인수 및 제네릭 타입에 대한 설명을 기술한다.
@return 설명	메서드의 반환값에 대한 설명을 기술한다.
@since 버전	클래스나 메서드가 생성된 버전을 기술한다.
@throws 예외 클래스 설명	메서드에서 throw되는 예외에 대한 설명을 기술한다.
@version 버전	클래스나 메서드의 현재 버전을 기술한다.

이 태그를 사용하면 다음과 같은 Javadoc 주석을 기술할 수 있다.

클래스 주석

```
/**
 * 사원 정보의 등록/변경/삭제를 실시하는 업무 로직 클래스
 *
 * @author S. Tanimoto
 * @version 2.1
 * @since 1.0
 */
public class EmployeeService {
```

메서드 주석

```
/**
 * 사원 정보를 업데이트한다
 *
 * @param employeeId 업데이트 대상의 사원ID
 * @param employeeName 업데이트 후의 사원 이름
 * @return 업데이트한 건 수
 * @throws SQLException 업데이트 시에 오류가 발생한 경우
 */
public int updateEmployee(int employeeId, String employeeName) throws SQLException {
```

이와 같이 기술함으로써 이클립스에서는 다음과 같이 알기 쉽게 포맷된 설명을 표시한다.

● int EmployeeService.updateEmployee(int employeeId, String employeeName) throws SQLException

사원 정보를 업데이트한다

Parameters:
    employeeId 업데이트 대상의 사원ID
    employeeName 업데이트 후의 사원 이름
Returns:
    업데이트한 건 수
Throws:
    SQLException - 업데이트 시에 오류가 발생한 경우

Press 'F2' for focus

● 이클립스에서 포맷된 화면

> **N O T E** **Javadoc 주석은 '~입니다'의 존칭형과 '~다'의 일반형 중을 어떤 것을 사용하는 것이 좋은가?**
>
> 이것은 사람마다 취향에 따라 다르지만 필자는 적어도 불특정 다수의 사람이 이용하는 라이브러리 및 API 프레임워크 등의 Javadoc 주석이라면 '~입니다'의 존칭형으로 묘사하는 것이 좋다고 생각한다. 이러한 Javadoc 주석은 '설명서'의 역할을 할 것이며 이용자에게 설명하는 문장을 기술해야 할 것이다. 가전 제품의 설명서도 그렇지만 불특정 다수의 사람이 이용하는 것에 대해서는 일반적인 관습에 준거하는 것이 무난한다. 자바 본체의 라이브러리에 대한 Javadoc도 '~입니다'로 적혀 있다. 반대로, 팀 외부에 API를 공개하지 않는 프로그램이라면 '~다'의 일반형이라도 상관없을 것이다.

13.2.3 알아두면 편리한 작성 방법

Javadoc 주석을 작성하는 편리한 방법을 소개하겠다.

(1) HTML 태그 사용

Javadoc 주석은 IDE 및 도구에 의해 자동으로 포맷되어 표시되지만 임의의 포맷으로 실시하려면 HTML 태그를 사용하여 의도적으로 줄 바꿈을 하거나 들여쓰기를 지정할 수 있다.

```
/**
 * 사원 정보를 업데이트한다<br>
 *
 * @param employeeId 업데이트 대상의 사원ID
 * @param employeeName 업데이트 후의 사원 이름
 * @return 업데이트한 건 수
 * @throws SQLException 업데이트 시에 오류가 발생한 경우
 */
public int updateEmployee(int employeeId, String employeeName) throws SQLException {
```

표 등의 복잡한 태그를 사용할 수도 있지만 많이 사용하면 자동 포맷된 표시가 망가져 버릴 가능성도 있기 때문에 HTML 태그의 사용은 최소로 하는 것이 좋다.

(2) 기호 사용

(1)과는 반대로, <나> 등의 기호를 그대로 문자로 사용할 수 있다. 이 경우 {@literal} 또는 {@code}를 사용하여 기술하면 '<'와 '>'라고 기술하지 않아도 된다.

```
/**
 * 사원 정보를 업데이트한다<br>
 *
 * {@code employeeId < 1}의 경우는 업데이트에 실패한다
 */
```

또한 {@literal}은 보통의 문장에 사용하고, {@code}는 코드를 기술할 때 사용한다.

(3) 링크

Javadoc 주석 안에서 다른 클래스나 메서드를 참조하고 싶은 경우가 있다. 그때는 {@link} 태그를 사용한다.

```
/**
 * 사원 정보를 업데이트한다<br>
 * {@link #update(Employee)}와 동일하게 처리를 실시한다
 *
 * @param employeeId 업데이트 대상의 사원ID
 * @param employeeName 업데이트 후의 사원 이름
 * @return 업데이트한 건 수
 * @throws SQLException 업데이트 시에 오류가 발생한 경우
 */
public int updateEmployee(int employeeId, String employeeName) throws SQLException {
```

이와 같이 기술하면 이클립스 같은 IDE에서 리팩토링 기능을 사용하여 참조하는 곳의 클래스나 메서드의 이름을 변경했을 때 Javadoc 주석도 자동으로 수정해 주기 때문에 수정을 빠뜨리는 실수를 방지할 수 있다. 또한 참조의 작성 방법에는 다음 세 가지 패턴이 있다.

- 클래스를 참조하는 경우
  - ➡ {@link 클래스명}
    - 예 {@link EmployeeService}

- 자신의 클래스의 메서드를 참조하는 경우(Javadoc을 기술하는 클래스 내에 참조하려는 메서드가 있는 경우)
  - ➡ {@link #메서드명(인수의 타입, 인수의 타입, ...)}
    - 예 {@link #updateEmployee(int, String)}

- 다른 클래스의 메서드를 참조하는 경우
  - ➡ {@link 클래스명 #메서드명(인수의 타입, 인수의 타입, ...)}
    - 예 {@link EmployeeService#update(Employee)}

(4) 상속

클래스를 상속하고 메서드를 오버라이드하는 경우 슈퍼 클래스의 설명과 같은 문장을 쓰는 것은 시간을 낭비하는 일이므로 슈퍼 클래스의 Javadoc 주석의 설명을 그대로 사용하고 싶어진다. 그런 경우에는 {@inheritDoc}을 이용하면 슈퍼 클래스의 Javadoc 주석의 글을 참조할 수 있다. 문장을 참조시키는 범위는 {@inheritDoc}을 기술하는 부분에 따라 인수 하나부터 메서드 전체까지 다양하다.

{@inheritDoc}에서 인수 하나를 참조시키기

```
public class CalcOperator {
    /**
     * 계산을 실시한다
     *
     * @param value1 첫 번째 값
     * @param value2 두 번째 값
     * @return 계산 결과
     */
    public int calculate(int value1, int value2) {
        // (생략)
    }
```

```
public class AddOperator extends CalcOperator {
    /**
     * 덧셈을 실시한다
     *
     * @param value1 {@inheritDoc}(피가산값)
     * @param value2 {@inheritDoc}(가산값)
     * @return {@inheritDoc}
     */
    @Override
    public int calculate(int value1, int value2) {
        // (생략)
    }
}
```

AddOperator 클래스에 있는 calculate 메서드의 Javadoc은 다음과 같은 문장이 된다.

```
덧셈을 실시한다
Parameters
    value1  첫 번째 값 (피가산값)
    value2  두 번째 값 (가산값)
    Returns:
        계산 결과
```

{@inheritDoc}로 전체를 참조시키기

```
public class CalcOperator {
    /**
     * 계산을 실시한다
     *
     * @param value1 첫 번째 값
     * @param value2 두 번째 값
     * @return 계산 결과
     */
    public int calculate(int value1, int value2) {
```

```
public class AddOperator extends CalcOperator {
    /**
     * {@inheritDoc}
     */
    @Override
    public int calculate(int value1, int value2) {
```

AddOperator 클래스에 있는 calculate 메서드의 Javadoc은 다음과 같은 문장이 된다.

```
덧셈을 실시한다
Parameters
    value1  첫 번째 값
    value2  두 번째 값
Returns:
    계산 결과
```

13.2.4 API 문서 작성하기

Javadoc 주석은 이클립스 같은 IDE에서 볼 수 있을 뿐만 아니라 HTML 출력을 하여 API 레퍼런스를 만들 수 있다. 이용자들은 레퍼런스를 생성함으로써 API의 목록이 확보되어 API를 이용하기 쉽게 된다. 자바 표준 라이브러리도 Javadoc을 사용하여 레퍼런스가 기술되어 있다.

API 레퍼런스를 작성하려면 Maven의 maven-javadoc-plugin이 편리하다. Maven에 대한 자세한 내용은 '13.1 Maven으로 빌드하기'를 참조하길 바란다. pom.xml에 정의하는 maven-javadoc-plugin의 내용은 다음과 같다.

```xml
<plugin>
  <groupId>org.apache.maven.plugins</groupId>
  <artifactId>maven-javadoc-plugin</artifactId>
  <version>2.10.4</version>
  <configuration>
  <source>${java.version}</source>
  <encoding>${project.build.sourceEncoding}</encoding>
  <docencoding>UTF-8</docencoding>
  <charset>UTF-8</charset>
  </configuration>
</plugin>
```

위의 내용을 <reporting>의 <plugins> 안에 기술한다. 그 상태에서 'mvn site'를 실행하면 target\site\apidocs 디렉터리 밑에 HTML 파일이 출력된다. 출력된 HTML 파일 안에 있는 index.html 파일을 브라우저에서 열면 패키지 및 클래스의 목록을 확인할 수 있다. 이렇게 하여 Javadoc 주석을 사용하여 클래스나 메서드에 대한 설명을 기술해둠으로써 쉽게 레퍼런스를 생성할 수 있다.

13.3 | Checkstyle로 포맷 체크하기

13.3.1 Checkstyle이란?

초보자 시절에는 코드를 작성해서 동작하도록 하는 것만으로도 능력의 한계치였다. 그래서 코드의 구성이나 유지보수는 그다지 신경 쓸 여력이 없었던 경우가 많을 것이다. 그러나 구성을 신경 쓰지 않고 여기 저기 마구 작성한 코드는 수정 및 기능 추가를 하려고 할 때 그 코드의 가독성이 떨어져 생산성과 품질을 저하된다. 그런 일이 발생하지 않도록 평소에 읽기 쉬운 코드를 작성하는 것이 중요하다.

하지만 읽기 쉬운 코드를 작성하는 노력을 해도 아무래도 사람의 눈으로 하는 체크는 소홀해지거나 결여가 발생할 것이다. 따라서 도구로 체크를 실시할 수 있도록 하여 품질을 높게 유지할 수 있도록 하면 매우 편리하다. 자바의 소스 코드의 포맷(구성)을 체크하여 규칙에 따르지 않은 기술에 대해서는 경고해 주는 도구가 Checkstyle이다. 다음 코드를 살펴보자.

```java
public int updateEmployee(int employeeId, String employeeName) throws SQLException {
    Employee Emp = new Employee();
    Emp.setEmployeeId(employeeId);
    Emp.setEmployeeName(employeeName);
    return this.employeeDao.update(Emp);
}
```

그냥 보기에는 문제를 파악하기 어렵지만 이 코드에 대해 Checkstyle을 적용하면 다음과 같은 경고가 출력된다.

Resource	In Folder	Line	Message
EmployeeService.java	/Chapter13/src	15	Local variable name 'Emp' must match pattern ...

● Checkstyle의 경고 화면

이 예에서는 변수명의 첫 글자를 소문자로 해야 하는데 Emp라고 대문자로 되어 있는 점이나 메서드에 Javadoc 주석이 존재하지 않는 점을 경고하고 있다. 따라서 도구를 실행함으로써 경고를 출력해 주기 때문에 수정도 용이하다.

▌ 13.3.2 이클립스에 의한 포맷 체크

Checkstyle은 코딩 중에 실시간으로 적용하는 것이 바람직하다. 이클립스에서 개발을 실시할 경우 Checkstyle 플러그인을 사용함으로써 실시간으로 Checkstyle을 실행하여 포맷을 체크할 수 있다.

Checkstyle 플러그인의 사용 방법을 다음에 나타냈다.

⑴ Eclipse Marketplace로부터 'Checkstyle Plug-in'을 설치한다

⑵ 이클립스의 패키지 익스플로러로부터 이클립스 프로젝트를 오른쪽 클릭 ➡ 'Properties'를 선택한다

⑶ 열린 윈도우의 왼쪽 리스트로부터 'Checkstyle'을 선택한다

⑷ 오른쪽의 화면에서 'Checkstyle active for this project'에 체크한다

⑸ 'OK' 버튼을 클릭한다(빌드할 것인지를 물으면 'Yes'를 클릭)

이것을 실행함으로써 소스 코드에 Checkstyle이 적용된다. 적용이 되면 소스 코드 상에서 배경이 노랗게 되고 왼쪽에 돋보기 아이콘이 표시되는 부분이 나온다. 이 부분이 Checkstyle에 의해 문제라고 판단된 부분이다. 문제의 구체적인 내용은 노란색 부분이나 돋보기 아이콘에 마우스를 갖다 대면 표시된다.

```java
 1  import java.sql.SQLException;
 2
 3⊕ /**
 4   * 사원 정보의 등록/ 변경/ 삭제를 실시하는 업무 로직 클래스
 5   *
 6   * @author S. Tanimoto
 7   * @version 2.1
 8   * @since 1.0
 9   */
10  public class EmployeeService {
11
12      private EmployeeDao employeeDao;
13
14⊕     public int updateEmployee(int employeeId, String employeeName) throws SQLException {
15          Employee Emp = new Employee();
16          return this.emp
17      }                    Local variable name 'Emp' must match pattern '^[a-z]([a-z0-9][a-zA-Z0-9]*)?$'.
18  }                                                                          Press 'F2' for focus
```

● 문제의 구체적인 내용이 표시된다

여기에서는 Emp라는 변수명에 문제가 있음을 지적하고 있는데 자바에서의 변수명은 보통 앞문자는 소문자다. 그러나 이번에 예로 든 코드에서는 앞문자가 대문자로 되어 있는 것이 문제다. 그러므로 앞문자를 소문자로 수정하여 보관하면 즉시로 다시 Checkstyle이 표시되어 문제가 사라진다.

```java
 1  import java.sql.SQLException;
 2
 3  /**
 4   * 사원 정보의 등록/ 변경/ 삭제를 실시하는 업무 로직 클래스
 5   *
 6   * @author S. Tanimoto
 7   * @version 2.1
 8   * @since 1.0
 9   */
10  public class EmployeeService {
11
12      private EmployeeDao employeeDao;
13
14      /**
15       * 사원 정보를 업데이트한다.
16       *
17       * @param employeeId  업데이트 대상의 사원 ID
18       * @param employeeName 업데이트 대상의 사원명
19       * @return  업데이트한 건 수
20       * @throws SQLException 업데이트 시에 오류가 발생했을 경우
21       */
22      public int updateEmployee(int employeeId, String employeeName) throws SQLException {
23          Employee emp = new Employee();
24          emp.setEmployeeId(employeeId);
25          emp.setEmployeeName(employeeName);
26          return this.employeeDao.update(emp);
27      }
28  }
```

● 변수명을 수정함으로써 문제가 없어진다

이렇듯 문제를 수정하면서 코딩을 진행함으로써 잘 정돈된 소스 코드를 작성할 수 있게 된다. 참고로 수정은 매일 발생한 오류를 그때마다 0건이 되도록 계속적으로 진행하길 추천한다. 업계에 있으면서 개발의 마지막 단계에 모아서 Checkstyle을 실행해 수천 건의 오류에 휩쓸리게 되는 경우를 가끔 보게 되는데 일정도 빡빡한 상황에서 수정이 필요하게 되면 꽤 큰일이다. 평소에 오류를 0건으로 하는 것을 팀에서 엄격히 실시함으로써 개발 팀원이 문제없는 체계에서 코드를 작성하게 하면 자연히 새로운 지적도 발생하기 어렵게 될 것이다. 이후에 나오는 FindBugs의 지적도 포함하여 평소부터 '지적 건수가 0건인 것이 당연'하게 되는 상태를 목표로 하자.

13.3.3 Maven에 의한 포맷 체크

Maven의 maven-checkstyle-plugin을 사용하여 Javadoc과 마찬가지로 HTML 형식의 Checkstyle 경고 목록을 출력할 수 있다. pom.xml에 정의하는 maven-checkstyle-plugin의 내용을 다음에 기재한다.

```
<plugin>
 <groupId>org.apache.maven.plugins</groupId>
 <artifactId>maven-checkstyle-plugin</artifactId>
 <version>2.17</version>
 <configuration>
  <encoding>${project.build.sourceEncoding}</encoding>
  <excludes>src/test/**</excludes>
 </configuration>
</plugin>
```

위의 내용을 <reporting>의 <plugins>에서 기술한다. 그 상태에서 'mvn clean package site'를 실행하면 target\site\ 디렉터리 밑에 HTML 파일이 생성된다. 이렇게 하여 Maven을 이용하여 Checkstyle의 문제 리스트를 출력함으로써 이클립스 프로젝트 전체의 문제를 쉽게 확인할 수 있다. 또한 Maven을 사용하는 것은 단순히 문제 리스트를 출력하는 것이 아니라 나중에 언급할 Jenkins와 연계하여 항시적으로 품질을 향상시키는 구조를 구축하는 데 도움이 된다.

13.4 │ FindBugs로 버그 체크하기

프로그램의 버그의 종류는 천차만별이라 동일한 것은 없다고 생각하기 쉽지만, 실은 '자주 나타나는 버그의 패턴'이라는 것이 분명히 존재한다. 예를 들어, '변수에 할당된 값이 사용되지 않는다', '리소스가 닫히지 않았다' 등의 문제는 흔히 볼 수 있는 종류의 것이다.

그런 일정한 패턴의 단순한 버그를 검출하고, 프로그램의 품질을 끌어 올리는 데 도움이 되는 도구가 FindBugs다. 정적으로 체크를 실시하기 때문에 프로그램을 동작시킬 필요없이 간단하게 체크할 수 있다는 것이 특징이다. 테스트하지 않고도 버그를 줄일 수 있기 때문에 자바로 프로그램을 만들 때 필수 도구다.

13.4.1 이클립스에 의한 버그 체크

FindBugs는 정적 체크 도구이므로 Checkstyle과 마찬가지로 이클립스 플러그인을 이용하여 실시간으로 적용한다. 다음에 FindBugs 플러그인의 사용 방법을 나타냈다.

(1) Eclipse Marketplace에서 'FindBugs Eclipse Plugin'을 설치한다[26]

(2) 이클립스의 패키지 익스플로러에서 이클립스 프로젝트를 오른쪽 클릭 ➡ 'Properties'를 선택한다

(3) 열린 윈도우의 왼쪽 리스트에서 'FindBugs'를 선택한다

(4) 오른쪽 화면에서 'Enable project specific settings'를 체크한다

(5) 'Run automatically'와 '(also on full build)'에 체크한다

(6) 'OK' 버튼을 클릭하면 빌드와 함께 체크가 수행된다

---

26 [역주] 역자의 경우는 원서대로 설치가 안 되어서 다음과 같이 Help의 'Install New Software…'에서 아래의 URL을 입력하여 설치했다.
   1. [Help] – [Install New Software…]로 이동
   2. Work With에 http://findbugs.cs.umd.edu/eclipse/를 입력한 후 findbugs를 선택하여 설치

체크가 완료되면 문제 부분의 소스 코드의 왼쪽에 빨간 벌레 아이콘이 표시된다. 이 부분이 FindBugs에 의해 문제라고 판단된 부분이다. 구체적인 문제 내용은 붉은 벌레 아이콘에 마우스 커서를 올려 놓으면 표시된다. 다음 예에서는 String 변수를 '=='로 비교하여 제대로 비교할 수 없음을 FindBugs가 발견하고 있다.

```
1
2
3
4  public class StringPrinter {
5
6   public void printOnOffByString(String text) {
7       if (text == "on") {
8           System.out.println("on");
9  ┌────────────────────────────────────────────────────────────────┐
   │Comparison of String parameter using == or != in StringPrinter.printOnOffByString(String) [Troubling(14),│
10 │High confidence]                                                  │
11 │                                                                  │
12 └────────────────────────────────────────────────────────────────┘
13
14  }
15
```

● **구체적인 문제 내용이 표시된다**

표시되는 내용에 따라 소스 코드를 수정한 후에 저장하면 다시 FindBugs가 실행되어 문제가 해결되었다면 벌레 아이콘이 사라진다.

```
1  public class StringPrinter {
2
3    public void printOnOffByString(String text) {
4        if ("on".equals(text)) {
5            System.out.println("on");
6        } else {
7            System.out.println("off");
8        }
9    }
10
11 }
12
```

● **비교 방법을 수정함으로써 문제가 사라졌다**

한 번 설정하고 나면 나중에는 소스 코드의 저장 시(엄밀하게는 빌드 시)에 FindBugs가 실행되게 된다.

13.4.2 Maven에 의한 버그 체크

Maven의 findbugs-maven-plugin 플러그인을 사용하여 Checkstyle과 마찬가지로 HTML 형식의 FindBugs 경고 리스트를 출력할 수 있다. 아래는 pom.xml에 정의하는 findbugs-maven-plugin 의 내용이다.

```
<plugin>
<groupId>org.codehaus.mojo</groupId>
<artifactId>findbugs-maven-plugin</artifactId>
<version>3.0.4</version>
</plugin>
```

위의 내용을 <reporting>의 <plugins> 안에 기술한다. 그 상태에서 'mvn clean package site'를 실행하면 target\site\ 디렉터리 밑에 HTML 파일이 생성된다. 이렇게 하여 Maven을 이용하여 FindBugs 문제 리스트를 출력함으로써 이클립스 프로젝트 전체의 문제를 쉽게 확인할 수 있다. Checkstyle과 마찬가지로 Maven을 사용하는 것은 단순히 문제 리스트를 출력하는 것만이 아니라 나중에 언급할 Jenkins와 연계하여 항시적으로 품질을 향상시키는 구조를 구축하는 데 도움이 된다.

13.5 | JUnit으로 테스트하기

13.5.1 왜 테스트용 프로그램을 만들어서 테스트할까?

'프로그램의 테스트를 한다'라고 하면 예전에는 프로그램의 화면 및 통신 부품 등 필요한 기능을 조작하여 그 내용을 확인하는 것이었다. 그렇지만 지금은 '프로그램을 테스트하기 위한 테스트용 프로그램을 만들고 그것을 실행시킴으로써 테스트를 한다'라는 기법이 주류를 이루고 있다. '일부러 테스트용 프로그램을 만들어 테스트를 할 정도라면 화면 등으로 시험하는 편이 훨씬 빠르지 않을까?'라고 생각할지도 모른다. 실제로 테스트용의 프로그램을 하나 작성하는 것은 화면에서 한 번 조작하는 것보다 대부분의 경우 시간이 더 걸린다. 그러나 테스트 프로그램을 한 번 작성하게 되면 '여러 번', '같은 내용의 테스트를', '자동으로', '단시간에' 실행할 수 있다는 장점이 있다. 그런 테스트용 프로그램을 자바에서 자동으로 실행하기 위한 도구가 JUnit이다.

요즘의 프로그램은 거대화되고 또한 여러 팀이 장기간 동일 코드를 개조해 나가는 경우도 적지 않다. 그런 때에 새로 만든 코드뿐만 아니라 기존의 부분도 포함해 제대로 움직이는지를 확인하는 것은 엄청난 시간이 걸린다. 하지만 JUnit을 이용한 테스트 코드군이 축적되어 있으면 지금까지 만든 코드가 새로운 수정을 거쳐 제대로 작동하고 있는지를 쉽게 확인할 수 있다.

JUnit과 나중에 언급할 Jenkins를 함께 사용하면 테스트를 사람의 수고를 통하지 않고 매일 실행할 수도 있다. 그렇듯 프로그램이 다른 수정으로 손상되지 않았는지를 매일 체크하는(자동으로 체크하는) 것은 이제는 업계의 표준적인 스타일이 되었다.

JUnit에는 다음과 같은 특징이 있다.

- Java 프로그램 본체와 테스트 실행용 프로그램을 분리할 수 있으며, 테스트의 관리가 용이하다
- 이클립스 같은 통합 개발 환경과의 연계가 가능해 한눈에 테스트 결과가 확인 가능하다

JUnit은 다음 사이트에서 다운로드할 수 있다. 다운로드한 JAR 파일을 클래스 패스에 등록함으로써 라이브러리를 사용할 수 있게 된다.

http://junit.org/

Maven을 사용하는 경우는 pom.xml의 <dependencies> 태그에 다음과 같이 정의하면 JUnit을 사용할 수 있게 된다.

```xml
<dependency>
  <groupId>junit</groupId>
  <artifactId>junit</artifactId>
  <version>4.12</version>
  <scope>test</scope>
</dependency>
```

13.5.2 테스트 코드 구현하기

시간에 따라서 인사말을 반환하는 메서드(Greeting 클래스의 getMessage 메서드)를 예로 테스트 코드를 만들어 보자. 이 메서드는 다음과 같이 동작한다.

- 5시 이후 11시 미만인 경우는 '좋은 아침입니다'를 반환한다
- 11시 이후 17시 미만인 경우는 '안녕하세요'를 반환한다
- 그 이외의 시간인 경우에는 '수고가 많습니다'를 반환한다

다음의 소스 코드에는 일부러 버그를 넣었다.

```java
package kr.jpub.java.junit;
public class Greeting {
    public String getMessage(int hour) {
        String message;
        if (hour >= 5 && hour < 11) {
            message = "좋은 아침입니다";
        } else if (hour > 11 && hour < 17) {
            message = "안녕하세요";
        } else {
            message = "수고가 많습니다";
        }
        return message;
    }
}
```

이 getMessage 메서드가 올바르게 작동하는지 JUnit을 이용하여 검증한다. 여기에서는 다음 패턴을 테스트하려고 한다.

- 5시에는 '좋은 아침입니다'를 반환한다
- 11시에는 '안녕하세요'를 반환한다
- 17시에는 '수고가 많습니다'를 반환한다

테스트 코드를 작성하는 클래스(테스트 클래스)는 다음과 같이 하는 것이 일반적인 예다.

- 테스트 대상의 클래스와 같은 패키지에 배치한다
- 클래스 이름은 '테스트 대상 클래스명' + 'Test'로 한다

또한 필자는 테스트 메서드의 용도를 이해하기 쉽도록 테스트 메서드 이름은 한국어로 테스트 조건을 기술하도록 하고 있다. getMessage 메서드의 반환값이 올바른지를 체크하는 것은 assertThat 메서드로 실시한다. 첫 번째 인수에 실제 값, 두 번째 인수에 기대하는 값을 기술하면 양자의 값이 다른 경우에 AssertionError 예외가 발생한다.

```java
package kr.jpub.java.junit;

import static org.hamcrest.CoreMatchers.is;
import static org.junit.Assert.assertThat;

import org.junit.Test;

public class GreetingTest {
    private Greeting target = new Greeting();
    @Test
    public void getMessage_아침인사() {
        // 실행
        String message = this.target.getMessage(5);
        // 검증
        assertThat(message, is("좋은 아침입니다"));
    }

    @Test
    public void getMessage_점심인사() {
        // 실행
        String message = this.target.getMessage(11);
        // 검증
        assertThat(message, is("안녕하세요"));
    }

    @Test
    public void getMessage_저녁인사() {
        // 실행
        String message = this.target.getMessage(17);
        // 검증
        assertThat(message, is("수고가 많습니다"));
    }
}
```

13.5.3 테스트 실행하기

이클립스에서 테스트를 실행해 보자. 테스트 클래스(GreetingTest)를 오른쪽 클릭하고 'Run As' ➡ 'JUnit Test'를 실행하면 JUnit 탭에 테스트 결과가 표시된다.

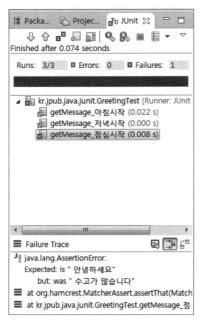

● 이클립스에서 테스트를 실행한 결과

3개의 테스트가 이루어지고 있으며, 'getMessage_아침시작'과 'getMessage_저녁시작'이 성공하고 'getMessage_점심시작'이 실패하고 있음을 확인할 수 있다. 실패하고 있는 'getMessage_점심시작'을 선택하면 그 아래에 테스트가 실패한 원인이 표시된다. 이번 경우 '안녕하세요'가 취득되는 것을 기대하고 있던 부분에서 '수고가 많습니다'가 취득되고 있는 것을 알 수 있다. 이를 바탕으로 소스 코드의 문제 부분을 찾아 수정한다.

이번 예제에서는 getMessage 메서드의 else if문 부분에서 'hour >= 11'이어야 되는 곳이 'hour > 11'로 되어 있는 것이 문제다. if문의 조건식과 else if문의 조건식 모두 동일한 '11'이라는 상수를 사용하여 조건을 기술하고 있었던 것이 오류를 발생한 원인이 되었다. 그래서 같은 상수의 사용은 한 번만 하도록 다음과 같이 '수고가 많습니다'를 먼저 판정하도록 한다.

```java
public String getMessage(int hour) {
    String message;
    if (hour >= 17 || hour < 5) {
        message = "수고가 많습니다";
    } else if (hour < 11) {
        message = "좋은 아침입니다";
    } else {
        message = "안녕하세요";
    }
    return message;
}
```

올바르게 수정을 했다면 다시 테스트 코드를 실행했을 때 모두 성공이 되는 것을 확인할 수 있다.

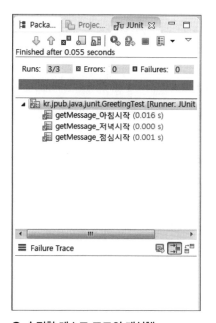

● 수정한 테스트 코드의 재실행

이와 같이 테스트 코드를 작성하고 테스트를 실시하여 프로그램의 품질을 높일 수 있다.

13.6 | Jenkins로 품질 보고서 작성하기

13.6.1 지속적인 통합과 Jenkins

그 옛날 테스트 및 빌드는 담당자가 수동으로 실시하는 것이었지만 최근에는 자동적이고 빈번하게 테스트 및 빌드를 실행하고 문제의 발견을 빠르게 함으로써 짧은 주기에서 품질 개선을 해나가는 프로세스가 주류를 이루고 있다. 그런 방식을 '지속적인 통합(CI: Continuous Integration)'이라고 한다. 이 CI를 실현하는 도구가 Jenkins다.

개발 리더가 이 Jenkins의 보고서 결과를 매일 체크하여 코드가 건전한 상황이 매일 계속되도록 하는 것을 권장한다. 그럼으로써 개발의 마지막 단계에서 품질 문제가 발생하는 위험을 없앨 수 있다.

13.6.2 Jenkins 환경 준비하기

우선 Jenkins를 사용할 수 있도록 하자. 여기에서는 윈도우의 설치에 대해 설명하겠다(Jenkins 버전 2.73.2). 다음 URL로 이동하여 메뉴에서 'Downloads' ➡ 'LTS Release' 풀다운에서 'Windows'를 선택하면 ZIP 파일의 다운로드가 시작된다.

https://jenkins.io/

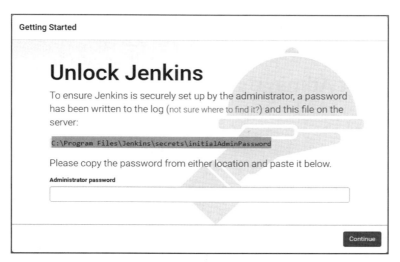

● Jenkins의 다운로드

다운로드한 ZIP 파일을 압축을 푼 후 'jenkins.msi'를 실행한다. 설치 마법사를 진행하다 보면 브라우저에서 보안 설정 화면이 열리므로 화면에 표시되는 파일(여기에서는 'C:\Program Files\Jenkins\secrets\initialAdminPassword')을 텍스트 편집기에서 열어서 그 안의 문자열을 브라우저의 텍스트 상자에 붙여 넣기한다.

● 설치 시작

'Continue'를 클릭하면 잠시 후 플러그인 설치 선택 화면이 표시된다. 여기에서는 권장 플러그인을 설치하기 위해 'Install suggested plugins'를 클릭한다.

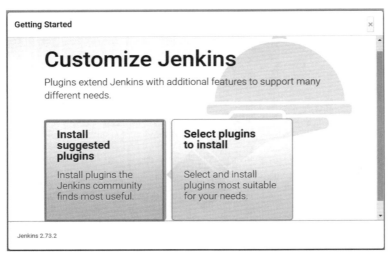

● 플러그인의 설치

플러그인의 설치가 모두 완료되면 관리자 계정 설정 화면이 나온다. 모든 계정 정보를 입력하고 'Save and Finish'를 클릭한다.

● 관리자 계정의 설정

이제 Jenkins를 사용할 준비가 되었다. 'Start using Jenkins'를 클릭한다.

● 준비 완료

이것이 Jenkins의 화면이다. 이제 브라우저에서

　　http://localhost:8080/

에 액세스하여 이전에 설정한 관리자 계정으로 로그인한다. 로그인을 하면 다음 화면이 표시된다.

● Jenkins 시작 화면

이제 Jenkins를 사용할 수 있게 되었다.

13.6.3 Jenkins에서 빌드 실행하기

Jenkins에서 자동 빌드를 실시되도록 해 보자. Jenkins 시작 화면에서 '새 작업'을 클릭한다. 텍스트 상자에 원하는 이름을 입력하고 'Freestyle project'를 선택한 다음 'OK'를 클릭한다.

● 프로젝트의 지정

'소스 코드 관리' 부분에서 소스 코드의 위치를 지정한다. Jenkins에서는 표준으로 Git과 Subversion과 같은 버전 관리 시스템으로부터 소스 코드를 얻을 수 있도록 되어 있다. 여기에서는 Git(GitHub)에서 예제 프로그램을 검색하도록 설정한다. 'Git'을 선택하고 'Repository URL'에 'https://github.com/mywisejin/JavaBook.git'을 입력한다(이 장의 JUnit 절에서 소개한 예제 프로그램이다).[27]

27　[역주] 역자의 경우 윈도우 7을 운영체제로 사용했다. Git을 사용할 경우 윈도우용 Git을 미리 설치해야 한다.

● 소스 코드의 취득원을 설정

또한 Maven 빌드를 실행할 수 있도록 한다. '빌드 환경'의 부분에서 'Invoke top-level Maven targets'를 추가하고 'Goals'에 'clean package site'를 입력한다.

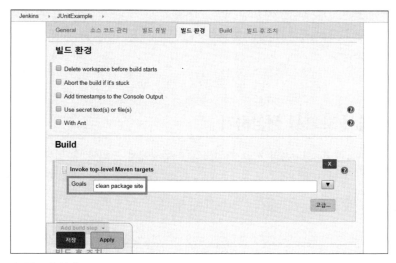

● 빌드의 설정

설정을 저장한 후 빌드를 해 보자. 'Build Now'를 클릭한다. 그러면 'Build History'에 빌드 진행 률이 표시되고 성공하면 파란색, 실패하면 빨간색 아이콘으로 표시된다.

● 빌드

이것으로 Jenkins에서 빌드를 할 수 있게 되었다. 그러나 이것만이라면 소스 코드의 품질은 컴파일의 여부 정도밖에 모른다. Jenkins를 사용하는 혜택을 더 누릴 수 있도록 하기 위해 다음에 설명하는 보고서를 설정하자.

13.6.4 Jenkins에서 보고서 생성하기

Jenkins를 사용하면 Checkstyle과 FindBugs의 체크 결과도 브라우저에서 확인할 수 있다. 빌드하기 전에 몇 가지 플러그인을 설치한다.

- Checkstyle Plug-in
- FindBugs Plug-in
- JaCoCo plugin(JUnit의 범위 체크)

범위란 소스 코드의 어느 부분이 테스트에 의해 실행되었는지에 대해 그 비율을 나타낸 것이다. 범위가 높을수록 테스트가 소스 코드의 많은 부분을 망라하고 있다는 의미가 되므로 품질이 높아진다.

플러그인 설치는 'Jenkins 관리' 메뉴의 '플러그인 관리'에서 한다. '설치 가능' 탭을 클릭하여 설치하려는 플러그인을 '필터'로 검색한다. 플러그인을 찾았으면 체크를 하고 '재시작 없이 설치'를 클릭하여 설치한다.

● 플러그인의 설치

Checkstyle Plug-in, FindBugs Plug-in, JaCoCo plugin의 설치가 끝나면 프로젝트를 설정한다. 방금 만든 프로젝트 설정 화면의 '빌드 후 조치'에 다음을 추가한다.

- Checkstyle 경고 수정
- FindBugs 경고 수정
- JUnit 테스트 결과 집계
- JaCoCo 범위 보고서를 기록

'Publish JUnit test result report' 설정은 'Test report XMLs' 칸에 'target/surefire-reports/*.xml'을 입력한다.

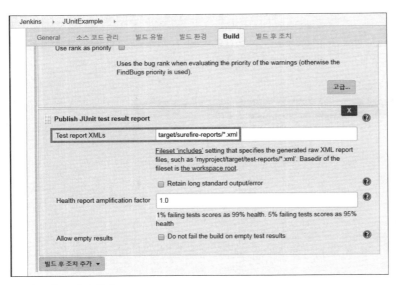

● 빌드 후 조치의 추가

설정을 저장하고 다시 'Build Now'를 하면 보고서가 생성된다. 프로젝트 화면에서는 Checkstyle 과 FindBugs의 그래프가 보이게 되고 JUnit의 실행 결과 리스트가 보이게 되기도 한다.

● 프로젝트 화면에 보고서가 추가되었다

● Checkstyle의 결과가 보인다

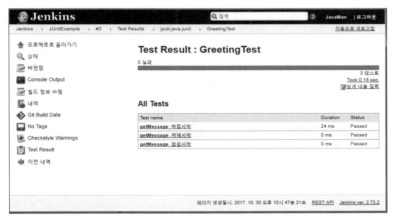

● JUnit의 실행 결과가 보인다

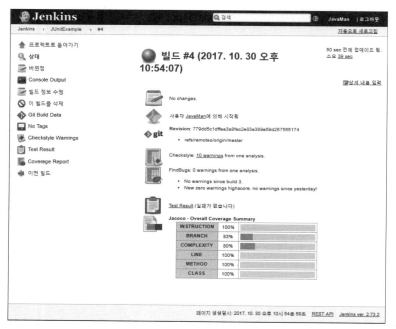

● JUnit의 범위가 보인다

이러한 내용을 보고 어떤 문제가 있는지 체크하여 소스 코드의 수정과 테스트를 추가해 매일매일 개선하고 있다. 정기적으로 실행되도록 설정하여 저장해 두면 그 설정에 따라 빌드가 이루어지고 보고서가 생성된다. 이처럼 사람의 손으로 할 것을 최대한 줄이고 자동화해서 오류와 누락에 의한 품질 저하를 방지할 수 있다.

14

라이브러리로
효율 높이기

14.1 | 재사용 가능한 컴포넌트를 모은 Apache Commons

프로그램을 만들다 보면 일정한 패턴의 코드가 곳곳에 나오는 경우가 종종 있다. 그것은 문자열 처리이거나 컬렉션 처리이기도 하다. 유능한 프로그래머는 공통의 유틸리티 클래스를 만듦으로써 팀 구성원이 똑같은 처리를 쓸데없이 작성하는 노력을 줄여 준다. Apache Commons는 그것을 전 세계적인 차원에서 해 주고 있는 라이브러리다.

Apache Commons는 자바 프로그램을 만드는 데 공통으로 사용할 수 있는 재사용 가능한 컴포넌트를 정리한 라이브러리 집합이다. 오픈소스의 소프트웨어 개발 프로젝트를 지원하는 비영리 단체인 Apache 소프트웨어 재단이 제공하고 있다. 컬렉션 및 문자열의 처리, 파일의 입출력 등에서 빈번하게 발생하는 정형적인 처리를 API로 정리해 두었다. 그래서 이를 이용하여 프로그램을 간단하고 깔끔하게 작성할 수 있다.

라이브러리 '집합'이라고 언급한 대로 Apache Commons 안에는 많은 라이브러리가 있으며 그 수는 40개를 초과한다. 이러한 편리한 라이브러리를 얼마나 잘 알고 활용할 수 있는지는 프로그램의 생산성, 나아가 품질과 밀접한 관계가 있으므로 유명한 라이브러리의 API에는 대략적으로나마 훑어 두면 좋을 것이다. 여기에서는 그중에서도 특히 자주 사용하는 라이브러리를 소개하겠다.

14.1.1 Commons Lang

Commons Lang에는 자바의 java.lang 패키지의 내용을 확장한 유틸리티가 포함되어 있다. 파일은 다음 사이트에서 다운로드할 수 있다.

http://commons.apache.org/proper/commons-lang/

다운로드한 JAR 파일을 클래스 패스에 등록함으로써 라이브러리를 사용할 수 있게 된다. '13장 주변 도구로 품질 높이기'에서 소개한 Maven을 사용하는 경우는 pom.xml의 <dependencies> 태그에 다음과 같이 쓰면 라이브러리를 사용할 수 있게 된다. 이후에 소개하는 라이브러리의 버전 번호는 URL을 살펴보면서 확인하길 바란다.

```xml
<dependency>
  <groupId>org.apache.commons</groupId>
  <artifactId>commons-lang3</artifactId>
  <version>3.4</version>
</dependency>
```

여기서부터는 Commons Lang의 편리한 부분을 소개하도록 하겠다.

(1) 빈 문자의 판정

변수에 들어 있는 값이 null 또는 빈 문자인 경우에 이를 모두 빈 문자로 취급하고 싶은 경우 자바 표준에서는 다음과 같이 null 체크와 문자열 길이 체크의 두 가지 조건을 기술할 필요가 있다.

```java
String text = null;
if (text == null || text.length == 0) {
    System.out.println("text는 비었다");
}
```

이렇게 null 체크를 하면 소스 코드가 장황하게 된다. 이에 대해 Commons Lang의 StringUtils 클래스에 있는 isEmpty 메서드를 이용하면 다음과 같이 작성할 수 있다.

```java
String text = null;
if (StringUtils.isEmpty(text)) {
    System.out.println("text 는 비었다");
}
```

if문 안의 조건이 하나로 되어 깔끔하게 정돈되었다. 유사한 방법으로 다음과 같은 것도 있다.

- isEmpty 메서드의 부정형인 isNotEmpty 메서드
- 공백만의 문자열도 빈 것으로 판정하는 isBlank 메서드

(2) hashCode/equals의 구현

모든 객체는 hashCode 메서드와 equals 메서드가 존재하고 이를 통해 객체끼리의 비교가 가능하다. 기본적으로 객체 자체가 일치하는지의 여부를 판정하도록 되어 있지만 필드와 그 setter/getter 메서드만을 갖는 Entity 클래스의 객체는 각 필드의 값이 일치하는지로 판정을 한다. 그러

나 이것을 하려면 필드를 하나씩 판정해야 한다.

또한 이클립스에서 코드를 자동 생성하여도 도중에 Entity 클래스의 필드가 증감한 경우는 다시 생성을 해야 하고 그것을 잊어버리면 버그가 된다. 예를 들어 id와 name이라는 2개의 필드를 갖는 클래스에 대해서 이클립스에서 hashCode 메서드와 equals 메서드를 생성하면 다음과 같이 된다.

이클립스에서 생성한 hashCode 메서드와 equals 메서드

```
@Override
public int hashCode() {
    int result = 1;
    result = prime * result
            + ((id == null) ? 0 : id.hashCode());
    result = prime * result
            + ((name == null) ? 0 : name.hashCode());
    return result;
}

@Override
public boolean equals(Object obj) {
    if (this == obj)
        return true;
    if (obj == null)
        return false;
    if (getClass() != obj.getClass())
        return false;
    UserInfo other = (UserInfo) obj;
    if (id == null) {
        if (other.id != null)
            return false;
    } else if (!id.equals(other.id))
        return false;
    if (name == null) {
        if (other.name != null)
            return false;
    } else if (!name.equals(other.name))
        return false;
    return true;
}
```

이 경우 Commons Lang의 HashCodeBuilder 클래스와 EqualsBuilder 클래스를 사용하면 다음과 같이 간단하게 작성할 수 있다.

```
@Override
public int hashCode() {
    return HashCodeBuilder.reflectionHashCode(this);
}

@Override
public boolean equals(Object obj) {
    return EqualsBuilder.reflectionEquals(this);
}
```

게다가 필드가 증감한 경우에도 hashCode 메서드와 equals 메서드는 수정이 전혀 필요하지 않다. 위의 예제에서는 클래스에 정의된 모든 필드가 일치하지 않으면 '일치'로 간주되지 않지만 시간에 따라 변화하는 필드 등의 특정 필드를 비교 대상에서 제외할 수도 있다. 제외된 필드의 이름을 변경할 때는 hashCode 메서드와 equals 메서드를 잊지 않고 수정하길 바란다. 다음의 예는 'versionNo' 필드를 해시값의 계산과 객체의 일치 판정에서 제외하고 있다.

```
@Override
public int hashCode() {
    return HashCodeBuilder.reflectionHashCode(this, "versionNo");
}

@Override
public boolean equals(Object obj) {
    return EqualsBuilder.reflectionEquals(this, "versionNo");
}
```

이외에도 HashCodeBuilder 클래스와 EqualsBuilder 클래스와 함께 ToStringBuilder 클래스라는 것도 있다. 이것들은 모든 필드와 그 값을 문자열로 변환할 수 있기 때문에 Entity 클래스의 toString 메서드를 구현하는 데 유용하다.

14.1.2 Commons BeanUtils

Commons BeanUtils에는 리플렉션을 이용한 Java Bean 값의 설정과 취득 등의 처리를 쉽게 하는 유틸리티가 포함되어 있다. 다음 사이트에서 다운로드할 수 있다.

http://commons.apache.org/proper/commons-beanutils/

Maven에서 Commons BeanUtils를 사용하는 경우 pom.xml의 기술은 다음과 같다.

```xml
<dependency>
  <groupId>commons-beanutils</groupId>
  <artifactId>commons-beanutils</artifactId>
  <version>1.9.2</version>
</dependency>
```

자주 사용하는 메서드에 BeanUtils 클래스의 copyProperties 메서드가 있다. Java Bean의 값을 복사하여 다른 객체를 만들 때 다음과 같이 모든 필드의 값을 복사해야 한다.

```java
public UserInfo(UserInfo orig) {
    this.id = orig.id;
    this.name = orig.name;
    this.mail = orig.mail;
}
```

이와 같이 기술할 경우 필드가 늘어 나면 손으로 UserInfo 생성자의 대입 부분의 코드를 수정할 필요가 있어 수정이 누락될 가능성이 있다. 필드의 수가 많은 경우는 원래 값을 복사하는 코드만으로도 10행 내지 20행을 작성해야 하는 경우가 발생할 수 있다. 이를 BeanUtils.copyProperties 메서드로 대체하면 다음과 같이 한 줄로 기술할 수 있다.

```java
public UserInfo(UserInfo orig) {
    BeanUtils.copyProperties(this, orig);
}
```

상당히 깔끔하게 되었다. 이와 같이 기술해 두면 필드의 추가/제거를 실시했을 때도 코드를 수정할 필요가 없다.

14.1.3 단순 복사와 딥 복사

자바의 객체를 저장하는 변수는 모두 '참조'라는 형태로 값을 가지고 있다. 무슨 말인가 하면 객체의 실체는 특정 메모리상에 존재하고 변수는 그 객체의 위치를 나타내는 값(참조)이 보관되어 있다.

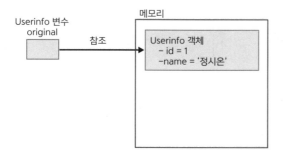

● Java 객체(값의 실체는 특정 메모리상에 존재하며 메모리의 위치를 보관)

참조형 변수를 다른 변수에 대입하는 경우 대입에 의해 참조만 복사된다. 따라서 복사된 변수의 속성값을 변경하면 객체의 실체는 복사 전의 객체와 동일하므로 원본 변수에서 보이는 객체의 값도 변경되어 있게 된다. 이러한 복사 방법을 '단순 복사'라고 한다.

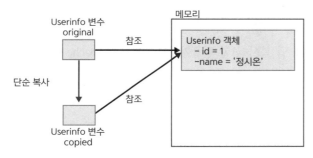

● 단순 복사(다른 변수에 대입만 하는 경우)

```
UserInfo original = new UserInfo();
original.setId(2);
original.setName("정시온");
original.setAge(30);
UserInfo copied = original;              // 다른 변수에 대입만 한다
copied.setAge(31);
System.out.println(original.getAge());   // '31'이라고 표시된다
```

복사하여 서로 다른 여러 객체를 만들고 싶은 경우 참조를 복사하는 것이 아니라 객체 자체를 복사해야 한다. 이 방법으로 복사하면 복사된 변수의 속성값을 변경해도 원본 변수에서 참조하는 객체의 값은 변경되지 않는다(실체는 다른 객체이기 때문). 이것을 '딥 복사'라고 한다.

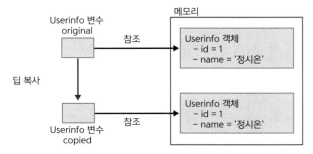

● 딥 복사(여러 개의 서로 다른 객체를 만들고 싶은 경우)

단순 복사는 복사 처리가 고속인 반면 어딘가에서 값을 바꿀 경우 예상치 못한 버그를 만들 수 있다. 한편 딥 복사는 복사 처리가 느리지만 값을 변경해도 다른 쪽에 영향을 줄 수 없기 때문에 의도하지 않은 변경에 따른 버그가 발생하지 않는다. 용도에 따라 나누어 사용하자.

이 책에서 소개한 BeanUtils.copyProperties 메서드에서는 기본적으로 딥 복사가 되지만 객체가 중첩(속성에 다시 객체)인 경우 그 값은 단순 복사된다. 즉, 첫 번째 계층만 딥 복사, 두 번째 계층 이후는 단순 복사가 된다. 모든 계층에서 딥 복사를 할 필요가 있는 경우는 Apache Commons Lang의 SerializationUtils.clone 메서드나 Dozer를 사용하길 바란다.

http://dozer.sourceforge.net/

Maven에서 Dozer를 사용할 경우 pom.xml의 기술은 다음과 같다.

```
<dependency>
    <groupId>net.sf.dozer</groupId>
    <artifactId>dozer</artifactId>
    <version>5.5.1</version>
</dependency>
```

14.2 | CSV로 여러 데이터 보관하기

14.2.1 CSV란?

프로그램 간에 데이터를 교환하거나 프로그램이 가지고 있는 데이터를 쉽게 저장하기 위해서 파일에 프로그램 내부의 데이터를 복사해 두는 것은 자주 실시되는 일이다. 그때 여러 개의 동일한 구조의 데이터를 저장하고 싶은 경우는 표 형식으로 하는 것이 적합하다.

항목을 쉼표(,)로 구분하여 나열한 표 형식의 텍스트 데이터를 CSV(Comma-Separated Values)라고 한다. CSV는 첫 번째 줄에 정의 항목의 명칭을 작성하고, 두 번째 행부터는 데이터를 작성한다. 각 항목은 쉼표로 구분되어 있으며, 항목 안에 쉼표가 있는 경우는 항목을 큰따옴표(")로 둘러싼다. Microsoft Excel에서도 열 수 있으며 검색 및 편집이 용이하다.

● employee.csv

```
name,age,birth,email,note
정봉삼,35,1978/4/1,bongsam@xxx.co.kr,"소유 면허: 1종 운전면허, 응용 정보 기술자"
나잘난,28,1985/10/23,jalnan@xxx.co.kr,
```

14.2.2 Super CSV로 CSV 변환을 효율적으로 실시하기

CSV 데이터는 항목이 쉼표로 구분되어 있기 때문에 자바에서 읽어 들일 때 '쉼표를 구분자로 split 메서드를 실행하면 된다'고 생각하기 쉽다. 그러나 실제로는 그렇게 간단하지가 않다. 예를 들어 항목 자체에 쉼표가 포함될 수도 있기 때문에 단순히 쉼표를 구분자로 split 메서드를 실행했을 경우 하나의 항목을 2개로 분할할 가능성도 있다. 그 경우 큰따옴표 기호로 문자열을 둘러싸는 것이 일반적인 대처 방안이지만 그러면 이번에는 문자열 안에 큰따옴표가 들어 있을 때의 대처가 필요하다. 이것만으로도 복잡하지만 그 외에도 다음과 같은 사항을 생각하면 필요한 프로그램의 양은 점점 늘어간다.

- 첫 번째 행은 헤더 행으로 하고 싶다
- 들어 있는 값이 올바른지 체크하고 싶다
- 각 행의 내용을 자바의 객체에 각각 넣고 싶다
- 쓰기도 하고 싶다

CSV 처리가 쉽게 보이기도 하지만 실은 내용이 복잡하다. 그러한 고려도 하여 제대로 데이터를 읽어주는 라이브러리가 Super CSV다. 다음 사이트로부터 다운로드할 수 있다.

http://super-csv.github.io/super-csv/index.html

Maven에서 Super CSV를 사용하는 경우 pom.xml의 기술은 다음과 같다.

```
<dependency>
    <groupId>net.sf.supercsv</groupId>
    <artifactId>super-csv</artifactId>
    <version>2.4.0</version>
</dependency>
```

스스로 CSV 처리를 만드는 것은 여러모로 복잡하고 오류의 원인이 되므로 직접 만들지 말고 이러한 편리한 라이브러리를 활용하도록 하자.

▌ 14.2.3 CSV 데이터 읽어들이기

Super CSV를 이용하면 열을 정의하는 것만으로 쉽게 CSV 데이터를 읽어올 수 있다. 여기에서는 14.2.1에서 소개한 employee.csv 파일을 Employee 객체로 로드하는 방법을 나타내고 있다.

Emplyee 클래스

```
public class Employee {
    private String name;
    private Integer age;
    private Date birth;
    private String email;
    private String note;

    // setter/getter는 생략
}
```

CallProcessor 클래스

```java
CellProcessor[] processors = new CellProcessor[]{
        new NotNull(),                              // name
        new ParseInt(new NotNull()),                // age
        new ParseDate("yyyy/MM/dd"),                // birth
        new StrRegEx("[a-z0-9\\._]+@[a-z0-9\\.]+"), // email
        new Optional()                              // note
};

Path path = Paths.get("employee.csv");
try (ICsvBeanReader beanReader = new CsvBeanReader(Files.newBufferedReader(path),
        CsvPreference.STANDARD_PREFERENCE)) {
    String[] header = beanReader.getHeader(true);
    Employee employee;
    while ((employee = beanReader.read(Employee.class, header, processors)) != null) {
        // employee에 대한 처리
    }
}
```

먼저 CSV 데이터의 각 항목을 읽어오는 방법에 대해 CellProcessor 클래스를 사용하여 정의한다. 다음으로 CsvBeanReader 객체를 만들고 getHeader 메서드를 호출하여 첫 번째 행을 취득한다. 그리고 CsvBeanReader 객체의 read 메서드를 사용하여 한 줄씩 JavaBean로 변환한다. 이때 header 배열에서 지정된 순서대로 항목의 값이 속성에 설정된다. 위의 예에서는 header 배열의 0번째 값은 'name'이기 때문에 CSV 데이터의 쉼표로 구분된 첫 번째 항목은 name 속성의 값이 된다(실제로는 setName 메서드로 값이 설정된다).

14.2.4 CSV 데이터 쓰기

읽어들이기와 같은 방식으로 쓰기도 구현할 수 있다. 쓰기의 경우 CellProcessor의 생성자의 클래스는 CSV 데이터의 분석 방법이 아닌 값의 포맷 방법을 지정한다는 점에 주의해야 한다.

```java
// 보관할 데이터
List<Employee> employeeList = Collections.emptyList();

// CSV 데이터의 헤더
String[] header = new String[]{"name", "age", "birth", "email", "note"};
```

```java
// 항목의 제약을 정의한다
CellProcessor[] processors = new CellProcessor[]{
        new NotNull(), // name
        new NotNull(), // age
        new FmtDate("yyyy/MM/dd"),      // birth
        new NotNull(),                  // email
        new Optional()                  // note
};

Path path = Paths.get("employee.csv");
try (ICsvBeanWriter beanWriter = new CsvBeanWriter(Files.newBufferedWriter(path),
        CsvPreference.STANDARD_PREFERENCE)) {
    beanWriter.writeHeader(header);
    for (Employee employee : employeeList) {
        beanWriter.write(employee, header, processors);
    }
}
```

14.3 | JSON으로 구조적인 데이터를 간단하게 하기

14.3.1 JSON이란?

'14.2 CSV로 여러 데이터 보관하기'에서 설명한 CSV 형식은 표 형식으로 구성할 수 있는 일정한 구조의 리스트를 표현하기에 적합하지만 계층적인 구조의 데이터 표현에는 적합하지 않다. 계층 구조를 나타내는 형식은 '8장 파일 조작 공략하기'에서 소개한 XML도 유용하지만, 시작/종료 태그를 필수로 하는 만큼 기술해야 할 양이 다소 많아지는 측면이 있다.

그래서 주로 사용되는 것이 구조적인 데이터를 간단하게 기술할 수 있는 JSON(JavaScript Object Notation)이라는 데이터 형식이다. 기본적으로 항목과 값의 조합으로 기술하는데 배열과 연상 배열(Map에 상당)도 표현할 수 있다.

employee.json

```
{
  "name"     : "정봉삼",
  "age"      : 35,
  "licenses" : ["1종 운전면허", "응용 정보 기술자"]
}
```

JSON 형식은 XML 형식보다도 크기가 작고 단순하며, 브라우저와 서버 간의 통신에서 자주 사용되며, 그 외 다른 서버 간의 통신에도 사용되고 있다.

14.3.2 Jackson으로 JSON 취급하기

JSON을 자바로 취급하려면 자바 객체를 JSON 형식의 문자열로 변환하거나 반대로 문자열을 자바 객체로 변환할 필요가 있다. Java EE 7부터는 표준으로 JSON을 다루는 API가 제공되게 되었지만, JSON 데이터를 직접 자바 객체로 매핑할 수 없는 등 사용하기 어려운 부분이 있다. 이러한 사용의 괴로움을 해소해 주는 라이브러리 중 하나가 JSON 변환 라이브러리 Jackson이다. 다음 사이트에서 다운로드할 수 있다.

https://github.com/FasterXML/jackson

Maven에서 Jackson을 사용하는 경우 pom.xml의 기술은 다음과 같다.

```xml
<dependency>
  <groupId>com.fasterxml.jackson.core</groupId>
  <artifactId>jackson-core</artifactId>
  <version>2.7.4</version>
</dependency>
<dependency>
  <groupId>com.fasterxml.jackson.core</groupId>
  <artifactId>jackson-databind</artifactId>
  <version>2.7.4</version>
</dependency>
```

Jackson은 자바에서 동작하는 데이터 처리 라이브러리 집합으로 JSON 데이터 외에 XML 데이터 등의 분석과 생성이 가능하다. 여기에서는 Jackson을 사용하여 JSON 데이터와 자바 객체를 상호 변환하는 방법을 소개하겠다.

14.3.3 JSON 데이터 분석하기

JSON 데이터를 자바 객체로 변환하려면 ObjectMapper 클래스를 사용한다. '14.3.1 JSON이란' 절에서 기술한 'employee.json'의 JSON 데이터(employee.json 파일에 기재되어 있다고 하자)를 Employee 객체로 변환하는 예를 다음에 나타냈다. ObjectMapper 클래스의 readValue 메서드를 사용한다.

JSON의 값을 보관하는 클래스

```java
public class Employee {
  private String name;
  private Integer age;
  private List<String> licenses;

  //setter/getter는 생략
}
```

JSON 파일의 읽어들이기

```java
File file = new File("employee.json");     // 읽기 대상의 JSON 데이터 파일
ObjectMapper mapper = new ObjectMapper();
Employee employee = mapper.readValue(file, Employee.class);
```

특정 객체로 변환하고 싶지 않은 경우는 Map으로 변환할 수도 있다. 이 경우 readValue 메서드의 두 번째 인수에 Map 클래스를 지정하면 반환값으로서 Map 객체를 취득할 수 있다. JSON 데이터 구조가 변화하는 등 자바의 타입을 결정할 수 없는 경우에는 이 패턴을 사용한다.

```
Map <?,?> map = mapper.readValue (file, Map.class);
```

Map 객체로 취득하면 다음과 같이 값을 취할 수 있다.

```
System.out.println(map.get("name"));
System.out.println(map.get("age"));
System.out.println(((List<?>)map.get("licenses")).get(0));
System.out.println(((List<?>)map.get("licenses")).get(1));
```

```
정봉삼
35
1종 운전면허
응용 정보 기술자
```

14.3.4 JSON 데이터 생성하기

아까와는 반대로 자바 객체를 JSON 데이터로 변환할 때도 ObjectMapper 클래스를 사용한다. Employee 객체를 JSON 데이터(newEmployee.json 파일)에 출력하는 예를 나타냈다.

```
Employee employee = new Employee();
employee.setName("정봉삼");
employee.setAge(35);
employee.setLicenses(Arrays.asList("1종 운전면허","응용 정보 기술자"));

File file = new File("newEmployee.json");      // 쓰기 대상의 JSON 데이터 파일
ObjectMapper mapper = new ObjectMapper();
mapper.writeValue(file, employee);
```

위의 코드를 실행하면 다음과 같은 내용으로 newEmployee.json 파일이 생성된다. 출력된 JSON 데이터는 공백이나 줄 바꿈이 없는 상태다.

```
{"name":"정봉삼","age":35,"licenses":["1종 운전면허","응용 정보 기술자"]}
```

또한 Map 객체를 JSON 데이터로 출력할 수도 있다.

```
Map<String, Object> map = new LinkedHashMap<>();
map.put("name", "정봉삼");
map.put("age", 35);
map.put("licenses", Arrays.asList("1종 운전면허", "응용 정보 기술자"));

File file = new File("newEmployee.json");    // 쓰기 대상의 JSON 데이터 파일
ObjectMapper mapper = new ObjectMapper();
mapper.writeValue(file, map);
```

이렇게 하면 조금 전의 Map 객체에 의한 취득과 같은 결과를 얻을 수 있다.

14.4 | Logger로 애플리케이션 로그 보관하기

14.4.1 로그와 레벨

애플리케이션의 규모가 클수록 애플리케이션의 동작이 복잡해져 문제가 발생하기 쉽다. 문제가 발생했을 때 조사하기 쉽도록 애플리케이션에는 동작 상황을 로그 파일에 출력하는 처리를 넣어 놓는다. 여기서 '동작 상황을 로그 파일에 출력한다'라고는 했으나 출력하는 내용에 따라 레벨(중요도)이 다르다. 예를 들어 메서드가 호출될 때 인수의 값을 확인하고 싶은 경우와 오류가 발생한 것을 기록하는 경우는 오류가 발생한 것을 기록하는 쪽이 훨씬 더 레벨이 높다. 이 같은 레벨을 대부분 다음의 4단계로 나눈다.

◉ 네 가지 레벨과 이용 상황

레벨	이용 상황	예
ERROR	오류가 발생하고 작업을 계속할 수 없는 경우에 출력한다.	필수 데이터의 취득 불가, 외부 시스템과의 통신 오류
WARN	오류가 발생했지만 계속 처리 할 수 있는 경우에 출력한다.	설정 파일이 없으면 기본값 사용
INFO	정상 동작 중에 상태 전이/처리가 실시된 경우에 출력한다.	외부 시스템과의 통신 시작/ 종료, 일련의 업무 처리 종료
DEBUG	동작 확인을 위한 상세한 값을 출력한다.	데이터 업데이트 시의 값

경우에 따라서는 다음의 로그 레벨을 사용할 수도 있지만 일단 이 4단계를 기억하길 바란다.

- ERROR보다 더 치명적인 오류를 나타내는 FATAL
- DEBUG보다 더 자세한 정보를 출력하는 TRACE

14.4.2 SLF4J+Logback으로 로깅 실시하기

애플리케이션 안에서는 다양한 레벨의 로그를 출력하는 코드를 작성하게 되는데 애플리케이션의 실행 상황에 따라 출력되는 로그 레벨을 제한하는 경우가 많다. 예를 들어 개발 시의 디버깅을 목적으로 한다면 더 자세한 정보를 빈번하게 출력할 필요가 있을 것이다. 반대로 운용 시에 대량의 로그를 발생시키면 중요한 정보가 묻혀 문제를 찾아내기가 어렵게 된다. 또한 성능의 악화와 리소스의 소비 증대로 인해 애플리케이션의 동작 자체에 영향을 끼칠 우려도 있다. 이러한 용도를 근거로 어느 레벨까지 로그를 출력할 것인지를 설정에 따라 전환할 수 있도록 하는 것이 로깅 라이브러리다.

이러한 로깅 라이브러리 중에서도 최근 자주 사용되고 있는 것이 SLF4J와 Logback의 조합이다. SLF4J는 다양한 로깅 라이브러리를 포장하여 통합적으로 취급할 수 있도록 한 라이브러리다. Logback은 로깅 라이브러리 중에 하나이며 지금까지 일반적이었던 Log4j의 후속 라이브러리에 해당한다. Log4j보다 높은 성능으로 리소스를 절약할 수 있는 것이 특징이다. SLF4J는 다음 사이트에서 다운로드할 수 있다.

　http://www.slf4j.org/

또한 Logback은 다음 사이트에서 다운로드할 수 있다.

　http://logback.qos.ch/

Maven에서 SLF4j와 Logback을 사용할 경우 pom.xml의 기술은 다음과 같다.

```
<dependency>
    <groupId>org.slf4j</groupId>
    <artifactId>slf4j-api</artifactId>
    <version>1.7.21</version>
</dependency>
<dependency>
    <groupId>ch.qos.logback</groupId>
    <artifactId>logback-classic</artifactId>
    <version>1.1.7</version>
</dependency>
```

14.4.3 SLF4J+Logback의 기본적인 사용법

SLF4J + Logback을 사용하여 로그를 출력하려면 다음 두 가지 처리를 수행한다.

- 설정 파일(logback.xml)의 작성
- 로그 출력 코드의 기술

각각에 대해 살펴보자.

(1) 설정 파일(logback.xml)의 작성

먼저 로그 출력의 동작을 결정하는 설정 파일을 작성한다. 클래스 경로를 통하는 디렉터리 밑에 파일 이름이 'logback.xml'인 XML 파일을 만든다. 콘솔에 로그를 출력하기 위한 설정을 다음에 나타냈다.

```xml
<?xml version="1.0" encoding="UTF-8"?>

<configuration>

    <appender name="STDOUT" class="ch.qos.logback.core.ConsoleAppender">
        <encoder>
            <pattern>%date [%thread] %-5level %logger{35} - %message%n</pattern>
        </encoder>
    </appender>

    <root level="INFO">
        <appender-ref ref="STDOUT" />
    </root>
</configuration>
```

모든 설정은 configuration 태그 안에 기술한다. 우선 appender 태그에서 로그를 출력할 위치를 정의한다. 위의 예에서는 콘솔에 출력하는 정의를 실시하고 있으며 그 정의에 'STDOUT'이라는 이름을 붙이고 있다. pattern 태그에는 출력하는 로그의 포맷을 기술하고 있다. '%d' 등의 기호는 출력하는 로그 문자열에 포함된 파라미터를 나타낸다. 지정할 수 있는 주요 파라미터를 표에 나타냈다.

파라미터	설명
%date	로그를 출력한 날짜와 시간
%thread	스레드명
%level	로그 레벨(위의 예에서는 '-5'가 들어 있는데, 이것은 로그 레벨의 출력폭을 5문자 고정으로 하고 있음을 나타낸다.)
%logger	로그를 출력한 클래스 이름
%line	로그를 출력한 행 번호
%message	로그를 출력하는 코드에서 지정한 로그 메시지
%n	줄 바꿈

그리고 root 태그에서 출력 로그의 레벨을 지정한다. 위의 예에서는 INFO 레벨을 지정하고 있기 때문에 INFO, WARN, ERROR 레벨의 로그가 출력되고 DEBUG 레벨의 로그는 출력되지 않는다. 또한 appender-ref 태그에서 로그를 출력할 곳의 설정을 연결한다.

(2) 로그 출력 코드의 작성

로그를 출력하려면 먼저 SLF4J의 LoggerFactory의 getLogger 메서드를 사용하여 클래스의 Logger 객체를 취득한다. Logger에는 로그 레벨에 따른 메서드(error/warn/info/debug/trace)가 준비되어 있기 때문에 용도에 따라 나누어 호출한다. 다음 예는 INFO 레벨의 로그를 출력하고 있다.

```java
package myapp.loggers;

import org.slf4j.Logger;
import org.slf4j.LoggerFactory;

public class LogbackSample {
    private static final Logger logger = LoggerFactory.getLogger(LogbackSample.class);

    public static void main(String[] args) {
        logger.info("애플리케이션을 실행하였다");
    }
}
```

```
2017-11-02 23:52:58,949 [main] INFO  myapp.loggers.LogbackSample - 애플리케이션을 실행하였다
```

로그 출력 코드를 잘 살펴보면 Logback의 클래스를 일체 사용하지 않고 있음을 알 수 있다. SLF4J는 클래스 패스에 존재하는 로깅 라이브러리를 자동으로 연결하여 로그를 출력해 준다.

즉 로깅 라이브러리를 대체하는(Logback 대신 Log4j를 이용하는 등) 경우 자바 코드는 변경할 필요가 없다. 따라서 코드의 범용성이 높은 것이다.

14.4.4 파일에 출력하기

앞의 예제에서는 콘솔에 로그를 출력하고 있었지만 콘솔은 내용이 그냥 지나가버리기 때문에 일반적으로는 로그 파일에 출력한다. 따라서 앞의 예제를 수정하여 로그 파일에 출력하도록 해보자. 로그의 출력 대상을 변경하려면 logback.xml의 appender 설정을 변경하면 된다.

```xml
<?xml version="1.0" encoding="UTF-8" ?>

<configuration>

    <appender name="FILE"
        class="ch.qos.logback.core.rolling.RollingFileAppender">
        <file>logs/logtest.log</file>
        <rollingPolicy class="ch.qos.logback.core.rolling.TimeBasedRollingPolicy">
            <fileNamePattern>logs/logtest.%d{yyyy-MM-dd}.log</fileNamePattern>
            <maxHistory>30</maxHistory>
        </rollingPolicy>
        <encoder>
            <pattern>%date [%thread] %-5level %logger{35} - %message%n</pattern>
        </encoder>
    </appender>

    <root level="INFO">
        <appender-ref ref="FILE" />
    </root>

</configuration>
```

이 예에서는 appender 태그로 지정한 표준 출력의 설정(ConsoleAppender)을 파일 출력 설정(RollingFileAppender)으로 변경하고 있다. 이것을 알기 쉽게하기 위해 이름도 'FILE'로 변경했다. rollingPolicy 태그로는 로그 파일이 과대하게 되지 않도록 대상이 되는 로그 파일을 전환(로테이트)하는 조건을 설정했다. 위와 같은 설정이라면 1일마다 이름이 날짜로 되어 있는 파일로 로테이트를 실시하여 최대 30세대의 로그 파일을 저장하도록 하고 있다. 그 다음은 appender 이름을 변경했기 때문에 appender-ref에서 참조하는 appender 이름도 변경하고 있다. 이 설정을 저장하고 애플리케이션을 실행하면 logs 폴더 logtest.log 파일에 다음과 같은 내용이 출력된다.

2017-11-02 23:58:05,714 [main] INFO myapp.loggers.LogbackSample - 애플리케이션을 실행하였다.

14.4.5 변수 출력하기

로그를 출력할 때는 나중에 상황을 추적하기 쉽도록 변수의 값을 출력하는 경우가 빈번히 있다. 예를 들어 데이터베이스에 레코드를 추가할 때 DEBUG 레벨에서 추가할 레코드의 내용을 기록한다. 그때 다음과 같이 기술해 버리면 성능이 저하될 가능성이 있다.

```
logger.debug("employee=" + employee + ", department=" + department);
```

애플리케이션의 로그 레벨이 INFO로 동작하고 있는 경우, DEBUG 레벨의 로그가 출력되지 않는다. 그러나 그 출력 레벨의 판정은 라이브러리 안에서 이루어진다. 위의 코드는 라이브러리에 들어가기 전에 employee 객체와 department 객체의 toString 메서드를 실행하게 되어 toString 메서드의 처리가 무거운 만큼[28] 애플리케이션의 성능도 나빠지게 된다.

그렇게 되지 않도록 지금까지(Log4j 라이브러리를 사용하는 경우)는 다음과 같이 로그 레벨을 판정하는 if문을 명시적으로 기술하여 운용 시에는 toString 메서드가 실행되지 않도록 해서 성능 악화를 막고 있었다.

```
if (logger.isDebugEnabled()) {
    logger.debug("employee=" + employee + ", department=" + department);
}
```

단, 거의 모든 debug 메서드 호출 부분에 if문을 작성하는 것은 작업에 부하가 걸린다. SLF4J는 이 문제가 개선되어 변수를 심어 넣는 플레이스 홀더를 사용하여 변수를 출력하도록 되어 있다.

```
logger.debug("employee={}, department={}", employee, department);
```

---

28 예를 들어 Commons Lang의 ToStringBuilder 클래스를 사용하고 있으면 리플렉션을 이용하고 있기 때문에 처리가 무거워진다.

로그 메시지 안에 {}를 기술하여 집어넣고 싶은 값을 메서드의 인수로 추가해 나감으로써 라이브러리 내부에서의 로그 출력 시에 toString 메서드가 실행되게 된다. 이렇게 구현해 두면 INFO 레벨에서 동작시킨 경우에도 성능이 나빠지지 않는다. 또한 위의 예에서는 debug 메서드이지만 info 메서드 등 다른 메서드에 대해서도 마찬가지다.

14.4.6 패키지별로 출력 로그 레벨 변경하기

지금까지의 예제에서는 애플리케이션 안의 모든 출력 로그 레벨이 동일한 것이었다. 그러나 실제로는 '특정 부분에서의 로그 출력만 출력 로그 레벨을 변경하고 싶은 경우'가 많이 있다. 다음의 예제에서는 logger 태그의 name 속성에 패키지명을 지정하여 지정된 패키지 밑에서 출력되는 로그의 출력 로그 레벨을 DEBUG로 변경하고 있다. 또한 logger 태그는 여러 개 작성할 수 있다.

logback.xml

```xml
<?xml version="1.0" encoding="UTF-8" ?>

<configuration>

(중간 생략)

<logger name="jp.co.acroquest.java.log.dao" level="DEBUG" />

<root level="INFO">
<appender-ref ref="FILE" />
</root>

</configuration>
```

14.4.7 동적으로 설정 변경하기

일반적인 운영에서는 출력 로그 레벨을 INFO 또는 WARN으로 설정하는 경우가 많지만, 거기에 무언가 문제가 발생했을 때에는 문제의 원인을 추적할 수 있도록 출력 로그 레벨을 DEBUG로 할 필요가 있다. 단, 설정을 적용하려면 보통은 애플리케이션을 다시 시작해야 하므로 특히 실제 운영 환경에서는 간단히 출력 로그 레벨을 변경할 수가 없다. 그 문제에 대응하기 위해 Logback에서는 일정한 간격으로 logback.xml를 다시 읽어들이는 설정을 할 수 있다.

logback.xml

```xml
<?xml version="1.0" encoding="UTF-8" ?>

<configuration scan="true" scanPeriod="60 seconds">

(중간 생략)

</configuration>
```

configuration 태그의 scan 속성에 'true'를 지정하고 scanPeriod 속성에 logback.xml을 재로드하는 시간 간격을 지정한다. 이렇게 하면 애플리케이션을 다시 시작하지 않아도 출력 로그 레벨을 변경하는 것이 가능하다.

감사의 글

우리가 속한 Acroquest Technology 주식회사는 자바가 탄생한 지 얼마되지 않은 무렵부터 개발 현장에서 자바를 사용하였으며 지금도 주요 개발 언어로 사용하고 있다. 자바와 함께 일의 즐거움이나 성취감, 괴로움 등을 느끼며 개발자 인생을 걸어 왔기에 이 책을 세상에 낼 수 있는 기회를 얻었다고 생각한다.

하지만 출판에 이르기까지의 여정은 결코 쉽지 않았다. 실제로 이 책을 기획한 이후로 출판이 되기까지 예정한 것보다 더 많은 시간이 필요했다. 이 책의 필진은 자신의 개발 업무를 진행하면서 집필 작업도 병행했기 때문에 리뷰와 예제 코드의 검증, 그리고 일상 업무의 지원까지도 Acroquest Technology 주식회사의 멤버들에게 여러 번 도움을 받았다. 그중에서도 스즈키 씨, 하야카와 씨, 우에다 씨, 사와키 씨에게 많은 도움을 받았다. 정말 감사하다.

또한 사쿠라바 씨, 키시 나오키 씨에게도 수많은 귀중한 조언을 받았다. 받은 조언에 얼마나 부응했는지 모르겠지만, 두 사람의 객관적인 의견이 없었다면 이 책은 제대로 출판되지 못했을 거라 생각한다. 정말 감사하다.

그리고 뭐니 뭐니 해도 느린 집필을 참을성 있게 기다려 준 기술평론사의 츠타 토시유키 씨에게도 감사하다. 때로는 얼마나 진행되었는지 물어봐 주고 이 책을 집필하는 데 필요한 정확한 조언과 격려의 말을 해 주었다. 츠타 씨에게는 당연한 일이었을지 모르겠지만 그러한 지원이 없었다면 이 책은 완성되지 못했을 것이다. 여러 가지로 폐를 끼쳤음에도 불구하고 끝까지 함께해서 정말 고맙다.

마지막으로 이 책을 선택한 독자 여러분께 감사하다. 우리는 실제 개발 현장에서 도움이 되는 책을 목표로 집필했다. 이 책이 여러분의 실제 개발에 조금이라도 도움이 된다면 좋겠다.

저자 일동